GENUSSREICH BASF

GENUSSREICH BASF

Ulla Hofmann

Hans Jung

Karl-Hermann Franck

UMSCHAU

INHALTSVERZEICHNIS

Inhalt

Vorwort

KAPITEL 1

Genuss aus der Pfalz – Heimat der BASF	10
Genuss aus der Traube – Die klassischen Rebsorten	16

KAPITEL 2

Riesling – bringt den Weinberg ins Glas	22
Was kommt auf den Teller? – Rezepte zum Riesling	28
BASF-Geschichte ist Chemiegeschichte	44

KAPITEL 3

Cabernet Sauvignon – Der Globetrotter aus Bordeaux	50
Was kommt auf den Teller? – Rezepte zum Cabernet Sauvignon	58
Impulse für die Region	70

KAPITEL 4

Chardonnay – Popularität verlangt ihren Preis	76
Was kommt auf den Teller? – Rezepte zum Chardonnay	86
Renaissance der BASF-Gastronomie	106

KAPITEL 5

Spätburgunder – Eine Leidenschaft	112
Was kommt auf den Teller? – Rezepte zum Spätburgunder	120
Auch Häuser haben ihre Geschichte – Noble Gastfreundschaft	132

KAPITEL 6

Burgunder – Trauben in den Farben Weiß und Grau	138
Was kommt auf den Teller? – Rezepte zum Grauburgunder/Weißburgunder	144
Die Kellerei und Vinothek der BASF	156

KAPITEL 7

Sangiovese – Stolz der Toskana	164
Was kommt auf den Teller? – Rezepte zum Sangiovese	172
Die Weinkommission der BASF – Ein Pfälzer Schattenkabinett	182

KAPITEL 8

Sauvignon Blanc – Wanderer zwischen den Welten 188
Was kommt auf den Teller? – Rezepte zum Savignon Blanc 194
Kochkultur in der BASF – Kreativität unter der Kochmütze 204

KAPITEL 9

Gewürztraminer – Überschwang der Aromen 210
Was kommt auf den Teller? – Rezepte zum Gewürztraminer 214
Sterne-Regen über Ludwigshafen – Genuss der Spitzenklasse 222

KAPITEL 10

Tempranillo – Der Stoff, aus dem Spaniens große Rote sind 228
Was kommt auf den Teller? – Rezepte zum Tempranillo 236
Symphonie der Aromen – Kulinarische Weinproben 244

KAPITEL 11

Syrah oder Shiraz – Eine Traube erobert die Welt 250
Was kommt auf den Teller? – Rezepte zum Syrah 256
Pfälzer Histörchen – Anekdoten rund um den Wein 264

KAPITEL 12

Große Cuvées – Die Kunst der Assemblage 270
Was kommt auf den Teller? – Rezepte zu großen Cuvées 284
Was mehr als 80 000 Menschen verbindet – Die Unternehmenskultur der BASF . . . 292

ANHANG

Grundrezepte 297
Tafelträume – Vom Gericht zum Menü 305
Verzeichnis der Rezepte 312
Verzeichnis der Weine 314
Autoren und Fotograf 316
Bezugsquellen und Bildnachweis 319
Impressum 320

Liebe Leserinnen und Leser,

genussreich und BASF – für viele eine zunächst verblüffende Kombination. Was mag das eine mit dem anderen zu tun haben? Die Antwort lautet: Diese beiden Begriffe gehören zusammen wie ein trockener Riesling zum leckeren Spargelmenü.

Chemiker und Köche verbindet eine große Leidenschaft: Die Leidenschaft, Neues zu kreieren. Aus bestimmten Ingredienzen – über einhundert chemischen Elementen – können Forscher in ihrer „Alchimistenküche" viele neue Stoffe entwickeln und damit unser Leben angenehmer, bunter und schöner machen. Auch Köche zaubern aus Zutaten wie Gemüse, Obst, Fisch oder Fleisch immer wieder neue, delikate Rezepte. Für mich ist es daher selbstverständlich, dass sich ein so innovatives Unternehmen wie die BASF auch mit so schönen und kreativen Dingen wie der Kochkunst und der Welt des Weins befasst. Ich denke, in diesem Zusammenhang kann man sagen: BASF und Küche – das ist „Chemie" mit Genuss.

Die Gastronomie und die Kellerei der BASF sind Teil unserer Unternehmenskultur und bieten Mitarbeitern, Kunden, Nachbarn oder Besuchern aus nah und fern Augenweide und Gaumenschmaus. Gerade in Zeiten der Hektik und Anonymität genieße ich wie viele andere gerne die freundliche und persönliche Atmosphäre unserer Wirtschaftsbetriebe. Wer geschäftlich unterwegs ist, vermag hier das Angenehme mit dem Nützlichen zu verbinden. Neben vielen Geschäftsterminen bin ich aber auch privat des Öfteren zu Familienfeiern im Gesellschaftshaus der BASF, das auch außerhalb des Unternehmens einen exzellenten Ruf genießt. Für mich immer eine gute Adresse!

Eine schon über hundert Jahre alte Tradition hat unsere Weinkellerei. Wie Sie in einem der Kapitel dieses Buchs lesen können, weiß man in der BASF ein gutes Tröpfchen durchaus zu schätzen. Nach dem Arbeitstag versteht sich! Unsere kulinarischen Weinproben haben sich mittlerweile einen Namen gemacht, sei es beim asiatischen Botschafter, dem Kommissar aus Brüssel oder dem deutschen Spitzenpolitiker, denn bei diesen Gelegenheiten lernen unsere Besucher beide Seiten der BASF kennen – die chemische und die genussreiche Seite! In meiner Funktion als stellvertretender Vorstandsvorsitzender der BASF Aktiengesellschaft und als Vorsitzender der Weinkommission verbinde ich beide Lebenswelten.

Ein BASF-Gerücht besagt übrigens, in die Weinkommission berufen zu werden, sei schwieriger als in den Vorstand der BASF. Nun, das mag stimmen, denn die Weinkommission wird „demokratisch" besetzt – und zwar allein vom Vorsitzenden! Aber Scherz beiseite: In diesen geselligen Runden können wir alle neben unserem Arbeitsalltag eine große Portion Gelassenheit und Freude an den schönen Dingen des Lebens zu uns nehmen.

Ich bin sicher, dass Sie bei unseren ausgesuchten Rezepten und Weinempfehlungen ein Stück dieser Gelassenheit und Lebensfreude kennen lernen – und ein Stück von dem, was wir unter Genussreich BASF verstehen!

Herzlichst

Ihr

Eggert Voscherau
Stellvertretender Vorstandsvorsitzender
der BASF Aktiengesellschaft
und Vorsitzender der Weinkommission

GENUSS AUS DER PFALZ
GENUSS AUS DER TRAUBE

GENUSS AUS DER PFALZ
GENUSS AUS DER TRAUBE

Genuss aus der Pfalz
Heimat der BASF

Deutschlands Sonnenseite ist der Südwesten. In der Pfalz, dem südlichen Landesteil des Bundeslands Rheinland-Pfalz, scheint die Sonne länger und wärmer als anderswo. Dort ist der Frühling zeitig im Land. Dann breiten die blühenden Mandelbäume längs der Weinstraße den ersten rosa Blütenschaum über die braunen Felder. Im Sommer schwelgen vor den Bauernhöfen die Oleanderbüsche mit schweren Blütenzweigen, Petunien und Geranien ragen satt über die Blumenkästen in allen Spielarten ihrer Farben. Im Herbst wird die Pfalz Ferienland, Gäste fallen in hellen Scharen ein, kein Fremdenzimmer und kein Hotelbett ist mehr frei: Weinlese ist angesagt, in allen Dörfern riecht es nach Trester – für Pfälzer ein liebvertrauter, köstlicher Geruch. Der Wein prägt diese Landschaft, die gern als die Toskana Deutschlands gerühmt wird, und er prägt auch den Menschenschlag zwischen Rhein und Saar. Der kann arbeiten, aber er kann auch feiern, und er liebt, was auf seinem Boden wächst. Die Lebensfreude ist ihm von Natur aus vorgegeben, und wo Lebensfreude ist, ist auch Genuss.

EIN GARTEN DEUTSCHLANDS

Die Pfalz zwischen dem Rhein und dem burgenreichen Pfälzer Wald ist ein einziger Garten. Im milden, fast südländischen Klima dieses Landstrichs gedeihen nicht nur Reben, Obst und Gemüse, sondern auch Feigen, Zitronen, Mandeln und Kastanien. Die Reben dominieren. Weinbau wird in der gesamten Vorderpfalz betrieben, von der Grenze zum Elsass im Süden bis zum Nachbarn Rheinhessen im Norden. Die bestockten Rebhänge der Pfalz bilden mit 23 500 Hektar die größte zusammenhängende Rebanbaufläche Deutschlands. Als edelste und als Hauptrebsorte der Pfalz gilt der Riesling, als beste Rieslinglagen die Weinberge rings um Deidesheim, Forst und Wachenheim. Sie bringen einen frischen, kraftvollen Wein hervor, dessen Klarheit bis zur Härte reichen kann. Der junge Riesling kann stahlhart und kantig, beinahe aggressiv sein – der reife Riesling ist ein ernster deutscher Wein. Pfälzer Riesling gehörte vor rund 100 Jahren zu den teuersten Weinen der Welt. Damals wurde er zur Einweihung des Suezkanals gereicht – 100 Jahre später zum legendären Zentenarium von Queen Mum. Heute sind Qualität und Innovation die Stichwortgeber für den Pfälzer Weinbau, der früher eher auf Masse gesetzt hat. Daneben gab es in dieser alten Weinbauregion auch immer schon vorbildliche Qualitätsbetriebe. Sie setzen auch heute noch Maßstäbe. Die „3 B" gehören dazu, unter denen die traditionsreichen Weingüter Bassermann-Jordan sowie Buhl in Deidesheim und Bürklin-Wolf in Wachenheim verstanden werden, aber auch manch anderer Weinbaubetrieb, wie etwa Deinhard in Deidesheim, Müller-Catoir und Weegmüller in Neustadt-Haardt, Koehler-Ruprecht in Kallstadt, Christmann in Gimmeldingen, Meßmer in Burrweiler, Siben in Deidesheim und Fitz-Ritter in Bad Dürkheim. Doch inzwischen hat die Qualitätsentwicklung fast wie ein Sog die gesamte Pfalz ergriffen. Pfälzer Weine heimsen inzwischen bei Weinprämierungen eine Fülle von Auszeichnungen ein, internationale Anerkennung dazu.

Mut und Experimentierfreude der Winzer haben erstmals auf diesem Boden weltweit berühmte, aber hier bisher fremde Rebsorten heimisch werden lassen. Zwar herrscht noch immer der Riesling vor, aber der Pfälzer Rebsortenspiegel nennt unter seinen 62 Positionen mittlerweile auch den Chardonnay, den Cabernet-Sauvignon, den Merlot und zahlreiche Burgundersorten. In Laumersheim, im Norden der Pfalz, experimentiert Werner Knipser, ein ausgebildeter Winzer und Chemiker, mit internationalen Rebsorten, aber auch mit fast vergessenen Sorten. Er hat den ersten „Gänsfüßer" wieder auf den Markt gebracht, eine Rebe, von der vor einigen hundert Jahren Pfalzgraf Casimir angeordnet hatte, dass in der Pfalz kein Stock entfernt werden dürfe, ohne dass ein neuer gesetzt werde. In kleinen Mengen wird auf diesen Weinbergen auch wieder der Gelbe Orleans angebaut, ein Wein, der so sauer (und haltbar) sein kann, dass ihn die Winzer früher in der äußersten Rebzeile des Wingerts angepflanzt haben, damit den Spaziergängern der Appetit auf Trauben verging. Auch dieser Wein findet Liebhaber.

SPÄTBURGUNDER AUS DER PFALZ

Im Süden der Pfalz, lange Zeit Heimat der Massenweine, haben Winzer wie Friedrich Becker in Schweigen den Nachweis erbracht, dass dort ein Spätburgunder wachsen kann, der neben französischen Kreszenzen glänzend besteht. Dort, hart an der Grenze zum Elsass, können Weinberge der Pfälzer Winzer auf französischem Boden liegen. Erst seit wenigen Jahren und auf Grund einer Vereinbarung zwischen den Regierungschefs Kohl und Mitterrand sind diese Winzer wieder Eigentümer und nicht länger Pächter ihrer französischen Weinberge, die vorher, eine Arabeske des Grenzlandlebens, unter Sequesterverwaltung standen. Vor allem in dieser Ecke

der Pfalz haben sich Pfälzer Jungwinzer – einfallsreich, ehrgeizig, kreativ, kritisch – in Arbeitsgemeinschaften zusammengeschlossen, die für den Pfälzer Wein, seine Qualität und seinen Markterfolg eintreten. Neben die „Fünf Freunde" aus der Südpfalz mit Friedrich Becker, den Brüdern Kessler, Hansjörg Rebholz, Thomas Sigrist und Karl-Heinz Wehrheim ist „Die junge Pfalz" getreten, in der sich Philipp Kuhn, Axel Neiss sowie Jochen Schmidt vereinigt haben. Mit ähnlicher Zielsetzung arbeitet die „Südpfalz-Connexion" mit Volker Gies, Klaus Scheu, Peter Siener, Boris Kranz und Sven Leiner.

SYMBIOSE VON LANDSCHAFT UND WEIN

Wo Reben wachsen, verschmelzen Landschaft und Wein oftmals zu einer Einheit. In der Pfalz trägt die BASF, der größte Arbeitgeber der Region und zugleich der führende Chemiekonzern der Welt, dieser Symbiose auf einzigartige Weise Rechnung. Die BASF betreibt eine Weinkellerei, die – genau genommen – eine der größten Weinfachhandlungen Deutschlands ist. Geschaffen wurde diese für eine Chemiefabrik höchst ungewöhnliche Einrichtung vor mehr als 100 Jahren als preiswerte Verkaufsstelle von Wein, Tabak und Spirituosen für die Mitarbeiter. Daraus entwickelte sich im Lauf der Jahre ein renommierter internationaler Weinfachhandel, der mit nunmehr zirka 20 Mitarbeitern jährlich rund eine Million Flaschen Wein aus aller Welt absetzt. Die Weinkellerei der BASF ist heute ein attraktiver Handelspartner nicht nur für die regionalen Winzer, sondern auch für ausländische Weingüter mit Weltgeltung. Und fast beiläufig sammelt sie für den Chemiekonzern Sympathiepunkte im ganzen weinbewussten Umfeld dieser Region. Die Weinkellerei – in der Fachpresse vielfach gelobt – beliefert auch das eigene Unternehmen, das eine weithin geschätzte Gastronomie betreibt. Die Restaurants der BASF im Stadtbereich, die „Der Feinschmecker" in seinem Restaurantführer zu den besten Adressen Deutschlands zählt, sind seit einigen Jahren auch für die breite Öffentlichkeit geöffnet.

WO FEIGEN UND KASTANIEN REIFEN

Die kulinarische Qualität dieser Häuser ist im ganzen Umkreis bekannt. Ihre Küche kann sich mühelos aus der Speisekammer der Region bedienen. Pfälzer Landwirte sind ebenso einfallsreich wie Pfälzer Winzer und greifen Neuheiten im Nu auf. Zum Maxdorfer Marktgemüse gehören längst Zucchini und Brokkoli. Der Pfälzer Spargel glänzt neben dem aus Schwetzingen. Auf dem Wochenmarkt in Mannheim, dem Zentrum der Region, werden nicht nur Ende Mai die ersten Pfälzer Frühkartoffeln, saftige Erdbeeren und duftende Pfälzer Honigmelonen gehandelt, dort sind im August die frischen Feigen zu haben und im Herbst die mehlig-süßen Esskastanien. Salatsorten gibt es mehr als Finger an der Hand: Batavia, Eichblatt, Endivien, Frisée, Lollo bianco, Lollo rosso, Löwenzahn, Radicchio, Romaine, Rucola – ganz zu schweigen vom guten alten Kopfsalat und vom Feldsalat, der hierzulande auch Ackersalat heißt. Zuchtpilze wie Champignons und Shiitake werden angeboten, die nicht selten in ausgedienten Weinkellern wachsen.

Aus diesem Reichtum des Landes schöpft die Küche der BASF. Mit der Öffnung der Restaurants für die Öffentlichkeit, der nicht nur betriebswirtschaftliche Überlegungen zugrunde lagen, wurde zugleich der fast abenteuerliche Versuch unternommen, die Küchen dieses Industrieunternehmens nicht länger nur in der Welt der Gemeinschaftsverpflegung, sondern auch in der Spitzengastronomie zu positionieren: Ein Spagat, der als gelungen gilt. Klarer Ausweis des erreichten Spitzenrangs sind die Sterne-Köche, die einmal im Jahr im Gesellschaftshaus der BASF in Ludwigshafen einkehren und dort ein stets ausverkauftes Gastspiel geben. Spitzenköche wie Marc Haeberlin, Jörg Müller, André Jaeger und Harald Wohlfahrt kochen ganz gewiss nicht in jeder beliebigen Küche der Gemeinschaftsgastronomie.

KOSTBARES ERBE

Gut essen und trinken spielen eine gewichtige Rolle in dieser Landschaft, es gehört zum Lebensgefühl ihrer Menschen. Nicht von ungefähr war im Heiligen Römischen Reich Deutscher Nation der mächtige Kurfürst

von der Pfalz zugleich der Mundschenk von Kaiser und König. Das „Große Fass" im Heidelberger Schloss nahm den Zehnten auf, der dem Fürsten zu entrichten war. Mindere Rebsorten blieben ausgeschlossen, ebenso wie von den Zehntkellern des Fürstbischofs von Speyer. Doch die Pfalz ist mehr als Wein und Wälder und Burgenherrlichkeit. Das Land rings um Heidelberg, Mannheim und das damals noch gar nicht existierende Ludwigshafen war im Mittelalter ein Kernland der Pfalzgrafschaft bei Rhein und der späteren Kurpfalz, die etwa 600 Jahre lang von den Wittelsbachern regiert wurde. Dieser Raum umschließt ein kostbares historisches Erbe. Das Heidelberger Schloss gehört ebenso dazu wie der Trifels, einst Hort der Reichskleinodien, ebenso wie der Speyerer Dom oder das Hambacher Schloss, Wiege der deutschen Demokratie, es gehört die Nibelungensage dazu und die Manessische Liederhandschrift. Am pfälzischen Ufer ziehen noch ungebändigte Rheinauen entlang, die den Strom bis dicht an einen Stadtkern begleiten können, mit Baumbestand, Schlinggewächsen und Sumpfpflanzen wie aus grauer Vorzeit. Zum großartigen landschaftlichen Potenzial gehört der Pfälzer Wald, einst fürstliches Jagdrevier. „Gibt es hier Bären?", fragte bei der Fahrt durch ein Waldstück in der Westpfalz ein amerikanischer Investor. Es gibt keine Bären, aber es gibt auch nichts mehr von des alten Reichs Herrlichkeit, allenfalls Ruinenreste, wie die der Barbarossa-Burg in Kaiserslautern, das vor rund 100 Jahren die größte Stadt der Pfalz war. Dort gibt es noch die Reichswaldgenossenschaft, die einem Bauherrn den seit Barbarossas Zeiten bestehenden Anspruch auf eine kostenlose Bauholzlieferung erfüllt – Rest eines uralten Nutzungsrechts im nahen „Reichswald", einem Teilstück des Pfälzer Walds.

SUPERLATIVE DER KURPFALZ

Ausgeprägter als in der Südpfalz, der Nachbarin des Elsasses, tritt im Westen der Grenzlandcharakter der pfälzischen Landschaft hervor. Die Westpfalz, Anrainer des Saarlands, galt lange Zeit als militärstrategisches Aufmarschfeld. Auf dem ärmeren, hügeligen Boden baute das Dritte Reich den Westwall, dort war lange vor dem Zweiten Weltkrieg eine Sperre für Industrieneuansiedlungen verhängt, die Verkehrsinfrastruktur wurde schwächer ausgebaut als in der heiteren Weinlandschaft am Rhein. Die Pfalz, dieser linksrheinische Teil der einstigen Kurpfalz, hat viele Gesichter. Die Ländereien des alten Kurfürstentums teilen sich nun auf die drei Bundesländer Rheinland-Pfalz, Baden-Württemberg und Hessen auf. Den Begriff der Kurpfalz hat geographisch und geopolitisch der Begriff des Rhein-Neckar-Raums abgelöst. In ihm finden sich weite Landesteile wieder, und mit ihnen die drei Kernstädte der Region. Jede von ihnen kann – in einem Bündel der unterschiedlichsten Eigenschaften – mindestens einen Superlativ für sich in Anspruch nehmen: Neben Heidelberg, Standort der ältesten deutschen Universität auf deutschem Boden, und Mannheim, die Stadt mit dem größten Barockschloss Europas, ist Ludwigshafen getreten, die Stadt mit der größten Fabrik Europas, denn die Pfalz ist wie der gesamte Rhein-Neckar-Raum auch Industrieregion. Sie steuert in Rheinland-Pfalz mehr als die Hälfte vom Industrieumsatz des ganzen Bundeslands bei. Ihre Dominante ist die BASF, das führende Chemieunternehmen der Welt.

Genuss aus der Traube
Die klassischen Rebsorten

Wissenschaftler schätzen, dass sich die Mutter aller Kulturreben, die Vitis vinifera, in bis zu 20 000 Sorten über die Welt verbreitet hat. Nur knapp zwei Dutzend davon bestimmen heute den internationalen Weinmarkt.

Bei den roten Trauben stehen die Bordeaux-Reben Cabernet Sauvignon und Merlot weltweit im Vordergrund. Syrah, die im Trend liegt, hat das Zeug, in den nächsten zehn Jahren an die Spitze vorzustoßen. An der Pinot Noir, der kapriziösen Burgundertraube, messen ambitionierte Winzer in der Alten und Neuen Welt ihr Können. Sangiovese und Tempranillo, beide in ihrer Heimat gefeierte Primadonnen, fühlen sich auf dem internationalen Parkett nicht wohl.

Aus deutscher Sicht ist die Rieslingtraube Königin, an den Glanz des Weltstars Chardonnay reicht sie freilich nicht heran. Pinot Gris, der in Deutschland Ruländer heißt und sich heute lieber Grauburgunder nennt, schwappt auch als Pinot Grigio ins Land. Der Weißburgunder gewinnt bei uns immer mehr Freunde, Sauvignon Blanc, im Bordelais und an der Loire hochverehrt, ist in Neuseeland ein Shooting-Star, und der Gewürztraminer, eine liebenswerte Spezialität, besitzt nur gute Eigenschaften, von denen aber manchmal ein bisschen zu viel.

Drei Faktoren bestimmen den Charakter, die Qualität und den Stil eines Weins: das Terroir, die Rebsorte und der Winzer.

Den Begriff terroir haben die französischen Winzer geprägt – und sie „leben" ihn. Sie verstehen darunter nicht nur den Boden und seine geologische Schichtung, sondern auch die Lage – die Höhe über dem Meeresspiegel, die Hangneigung und die Ausrichtung zur Sonne – sowie die mikroklimatischen Bedingungen (die Parzellen eines Weinbergs werden im Französischen als climats bezeichnet). Terroirbewusst wie die französischen Winzer es sind, teilen sie der Rebsorte die Aufgabe zu, den Charakter des Stücks Land, auf dem die Trauben wachsen, ins Glas zu bringen. Damit definieren sie zugleich ihre eigene Rolle, nämlich dafür zu sorgen, dass dieser Wunsch Wirklichkeit wird.

JEDER WEIN EIN UNIKAT

Für den Winzer ist Wein etwas Einzigartiges. Sein Wein. Und wie schon vor ihm Vater und Großvater, arbeitet er ein Leben lang daran, Jahrgang für Jahrgang das Optimum aus dem Terroir herauszuholen. Die Rebe ist für ihn das Medium. Folgerichtig erscheint auf dem Weinetikett die Bezeichnung der Lage und der Name des Erzeugers. Die Rebsorte bleibt unerwähnt.

An dieser Einstellung ist nichts auszusetzen. Sie gibt dem Wein Individualität und Identität und motiviert die Winzer immer aufs Neue zu Höchstleistungen.

Während sich in einer viele Jahrhunderte alten Weinlandschaft wie Burgund die Feinheiten des Terroirs in das Bewusstsein des Menschen eingegraben haben, sind Winzer und Weinmacher in der Neuen Welt unter ganz anderen Voraussetzungen ans Werk gegangen. Die meisten von ihnen wollten sich an europäischen Vorbildern orientieren. Die Rebsorten waren das Einzige, was sie transferieren konnten. Die Kieskuppen des Médoc, die Kalksteinhänge der Côte d'Or und die Schieferterrassen an der Mosel ließen sich jedenfalls nicht verpflanzen.

WAHRE WELTENBUMMLER

Die Winzer mussten abwarten, wie sich die Rebsorten auf den Böden und unter den klimatischen Bedingungen, die sie in der neuen Heimat vorfanden, entwickelten. Danach konnten sie sich entscheiden, ob sie die Gewächse von Bordeaux, Burgund, von der Rhône und vom Rhein kopieren oder lieber die eigenen Stärken ausspielen und Weine neuen Stils schaffen wollten.

Die klassischen Rebsorten, die sich anpassungsfähig zeigten, wie Chardonnay, Cabernet Sauvignon und Syrah, wurden zu wahren Weltenbummlern. Der Preis des globalen Erfolgs ist eine gewisse Uniformität.

Im Mittelpunkt des Weinangebots der Neuen Welt, ob aus Südafrika, Australien, Neuseeland, Kalifornien, Chile oder Argentinien, stehen Varietals. Wie ein Banner tragen sie die Rebsorte, aus der sie erzeugt sind, vor sich her: reinste Sortentypik in Duft und Geschmack. Auf das Etikett schreiben die Winzer, was ihnen als Information für den Weintrinker wichtig erscheint: die Rebsorte, den Erzeuger und das Land. Der Erfolg gibt ihnen Recht.

VORNEHME HERKUNFT
NOBLE ERZEUGER

Die Weinflasche zum Designerobjekt gemacht haben die Italiener. „Fare una bella figura" – eine gute Figur zu machen, ist ihnen wichtig. Bei ihren großen Rotweinen aus dem Piemont und der Toskana steht die vornehme Herkunft im Vordergrund: Barolo, Barbaresco, Chianti und Chianti Classico, Vino Nobile di Montepulciano, Brunello di Montalcino ... Der noble Erzeuger auf dem Etikett tut für den Italien-Liebhaber ein Übriges. Von der

Rebsorte redet niemand, außer im deutschsprachigen Norden, in Südtirol, und in dem an Österreich grenzenden Friaul.

In Deutschland, Österreich und im Elsass werden Lage, Rebsorte und Erzeuger deklariert. So richtig wichtig haben die deutschen Winzer die Lagen bisher aber nicht genommen. Aus kleinen Lagen, die einen großen Ruf hatten, wurden im Laufe der Zeit große Lagen von kleiner Qualität, die jedenfalls mit dem Terroirgedanken nichts mehr zu tun haben. Ist es eine Ironie des Schicksals, dass gerade der deutsche Riesling die Besonderheiten des Terroirs besser als jede andere Traubensorte in feinsten Nuancen zum Ausdruck bringen kann? Oder eine verpasste Chance?

BEKENNTNIS ZUR LAGEN-KLASSIFIZIERUNG

Neuerdings gibt es eine Rückbesinnung auf alte Güte-Einstufungen, so zum Beispiel auf die Bewertung der bayerischen Agrarflächen durch die Königliche Steuerkatasterkommission von 1828, die ihren Niederschlag in internen Weinguts-Klassifizierungen, wie zum Beispiel bei Dr. Bürklin-Wolf, und in den „Ersten Gewächsen" und „Großen Gewächsen" der VDP-Güter gefunden haben – nicht aber im Weingesetz. Der richtige Weg? In Burgund machen die Grands Crus 3 Prozent der Fläche aus, im Rheingau sind 35 Prozent der Weinberge als herausragend klassifiziert worden.

DIE REBSORTE BESTIMMT DEN WEINCHARAKTER

So wichtig das Terroir und der Erzeuger sein mögen, die Rebsorte ist es, die primär den Charakter eines Weins bestimmt. Ein Riesling ist ein Riesling, ob er nun aus dem Kallstadter Steinacker oder aus der Bernkasteler alten Backstube am Doctorberg stammt, oder wer immer ihn erzeugt haben mag. Deshalb ist die Rebsorte häufig auch das erste Kriterium bei der Weinwahl. „Was trinken wir zum Spargel?" Diese Frage kann sich am häuslichen Tisch, vor dem Weinregal oder im Restaurant stellen. „Einen Riesling!" mag die Antwort lauten. Und dann fächert sich einem das Angebot auf – zum Beispiel in Form der Wein-

karte oder der Weinliste der BASF: Riesling diverser Anbaugebiete, verschiedener Geschmacksrichtungen und Qualitätsstufen, aus unterschiedlichen Lagen und von einer Vielzahl von Erzeugern.

Und schließlich ist die Beschäftigung mit den Rebsorten, ihrer Herkunft, ihrer Eigenschaften, ihrer Verbreitung und ihrer Wertschätzung eine geeignete Methode, um das komplexe, unerschöpfliche Thema Wein aufzuschließen, wie wir es in den folgenden 11 Kapiteln tun.

RHEINGAU

PFALZ

RHEINHESSEN

MOSEL

RHEINGAU

RHEINHESSEN

PFALZ

MOSEL

RIESLING

RIESLING
Riesling bringt den Weinberg ins Glas

Als Schloss Johannisberg, die Rieslinghochburg im Rheingau, seinen 900. Geburtstag feierte, durften die Festgäste einen 1862er Schloss Johannisberg „Goldlack" probieren. Dieser „Riesling für die Ewigkeit" kostete, als er vor 140 Jahren auf den Markt kam, das Vierfache eines Château Margaux oder Lafite. Deutscher Riesling war im 19. Jahrhundert der teuerste Wein der Welt.

Rund 100 Jahre später, nach zwei Weltkriegen und deren Folgen, war es ruhig um ihn geworden. Mit dem unaufhaltsamen Siegeszug des Chardonnays geriet er dann weltweit ins Hintertreffen.

Nach vielen Jahrzehnten verweigerter Anerkennung haben die deutschen Winzer just mit dem Riesling des Jahrgangs 2001, dem einflussreiche amerikanische Weinpublizisten vom Kaliber eines Robert M. Parker jr. „Weltklasse" bescheinigten, ihr Traumziel erreicht, im Weinhandel und in der Gastronomie von New York bis Los Angeles einen Rieslingboom auszulösen.

Das Come-back scheint geglückt. German Riesling liegt wieder ganz vorn.

Auch in Deutschland selbst. „Wir haben 2002 insgesamt 160 000 Flaschen Riesling verkauft, mehr als von jeder anderen Rebsorte", berichtet Joachim Spies, der die Kellerei der BASF Aktiengesellschaft leitet. Das große Engagement der BASF-Kellerei für die Rebsorte wurde im Herbst 2003 mit dem Riesling-Förderpreis auf Schloss Johannisberg im Rheingau gewürdigt.

Die Kellerei, die in ihrer Schatzkammer stolz 6 Flaschen Riesling aus dem Gründungsjahr der BASF, 1865, bewahrt, bietet im eigenen Weinfachgeschäft und in den Restaurants der Wirtschaftsbetriebe über 150 Sorten Riesling an. „Wir verstehen uns als Botschafter für die Königin der Weißweinreben", bekennt Spies. Von Ludwigshafen aus verschickt die Kellerei weltweit 400 000 Flaschen Wein im Jahr, ein Viertel davon ist Riesling.

EXTRAKTREICH UND FEINGLIEDRIG
RIESLING VON MOSEL & CO.

Rund 22 000 Hektar – das ist rund ein Fünftel der gesamten Rebfläche in der Bundesrepublik – sind mit Riesling bepflanzt, der heute in fast allen deutschen Anbaugebieten eine entscheidende Rolle spielt.

Riesling eignet sich zur Anpflanzung in relativ kühlem Klima. Dank der Härte des Rebholzes kann Riesling die winterliche Kälte in unseren Breiten verkraften. Da die Rebe spät austreibt, können ihr auch Fröste im Frühjahr nichts anhaben. Was Riesling braucht, ist ein langsamer, sehr langer Reifungsprozess, denn die Traube kann in geschützten Lagen bei Temperaturen von 16 bis 18 °C noch bis weit in den Herbst hinein vielfältige Aromen ansammeln.

An seine nördliche Anbaugrenze stößt der Riesling an Mosel, Saar und Ruwer, und gerade aus diesen Flusstälern kommen viele der am meisten bewunderten Rieslingweine. Experten behaupten, er fände dort auf den Steilhängen seinen schönsten Ausdruck, weil diese ideal dazu geeignet sind, ein Höchstmaß an reifewirksamem Sonnenlicht, sowohl direkt als auch vom Wasserspiegel reflektiert, aufzufangen. Alle Spitzenlagen an der Mosel sind nach Süden gerichtet. Der Riesling braucht windgeschützte Lagen. Der für die Region typische, sich rasch erwärmende Schieferboden hilft beim Reifeprozess spät in der Saison.

In kühlen Gegenden wie an der Mosel und ihren Nebenflüssen wird Riesling erst Mitte Oktober oder Anfang November gelesen; wenn edelsüße Weine entstehen sollen, noch später. Hier bringt die Rieslingtraube Weine hervor, die mit ihrer Kombination aus niedrigem Alkoholgehalt, markanten Aromen, hohen Extraktwerten und feingliedriger Konstitution in der Welt einmalig sind.

DER JOHANNISBERG
RIESLING-MONUMENT IM RHEINGAU

Riesling ist keineswegs die älteste in Deutschland angebaute Rebsorte. Elbling und Silvaner waren im Mittelalter schon stark verbreitet, und Baden hatte mit dem Räuschling seine Spezialität.

Aus einer Burg im Rheingau stammt der älteste Beleg für den Rieslinganbau. In einer Rechnung aus dem Jahr 1435 ist von „riesslingen in die wingarten" die Rede. Der erste Rieslingweinberg ist 1490 in Mainz dokumentiert. Im ausgehenden Mittelalter scheint Riesling dann als hochwertige Rebsorte anerkannt gewesen zu sein, und ab der Mitte des 16. Jahrhunderts ist sie allerorts an Rhein und Mosel angepflanzt worden.

Die in der Rebzucht versierten Mönche der vielen Klöster im Rheingau setzten sich für den verstärkten Anbau der Rieslingtraube ein. 1672 ordnete der Abt von St. Clara zu Mainz, der die Weinberge im Rheingau kontrollierte, an, dass der gesamte Bestand, vornehmlich Rotweinreben, durch „Rissling-Holz" zu ersetzen sei. Auch der Bischof von Speyer schrieb für seine Weinberge in Deidesheim Rieslingreben vor. Das bedeutende Benediktinerkloster St. Maximin zu Trier, das schon im Mittelalter an 74 Standorten entlang der Mosel Weingärten besaß, ließ Wald roden, um auf dieser Fläche 100 000 Reben, überwiegend Riesling, zu pflanzen. Fürstabt Constantin von Fulda kaufte 1716 die Überreste des im Dreißigjährigen Krieg zerstörten Benediktinerklosters Johannisberg im Rheingau und errichtete an seiner Stelle ein Schloss. Den zum Rhein abfallenden prächtigen Südhang ließ er über 5 Jahre hinweg mit 200 000 Rieslingreben jährlich bepflanzen und begründete damit ein Weingut von Weltruf. In manchen Teilen der Welt, so in Kalifornien, wird die Rebsorte bis zum heutigen Tag als Johannisberg Riesling bezeichnet.

Heinrich Heine, der miterlebte, wie deutscher Riesling weltweite Anerkennung gewann, verliebte sich in die Johannisberger Gewächse: „Ich habe den Wein, der dort wächst, immer für den besten gehalten. Mon Dieu! Wenn ich doch soviel Glauben in mir hätte, dass ich Berge versetzen könnte. Der Johannisberg wäre just derjenige Berg, den ich mir überall nachkommen ließe."

DIE DREI GROSSEN „B"
PFÄLZER RIESLING-POWER

Das Anbaugebiet Mosel-Saar-Ruwer umfasst 11 200 Hektar Rebfläche. Auf 54 Prozent davon steht Riesling. Im Kernland des Rieslings, dem Rheingau, sind 79 Prozent der 3200 Hektar Weinberge mit dieser Rebsorte bestockt. Obwohl in der Pfalz, dem zweitgrößten deutschen Anbaugebiet, Riesling nur 21 Prozent Anteil hat, spielt diese Rebsorte auch im Pfälzer Weinbau die Hauptrolle. Alle Spitzenweingüter, darunter die drei großen „B" – Geheimer Rat Dr. von Bassermann-Jordan, Reichsgraf von Buhl und Dr. Bürklin-Wolf –, setzen auf Riesling.

An der Nahe und in Württemberg belegt Riesling jeweils rund ein Viertel der Rebflächen, in Rheinhessen, Deutschlands größter Weinbauregion, 10 Prozent. Obwohl der Rieslinganteil in Baden und Franken noch darunter liegt, tragen beide Regionen eigenständige, hochkarätige Gewächse zum deutschen Rieslingspektrum bei.

Die Rieslinge aus den verschiedenen Anbaugebieten unterscheiden sich in ihrem Charakter: „Der Rheingauer verbindet Kraft mit Rasse, der Badener kommt gewichtig daher wie ein Großbauer mit Brokatweste, wohingegen das Möselchen einer Filigranarbeit gleicht mit seiner blumigen sowie mineralischen Tönen grazil durchwobenen Finesse, selbstbewusst ist der Pfälzer und erdig gepolt der Franke", so formuliert es der Weinjournalist August F. Winkler.

Der Riesling wird weltweit von Weinexperten als die feinste weiße Rebsorte angesehen. Einen großen Riesling zu trinken ist ein „überwältigendes Erlebnis, das einen so heftig wie die Liebe auf den ersten Blick trifft" (Rieslingexperte Stuart Pigott). Aber was für eine Art Weißwein ist dieser so hoch gelobte Riesling eigentlich? Wie schmeckt er? Trocken oder süß? Leicht oder kräftig? Trinkt man ihn jung? Zu welchen Gerichten passt er?

Der Legende zufolge ist Schloss Johannisberg auch die Wiege der Riesling Spätlese. Nur mit persönlicher Erlaubnis des Fürstabts durfte die Weinernte beginnen. Einmal verspätete sich der Kurier des Abts – es war im Jahr 1775 –, so dass der Johannisberg bei seiner Ankunft voller fauler Trauben hing. Dennoch kelterten die Mönche das späte Lesegut für den eigenen Bedarf. Zu ihrer größten Überraschung schmeckte der Wein aus den vom Botrytis-Pilz befallenen edelfaulen Trauben köstlich. Die Spätlese war geboren. Zur Erinnerung an diese historische Begebenheit ziert ein Standbild des Spätlesereiters den Innenhof des Schlossweinguts.

Gerade die Fähigkeit, Weine diverser Spielarten in allen Süßegraden hervorzubringen, ist eine Besonderheit der Rieslingtraube. Sie liefert Weine von traumhafter Leichtigkeit bis zu atemberaubender Fülle, von knochentrocken bis edelsüß.

Knackige Pfirsich- und Apfelaromen, würziger Honigduft und frische, rassige Säure – das macht den Reiz eines Rieslings aus. „Freue Dich, Seele, jetzt kommt ein Platzregen", so hat Johann Wolfgang von Goethe das Glücksgefühl beschrieben, wenn man einen Riesling auf der Zunge spürt.

Jungen Riesling mit ausgeprägter Frucht und messerscharfer Säure zu Speisen zu empfehlen, ist nicht immer unproblematisch. Nach ein paar Jahren der Reifung auf der Flasche wirken die Aromen dezenter, die Säure weicher – und der Wein wird zum subtilen, eleganten Essensbegleiter.

Selbstverständlich ist ein Riesling je nach Anbaugebiet und Lage von ganz unterschiedlichen Frucht- und Mineralnoten geprägt. Besitzt er Restsüße, können sich Aromen, Süße und Säure wunderbar ergänzen und ausgleichen: Die Süße verstärkt die Aromen und nimmt zugleich der Säure ihre Schärfe. Dank der frischen Säure wirkt die Süße belebend.

Wer nur „trocken" zum Essen trinkt, erlegt sich beim Riesling eine bedauernswerte Selbstbeschränkung auf. Viele Rieslingweine mit feiner Restsüße lassen sich vorzüglich mit Gerichten kombinieren: ein Mosel-Kabinett zu Räucherlachs, eine Pfälzer Spätlese zu Gans, eine Rheingauer Auslese zu Wild.

Ein Höchstmaß an Vollkommenheit wird erreicht, wenn das Wechselspiel zwischen herbstlichen Frühnebeln und fast noch sommerlich-warmer Mittagssonne dem vollreifen Lesegut einen Botrytis-Befall beschert. Die dann entstehenden edelsüßen Riesling-Auslesen überfluten den Gaumen mit ihrer Fülle von Aromen und faszinieren mit der geradezu magischen Balance zwischen Honigsüße und erfrischender Säure. Zu einem köstlichen, fruchtigen Dessert oder anstatt eines Nachtischs serviert, garantieren sie ein großartiges süßes Finale. Mit ihren feinen Aromen und ihrer zarten Harmonie machen sie romantische Abende und meditative Momente unvergesslich.

Riesling besitzt die Fähigkeit, den Weinberg ins Glas zu bringen. Das macht seine Faszination aus.

DAS REBENIDEAL
KLEINBEERIG UND ERTRAGSSCHWACH

Spitzenwinzer wie Bernhard Breuer in Rüdesheim und Ernie Loosen in Bernkastel haben immer wieder betont, wie wichtig die Kleinbeerigkeit der Rieslingtrauben ist. Je kleiner die Beere, desto größer der Anteil der Schale, in oder unter der die Aromastoffe eingelagert sind. In ihren Weinbergen selektionieren sie Rebstöcke, die äußerst kleine Beeren und einen extrem niedrigen Ertrag hervorbringen, um daraus ihr Pflanzmaterial zu gewinnen. Ihr Credo: Je niedriger die Menge, desto höher die Qualität. Alte Rebstöcke, deren Ertragskraft langsam erlahmt, liegen diesen kompromisslos qualitätsorientierten Winzern besonders am Herzen.

Die Rieslingrebe kann aus dem Boden Mineralaromen ziehen. Mit extrem dichter Bepflanzung ihrer Weinberge zwingen die Top-Winzer ihre Reben, besonders tief zu wurzeln. Sie dringen damit in Gesteinsschichten vor, die für die Aromenbildung interessanter sind als Sand-, Löss- und Mergelauflagen. Die Arbeit der Winzer, das Streben nach Qualität, vollzieht sich in erster Linie im Weinberg, nicht erst im Keller. In dieser Hinsicht ist der Riesling das genaue Gegenteil von Chardonnay, dessen Charakter weniger durch den natürlichen Geschmack der Trauben

als vielmehr durch die Kellertechniken geprägt ist: Die großen Chardonnay werden „gemacht", während die exzellenten Rieslinge wachsen.

FRANKREICHS RIESLING-ENKLAVE DAS ELSASS

Für manche Weinliebhaber ist Riesling nur akzeptabel, wenn er aus dem Elsass kommt, dem einzigen Weinbaugebiet Frankreichs, wo die Rebsorte offiziell zugelassen ist. Sie nimmt dort rund 20 Prozent der Rebfläche ein. Tatsächlich schmecken die Elsässer Rieslingweine anders als die deutschen. Im Elsass bevorzugt man trockenen Riesling mit beträchtlich mehr Körper und kräftigem Alkohol (ohne weiteres 12 Vol.-%). Elsässer Riesling besitzt ein Blütenbukett, aber auch einen ausgeprägten goût de pétrol, der nicht jedermanns Sache ist. Immerhin scheinen die Deutschen die Elsässer Art zu mögen, denn mehr als die Hälfte des Rieslingexports geht in die Bundesrepublik.

Die Rieslingrebe ist anspruchsvoll. In den Grand-Cru-Lagen des Departements Haut-Rhin im hügeligen Südelsass kann sie sich verwirklichen. Am liebsten steht sie dort auf sandig-tonigem Lehm, der sich im Frühjahr rasch erwärmt. In den besten Weinbergen gehören Altenberg de Bergheim (Top-Erzeuger Gustave Lorentz), Brand (Albert Boxler, Zind-Humbrecht), Hengst (Josmeyer), Kastelberg (Marc Kreydenweiss), Kirchberg de Ribeauvillé (Trimbach), Kitterlé (Schlumberger), Osterberg (Trimbach), Rangen (Zind-Humbrecht) und Schoenenburg (Hugel).

Die spät gelesenen Vendanges tardives werden im Elsass aus vollreifen (nicht überreifen) Trauben erzeugt. Was Konzentration und Extrakt anbelangt, wirken sie geradezu majestätisch. Diese Spätlesen können vollkommen trocken oder mit Restsüße ausgebaut sein. „Die besten dieser Weine zeugen von höchster Kunst der Weinbereitung und bieten ebenso hinreißenden wie aufregenden Trinkgenuss", urteilt Elsass-Kenner Robert M. Parker.

Die Sélections de grains nobles (Beeren- und Trockenbeerenauslesen) gehören zu den süßen, raren und sündhaft teuren Tropfen der Elsässer Weinhierarchie.
Sie begeistern durch ihren üppigen Fruchtextrakt. Solche Süßweine erster Güte können ohne weiteres 20 bis 30 Jahre reifen.

VOM SCHÖNSTEN STÜCK DONAU RIESLING AUS DER WACHAU

Nicht nur an Mosel und Rhein, auch an der Donau wächst Riesling vom Feinsten. In der Wachau, dem landschaftlich beeindruckendsten Stück des engen Donautals zwischen Krems und Melk, steigen vom Flussufer steile Steinterrassen hoch bis zu den bewaldeten Kuppen auf 500 Meter Höhe. Auf dem steinigen Streifen zwischen Wasser und Wald finden sich die berühmtesten Weinberglagen Österreichs, aneinander gereiht wie die Edelsteine eines Kolliers: Steinertal, Loibenberg und Riede Schütt

in Loiben, Kellerberg in Dürnstein, Kaiserberg, Riede Klaus, Achleiten und Steinriegel in Weißkirchen, Tausend-Eimer-Berg, Singerriedel und Hochrain in Spitz. Kronjuwel der Wachau ist der Riesling, der dort auf verwitterten, oft eisenhaltigen Urgesteinsböden mit Gneis, Granit und Glimmerschiefer gedeiht.

Warme Luftmassen strömen aus der pannonischen Tiefebene durch das Donautal stromaufwärts bis in die Wachau, wo die Berge einen Schutzwall bilden, der hier und dort Einschnitte aufweist. Durch diese „Gräben" zieht kühlere Luft in das schmale Tal. So entsteht eine ständige Zirkulation von warmen und kühlen Luftströmen, die ganz besonders die Fruchtigkeit und Frische der Weine prägen. Sehr langsam und behutsam reifen Rieslingtrauben in diesem Mikroklima heran und können bis spät in den November hinein die süßende Kraft der Herbstsonne nutzen. So entstehen Weine von außergewöhnlicher Aromadichte mit starker mineralischer Prägung.

Wachauer Spitzenerzeuger sind Franz Hirtzberger (Spitz), Emmerich Knoll, Leo Alzinger, Dinstlgut (Unterloiben), F. X. Pichler (Oberloiben), Prager-Bodenstein (Weißenkirchen), Josef Jamek, Johann Schmelz (Joching) und die Freien Weingärtner Wachau (Dürnstein). Ihre Rieslingweine genießen Weltruf.

Die große Rieslinglage des benachbarten Kamptals ist der unter Naturschutz stehende Heiligenstein. Österreichs Starwinzer Willi Bründlmayer bewirtschaftet dort 8,5 Hektar. „Die hier wachsenden Rieslinge sind in ihrer Jugend sauber und klar, aber selten aufgeschlossen. Was in ihnen wirklich steckt, zeigen sie erst nach Jahren." Ein Vorzug der Weine sei, dass sie „im Alter kaum die rieslingtypischen (von vielen Rieslingtrinkern aber nicht gewollten) Petroltöne aufweisen". Außer Bründlmayer sind im Kamptal Ludwig Hiedler, die Gebrüder Jurtschitsch und Fred Loimer (alle Langenlois) als die besten Rieslingerzeuger zu nennen.

Auch im Kremstal erzeugen Topwinzer wie Gerald Malat in Palt, Sepp Moser in Rohrendorf, Martin Nigl und Franz Proidl in Senftenberg sowie Erich und Dr. Bertold Salomon in Krems-Stein Rieslinge der Extraklasse.

Qualitativ ist der Riesling Österreichs internationales Aushängeschild: In der Weißwein-Bestenliste des Falstaff-Weinguide 2003/2004 sind 13 von 33 Siegerweinen Rieslinge. Quantitativ ist die Rebsorte hingegen nur mit 2,5 Prozent Flächenanteil am österreichischen Weinbau beteiligt.

Obwohl sich die Rebsorte als anpassungsfähig erwiesen und in vielen Weinländern Europas und der Neuen Welt akklimatisiert hat, liefert Riesling bis heute in seinen historischen Anbaugebieten an Rhein, Mosel und Donau die besten Resultate. Ebenbürtig gesellen sich dazu Rieslingweine aus Südaustralien, insbesondere aus dem Clare Valley.

RIESLING – Ausgewählte Gerichte

Pfälzer Bauernterrine mit Feldsalat und Körnersenfschmant

(für 10 bis 12 Personen)

Zutaten grobes Brät:
100 g Schweinespeck
50 g Schweineschwarte
100 g Schweinebauch
150 g magere Schweineschulter
20 g grobes Salz

Zutaten Terrine:
150 g Schweineschulter
150 g Schweineleber
150 g Schalotten
1 Knoblauchzehe
50 g Butter
1 Bund Petersilie
1/4 l Riesling
100 g Kartoffeln
150 g Kastanien
2 Brötchen
1/4 l Milch
3 Eier
Salz, Pfeffer,
Majoran, Koriander,
Muskatnuss
100 ml Portwein
100 ml Weinbrand

Zutaten Feldsalat:
50 g Feldsalat pro Person
Weißburgunder-Essig (Weißwein-Essig)
kaltgepresstes Olivenöl
Limonensaft
Salz, Pfeffer

Zutaten Körnersenfschmant:
250 g Crème fraîche
50 g Pommery-Körnersenf
(grobkörniger Senf)
Salz, Pfeffer

Zubereitung grobes Brät:

Schweinespeck und Schweineschwarte durch die feine Scheibe des Fleischwolfs drehen. Schweinebauch und Schweineschulter in grobe Würfel schneiden, mit dem Salz vermengen und durch die grobe Scheibe des Fleischwolfs drehen. Beide Massen gut miteinander vermengen und kalt stellen.

Zubereitung Terrine:

Schweineschulter und Schweineleber in etwa 1,5 cm große Würfel schneiden, Schalotten fein hacken, Knoblauch fein schneiden. Butter in einer Pfanne erhitzen, Schweineschulterstückchen mit Schalotten und Knoblauch anbraten, mit Salz und Pfeffer würzen. Die Leberstückchen und Petersilie kurz hinzugeben. Alles aus der Pfanne nehmen und beiseite stellen.

Bratenfond mit dem Riesling ablöschen, über Fleisch und Leber gießen. Kartoffeln in zentimetergroße Würfel schneiden, in kochendem Salzwasser blanchieren, so dass sie noch Biss haben. Kastanien schälen, in kochendem Salzwasser so lange kochen, bis sich die braune Haut lösen lässt. Kastanien unzerkleinert beiseite stellen.

Brötchen in Milch einweichen, ausdrücken, mit den Eiern verrühren und unter das Schweinebrät geben. Die anderen vorbereiteten Zutaten ebenfalls untermengen, gut durcharbeiten, mit Salz, Pfeffer, Majoran, Koriander und Muskatnuss würzen, mit Portwein und Weinbrand abschmecken.

Terrinenform buttern, Masse einfüllen und gut andrücken, so dass keine Hohlräume entstehen. Heißluftbackofen auf 150 °C, konventionellen Backofen auf 160 °C vorheizen, Terrine im Wasserbad etwa 75 Minuten backen. Die Terrine ist fertig, wenn bei der Nadelprobe nichts an der Nadel hängen bleibt und die Nadel, nachdem sie 20 Sekunden in der Terrine war, warm ist. Terrine bei Zimmertemperatur abkühlen, über Nacht im Kühlschrank durchkühlen lassen.

Tipp: Terrinen sind aufwendig in der Herstellung und schmecken besser, wenn größere Mengen produziert werden. Sie sind ideal für größere Feste und Büfetts geeignet.

Zubereitung Feldsalat:

Feldsalat putzen, waschen und abtropfen lassen. Dressing aus Weißburgunder-Essig, Olivenöl und Limonensaft herstellen, mit Salz sowie Pfeffer würzen. Feldsalat anmachen.

Tipp: Der Weißburgunder-Essig mit Orangenblütenhonig von Georg Wiedemann, dem Essigdoktor aus Venningen/Pfalz, eignet sich hervorragend für dieses Gericht.

Zubereitung Körnersenfschmant:

Crème fraîche mit dem Senf verrühren und mit den Gewürzen abschmecken.

Anrichten:

Terrine in zentimeterdicke Tranchen schneiden und auf einen flachen Teller legen. Den Feldsalat ringsum anrichten, einen Esslöffel Körnersenfschmant auf dem Salat verteilen und mit 100 g frittierten Kartoffelwürfeln bestreuen.

Unser Kellermeister   Deidesheimer Leinhöhle Riesling Kabinett trocken
empfiehlt: Weingut Dr. Deinhard – Pfalz

Pfälzer Riesling zum Reinbeißen: Frisch, trocken, rassig und elegant – Charaktereigenschaften, die ihn zu einem erfrischenden Begleiter herzhafter Pfälzer Spezialitäten wie unserer deftig gewürzten Bauernterrine machen.

Dreierlei vom Kurpfälzer Spargel
(für 4 Personen)

*Pro Person 3 Porzellanteile,
die zusammen ein Arrangement bilden,
bereitstellen.*

Das Dreierlei vom Kurpfälzer Spargel setzt sich zusammen aus

Spargelschaumsuppe mit Spargelspitzen

Gebackenen Spargelspitzen auf bunter Kresse

Feinem Schaum von grünem Spargel

Unser Kellermeister **Eltviller Taubenberg Riesling Kabinett halbtrocken**
empfiehlt: **Freiherrlich Langwerth von Simmern'sches Rentamt – Rheingau**

Die würzig-süße Frucht des Rheingauer Rieslings nimmt die Süße des kurpfälzischen Spargels genüsslich auf: Der feinherbe Kabinett kommt aus einem der ältesten Familienweingüter der Welt, dem Rentamt der Freiherren Langwerth von Simmern in Eltville.

Dreierlei vom Kurpfälzer Spargel

(für 4 Personen)

Spargelschaumsuppe mit Spargelspitzen

Zutaten
Spargelschaumsuppe
mit Spargelspitzen:
3/4 l Gemüsefond
(siehe Grundrezept auf Seite 301)
8 Stangen weißer Spargel, geschält
(die Spargelschalen aufbewahren)
12 Stangen grüner Spargel, geschält
Salz
weißer Pfeffer aus der Mühle
0,2 l Sahne
2 Eigelb
4 Schnittlauchstängel

Zubereitung Spargelschaumsuppe mit Spargelspitzen:
Den Gemüsefond mit den Spargelschalen aufkochen, 3 Minuten ziehen lassen, dann durch ein Sieb passieren. Den weißen Spargel gemeinsam mit dem grünen Spargel (für die gebackenen Spargelspitzen und den feinen Schaum vom grünen Spargel) in der leise simmernden Brühe 10 bis 12 Minuten bissfest garen. Die Spargelstangen herausnehmen und mit einem kalten, feuchten Küchentuch abdecken.
Von dem Spargelfond 1/4 Liter abmessen und gemeinsam mit den grünen Spargelstangen für die Zubereitung der gebackenen Spargelspitzen und den feinen Schaum vom grünen Spargel aufbewahren.
Die weißen Spargelspitzen in etwa 5 cm lange Stücke schneiden und beiseite legen.
Die weißen Spargelstangen in zirka 2 cm große Stücke schneiden. Diese Abschnitte in einem Topf mit 1/2 Liter Spargelfond aufgießen, einmal aufkochen, danach 20 Minuten ziehen lassen, durch ein Sieb passieren und auf 0,3 Liter sanft reduzieren. Diesen Fond mit Salz und Pfeffer abschmecken und beiseite stellen.

Anrichten:
Den reduzierten Fond bis zum Siedepunkt erwärmen. Sahne und die Eigelbe verrühren, in die Suppe geben und kräftig aufschlagen. 8 weiße Spargelspitzen zu der Suppe geben, nochmals abschmecken und sofort in die vorgewärmten Suppentassen geben. Jeweils mit einem Schnittlauchstängel garnieren.

Gebackene Spargelspitzen auf bunter Kresse

Zutaten
gebackene Spargelspitzen:
2 Eier
50 ml Eiswasser
100 g Stärkemehl
Salz
weißer Pfeffer aus der Mühle
12 grüne Spargelspitzen (bereitgestellt)
1/2 l Sojaöl
50 g bunte Kresse

Zubereitung Spargelspitzen:

Das Eiweiß von 2 Eiern steif schlagen. Die Eigelbe und das Eiswasser mit dem Stärkemehl zu einem Teig verrühren. Das Eiweiß unterheben und mit Salz sowie Pfeffer würzen. 12 grüne Spargelspitzen in zirka 5 cm lange Stücke abschneiden, nacheinander in den Teig eintauchen und in 180 °C heißem Öl goldgelb backen.

Anrichten:

Die vorgebackenen Spargelspitzen nochmals kurz ins heiße Öl geben, herausnehmen und auf Küchenkrepp abtropfen lassen. Zusammen mit der bunten Kresse auf einer kleinen Platte anrichten.

Feiner Schaum von grünem Spargel

Zutaten
feiner Schaum
vom grünen Spargel:
1/4 l Spargelfond
12 grüne Spargelabschnitte
1/4 l Sahne
2 Blatt Gelatine
4 Kerbelzweige

Zubereitung feiner Schaum vom grünen Spargel:

Den Spargelfond mit den Spargelabschnitten aufkochen und ungefähr 10 Minuten köcheln lassen, bis der Spargel weich ist. Das Ganze durch ein Sieb passieren, mit Sahne verrühren und mit Salz sowie Pfeffer abschmecken.
Die Gelatine in kaltem Wasser etwa 5 Minuten einweichen, ausdrücken und zu dem heißen Spargelfond geben. Die Sahne zu dem abgekühlten Spargelfond geben und in eine Sahne-Syphonflasche abfüllen. Die Flasche 2 bis 3 Stunden im Kühlschrank kühlen lassen.

Anrichten:

Die Syphonflasche gut durchschütteln und den Inhalt in kleine Töpfchen sprühen und mit den Kerbelblättchen garnieren.

Arrangement:

Für jeden Gast die Suppentasse, die kleine Platte und das Töpfchen auf einem großen Teller zusammen anrichten und rasch servieren.

AUS DER CHINAKÜCHE:

Garnelen in Zitronensauce

(für 4 Personen)

Zutaten:

10 Riesengarnelen
zu je 120 bis 150 g
(mit Kopf und Schale)
2 EL Reiswein
1 EL weißer Reisessig
Pfeffer aus der Mühle
200 g rote Paprika
200 g gelbe Paprika
200 g Karotten
1/2 l Speiseöl
100 g Kartoffelstärke
1 TL fein gehackter Knoblauch
(ohne Keimling)
1 TL fein gehackte Ingwerwurzel
1 TL fein gehackter weißer Lauch
1/8 l Fischfond
(siehe Grundrezept auf Seite 301)
20 g Zucker
2 cl Zitronensaft
1 TL Sesamöl
1 TL weiße und schwarze Sesamkörner
2 EL Kartoffelstärke

Zubereitung:

Die rohen Garnelen von Kopf und Schale befreien. Die Garnelen mit einem Schnitt vom Rücken zum Bauch der Länge nach halbieren und dabei den schwarzen Darmfaden entfernen. Die Garnelen in einer Marinade aus Reiswein, Reisessig und Pfeffer aus der Mühle 1 Stunde marinieren. Paprika waschen, vom Stiel und Kerngehäuse befreien, die Frucht aufschneiden und in 1,5 cm große Würfel zerkleinern. Die Karotten schälen und mit einem Ziseliermesser der Länge nach 6 bis 7 Rillen in die Karotten ritzen, dann in 0,3 cm dicke Scheiben schneiden. Die Karottenscheiben sollen jetzt wie Blütenblätter aussehen.

In einem Wok von 30 cm Durchmesser das Speiseöl auf 190 °C erhitzen. Die Garnelen aus der Marinade nehmen, ringsherum mit Kartoffelstärke bepudern und nach und nach in dem heißen Öl 1 Minute frittieren. Danach beiseite stellen.

Die klein geschnittenen Paprika und Karotten in dem wieder aufgeheizten Öl 1 bis 2 Minuten frittieren. Das Gemüse, das nicht zu weich werden darf, beiseite stellen. Das Öl aus dem Wok abschütten.

2 EL frisches Öl im Wok erwärmen. Den Knoblauch, Ingwer und den Lauch kurz glasig dünsten. Den Fischfond mit Zucker, Zitronensaft, Sesamöl kurz zum Kochen bringen. Die 2 EL Kartoffelstärke mit 4 EL Wasser glatt rühren und damit den Fond abbinden. Nun die Garnelen sowie das Gemüse rasch hinzugeben und 1 Minute durchschwenken.

In China werden an dieses Gericht zum Abschluss nochmals 2 EL Öl gegeben, um der Sauce einen schönen Glanz zu verleihen.

Anrichten:

Das Gericht aus dem Wok auf eine vorgewärmte Platte geben.

Unser Kellermeister empfiehlt:	Wehlener Sonnenuhr Riesling Kabinett Weingut S. A. Prüm – Mosel

Moselriesling von großartiger Fülle und unvergleichlicher Delikatesse: S. A. Prüms Kabinett aus weltberühmter Lage mit dem Duft reifer Trauben und mineralischen Untertönen – erste Wahl zu den Garnelen nach Art der chinesischen Küche.

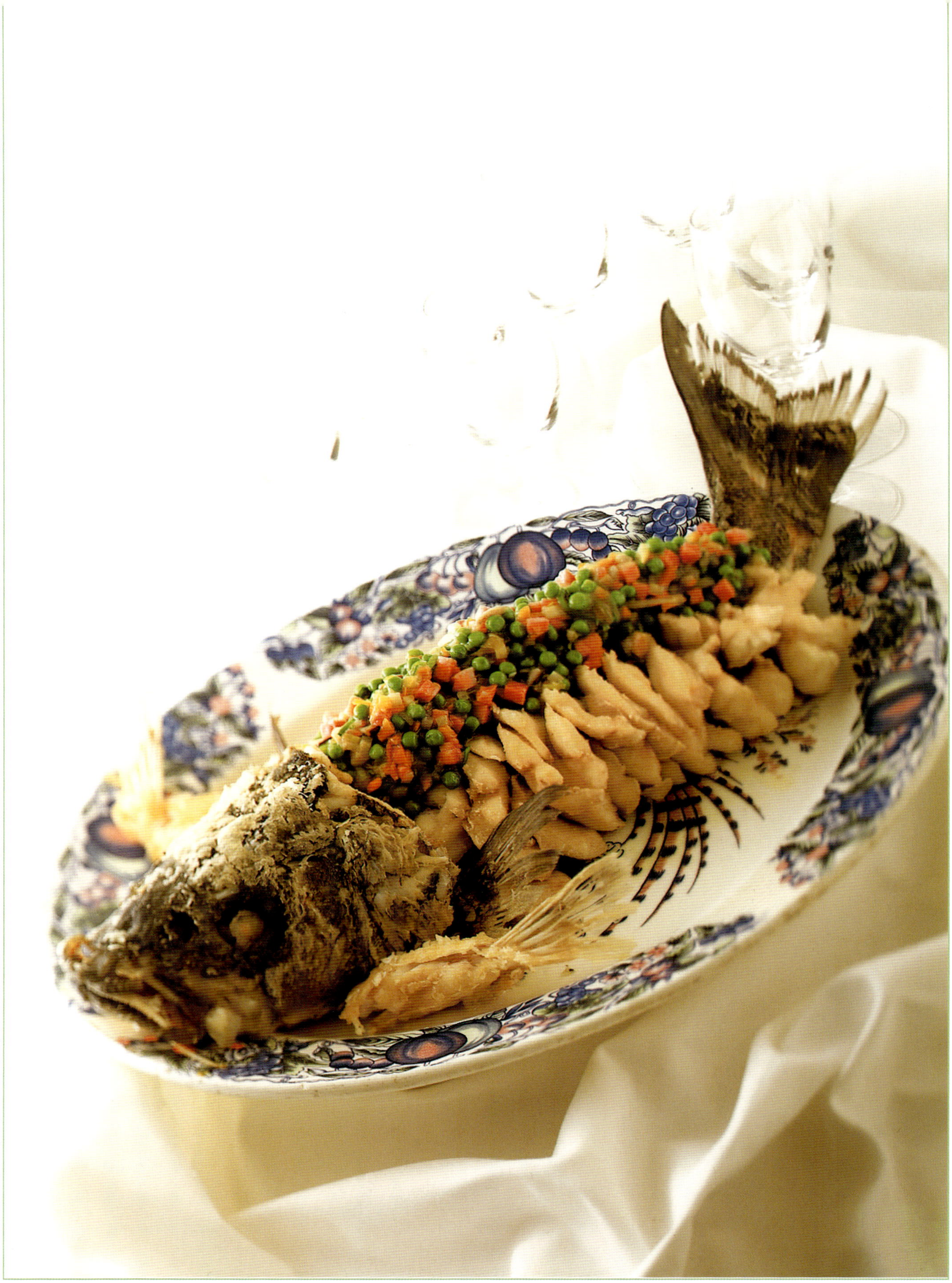

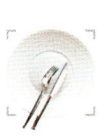

AUS DER CHINAKÜCHE:

Wolfsbarsch auf Eichhörnchenart
(für 4 bis 6 Personen)

Das Gericht entlehnt seinen Namen den Eichhörnchen im berühmten Tian-Tan-Park in Peking, in dem sich der Himmelstempel des Kaisers befindet. Der Fisch ähnelt infolge der speziellen Schneidetechnik und durch das Frittieren von Kopf und Schwanz diesen Eichhörnchen im Park.

Unser Kellermeister empfiehlt: Kirchspiel Westhofen Riesling „Großes Gewächs" trocken
Weingut Keller – Rheinhessen

Zum Wolfsbarsch aus der Chinaküche ein Spitzenriesling von Top-Erzeuger Klaus Keller. Das „Große Gewächs" besticht durch vielschichtige Aromen von Wildkräutern, Mineralien und komplexer Frucht. Keller darf sich zu den Besten zählen. Dreimal in Folge hat er den Riesling-Erzeugerpreis gewonnen.

Wolfsbarsch auf Eichhörnchenart

(für 4 bis 6 Personen)

Zutaten:

100 g Shiitakepilze
200 g Karotten
150 g frisch geschälte Erbsen
100 g Wasserkastanien aus der Dose, abgetropft
1,2 bis 1,4 kg Wolfsbarsch, ausgenommen, aber mit Kopf und Schwanz
1,5 l Erdnussöl oder Speiseöl
150 g Stärkemehl
50 g fein gewürfelte Zwiebeln
1 TL fein gehackter Knoblauch
1 TL fein gehackter Ingwer
1 EL fein gewürfelter weißer Lauch
2 cl weißer Reisessig
40 g Zucker
2 cl Reiswein oder heller trockener Sherry
3 EL indonesische Sojasauce Ketjap Manis
1/8 l Hühnerbrühe
1 EL Stärkemehl, aufgelöst in 2 EL kalter Hühnerbrühe

Zubereitung:

Die Shiitakepilze mit einem feuchten Tuch abreiben, die Stiele abschneiden. Die Pilzkappen in Würfel von 0,5 cm Kantenlänge schneiden.

Die Karotten schälen, der Länge nach in Scheiben und dann in Würfel von 0,5 cm Kantenlänge schneiden. Die Erbsen und Karotten in reichlich kochendem Salzwasser 5 Minuten blanchieren. Herausnehmen und mit eiskaltem Wasser abschrecken. Die Wasserkastanien in Würfel schneiden.

Den Wolfsbarsch unter fließendem kaltem Wasser mit dem Rücken eines stabilen Messers abschuppen (vom Schwanz zum Kopf). Sorgfältig abwaschen und trockentupfen. Den Fisch auf die Seite legen, den Kopf mit einem schweren, scharfen Messer am Übergang zum Körper vor den beiden Seitenflossen abtrennen. Den abgetrennten Kopf mit einem kräftigen Händedruck auf das Schädeldach flach drücken und beiseite stellen.

Den Fischkörper auf der Seite am Rückgrat entlang, jedoch ohne den Schwanz zu entfernen, einschneiden und die Filets von den Rückgratgräten befreien. Das Rückgrat am Schwanzsegment abtrennen und entfernen. Die Innenseiten beider Filets feinsäuberlich von allen Gräten befreien, die Mittelgräten mit einer kleinen Zange herausziehen. Die Fischfilets nun vorsichtig vom Schwanz her auf der Fleischseite schräg nach vorne zum Kopf bis auf die Haut einschneiden. Die Haut darf dabei nicht angeschnitten werden! Im Abstand von 2 cm Tranchen einschneiden. Danach wieder vom Schwanz bis zum Kopf das Fischfleisch über Kreuz im Abstand von 2 cm einschneiden. Beim zweiten Filet genauso verfahren. Danach sind zwei über Kreuz eingeschnittene Filets entstanden, die am Schwanzsegment zusammenhängen.

Eine große ovale Porzellanplatte im Backofen auf dem Rost bei 100 °C warm stellen. Einen Wok mit dem Öl auf 180 °C erhitzen.

Die Fischfilets jetzt mit einer Hand hochhalten und umstülpen, so dass das Fischfleisch die Außenseite bildet. Mit dem Stärkemehl die Filets auf beiden Seiten gut einpudern. Die beiden Filets mit der Hautseite nach unten in das heiße Öl des Wok eintauchen. Den Fisch 6 bis 8 Minuten goldbraun frittieren. Herausnehmen, gut abtropfen und auf die vorgewärmte Platte gleiten lassen. In den 75 bis 80 °C heißen Ofen stellen. Den Fischkopf genauso frittieren wie die Filets. Den frittierten Kopf auf der Platte an der alten Stelle an die Fischfilets anfügen. Das Öl aus dem Wok abschütten.

Im Wok 2 EL frisches Öl auf großer Flamme kurz erhitzen. Zwiebel, Knoblauch, Ingwer und Lauch darin glasig dünsten. Die Pilze, Erbsen, Karotten sowie die Wasserkastanien hinzugeben und gut durchschwenken. Aus dem Wok in eine Schüssel geben.

Reisessig, Zucker, Reiswein, Sojasauce sowie Hühnerbrühe im Wok aufkochen und mit der aufgelösten Stärke abbinden. Das Gemüse hinzugeben, kurz aufkochen. Wenn eine Sauce von besonderem Glanz gewünscht wird, noch 2 cl heißes Bratöl unterschwenken.

Anrichten:

Die Gemüsesauce über den Fisch gießen und sofort servieren.

In China wird dieses Gericht mitten auf den Tisch gestellt, und jeder Gast kann mit seinen Stäbchen ein Stück vom Fischfleisch abtrennen und essen.

Gefüllte Brust und Koteletts vom Spanferkel
mit geschmortem Wurzelgemüse und Stampfkartoffeln
(für 10 bis 12 Personen)

Zutaten Spanferkel:

1 kg Spanferkelbrust (ohne Knochen)
Salz, weißer und schwarzer grober Pfeffer
50 g fein gewürfelte Schalotten
25 g Butter
100 g fein gewürfelter Schinken
50 g fein gehackte Petersilie
6 Scheiben Toastbrot (ohne Rinde),
in Würfeln 10 x 10 mm
2 Eier zu je 40 g
250 g feines Kalbsbrät (vom Metzger)
1,8 kg Spanferkelrücken mit Schwarte
400 g Wurzelgemüse, grob gewürfelt
Kräuterbündel aus Rosmarin,
Thymian und Liebstöckel
30 g Schweineschmalz
1/2 l Fleischbrühe
2 EL Speisestärke

Zutaten Rieslingsauce:

1/4 l Riesling trocken
1 TL Zucker
2 Eigelb
2 EL gehackte Blattpetersilie

Zutaten Gemüse:

je 150 g Karotten, Sellerie,
Kohlrabi und Buschbohnen
20 g Schalotten, fein gewürfelt
25 g Butter
3 EL Fleischbrühe
Salz, weißer Pfeffer und
abgeriebene Muskatnuss
2 EL Bratenjus

Zutaten Stampfkartoffeln:

250 g mehlige Kartoffeln
Salz, weißer Pfeffer
50 g Butter
1/8 l süße Sahne
3 EL Semmelbrösel

Zubereitung Spanferkel:

In die Spanferkelbrust eine Tasche schneiden, mit Salz und Pfeffer gut einreiben. Schalottenwürfel in Butter glasig dünsten. Schinken, Petersilie und Weißbrotwürfel mit den Eiern vermengen. Das Kalbsbrät zugeben und gut durcharbeiten. Die Masse in die Brust füllen, mit Nadel und Wurstfaden zunähen. (Die Brust darf nicht zu prall gefüllt sein.)

Den Spanferkelrücken am Mittelgrat halbieren, von Sehnen, Rückgrat und flachen Rippen befreien. Die Schwarte kreuzweise einschneiden und mit Salz sowie schwarzem Pfeffer einreiben.

Wurzelgemüse mit Knochen, Sehnen und Flechsen in Schweineschmalz anbraten, Brust und Koteletts mit der Schwarte nach unten darauf legen. Mit dem Kräuterbündel 10 Minuten mäßig warm weiterbraten, dann das Fleisch umdrehen und die Fleischbrühe nach und nach angießen. Nach 35 Minuten die Koteletts entnehmen und bei 80 °C warm halten. Nach weiteren 30 Minuten die Brust entnehmen. Den Bratenfond durch ein Sieb passieren und mit angerührter Speisestärke binden. Vor dem Anrichten den Spanferkelrücken unter dem Backofengrill kurz knusprig bräunen.

Zubereitung Rieslingsauce:

Wein, Zucker und die Eigelbe über Wasserdampf schaumig rühren und bei mäßiger Hitze am Herdrand warm halten. Vor dem Anrichten die Petersilie zugeben.

Zubereitung Gemüse:

Das Gemüse schälen und in Rauten schneiden. In Salzwasser kurz blanchieren, mit Eiswasser abschrecken und abtropfen lassen. Schalotten in Butter glasig dünsten. Das Gemüse hinzugeben, Fleischbrühe angießen, mit Salz, Pfeffer und Muskat würzen. (Vorsicht: Das Gemüse nicht zu weich werden lassen!) Anschließend den Bratenjus zugeben.

Zubereitung Stampfkartoffeln:

Die Kartoffeln schälen, in grobe Würfel schneiden und in gesalzenem Wasser etwa 10 Minuten weich kochen (Messerprobe!). Das Wasser abgießen, die Hälfte der Butter zugeben und mit Pfeffer würzen. Sahne angießen. Die Kartoffeln mit einem Kartoffelstampfer zu grobem Brei stampfen und mit Salz sowie Pfeffer abschmecken. Die Semmelbrösel in der Pfanne anrösten, die restliche Butter hinzugeben, die Pfanne vom Herd nehmen. Mit einem in die Butterschmelze getauchten Esslöffel Nocken aus den Stampfkartoffeln heben.

Anrichten:

Das geschmorte Gemüse auf den Teller geben und eine Tranche der Spanferkelbrust daneben legen. Vom Spanferkelrücken ein Kotelett abschneiden und zusammen mit 2 Nocken Stampfkartoffeln daneben anrichten. Die Rieslingsauce und den Bratenjus um das Fleisch gießen. Ein Liebstöckelzweig dient als Garnitur.

Unser Kellermeister empfiehlt:

Freundstück Forst Riesling – BASF Exklusiv
„Großes Gewächs" trocken
Weingut Reichsrat von Buhl – Pfalz

Vor Kraft strotzend, von klarer Säure am kurzen Zügel geführt – die Riesling Spätlese aus dem Forster Freundstück, einer der besten Lagen der Mittelhaardt. Zum Spanferkel die richtige Wahl! Reichsrat von Buhl hat sein „Großes Gewächs" der BASF-Kellerei zum Alleinverkauf anvertraut: Erster Grand Cru der BASF.

Unser Kellermeister empfiehlt: **Forster Jesuitengarten Riesling Eiswein**
Weingut Geheimer Rat Dr. von Bassermann-Jordan – Pfalz

Dieser Riesling, bei klirrender Kälte gelesen und im gefrorenen Zustand gekeltert, liefert zum Dessert erfrischende Süße, ohne im geringsten pappig zu wirken: Der erste Eiswein, den Dr. von Bassermann-Jordan aus dem berühmten Jesuitengarten erzeugt hat.

Gratinierte Birne mit Pflaumen und Eis
auf Art des Gesellschaftshauses

(für 4 Personen, Eis für 10 bis 12 Personen)

Zutaten:
2 reife Williams Christbirnen
0,2 l Läuterzucker (dafür 0,1 l Wasser mit
140 g Zucker kalt mit dem Mixstab aufrühren,
bis sich der Zucker aufgelöst hat)

Zutaten Gratinmasse:
2 Eier
50 g Zucker
30 g Quark (20 % Fett)
1/2 Blatt Gelatine
100 g Sahne, steif geschlagen
2 EL Williams-Geist

Zutaten Eis:
1/2 l Milch
200 g Crème fraîche
275 g Zucker
1 Prise Salz
1 Vanillestange
16 Eigelb
200 g Dörrpflaumen
2 EL Cognac

Zutaten Sabayon:
5 cl Wein
2 Eigelb
40 g Zucker
1/2 Blatt Gelatine
100 g Sahne
2 EL Marc de Champagne

Zubereitung:
Die Birnen schälen, halbieren und die Kerngehäuse auslösen. Die Birnenhälften im aufgekochten Läuterzucker 5 Minuten bei 70 °C pochieren, den Topf vom Feuer nehmen und zugedeckt weitere 5 Minuten ziehen lassen. Die Birnen aus dem Sirup nehmen, auf einem Gitter abtropfen und auskühlen lassen. Den Sud aufbewahren.

Zubereitung Gratinmasse:
2 Eigelb und 25 g Zucker in einer Rührschüssel aus Metall im Wasserbad warm schlagen, bis sich der Zucker aufgelöst hat. Schüssel aus dem Wasserbad nehmen. Gelatine in 100 ml kaltem Wasser 5 Minuten einweichen, ausdrücken und der warmen Eimasse hinzufügen. Die Masse rühren, bis sie kalt ist. 2 Eiweiß und 25 g Zucker zusammen steif schlagen. Den Quark und die Eigelbmasse vorsichtig unter den Eischnee rühren. 15 Minuten in den Kühlschrank stellen. Danach die Sahne und den Williams-Geist behutsam unter die Gratinmasse heben. Mit einer Folie abdecken und im Kühlschrank beiseite stellen.

Zubereitung Eis:
Milch, Crème fraîche, Zucker, Salz, Mark der Vanillestange und die Eigelbe mit einem Schneebesen verrühren, bis sich der Zucker aufgelöst hat. Die Zutaten – wie bei der Gratinmasse – im Wasserbad rühren, bis sich die Masse erwärmt hat.
(Den Erwärmungspunkt prüfen, in der Fachsprache heißt dies: bis zur Rose abziehen. Dabei wird ein Kochlöffel in die Eimasse eingetaucht, herausgezogen und vorsichtig über die Rückseite des Löffels geblasen. Es sollte eine Formation entstehen, die einer Rose ähnelt. Bleibt diese Struktur einige Sekunden erhalten, dann hat die Masse die erwünschte Dickflüssigkeit erreicht.)
Die Masse sofort in eine kalte Schüssel gießen. Die Dörrpflaumen mit dem Läuterzucker, in dem bereits die Birnen lagen, aufkochen und 20 Minuten ziehen lassen. Die Pflaumen herausnehmen und abkühlen lassen, danach in 5 mm kleine Stücke schneiden und die Pflaumen zusammen mit dem Cognac in die Eismasse geben. Die Eismasse in einer Eismaschine unter Rühren gefrieren lassen.

Zubereitung Sabayon:
Den Wein mit den Eigelben und dem Zucker in einer Schüssel verrühren. Wasser in einem kleinen Topf zum Kochen bringen und die Schüssel mit der Sabayonmasse über Wasserdampf schaumig rühren. Die Gelatine in 100 ml kaltem Wasser 5 Minuten lang einweichen, ausdrücken und unter die warme Masse geben. Die Masse kalt rühren. Die steif geschlagene Sahne und den Marc de Champagne unterheben und zugedeckt kalt stellen.

Anrichten:
Die Gratinmasse in einen tiefen Teller geben. Die Birnenhälften in Fächer schneiden und in die Mitte des Tellers vorsichtig auf die Gratinmasse legen. Im Backofen unter der Grillschlange 3 bis 4 Minuten goldbraun gratinieren. Eine Kugel Eis neben die Birne setzen und mit dem Sabayon garnieren. Rasch servieren.

BASF-Geschichte ist Chemiegeschichte

Illuminiert bei Nacht – Die BASF-Skyline in Ludwigshafen.

Bevor der Rhein Deutschlands romantischer Strom wird, mit Loreley und Burgruinen, säumt er eine der imposantesten Industriekulissen der Welt. Auf fast 6 Kilometer Uferlänge ziehen sich die mehr als 200 Fabrikanlagen der BASF auf dem Werksgelände im Ludwigshafener Norden hin, illuminiert bei Nacht, unübersehbar am Tage. Hier, an ihrem Stammsitz, betreibt die BASF den weltweit größten zusammenhängenden Firmenstandort, den die Chemie kennt. Hier schlägt das Herz des Konzerns, der als das führende Unternehmen der Chemie gilt.

KLARES BEKENNTNIS ZUR CHEMIE

Die BASF oder, wie sie früher hieß, die Badische Anilin- & Soda-Fabrik hat sich in einem erstaunlichen Werdegang von der Teerfarbenfabrik der Gründerväter zum globalen Unternehmen entwickelt. 1865 von einer Gruppe Mannheimer Kaufleute und Bankiers um Friedrich Engelhorn in der Nachbarstadt Mannheim gegründet, hat der Konzern heute weltweit über 80 000 Mitarbeiter und Kunden in mehr als 170 Ländern. Die Produktpalette ist breit und reicht von Erdgas, Öl und Petrochemikalien über die Zwischenprodukte bis hin zu hochveredelten Chemikalien wie Kunststoffen und Pflanzenschutzmitteln.

Selbstbewusst bekennt sich die BASF zur Chemie. Der Anspruch „The Chemical Company" ist Teil des Firmenlogos. An der Spitze der weltweiten Chemiebranche will das Unternehmen auch in Zukunft stehen. In seiner Strategie hat es sich deshalb auf die Fahnen geschrieben, den Unternehmenswert weiter zu steigern, seine Kunden durch enge Partnerschaft und intelligente Lösungen erfolgreicher zu machen, das beste Team der Industrie zu bilden und im Sinne einer nachhaltig zukunftsverträglichen Entwicklung zu wirtschaften.

INNOVATIONEN IM VERBUND

Die BASF ist bei globaler Präsenz der Chemiekonzern mit der größten Produktpalette der Welt. Zu den wichtigsten Abnehmern für ihre rund 8000 Verkaufsprodukte zählen andere Chemiefirmen und Autohersteller, Energieversorger, Landwirtschaft und Bauindustrie. Darüber hinaus zählt sie Firmen aus den Bereichen Gesundheit, Ernährung und Kosmetik, aus der Elektronikbranche, der Textil-, Papier- oder der Verpackungsindustrie und vielen anderen Industrien zu ihren Kunden. Mit innovativen Produkten und Lösungen treibt die BASF die Entwicklung in ihren Kundenbranchen mit voran. Von rund 300 Basisprodukten im Baukasten der Chemie, die in überschaubarer Zeit als unentbehrlich gelten, stellt der Konzern zwei Drittel her – oft nach einem international führenden technischen Verfahren, das ihm zugleich die Kostenführerschaft sichert. Aber nicht nur auf die Produkte, sondern auch auf die Produktionsverfahren kommt es an, wenn ein Unternehmen mit Chemie erfolgreich Geld verdienen will. Möglichst effizient müssen Rohstoffe und Energie verwertet werden. Mit ihren hoch entwickelten, oft weltweit führenden Verfahren kann die BASF die eingesetzten Ressourcen besonders gut nutzen und erzielt dadurch wichtige Kostenvorteile im Wettbewerb. Eine ihrer herausragenden Stärken ist dabei der Verbund – ein BASF-Begriff, der in den englischen Sprachgebrauch eingegangen ist. Im Verbund sind die Produktionsanlagen miteinander verknüpft. Die Nebenprodukte des einen Betriebs dienen dem anderen Betrieb als Ausgangsstoffe, frei werdende Wärme wird in Dampf umgewandelt, der anderen Betrieben als Energieträger zur Verfügung steht. Ein dichtes Netz von Rohrleitungen gehört deshalb zu den Merkmalen, die Besuchern eines Standorts der BASF zuerst auffallen.

Nach dem kostensparenden und umweltschonenden Verbundprinzip, das auf das historisch gewachsene Produktionsnetz in Ludwigshafen zurückgeht, arbeiten die großen Verbundstandorte der BASF in Antwerpen (Belgien), in Geismar und Freeport (USA) und in Kuantan (Malaysia), ab 2005 gefolgt von Nanjing (China). Der Verbundgedanke hat die BASF weit über die Produktion hinaus geprägt. Wissen und Erfahrung der Mitarbeiter bilden einen „Verbund der Köpfe", und auch für die Beziehungen zu den Kunden ist der Verbund die Leitidee.

PIONIERTATEN DER CHEMIE

Mit Pioniertaten der Chemie hat die BASF den Fortschritt in vielen Lebensbereichen mit vorangetrieben. Sie war und ist Schrittmacher bei der industriellen

Modernes Energiemanagement im Blockheizkraftwerk Limburgerhof.

Forschen im Team: Wissenschaftler bei gemeinsamer Projektarbeit.

Wasserdichte Textilien aus der BASF-Forschung: Partnerschaft mit Kunden führt zu innovativen Lösungen.

BASF-Schichtarbeiter im malaysischen Kuantan.

Pigmentforschung unterm Zuckerhut: Chemielaborant in Brasilien.

Umsetzung der Erkenntnisse der Chemie, dieser „Wissenschaft von den Stoffen, die es noch nicht gibt" (Matthias Seefelder). Zum Siegeszug der Farbstoffe trug einst das Indigo-Blau bei, das nach einem legendären Forschungswettkampf, bei dem die BASF das gesamte Grundkapital einsetzte, rund um den Erdball die Blue Jeans färbte. Nach dem Prinzip des Haber-Bosch-Verfahrens arbeiten die meisten Düngemittelfabriken der Welt. Fritz Haber und Carl Bosch entwickelten bei der BASF dieses Verfahren, das unter hohem Druck den Stickstoff der Luft zur Synthese von Ammoniak nutzt. Dieser berühmte „Griff in die Luft" trug Fritz Haber und dem Chef der Badischen Anilin- & Soda-Fabrik, Carl Bosch, den Nobelpreis ein. Die damals gewonnenen Erfahrungen mit der Hochdrucktechnik führten zu Synthesebenzin und dem synthetischen Kautschuk „Buna". Das erste Magnetophonband der Welt, 1934 in Ludwigshafen erfunden, hat die Welt von Audio und Video erschlossen. Im Schaumstoff Styropor, den die BASF 1951 auf den Markt brachte und dessen Auftriebskraft schon gesunkene Schiffe wieder an die Meeresoberfläche hob, ließ der Pariser Louvre seine „Mona Lisa" nach New York reisen, und Sir Edmund Hillary verpackte in ihm die Blutkonserven für seine Himalaja-Expedition. Wärmedämmstoffe, kombiniert mit kluger Gebäudetechnologie und Energieerzeugung, ermöglichen heute das „Drei-Liter-Haus", das für Heizzwecke jährlich nur noch drei Liter Heizöl pro Quadratmeter verbraucht.

Auf vielen Feldern tragen Innovationen zu mehr Lebensqualität und zu einem besseren Schutz von Umwelt und Ressourcen bei – zum Beispiel UV-Filter für Sonnencremes, die noch besser schützen, Pflanzenschutzmittel, die die Umwelt schonen, oder Kunststoffe, die biologisch abbaubar sind.

Mancher Baustein verschwindet auch aus dem Portfolio-Gebäude, das die BASF mit dem Ziel einer besseren Marktposition und höherer Rentabilität stetig umbaut. Käufe und Verkäufe schärfen seit Jahren das BASF-Profil. Allein in den 12 Jahren von 1992 bis 2004 hat die BASF Geschäftsfelder in Volumen von jeweils 11 Milliarden Euro zugekauft und verkauft.

AKTIVITÄTEN RUND UM DEN ERDBALL

Seit den sechziger Jahren des vergangenen Jahrhunderts erschloss die BASF neue Geschäftsfelder – bei Farben und Lacken, dann bei Pharmazeutika, Vitaminen,

Spezialkunststoffen – und entwickelte sich zugleich mit großen Schritten zu einem globalen Unternehmen. Die 100-Jahr-Feier war kaum verklungen und mit ihr die Fuge b-a-es-f-a-g-, die ein berühmter Orgelmeister in Ludwigshafen intoniert hatte, als die BASF die im US-Bundesstaat Michigan ansässige Wyandotte Chemicals erwarb. Mit diesem Werk betrieb sie als erste große deutsche Chemiegesellschaft eine eigene Produktion in den Vereinigten Staaten. Ihre Rohstoffbasis hatte die BASF schon sehr früh von Kohle auf Erdöl umgestellt. Der Erwerb der Wintershall-Gruppe trug zur Sicherung dieses wichtigen Ausgangsstoffs bei und verringerte die Abhängigkeit von den Schwankungen am Rohstoffmarkt. Seither verfügt die BASF über eine eigene Öl- und Gassparte und kann so die Auswirkungen hoher Öl- und Gaspreise auf das Chemiegeschäft auffangen.

Darüber hinaus nutzt die BASF durch die Kooperation mit der russischen Gazprom, dem größten Erdgasproduzenten der Welt, das Zukunftspotenzial des Energiegeschäfts. Der Sprung nach Asien ist ein weiteres zukunftsweisendes Investment des Konzerns. Ein Großteil der Investitionen in diesem Erdteil entfällt auf China, wo die Chemie als wichtiger Träger der wirtschaftlichen Entwicklung gilt. In Nanjing entsteht einer der größten Verbundstandorte der BASF, der das Geschäft des Konzerns mit seiner mehr als 100-jährigen Tradition im China-Handel bis weit in das neue Jahrtausend hinein absichern soll. Die BASF investiert weltweit in Wachstumsmärkte – zusammen mit lokalen Partnern, die mit den jeweiligen wirtschaftlichen und kulturellen Gegebenheiten vollkommen vertraut sind, denn bei der BASF weiß man: Ein Investment in Wachstumsmärkte birgt Risiken. Aber es wäre noch riskanter, es erst gar nicht zu wagen.

FÜR DIE ZUKUNFT UNSERER KINDER

Möglichst weit in die Zukunft zu blicken und für den langfristigen Erfolg zu arbeiten – das ist typisch für die BASF. Deshalb strebt das Unternehmen danach, den wirtschaftlichen Erfolg mit dem Schutz der Umwelt und gesellschaftlicher Verantwortung zu verbinden. Durch diese Ausrichtung am Leitbild des nachhaltigen zukunftsverträglichen Wirtschaftens will die BASF dazu beitragen, die Zukunft lebenswert und erfolgreich zu gestalten. Dazu dienen die weit über gesetzliche Vorschriften hinausgehenden Umwelt- und Sicherheitsziele, denen sich das Unternehmen weltweit freiwillig unterwirft, aber auch das soziale und kulturelle Engagement im Umfeld seiner Standorte. Dabei sucht die BASF den offenen Dialog. Der Konzern will kein abgeschottetes Eigenleben führen, sondern sich der Gesellschaft breit öffnen. Die BASF will ein guter Partner sein.

Ein Lächeln für die Sicherheit: Werkschützerin in den Staaten.

KALIFORNIEN

BORDEAUX

CHILE

TOSKANA

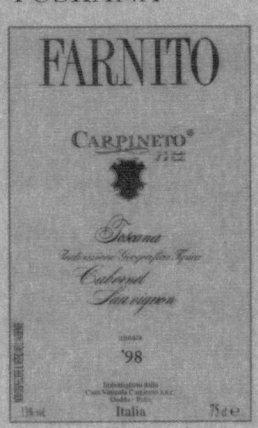

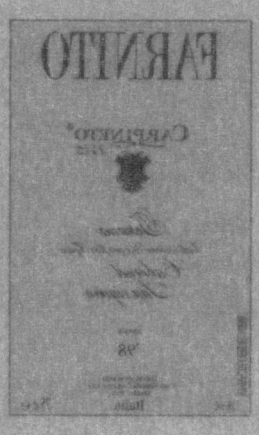

CABERNET SAUVIGNON

CABERNET SAUVIGNON

Der Globetrotter aus Bordeaux

Cabernet Sauvignon, die berühmteste Rotweintraube der Welt, ist in Bordeaux zu Hause. Von hier, von den großen Bordelaiser Châteaux aus, hat sie ihren Siegeszug in andere französische Anbaugebiete und in die meisten Länder der Alten und Neuen Welt angetreten. Heute ist sie die am weitesten verbreitete Spitzenrotweinsorte überhaupt.

Ihre Abstammung lag lange Zeit im Dunkeln. Das im 17. Jahrhundert gebräuchliche Synonym Bidure nährte die Vermutung, dass es sich bei Cabernet Sauvignon um einen direkten Nachfahren der Biturica-Rebe handeln könnte, die Plinius im 1. Jahrhundert nach Christus in seiner „Naturalis Historia" beschrieben hat. Die Rebenforscher Bowers und Meredith von der University of California in Davis entschlüsselten 1997 das Geheimnis: Mit Hilfe der DNA-Analyse wiesen sie nach, dass Cabernet Franc und Sauvignon Blanc die Eltern des Globetrotters sind. Zu der Kreuzung ist es in Mischpflanzungen gekommen, die früher in den Bordelaiser Weinbergen üblich waren.

Ende des 18. Jahrhunderts fasste die Rebsorte im Médoc Fuß. Sie hatte ihre Einführung Baron Hector de Brane, dem damaligen Besitzer von Château Mouton, und seinem Nachbarn, Armand d'Armailhacq, zu verdanken. Dieses Verdienstes wegen wurde de Brane von seinen Zeitgenossen „Napoleon der Reben" genannt.

PRESTIGETRÄCHTIGER ROTWEIN MIT RÜCKGRAT UND CHARAKTER

In Bordeaux, wo sich Cabernet Sauvignon als Rückgrat der prestigeträchtigsten Rotweine der Welt über Jahrhunderte höchste Reputation erworben hat, sucht man seinen Namen auf den Weinetiketten vergebens. Die Rebsorte muss in ihrer Hochburg hinter der Herkunft und dem Erzeuger zurückstehen – durchaus verständlich, wenn man bedenkt, welches Image eine Herkunft wie die Médoc-Appellation Pauillac besitzt, ganz zu schweigen von dem Prestige eines der Pauillac-Schlösser als Erzeuger: Château Mouton-Rothschild gibt es nur einmal auf der Welt. Cabernet Sauvignon tritt im Bordelais so gut wie nie als Solist, sondern immer in Begleitung anderer Rebsorten auf, vorzugsweise gemeinsam mit Merlot und Cabernet Franc, zu denen sich zuweilen noch Pétit Verdot und Malbec gesellen. „Erst im perfektionierten Zusammenspiel erklingt die Musik, die Feinsinnige entzückt" (Weinjournalist Stefan Keller).

Einer der größten Vorzüge der Cabernet-Sauvignon-Traube ist ihre Fähigkeit, Rotweinen Struktur und Charakter zu verleihen, und zwar nicht ausschließlich nach dem Médoc-Vorbild, bei dem Cabernet Sauvignon in der Regel mit mehr als 70 Prozent dominiert. In den Bordeaux-Appellationen St-Emilion und Pomerol am rechten Ufer von Gironde und Dordogne, wo Merlot und Cabernet Franc den Ton angeben, zeigt sich, dass Cabernet Sauvignon auch als Juniorpartner seinen Beitrag leistet. Auf den Tonböden von Pomerol spielt die Rebsorte mit einem Anteil von 5 Prozent freilich nur eine untergeordnete Rolle.

Im Weinberg, vor allem bei jungen Pflanzungen, fällt die Cabernet-Sauvignon-Rebe durch ihr schier unbändiges Wachstum auf. Die Trauben sind mittelgroß und dicht mit dunkelblauen, dickschaligen Beeren besetzt. Selbst in voller Reife schmecken sie nicht einladend. Die Tannine, die beim Zerbeißen der Schale Zunge und Gaumen gerben, sind zu markant, als dass sie von den Cassis- und Schoko-Tönen im Zaum gehalten werden könnten.

Dank ihrer begrenzten Erträge und ihres reichen Gerbstoffgehalts bringt die Rebsorte hochklassige, langlebige Rotweine hervor. Unverwechselbar ist der an Schwarze Johannisbeeren und Zigarrenkisten erinnernde Duft. Die eigentliche Attraktivität des Cabernet Sauvignon liegt nicht so sehr in den primären Fruchtaromen, sondern in der Fülle, Feinheit und Komplexität der Aromen, die sich während der langen Reifezeit im Fass und in der Flasche herausbilden.

IM MEDOC GIBT ES KEINE REIFEGARANTIE

Cabernet Sauvignon ist eine spätreifende Rebsorte. In unseren Breiten braucht sie die besten Terroirs, um voll auszureifen, sonst schmeckt der Wein grasig und nach grünem Paprika. Nur aus vollreifen Trauben entstehen tieffarbene, von weichen Tanninen geprägte, vielschichtige Weine.

Selbst im klassischen Cabernet-Sauvignon-Gebiet, dem Médoc, wo die Reben auf den für sie idealen wasserdurchlässigen Kiesböden in einem vom Golfstrom beeinflussten maritimen Klima wachsen, gibt es keine Reifegarantie. Der oft recht streng und kantig ausfallende Cabernet Sauvignon braucht die weiche, fleischige Merlot-Traube als Verschnittpartnerin. Cabernet Franc, der früher reift, ist eine zusätzliche Versicherung für den Fall, dass ein kühler, regnerischer Herbst das Ausreifen des Cabernet Sauvignon verhindert. Petit Verdot, die am spätesten reift, sorgt für die Würze.

Die Kunst der Assemblage, des Mischens mehrerer Traubensorten, wird in Bordeaux seit Jahrhunderten perfektioniert. Die Kreation der Jahrgangs-Cuvée ist selten l'art pour l'art, sondern zumeist ein schöpferischer Kraftakt, der den Regisseuren und Kellermeistern der Châteaux ihr ganzes Können abverlangt, hauptsächlich wenn es darum geht, auch in schwierigen Jahren einen guten

Cabernet Sauvignon sei zwar vorstellbar, ihm würde aber etwas fehlen: „Ein wenig das Fett des Merlot, der Schub von Gewürztönen des Petit Verdot und die Phantasie." Cabernet Sauvignon pur sei etwas zu ernst, zu geradlinig, zu sehr vornehm und fein. Sein Reiz sei die aromatische Finesse, die Mischung aus floralen Noten wie Rosen und Veilchen und die Aromen roter und schwarzer Früchte.

Mit weltweit 140 000 Hektar Rebfläche steht Cabernet Sauvignon auf Platz sieben der Rebsorten-Rangskala. Seiner globalen Verbreitung standen und stehen Skeptiker distanziert, ja ablehnend gegenüber. Die einen sprechen von „Cabernitis" wie von einer Krankheit, die all die schönen Rotweine dieser Welt zu befallen und ihrer Eigenständigkeit zu berauben droht, die anderen trauen den Ländern der Neuen Welt mit ihren warmen Klimaten zwar gute, aber eben keine großen Cabernets zu, zumindest keine langlebigen und über Jahrzehnte entwicklungsfähigen, wie sie Bordeaux fraglos hervorbringt.

ROTHSCHILDS BRÜCKENSCHLAG IN DIE NEUE WELT

Einer der Visionäre in Bordeaux und ein ganz großer Bewunderer des Cabernet Sauvignon hat frühzeitig den Brückenschlag in die Neue Welt gewagt: Baron Philippe de Rothschild. Während andere noch vor Schreck erstarrten, als Warren Winiarski 1976 mit seinem Stag's Leap Cabernet Sauvignon aus dem Napa Valley bei einer Blindverkostung französischer und kalifornischer Spitzenweine in Paris den Sieg davontrug – der Time war dieser Triumph eine Titelstory wert –, hatte der Baron schon 6 Jahre zuvor mit Robert Mondavi auf Hawaii über ein gemeinsames Weinprojekt gesprochen. Schon bei diesem ersten Kontakt stellte Philippe de Rothschild klar, dass es dabei primär nur um einen Wein, nämlich Cabernet Sauvignon, gehen könne.

Baron Philippe galt in der Verfolgung seiner Interessen als unbeirrbar. Als er, gerade 21 Jahre alt geworden, Château Mouton-Rothschild 1922 von seinem Vater übernahm, hatte er es sich zur Lebensaufgabe gemacht, die scheinbar unverrückbare Klassifizierung von 1855 zugunsten von Mouton-Rothschild zu verändern. Er schaffte das Unmögliche. Am 21. Juni 1973 wurde das Château offiziell vom Deuxième zum Premier Grand

oder sogar sehr guten Wein abzuliefern. Im Schnitt sind von 10 Jahrgängen 3 hervorragend, 3 schlecht, und der Rest liegt irgendwo dazwischen.

Die Rebsortenanteile in den Cuvées können von Jahrgang zu Jahrgang stark variieren. Von Charles Chevallier, dem Direktor der Domaines de Rothschild, erfahren wir, dass es „für die optimale Zusammenstellung eines Lafite keine Logik gibt". So sei zum Beispiel der 1994er ein nahezu sortenreiner Cabernet Sauvignon gewesen, dem man nur 1 Prozent Petit Verdot beigegeben habe. Dagegen steckten im 1995er 70 Prozent Cabernet Sauvignon, 23 Prozent Merlot und 7 Prozent Cabernet Franc, und 1997 habe man 90 Prozent Cabernet Sauvignon und 10 Prozent Merlot assembliert.

Paul Pontallier von Château Margaux plädiert dafür, dass man „Cabernet Sauvignon als Werkzeug sieht und nicht zu stark in den Vordergrund rückt". Ein sortenreiner

Miro, Pablo Picasso, Andy Warhol, John Huston und Niki de Saint Phalle. Damit machte er die Mouton-Flasche zum Sammlerobjekt.

OPUS ONE: DER WEIN DER VISIONÄRE

Baron Philippe Rothschilds Tochter Philippine, die seit seinem Tod für das Weinimperium verantwortlich ist, erweist sich „höchst tüchtig in der Wahrung seines Erbes" (Robert M. Parker). Souverän führt sie auch das Joint Venture weiter, das ihr Vater 1978 mit Robert Mondavi eingegangen ist: das franco-amerikanische Weinprojekt Opus One. Dieser „Wein der Visionäre", von dem die Flasche heute rund 200 Euro kostet, kann mit der jährlich erzeugten Menge von 360 000 Flaschen die weltweite Nachfrage bei weitem nicht erfüllen.

Es ist amüsant, aus Robert Mondavis Autobiographie „Harvests of Joy" zu erfahren, wie 1978 die Vereinbarung zustande kam. Der Baron hatte den Kalifornier nach Pauillac eingeladen. Auf einen Tag näheren Kennenlernens folgte ein intimes Abendessen in der Schlossbibliothek, bei dem kein Wort über das gemeinsame

Cru Classé befördert: Der erste und bisher einzige Aufstieg im Médoc-Classement in 150 Jahren.

Wie tief der Stachel saß, Zweiter zu sein, wusste jeder, denn der Baron schrieb es aufs Etikett: «Premier ne puis, second ne daigne, Mouton suis.» („Erster darf ich nicht sein, Zweiter mag ich mich nicht nennen, ich bin Mouton.") Nachdem er 1973 Genugtuung erhalten hatte, änderte er den Aufdruck: «Premier je suis, second je fus, Mouton ne change.» („Erster bin ich, Zweiter war ich, Mouton bleibt sich treu.")

Baron Philippe verstand es, virtuos wie kein anderer, auf der Marketingklaviatur zu spielen. So überraschte er Bordeaux Mitte der 1920er-Jahre mit dem Vorschlag, dass alle Premiers Crus, und natürlich auch Mouton-Rothschild, ihre Weine als Schlossabzug selbst abfüllen sollten. 1930 führte er einen Zweitwein ein, aus dem sich der Mouton-Cadet, der erfolgreichste Bordeaux-Markenwein, entwickelte. Fortune hatte er ebenfalls mit der nach 1945 verwirklichten Idee, Jahr für Jahr einen Künstler von internationalem Rang den oberen Teil des Mouton-Etiketts gestalten zu lassen, darunter Berühmtheiten wie Jean Cocteau, Salvador Dalí, Henry Moore, Marc Chagall,

Projekt gesprochen wurde. Erst bei der Verabschiedung lud Baron Philippe Robert Mondavi zu einer geschäftlichen Besprechung am nächsten Morgen ein. Der Baron empfing seinen Gast jedoch nicht im Büro, sondern im prunkvollen Schlafgemach, auf dem Bett liegend, angetan mit seidenem Morgenrock und bestickten Pantoffeln. Binnen zweier Stunden erarbeiteten die beiden das Konzept eines gemeinsamen Weinguts im Napa Valley, das mit einer Cabernet-Sauvignon-Cuvée nach Médoc-Vorbild reüssieren sollte. 1984 wurden die beiden ersten Jahrgänge, 1979 und 1980, vorgestellt – mit einem Preis pro Flasche von 50 Dollar damals teurer als jeder andere kalifornische Wein. Der erste Spatenstich zu der von den Stararchitekten Johnson, Fain & Pereira konzipierten Winery erfolgte erst 1989, 1 Jahr nach dem Tode des Barons. Im Weingut Opus One manifestiert sich auch architektonisch der gelungene Brückenschlag zwischen der alten und der neuen Weinwelt. Beim 150-jährigen Bestehen von Mouton-Rothschild, das während der Vinexpo 2003 im Bordeaux begangen wurde, begrüßte die Baroness Bob Mondavi, der wenige Tage zuvor seinen 90. Geburtstag feiern konnte, als ihren Ehrengast.

Dieses Joint Venture ist übrigens bei beiden Partnern nicht das einzige geblieben. So erzeugt Mouton-Rothschild gemeinsam mit Cocha y Toro in Chile den Kultwein Almaviva und Robert Mondavi gemeinsam mit Eduardo Chadwick die Spitzencuvée Sena, ebenfalls in Chile. In Australien haben Robert Mondavi und Rosemount-Estate-Gründer Robert Oatley das Kirralaa-Projekt realisiert, und die toskanischen Tenuta dell'Ornellaia ist eine Kooperation zwischen Mondavi und Marchesi de' Frescobaldi.

Opus One stellt sich im Jahrgang 2000 als eine Cuvée dar aus 84 Prozent Cabernet Sauvignon, 6 Prozent Merlot, 5 Prozent Cabernet Franc, 3 Prozent Malbec und 2 Prozent Petit Verdot. Der Wein wurde 19 Monate in neuen französischen Barriques ausgebaut. Zum Vergleich: In Robert Mondavis Napa Valley Cabernet Sauvignon Reserve unfiltered stecken 85 Prozent Cabernet Sauvignon, 10 Prozent Cabernet Franc, 2 Prozent Merlot, 2 Prozent Petit Verdot und 1 Prozent Malbec. In Kalifornien ist es üblich, bei Rebsortenweinen den über die vorgeschriebenen 85 Prozent hinausgehenden „Freiraum" zu nutzen, um den Varietals durch die Zugabe oft nur kleiner Mengen anderer Trauben das besondere Etwas zu geben. Da man sich um die Traubenreife keine Sorgen zu machen braucht, kann der wine maker seine ganze Kreativität in die Assemblage einbringen.

Spitzenerzeuger wie Robert Mondavi, Joseph Phelps, Shafer, Stag's Leap Wine Cellars und nicht zuletzt Baron Philippe de Rothschild haben das Napa Valley zu einer klassischen Cabernet-Sauvignon-Region gemacht. Joe Phelps phantastischer Cabernet Sauvignon vertritt die kalifornischen Farben im BASF-Angebot.

In Chile wachsen großartige Cabernet Sauvignons im Colchagua Valley – die BASF-Kellerei bietet sowohl den von Terra Noble als auch die Gran Reserva der Casa La Joya an –, im Maipo-Tal, wo der international bejubelte „Almaviva" von Concho y Toro & Mouton-Rothschild entsteht (ebenfalls im BASF-Programm), und im Anconcagua-Tal, wo Eduardo Chadwick und Robert Mondavi ihre wuchtige Spitzencuvée „Sena" aus Cabernet Sauvignon und Carmenère erzeugen. Der Cabernet Sauvignon Ninquén aus der „Mountain-Top"-Lage des chilenischen Weinguts MontGras ist bei Mundus Vini, dem einzigen in Deutschland verliehenen internationalen Weinpreis, mit „Großem Gold" als „bester Überseewein" ausgezeichnet worden.

Die Bodegas Etchart, im Besitz von Pernod-Ricard, erzeugen auf dem Hochplateau von Cafayate im Norden Argentiniens in 1750 Meter über dem Meeresspiegel einige der besten Weine des südamerikanischen Kontinents, so den Cabernet Sauvignon Privado und den Estate-Wein Arnoldo B. Etchart Reserva (beide stehen auf der BASF-Weinliste).

Am Kap der Guten Hoffnung entstehen herrliche sortenreine Cabernet Sauvignons von Top-Erzeugern wie Boekenhoutskloof, Delaire, Morgenhof, Overgaauw, Neil Ellis, Thelema, Vergelegen und Senkrechtstarter Asara. Tradition in Südafrika haben hochklassige Médoc-Cuvées, zum Beispiel der „Trilogy" von Warwick-Estate. Neuerdings gibt es sehr ansprechende Blends mit Pinotage (Clos Malverne) und Shiraz (Kumkani Vineyards – im BASF-Programm).

Bevorzugte Anbaugebiete für Cabernet Sauvignon in Australien sind das Yarra Valley, eine halbe Autostunde nordöstlich von Melbourne, mit tiefgründigen, tanninreichen Weinen, das rund 100 Kilometer weiter nördlich gelegene Goulburn Valley, aus dem einige der besten Gewächse Victorias kommen: neben würzigen Shiraz fleischige Cabs wie der Preeze Cabernet Sauvignon von Mitchelton Wines, den die BASF-Kellerei anbietet. Coonawarra, auf halbem Weg zwischen Melbourne und

In Neuseeland ist Hawkes Bay die Cabernet-Region, aus der die rundesten Weine kommen, zuweilen allerdings mit einer grünen Note, die an das kühle Klima gemahnt. Waiheke Island wartet ebenfalls mit eindrucksvollen Weinen auf. Diese Auckland östlich vorgelagerte Insel ist „sicher eine der wenigen Gegenden Neuseelands, wo Cabernet eine echte Chance hat", meint Rebsorten-Experte Oz Clarke.

DIE CABERNET-BEGEISTERUNG HÄNGT VOM WETTER AB

In Europa hängt die Begeisterung für Cabernet Sauvignon buchstäblich vom Wetter ab.
In Deutschland ist die Rebsorte zwar seit einigen Jahren zugelassen, doch sind die Resultate, klimatisch bedingt, nicht berauschend. Immerhin gibt es eine Hand voll Winzer wie Rainer und Eckhardt Bercher im badischen Burkheim und das Pfälzer Weingut Castel Peter in Bad Dürkheim, die erstklassige Cabernet Sauvignons erzeugen.
In Österreich entfällt weniger als 1 Prozent der Rebfläche auf die Traubensorte. Als Cabernet-Pionier gilt Anton Kollwentz im Burgenland, der mit seinem Sohn Andreas noch immer den besten österreichischen Cabernet Sauvignon erzeugt. Bernhard Fiedler, der bei ihm praktiziert hat und mittlerweile das elterliche Weingut, den Grenzhof Fiedler in Mörbisch führt, ist ebenfalls der „Faszination Cabernet" erlegen, so auch der Titel einer sehr lesenswerten Broschüre, die er über seine Lieblingsrebsorte verfasst hat.
Nach Italien gelangte Cabernet Sauvignon bereits Anfang des 19. Jahrhunderts über das Piemont. In Südtirol reicht die Cabernet-Tradition 150 Jahre zurück. Quantitativ fällt die Rebsorte zwar kaum ins Gewicht, doch fördert sie einige Spitzenweine zutage, wie zum Beispiel den Cabernet Tor di Lupo der Cantina Produttori Andriano und den Cabernet Sauvignon Lafóa der Kellerei Schreckbichl in Eppan.
Ins Friaul schmuggelte der französische Graf de la Tour en Voivre, der mit Gräfin Elvine, einer Österreicherin, verheiratet war, die ersten Cabernet- und Merlot-Reben ein. Das 1869 von ihm in den Hügeln des Collio gegründete Weingut Villa Russiz mit 30 Hektar Rebfläche zählt bis heute zu den Spitzengütern im Friaul. Mittlerweile

Adelaide gelegen, gehört zu den besten Rotweinregionen des Kontinents. In der „Terra rossa", einem 15 Kilometer langen und 1,5 Kilometer breiten Streifen ebenen Landes mit rotem krümeligem Boden auf durchlässigem Kalkgestein, finden die Cabernet-Sauvignon-Reben nahezu ideale Bedingungen. Verführerische Rotweine bringt das McLaren Vale südlich von Adelaide hervor, glanzvoll The High Trellis Cabernet Sauvignon von d'Arenberg (auf der BASF-Weinliste). Und auch vom Margaret River in Westaustralien, 3 Autostunden südlich von Perth, kommen elegante Cabs. Das klassische Cabernet-Gebiet ist Willyabrup, wo sich auch die Weingüter ballen. Moos Wood und Cullen halten ihren Ruf als große Cabernet-Erzeuger, seit es am Margaret River Weinbau gibt.

im Besitz der öffentlichen Hand fließen die Erträge aus dem Weingut Kindern bedürftiger Familien zu. Seit langem gehört Cabernet – zwischen Cabernet Sauvignon und Cabernet Franc wird selten unterschieden – zum Sortiment eines jeden Friaul-Weinguts.

BORDEAUX-REBEN SIEGEN IN DER TOSKANA

In der kleinen, feinen DOCG-Region Carmignano nordwestlich von Florenz wird die uva francesa seit dem 16. Jahrhundert angepflanzt. Katharina von Medici, die 1533 den späteren französischen König Heinrich II. heiratete, versorgte ihre Familie mit Reben aus der neuen Heimat. Ob es tatsächlich Cabernet Sauvignon war, weiß niemand.

Über die Cabernet-Sauvignon-Welle, die Marchese Mario Incisa della Rocchetta und seine Vettern Lodovico und Piero Antinori mit ihren Pflanzungen in der Toskana ausgelöst haben, berichten wir im Kapitel Sangiovese. Die „super toscans" mit den Kultweinen Sassicaia und Ornellaia an der Spitze haben die Vormachtstellung der Sangiovese zwar in Frage gestellt, durch den Qualitätsschub, den Cabernet Sauvignon, Merlot und Shiraz in der Toskana bewirkt haben, ist ihre Position langfristig aber sogar gefestigt worden.

Offiziell zugelassen ist die Rebsorte inzwischen in vielen DOC-Regionen von Piemont bis Sizilien.

Bei international orientierten Weinerzeugern in Spanien steht Cabernet Sauvignon seit jeher hoch im Kurs. Marqués de Riscal pflanzte die Sorte schon Mitte des 19. Jahrhunderts in seinem Rioja-Weingut an, und auch in den Weinbergen von Vega Sicilia gehört sie traditionell zum Bestand. Ansonsten war sie auf der Iberischen Halbinsel praktisch unbekannt, bevor Miguel Torres und Jean Léon sie im Penedès eingeführt haben. Inzwischen verbreitet sie ihre Basis in Spanien rasch, sowohl für sortenreine Weine als auch für Verschnitte, in erster Linie mit Tempranillo.

Die flächenmäßig größte Verbreitung hat Cabernet Sauvignon in Osteuropa gefunden: in Ungarn, Slowenien, Kroatien und Serbien, vor allem aber in Bulgarien, Rumänien und Moldau. Insgesamt übertreffen die osteuropäischen Cabernet-Flächen die französischen, einschließlich Bordeaux.

„Wo immer ein Winzer mit Interesse an den Weinen der Welt ein Stück Land besitzt, auf dem spät reifende Trauben wirtschaftlich sinnvoll gezogen werden können, wird er mit größter Wahrscheinlichkeit einen Versuch mit Cabernet Sauvignon machen – es sei denn, er wohnt in einer der großen, mit Bordeaux rivalisierenden Weinbauregionen Burgund oder Rhône", resümiert Jancis Robinson im „Oxford Weinlexikon".

CABERNET SAUVIGNON
Ausgewählte Gerichte

Scheiben vom Wildhasenrücken
unter der Wacholderkruste
mit Steinpilzen und Schwarzwurzeln

(für 4 Personen)

Unser Kellermeister   Château Pichon-Longueville Baron
empfiehlt: Deuxième Cru Classé Pauillac

Aristokratischer Médoc, der Nase und Gaumen betört. Sein delikates Cabernet-Bukett lässt an Trüffel, Lebkuchen und Bleistiftschabsel denken. Am Gaumen schmeckt man zerdrückte rote, blaue und schwarze Beeren, sehr feine Tannine und fleischige Kraft: Unser Favorit zum Wildhasenrücken mit Steinpilzen.

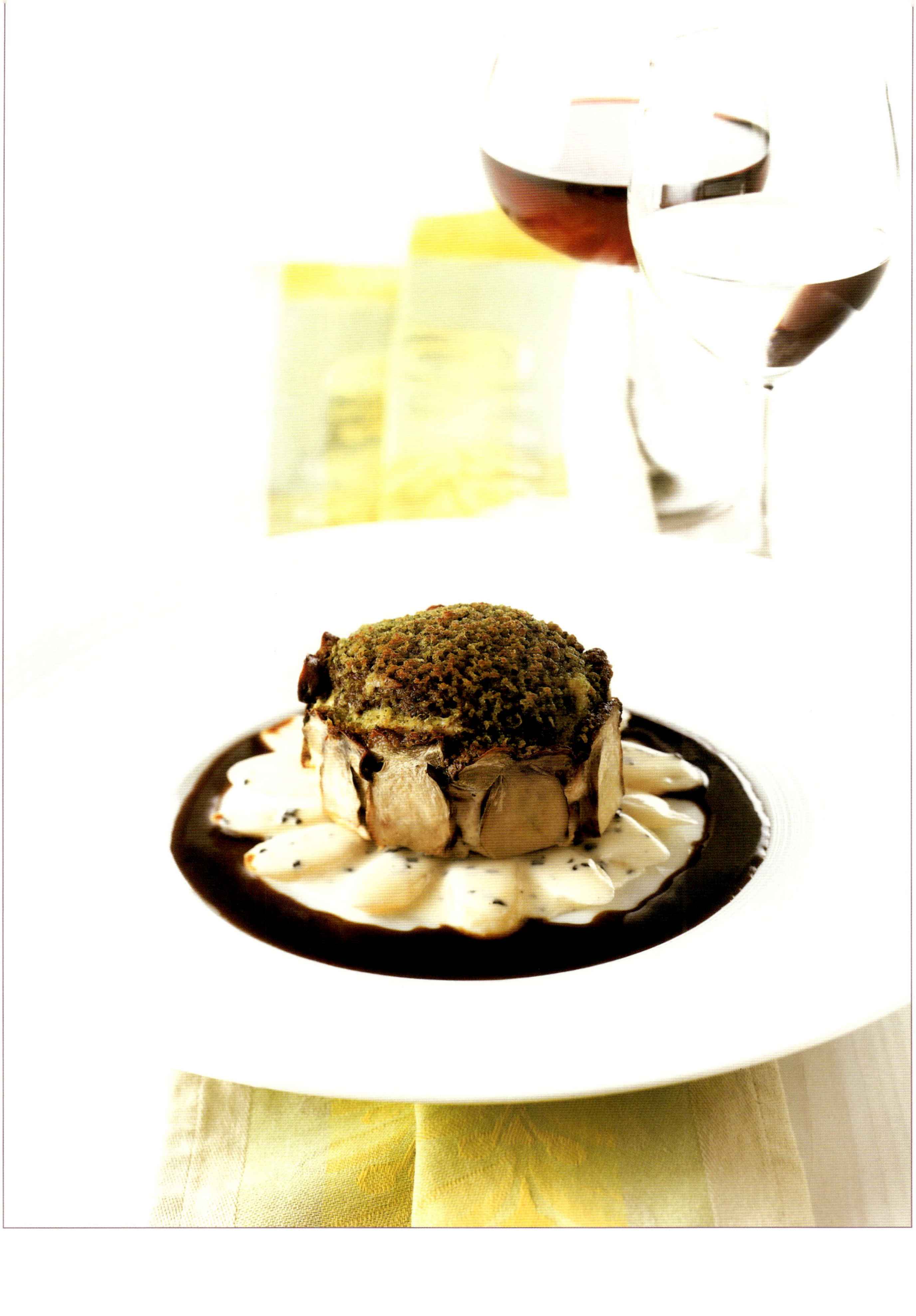

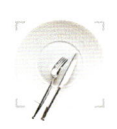

Scheiben vom Wildhasenrücken
unter der Wacholderkruste mit Steinpilzen und Schwarzwurzeln

(für 4 Personen)

Zutaten:
2 Wildhasenrücken (350 bis 400 g)
300 g kleine ganze Steinpilze
Salz, Pfeffer

Zutaten Farce:
150 g Steinpilze (Würfel von 5 x 5 mm)
80 g Butter
20 g Korinthen
1 Apfel, geschält, entkernt und gewürfelt
10 Walnüsse, blanchiert, enthäutet
und geschnitten
20 ml Madeira
10 ml Cognac
50 g Steinpilze, grob gewürfelt
250 g schieres Hasenfleisch aus der Keule,
1 cm groß gewürfelt
150 g Sahne
25 g Mie de pain
(Weißbrotkrümel ohne Rinde)
5 g Salz
5 g Wildgewürz aus eigener Herstellung
(3 Nelken, 3 Pimentkörner,
5 Wacholderbeeren, 10 Koriandersamen,
1 EL Salz, 2 Lorbeerblätter,
2 Thymianzweige, abgezupft;
alles in einem Mörser fein zerreiben)
1 EL Wildglace (Wildfond stark reduziert,
siehe Grundrezept auf Seite 300)

Zubereitung Hasenrückenscheiben:
Die Rückenfilets in 16 Scheiben à 20 g (zirka 2 mm dick und 7 cm breit) schneiden, salzen, pfeffern und zwischen einer Klarsichtfolie plattieren. Die kleinen ganzen Steinpilze in 1/2 cm dicke Scheiben schneiden.

Zubereitung Farce:
Steinpilzwürfel in Butter anbraten, Korinthen, Apfelwürfel und die Walnüsse hinzugeben, mit Madeira und Cognac ablöschen, reduzieren und abschmecken.
Steinpilze grob schneiden und anbraten. Das würfelige Fleisch der Hasenkeule mit 75 g Sahne vermischen, Weißbrot zugeben, mit Salz und der Gewürzmischung abschmecken. Etwa 10 Minuten in den Tiefkühlschrank stellen und danach im Küchenkutter mixen. Der zerkleinerten Fleischmasse die restliche Sahne hinzufügen und schnell und kurz farcieren. Vorsicht: Die Farce nicht zu lange kuttern, da sonst das Fleischeiweiß ausflockt. Tipp: Geben Sie beim Kuttern einen Eiswürfel zur Fleischmasse.
Falls notwendig, die Farce durch ein feines Sieb streichen, mit der Pilz-Korinthen-Apfel-Nuss-Mischung gut vermengen und noch einmal abschmecken. Die Farce etwa 3 Millimeter stark auf die Hasenrückenscheiben auftragen und viermal je 3 Scheiben übereinander legen. Als Deckel die 4. Scheibe Hasenfleisch obenauf legen und mit etwas Butter bestreichen. Die kleinen Steinpilzscheiben übereinander lappend um die Hasenrückenscheiben stehend anordnen. Darauf achten, dass die Steinpilzscheiben fest am Fleisch anliegen. Alles mit einer eingebutterten 4 cm breiten, doppelt gefalteten Aluminiumfolie umwickeln und mit einem Bindfaden zusammenschnüren.

Zubereitung Sauce:
Die Hasenrücken vom Knochen auslösen und das Fleisch von allen Sehnen befreien. Hasenrückfilets zur Seite legen und die Knochen walnussgroß zerkleinern. Ebenso die Hasenkeule verarbeiten, um so das schiere Hasenfleisch zu erhalten.
Die Knochen im Öl kräftig anrösten und das in grobe Würfel geschnittene Röstgemüse zirka 10 Minuten mitrösten. Dann das Bratfett abgießen und mit dem Tomatenmark die Knochen bei milder Hitze weiterrösten. Mit dem Rotwein und 1/4 Liter Wasser nach und nach ablöschen und reduzieren, damit die Sauce eine schöne braune Farbe bekommt. Wenn alles gut gebräunt ist, mit dem restlichen kalten Wasser auffüllen und leise weiterkochen lassen. Eventuell die sich bildende Schaumkrone mit einem Schaumlöffel abheben.

Zutaten Sauce:
Knochen und Abschnitte vom Hasenrücken und
von der Hasenkeule
2 EL Öl
100 g Zwiebeln
50 g Karotten
20 g Sellerie
30 g Tomatenmark
200 ml Cabernet Sauvignon
1,5 l Wasser
1 Lorbeerblatt
1 Nelke
4 Wacholderbeeren
6 Pfefferkörner
4 Pimentkörner
1 kleiner Thymianzweig
Steinpilzabschnitte
50 g eiskalte Butterstückchen
Salz, Pfeffer

Zutaten Wacholderkruste:
50 g Butter
10 Wacholderbeeren, fein zerrieben
1 TL Blattpetersilie, fein gehackt
100 g Mie de pain
Salz, Pfeffer

Garnitur:
2 Stangen Schwarzwurzeln
125 ml Sahne
1/2 TL Trüffelöl
1/4 TL Trüffel, gehackt
Salz, Pfeffer

Die Gewürze, den Thymian und die Pilzabschnitte zugeben und vorsichtig salzen. Den Saucenansatz im offenen Topf 2 bis 3 Stunden köcheln lassen. Die Knochen mit einer Schaumkelle aus der Sauce heben und die Sauce zuerst durch ein Sieb und danach durch ein Tuch oder feines Netz passieren. Die Sauce auf 1/4 Liter Flüssigkeit reduzieren, die eiskalten Butterstückchen unter die Sauce rühren mit Salz und Pfeffer abschmecken und zur Seite stellen.

Zubereitung Wacholderkruste:
Butter schaumig rühren, fein zerriebene Wacholderbeeren, Blattpetersilie und nach und nach das Mie de pain hinzugeben. Darauf achten, dass die Masse streichfähig bleibt. Mit Salz und Pfeffer abschmecken.

Zubereitung Garnitur:
Schwarzwurzeln schälen und in schräge 0,3 mm starke Scheiben schneiden. In gesäuertem Salzwasser (etwas weißen Essig hinzugießen) knackig blanchieren, in kaltem Wasser abschrecken. Die Sahne aufkochen und die gut abgetropften Schwarzwurzelscheiben dazugeben. Leicht einkochen, bis ein cremiges Gemüse entsteht. Das Trüffelöl und den gehackten Trüffel hinzufügen, mit Salz und Pfeffer würzen.

Fertigstellung:
Das Fleisch in den 200 °C heißen Ofen schieben und zirka 20 Minuten braten.
Tipp: Die Nadelprobe. Mit einer feinen Nadel etwa 10 Sekunden in die Mitte des Fleisches stechen. Die Nadel herausziehen und an die Unterlippe halten. Die Nadel darf nicht zu heiß sein! Die Idealtemperatur liegt bei 52 °C, wenn sich die Nadel gut verträglich an der Lippe anfühlt.
Die Hasenrückenscheiben aus dem Ofen nehmen, kurz ruhen lassen und die Grillschlange des Backofens einschalten. Nun die Wacholderkruste gleichmäßig etwa 0,5 cm dick auf den Deckel der Hasenrückenscheiben streichen. Das Fleisch wieder zurück in den Backofen stellen und bei offener Tür der Kruste eine goldbraune Farbe geben.

Anrichten:
Die Schwarzwurzeln in die Mitte eines vorgewärmten Tellers geben, die Hasenscheiben darauf setzen und mit der Sauce umgießen. Als Beilage eignen sich Knöpfle oder gebratene Nudelfleckerl.

| *Unser Kellermeister empfiehlt:* | El Principal
Valle del Maipo
Valette Fontaine – Chile |

New-World-Cabernet mit überbordender Frucht, der zu den Lammkoteletts passt und sich auch gegen den dominanten Bärlauch gut behauptet. Er stammt aus dem Weingut, das Jean-Paul Valette, der ehemalige Besitzer von Château Pavie, am Fuße der Andenkordillere auf 780 Meter Höhe gründete.

Lammkoteletts
im Rösti mit Bärlauchpesto und jungem Gemüse
(für 4 Personen)

Zutaten:
8 Lammkoteletts à 70 g
300 g große, geschälte Kartoffeln
15 g Blattpetersilie
5 g Thymian
1 Ei
Salz, Pfeffer aus der Mühle
1 Knoblauchzehe
2 EL Olivenöl
60 g Butter

Zutaten Bärlauchpesto:
50 g Pinienkerne
50 g Bärlauchblätter
150 ml Olivenöl, kaltgepresst
50 g Parmesankäse, frisch gerieben
Salz, Pfeffer aus der Mühle
1 TL Balsamico, 5 Jahre alt

Zutaten Gemüse:
16 Zuckerschoten
4 junge Karotten mit Kraut
4 Navetten mit Kraut
4 Mini-Zucchini
4 kleine rote Rüben
1 Knoblauchknolle (jung)
150 ml Pflanzenöl zum Frittieren
4 Schalotten
50 g Butter
1 EL Zucker
25 g Frühstücksspeck in Scheiben
Salz, Pfeffer aus der Mühle

Zubereitung Lammkoteletts:
Die Lammkoteletts von Sehnen und Fett befreien und die Knochen von der Knochenhaut frei schaben.
Kartoffeln der Länge nach zuerst in dünne Scheiben und danach in feine Streifen schneiden. Nicht ins Wasser legen, da sich sonst die Kartoffelstärke auslöst. Blattpetersilie von den Stängeln abzupfen und grob hacken. Thymian ebenfalls abzupfen und fein hacken. Alles unter die Kartoffelstreifen heben, mit dem Ei vermengen und mit Salz sowie Pfeffer würzen. Die geschälte Knoblauchzehe halbieren und vom Keimling befreien. Knoblauch in feine Würfel schneiden und mit etwas Salz unter der flachen Messerklinge fein verreiben. Den pürierten Knoblauch unter die Kartoffelmasse rühren und damit die Lammkoteletts von beiden Seiten panieren. Die Koteletts in Olivenöl anbraten, Butter hinzugeben und von beiden Seiten goldbraun fertig braten.

Zubereitung Bärlauchpesto:
Die Pinienkerne in einem Mörser grob zerkleinern. Bärlauchblätter in feine Streifen schneiden und zu den zerstoßenen Pinienkernen geben. 50 ml Olivenöl dazugießen und die beiden Komponenten gut zerreiben. Geriebenen Parmesan, restliches Öl und Pfeffer hinzugeben, nochmals gut verrühren. Mit Salz und Balsamico abschmecken.

Zubereitung Gemüse:
Zuckerschoten an beiden Enden die Spitze abschneiden. Von Karotten und den Navetten das Kraut 1,5 cm über der Frucht abschneiden und vom Fruchtkörper mit einem Küchenmesser die dünne Schale abschaben. Zuckerschoten, Karotten, Navetten und die Mini-Zucchini in Salzwasser knackig blanchieren und sofort in Eiswasser abschrecken. Die roten Rüben ebenfalls vom Kraut (1,5 cm über der Frucht) befreien und blanchieren. Nach dem Abschrecken lässt sich die Schale der Rüben leicht abreiben.
Die Mini-Zucchini bis zum Stielansatz 6- bis 7-mal der Länge nach zu einem Fächer schneiden. Die Knoblauchknolle von der äußeren harten Schale befreien und mit dem Stiel geviertelt in 180 °C heißem Pflanzenöl frittieren. Schalotten schälen und mit 10 g Butter und dem Zucker in einem Töpfchen blond karamellisieren. Mit 1/8 Liter Wasser auffüllen und langsam garen, bis die Schalotten weich sind. Die Speckscheiben quer in Streifen schneiden und in einer Pfanne hell anbraten.
Das Gemüse (rote Rüben separat) mit 40 g flüssiger Butter, Salz sowie Pfeffer mischen und in der Mikrowelle oder in einem Topf mit etwas Wasser erhitzen.

Anrichten:
Auf einem vorgewärmten Teller das Gemüse arrangieren, die Schalotte und den Speck dazulegen. 2 Lammkoteletts anlegen und mit dem Bärlauchpesto einige Tupfen setzen. Mit dem frittierten Knoblauch und 1 Thymianzweig garnieren und vor dem Servieren mit etwas Lammsauce saucieren.

Poularden-Galantine
mit Gänseleber und Morchelrahmsauce

(für 6 bis 8 Personen)

Zutaten:

1 Bressepoularde (1,4 bis 1,6 kg)
100 g Geflügelfleisch ohne Sehnen und Fett
50 g mageres Schweinefleisch
100 g frischer, weißer Speck
1 Scheibe Toastbrot ohne Rinde
250 ml Sahne
1 Eiweiß
Salz, Pfeffer und Pastetengewürz
20 ml weißer Portwein
10 ml Cognac
20 g geschälte Pistazien, grob gehackt
5 g Trüffel, gehackt
1 TL Trüffelsaft
200 g Gänsestopfleber
1 Schweinenetz
(etwa 200 g, beim Metzger vorbestellen)
300 g frische Spitzmorcheln
50 g Schalotten
25 g Butter
20 ml Madeira
150 ml Sahne
1/8 l Geflügelfond
(siehe Grundrezept auf Seite 302)

Zubereitung:

Die ausgenommene und küchenfertige Poularde vom Rücken her auslösen, ohne die Haut zu verletzen. Alle Knochen sorgfältig entfernen. Dann die Poularde feucht abdecken und in den Kühlschrank stellen. Das Geflügelfleisch, das Schweinefleisch und den Speck in 1 cm große Würfel schneiden, einsalzen und im Tiefkühlschrank herunterkühlen. Das Toastbrot zusammen mit den 250 ml Sahne in den Kühlschrank stellen.

Das gut durchgekühlte Fleisch nun in einem Küchenkutter fein zerkleinern. Sollte kein Kutter zur Hand sein, das Fleisch 3-mal durch die feine Scheibe eines Fleischwolfs drehen. Nach jedem Arbeitsgang die Fleischmasse jeweils gut herunterkühlen, damit das aufgespaltene Fleischeiweiß bei der Verarbeitung nicht gerinnen kann.

Tipp: Wird das Fleisch mit einem Fleischwolf verarbeitet, muss die Farce danach unbedingt durch ein feines Sieb gestrichen werden. Gekuttertes Fleisch braucht dagegen nicht unbedingt durch ein Sieb gestrichen werden, da der Küchenkutter mit hoher Geschwindigkeit das Fleisch besser und feiner zerkleinert. Nun das Eiweiß und die Sahne mit dem Toastbrot, Pfeffer und 1 Messerspitze Pastetengewürz rasch im Kutter unter das Fleisch mixen.

Beim gewolften Fleisch werden in einem Eisbad alle Zutaten unter die Fleischfarce gearbeitet. (Eisbad: In eine große Schüssel mit Eiswasser wird eine kleinere Metallschüssel gestellt.) Anschließend die Farce mit Portwein, Cognac und eventuell etwas Salz abschmecken. Zum Schluss Pistazien, gehackte Trüffel und Trüffelsaft unter die Masse arbeiten. Danach die ausgelöste Poularde mit der Hautseite nach unten flach ausbreiten. Das Fleisch mit Salz sowie Pfeffer würzen und mit einem Spachtel die Farce dünn auf das Fleisch auftragen.

Die Gänsestopfleber von Sehnen und Haut befreien, in 1,5 cm dicke und beliebig lange Stücke schneiden und sie zwischen den beiden Brustfleischstücken in die Farce drücken. Das Ganze mit zurückbehaltener Farce abdecken.

Nun die Poularde zu einer Rolle formen, dabei die Ränder überlappend zusammenschlagen und in das vorher gut gewässerte Schweinenetz einrollen.

Mit einem Bindfaden mehrfach umwickeln und im vorgewärmten Backofen bei Umluft mit 160 °C zirka 40 Minuten braten.

Die Spitzmorcheln mit einem Küchenmesser putzen, große Pilze der Länge nach halbieren, kurz waschen und trockenschleudern. Die Schalotten fein würfelig schneiden, in Butter glasig dünsten, Spitzmorcheln hinzugeben und mit Madeira, 150 ml Sahne und Geflügelfond ablöschen. Die Flüssigkeit einmal aufgießen, die Morcheln mit einem Schaumlöffel aus der Flüssigkeit heben und den Fond zur Hälfte reduzieren. Die Sauce eventuell mit Mehlbutter (1 EL Mehl mit 10 g Butter kalt verkneten) leicht binden, die Morcheln hinzugeben und mit Salz sowie Pfeffer würzen.

Nach der Bratzeit sollte die Poularden-Galantine bei augeschaltetem und geöffnetem Backofen noch 10 Minuten ruhen.

Anrichten:

Die Bindfäden von der Galantine entfernen und 2 cm dicke Tranchen schneiden. Auf einen vorgewärmten Teller legen und mit Morchelrahmsauce angießen. Als Beilagen passen feines Gemüse und Tagliatelle.

Unser Kellermeister **Farnito**
empfiehlt: **Cabernet Sauvignon Toskana IGT**
Casa Vinicola Carpineto – Toskana

Toskanischer Cabernet von einnehmendem Wesen: 12 Monate im Barrique gereift, zeigt er Anklänge an Gewürze, Lakritze und Vanille. Sein voller, reicher Geschmack ist von herrlicher Kirschfrucht und geschmeidigen Tanninen geprägt.
Zur hochfeinen Poularden-Galantine eine feine Wahl!

Rinderfilet mit Schalottensauce
gratinierten Zucchini und Tomaten
(für 4 Personen)

Zutaten:
4 Rinderfiletsteaks à 150 g
Salz, Pfeffer aus der Mühle
60 g Butter
80 g Schalotten
3 EL Aceto-Balsamico, 5 Jahre alt
100 ml Kalbsfond
(siehe Grundrezept auf Seite 298)
100 ml Sahne

Zutaten Zucchini-Tomaten-Gratin:
200 g Blätterteig
400 g Tomaten
2 kleinere Zucchini à 150 g
1/4 l Sojaöl
1 Knoblauchzehe
2 Thymianzweige
1 Rosmarinzweig
25 g Butter
Salz, Pfeffer aus der Mühle
100 g Parmesankäse, gehobelt

Zubereitung Rinderfilet:
Die Rinderfilets salzen und pfeffern. Mit 20 g Butter in einer Pfanne von beiden Seiten je 3 Minuten stark anbraten. Auf einem Teller im 80 °C vorgewärmten Ofen warm halten. Die fein würfelig geschnittenen Schalotten in die heiße Pfanne geben und kurz durchschwenken. Pfanne vom Feuer nehmen und die restliche kalte Butter unterrühren, mit Salz und Pfeffer abschmecken. Mit Balsamico ablöschen, den Kalbfleischfond sowie die Sahne dazugeben und 3 Minuten durchkochen.

Zubereitung Zucchini-Tomaten-Gratin:
Blätterteig dünn ausrollen und mit einem Ring (10 cm Ø) Scheiben ausstechen. Den Teig mit einer Gabel mehrfach einstechen und vor dem Backen im Kühlschrank 30 Minuten ruhen lassen. Die Teigplatten auf Backpapier legen, ein weiteres Backpapier obenauf legen und mit einem Backblech beschweren. Im vorgeheizten Backofen bei 200 °C etwa 6 Minuten goldbraun backen.
Tipp: Den Teig mit Beschwerung backen, damit er sich nicht aufbläht. Die feinen Blätterschichten schmeckt man beim Essen aber trotzdem.
Bei den Tomaten den Stielansatz ausbohren und an der gegenüberliegenden Seite die Haut leicht über Kreuz einritzen. Kurz in kochend heißes Wasser tauchen, bis sich die Schale leicht zu lösen beginnt, sofort in eiskaltem Wasser abschrecken. Die Tomatenhaut vierteln und das Fruchtfleisch von den wässrigen Kernen befreien. Mit einem Ausstecher (2,5 cm Ø) runde Medaillons aus den Tomatenfilets stechen. Alle Reststücke lassen sich gut für eine Tomatensauce verwenden. Nun die Zucchini in 0,5 cm dicke Scheiben schneiden. Das Öl auf 120 °C erhitzen, die geschälte Knoblauchzehe, 1 Thymianzweig und den Rosmarinzweig hinzugeben und über die Zucchinischeiben gießen. Alles auf die Seite stellen und abkühlen lassen. Sobald das Öl handwarm abgekühlt ist, die Tomatenscheiben hinzugeben. An einem kühlen Platz vollkommen auskühlen lassen. Später die Zucchini und die Tomatenscheiben aus dem Öl nehmen und zum Abtropfen auf ein Sieb legen. Die Blätterteigscheiben in Reihen überlappend und abwechselnd mit den Zucchini und den Tomaten belegen. Blätter von dem 2. Thymianzweig abzupfen und in 25 g flüssige Butter geben, die Thymian-Butter über die Tomaten-Zucchini-Törtchen verteilen, mit Salz und Pfeffer würzen. Auf Backpapier im Ofen bei 160 °C 10 Minuten braten, danach Parmesankäse auf die Törtchen streuen und unter der Grillschlange des Backofens kurz gratinieren.

Anrichten:
Auf einen vorgewärmten Teller je 1 Filetsteak und 1 Zucchini-Törtchen geben und das Fleisch mit der Schalottensauce überziehen. Als Beilage passt eine mit Thymian aromatisierte, weich geschöpfte Polenta.

Unser Kellermeister empfiehlt:	Cabernet Sauvignon **Joseph Phelps Vineyards** Napa Valley

Nicht der raue männliche Typ, aber muskelbepackt, der Cabernet Sauvignon von Joseph Phelps – ein zupackender Begleiter zum Rinderfilet. Cabernet Sauvignon ist die Rebsorte des Napa Valleys. Die feinsten Cabernets aus dem Tal gehören zu den besten der Welt.

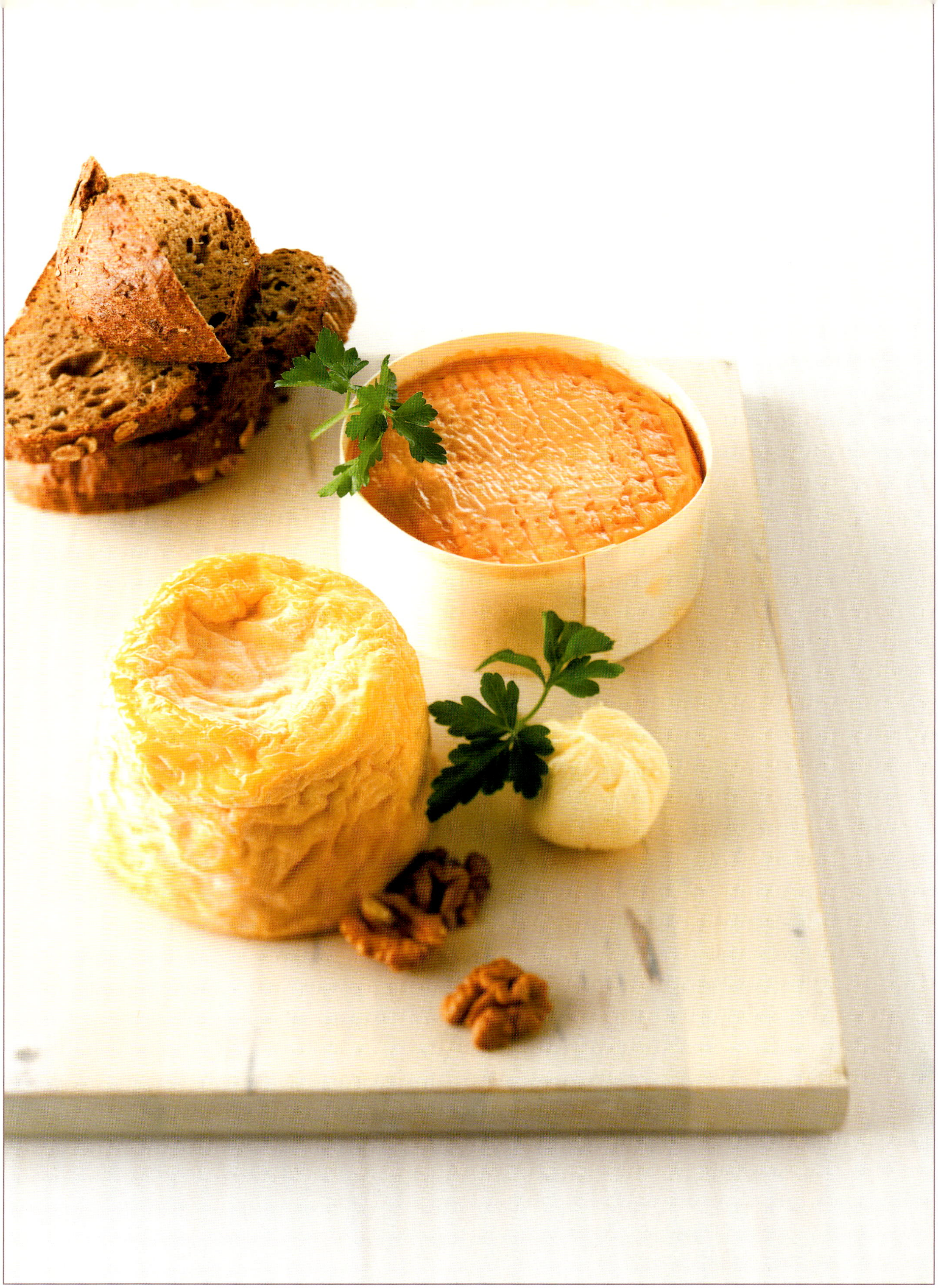

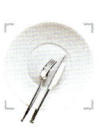

Rohmilchkäse Epoisses und Langres
mit Walnussbrot und gesalzener Butter

Als Dessert eignen sich zwei verwandte Rohmilchkäse aus den großen Weinanbaugebieten Frankreichs. Die Weichkäsesorten mit gewaschener Rinde werden aus Kuhmilch hergestellt und haben eine Reifezeit von 1 bis 2 Monaten. Dabei entwickeln sie einen durchdringenden Geruch. Diese Käse sind in ihrer Konsistenz weich bis cremig und werden während der Reifezeit mit Salzwasser abgerieben. So erhalten sie ihre charakteristische Rotschmierrinde.

Der Epoisses wird im Burgund und in der Provinz Côte d'Or hergestellt. Die 300 g schweren und 3 bis 4 cm hohen Käselaibe werden in einer Spanschachtel angeboten. Als besondere Spezialität wird im Burgund der Epoisses mit Marc de Bourgogne eingerieben.

Der Langres stammt aus der Region Champagne-Ardenne und der Provinz Haute-Marne. Der zylinderartige 300 g schwere und etwa 5 cm hohe Kuhmilchkäse ist nach der Stadt Langres in der Provinz Haute-Marne benannt. Der im Durchschnitt 7 cm große Käse erhält nach seiner 2-monatigen Reifezeit an der Oberfläche eine muldenförmige Vertiefung. Seine Form ist charakteristisch und entsteht dadurch, dass er nach dem Schöpfen nicht wie viele andere Käsesorten während der Reifezeit gewendet wird. In diese Mulde wird Marc de Champagne gefüllt, mit dem der Käse in der Reifung abgerieben wird.

Beide Käsesorten schmecken hervorragend zu einem Walnussbrot mit bretonischer Salzbutter.

Unser Kellermeister empfiehlt: **Château Tour de Mirambeau Bordeaux Rosé**

Zu Epoisses und Langres ein Bordeaux Rosé: Kein leichtes Sommerweinchen für Balkon oder Garten, sondern ein aus Cabernet-Sauvignon-Trauben gekelterter tief lachsfarbener, vollfruchtiger, sehr trockener Tropfen, der die würzigen Rohmilchkäse wunderbar begleitet. Sehr gutes Genuss-Preis-Verhältnis!

Impulse für die Region

Faszination Chemie:
Kinder experimentieren im Mitmachlabor in Ludwigshafen.

Ludwigshafen, Einfallstor zur heiteren Pfalz, ist eine Hauptstadt der Chemie. Hier schlägt das Herz des größten Arbeitgebers im Lande Rheinland-Pfalz und des führenden Chemieunternehmens der Welt. Die Stärke dieser Position wirkt sich auch im heimischen Umfeld aus. Ludwigshafen wuchs im Sog der Chemie zu seiner heutigen Bedeutung als größte Stadt der Pfalz mit rund 165 000 Einwohnern heran. Die Großtaten der Naturwissenschaften, die sich auf dem Werksgelände im Ludwigshafener Norden vollzogen, bedeuteten für die Stadt Zuwachs an Arbeit und an Steuerkraft. In den achtziger Jahren des vergangenen Jahrhunderts lag Ludwigshafen mit seinem Pro-Kopf-Netto-Steueraufkommen unter allen deutschen Großstädten auf dem zweiten Platz hinter Frankfurt; danach erst folgten Düsseldorf, Stuttgart und München. Seit Jahrzehnten arbeitet der Großteil der Industriebeschäftigten Ludwigshafens bei der BASF. Sie sind nicht nur Mitarbeiter, sondern oftmals zugleich Aktionäre der Gesellschaft. Für einen großen Kranz von Zulieferern, von Handwerksbetrieben und Mittelstandsunternehmen ist der Chemiekonzern der wichtigste Geschäftspartner. Die BASF ist der Impulsgeber für Ludwigshafen und darüber hinaus für die gesamte Region am Zusammenfluss von Rhein und Neckar.

MANNHEIMS WESTSIDE-STORY

Der Ballungsraum Rhein-Neckar umschließt eine geschichtsträchtige Landschaft. Der Rhein ist alt, die Zeugen seiner Historie sind es nicht weniger. Die Dome von Speyer und Worms beugen sich über den Strom, Krönungsstätte und Grablege deutscher Kaiser und Könige. Heidelberg ist nicht weit mit dem roten Sandsteinschloss über der alten Neckarbrücke, der Kindheitsheimat der Liselotte von der Pfalz. Das Nibelungenlied spannt seinen Bogen über den Odenwald, Jagdrevier Siegfrieds und Hagens, und auch über das Kloster Lorsch mit seinen mehr als 1000 Jahre alten Folianten. Daran gemessen ist Ludwigshafen mit dem Gründungsjahr 1853 eine junge Stadt. Genau genommen setzt ihre Geschichte jedoch mit jenem Tag anno 1865 ein, als der Mannheimer Gasfabrikant Friedrich Engelhorn aus Ungeduld über den Mannheimer Gemeinderat, der mit der Vergabe eines großen Industriegeländes an ihn zögerte, an das andere Ufer des Rheins zog. Dort, im unscheinbaren Ludwigshafen, errichtete Engelhorn die Fabrikanlagen der in Mannheim gegründeten Badischen Anilin- & Soda-Fabrik und ging mit 70 Arbeitern an die Teerfarbenproduktion heran. Niemand konnte die Entwicklung dieser Fabrik zum größten Chemiekonzern der Welt voraussehen.

INITIATIVEN IM RHEIN-NECKAR-DREIECK

Ludwigshafen liegt heute in der Pfalz, dem linksrheinischen Abschnitt des Rhein-Neckar-Raums. Die BASF bekennt sich ausdrücklich zu ihren Pfälzer Wurzeln und fühlt sich damit auch der gesamten Region um Rhein und Neckar verbunden. Drei Bundesländer grenzen im Rhein-Neckar-Dreieck aneinander: Rheinland-Pfalz, Baden-Württemberg und Hessen. Als größter Arbeitgeber in diesem Dreieck engagiert sich die BASF seit Jahren stark für eine länderübergreifende Zusammenarbeit auf wirtschaftlicher, politischer und kultureller Ebene. Der BASF-Vorstand hat 2003 die Initiative „Zukunft Rhein-Neckar-Dreieck" ins Leben gerufen. Die Vision dieser Initiative ist, das Dreieck bis 2015 zu einer der attraktivsten und wettbewerbsfähigsten Regionen Europas zu machen.

Einflussreiche Persönlichkeiten aus Wirtschaft, Politik, Wissenschaft und Kultur setzen sich in der Initiative dafür ein, die Region in die Spitzenklasse zu führen. Unter ihnen sind auch die Ministerpräsidenten der drei Bundesländer, die im Sommer 2004 gemeinsam ihre Unterstützung für das Rhein-Neckar-Dreieck zugesichert haben.

MEHR ARBEITS- UND AUSBILDUNGSPLÄTZE

Die Attraktivität einer Region wird durch das Angebot an Arbeits- und Ausbildungsplätzen wesentlich mitbestimmt. Daher engagiert sich die BASF in verschiedenen Projekten: Die von ihr gemeinsam mit der Bertelsmann-Stiftung und der Industriegewerkschaft Bergbau, Chemie, Energie ins Leben gerufene „Initiative für Beschäftigung!" hat inzwischen zahlreiche regionale

Im Team zum Erfolg:
Auszubildende und Betreuer beim gemeinsamen Rundgang.

Das Xplore!-Labor machts möglich:
Schüler erproben ihr Schulwissen in der Praxis.

Netzwerke in Deutschland aufgebaut. Sie verfolgen das Ziel, Beschäftigung zu fördern, zu sichern und vorzubereiten sowie neue Beschäftigungsfelder zu entwickeln. Beispiel eines gelungenen Projekts in diesem Rahmen ist die von der BASF gestartete „Ausbildungsinitiative Pfalz". Sie unterstützt zusätzliche Ausbildungsplätze – vor allem in strukturschwachen Gebieten der Region – mit einem Millionen Eurobetrag.

Darüber hinaus bildet die BASF im Werk Ludwigshafen und im BASF-Ausbildungsverbund deutlich mehr Jugendliche aus, als sie für den eigenen Bedarf braucht. Dabei übernimmt sie beim Ausbildungsverbund einen wesentlichen Teil der Ausbildung für die Partnerbetriebe. Die Azubis erlernen in den Werkstätten, Labors und Schulungsräumen der BASF die Grundlagen ihres Berufs. Im betrieblichen Teil der Ausbildung lernen und arbeiten die Lehrlinge dann direkt in den Partnerbetrieben. So können auch kleine oder spezialisierte Betriebe, die alleine nicht alle vorgeschriebenen Teile einer Berufsausbildung anbieten können, neue Lehrstellen schaffen.

Schon seit 1993 fördert die BASF darüber hinaus Jugendliche, die noch keine Lehrstelle gefunden haben. Mit dem Förderprogramm „Start in den Beruf" macht sie motivierte, aber noch nicht ausreichend qualifizierte Jugendliche fähig für eine Ausbildung. In Werkstätten, Labors, Produktionsanlagen und Büros lernen die Schulabgänger den Betriebsalltag kennen und besuchen parallel berufsbildende Schulen. Die Maßnahme hat großen Erfolg: Mehr als 80 Prozent aller Teilnehmer fanden im Anschluss daran einen Ausbildungs- oder Arbeitsplatz innerhalb oder außerhalb der BASF.

HARRY POTTER IN LUDWIGSHAFEN

Um den Nachwuchs bemüht sich die BASF nicht nur mit neuen, praxisnahen Ausbildungsmodellen oder dem Studenten-Ferienkurs, der alljährlich 120 Studenten der Naturwissenschaften aus aller Welt in Ludwigshafen zusammenführt. Schon Erstklässler besuchen das Mitmachlabor, das die BASF in ihrem Besucherzentrum in Ludwigshafen eingerichtet hat. Schulkinder im Alter zwischen sechs und zwölf Jahren können in dieser Alchimistenküche spielerisch erfahren, was Chemie ist und welchen Beitrag sie zum modernen Leben leistet. Die kleinen Harry Potters können mit ungefährlichen Stoffen selbst experimentieren: Dabei leuchtet beispielsweise eine mit Zaubertinte geschriebene unsichtbare Schrift plötzlich auf, oder ein Backtreibmittel entfaltet seine verblüffende Wirkung. Das Kinderlabor hat sich als so großer Erfolg erwiesen, dass die BASF jetzt auch in verschiedenen Ländern Asiens Kinder experimentieren lässt. In Ludwigshafen ist zum Kinderlabor inzwischen das Xplore! hinzugekommen, ein Chemie- und Biotechlabor für Mittel- und Oberstufenschüler an Gymnasien, in dem die Schüler einen Forschungsauftrag unter realen Laborbedingungen ausführen können. Zum Besuch eingeladen sind die Schulen des Rhein-Neckar-Raums, und das Angebot ist so begehrt, dass die Schülerlabore auf Monate im Voraus ausgebucht sind. Wer nicht zum Zug kommt, findet vom Biotechlabor Xplore! auch eine Online-Version im Internet. Chemie kann faszinierend sein – gut möglich, dass die Besucher dieser Labors später wiederum mit der BASF Kontakt suchen: in Sachen Ausbildung, Arbeitsplatz oder auch Existenzgründung.

SCHULTERSCHLUSS MIT EXISTENZGRÜNDERN

Die BASF beteiligt sich über die BASF Venture Capital GmbH weltweit an jungen, innovativen Unternehmen aus dem Kompetenzbereich der Chemie. Chemiebasierte Technologien, insbesondere Basistechnologien der Zukunft und neue Materialien stehen im Blickpunkt dieser Beteiligungen und Partnerschaften. Mit im Boot ist die BASF Future Business GmbH, deren Ziel es ist, zukunftsfähige Geschäftsfelder zu erschließen. Ein interdisziplinäres Team aus Naturwissenschaftlern und Finanzexperten sucht, bewertet und begleitet Beteiligungen auf der ganzen Welt. Am Standort Ludwigshafen wurde in Kooperation mit dem Land Rheinland-Pfalz und der Stadt Ludwigshafen im Sommer 2004 das Technologiezentrum Chemie gegründet. Es bietet jungen Firmen- und Existenzgründern umfangreiche Unterstützung – von der Gründungs- und Wachstumsberatung über Labors und Technika bis hin zu umfassendem technischem und chemischem Know-how.

VORREITER IN DER SOZIALPOLITIK

In der Personal- und Sozialpolitik steht die BASF in einer langen Tradition: Schon 1871 führte sie als eines der ersten Unternehmen in Deutschland für ihre Mitarbeiter eine freiwillige betriebliche Altersversorgung ein. Auch heute verfolgt die BASF innovative Wege zur Unterstützung ihrer Mitarbeiter. So können beispielsweise Männer und Frauen, die ein politisches Amt übernehmen, für die Dauer ihres Mandats von der Arbeit freigestellt werden. Auch wer nahe Familienangehörige pflegen muss, kann dafür bis zu zwei Jahre Freistellung erhalten.

Einen besonderen Schwerpunkt ihrer Personalarbeit legt die BASF auf eine bessere Vereinbarkeit von Familie und Beruf: Schon seit Jahren können Väter und Mütter direkt im Anschluss an Mutterschutz und Elternzeit das Programm „Eltern und Kind" in Anspruch nehmen. Es bietet unbefristet beschäftigten BASF-Mitarbeitern die Möglichkeit, ihre Berufstätigkeit zu unterbrechen, bis ihr Kind das erste Schuljahr beendet hat, oder alternativ in Teilzeit zu arbeiten. Auch Telearbeit bietet das Unternehmen an. Sie erspart Anfahrtswege zum Unternehmen und ermöglicht, flexibler auf familiäre Bedürfnisse reagieren zu können. Um Eltern die frühzeitige Rückkehr in den Beruf zu ermöglichen, richtet die BASF außerdem in Kooperation mit externen Trägern Kinderkrippenplätze ein. In Werksnähe werden 50 Plätze für Kinder im Alter zwischen sechs Monaten und drei Jahren zur Verfügung gestellt. Für Schulkinder bietet die BASF in Zusammenarbeit mit der Ehrenamtsbörse VEhRA ein Sommerferienprogramm an. Damit wird berufstätigen Eltern die Betreuung ihrer Kinder während der Sommerferien erleichtert, denn sie wissen ihren Nachwuchs zwischen 7.30 Uhr morgens und 18 Uhr abends in guten Händen.

Die BASF will nicht nur ein guter Arbeitgeber sein, sie legt auch Wert auf gute nachbarschaftliche Beziehungen. Die Umweltzentrale des Werks ist rund um die Uhr besetzt und über das Umwelttelefon jederzeit erreichbar. Im Nachbarschaftsforum treffen sich mehrmals pro Jahr Vertreter aus dem Umfeld des Werks mit Managern und Fachleuten der BASF, um sich über Themen aus den Bereichen Umwelt, Sicherheit und Gesundheit zu informieren und aktuelle Fragen zu diskutieren. Auch mit der Politik wird der regelmäßige Dialog gepflegt – auf Kommunal-, Landes-, Bundes- und Europaebene.

Chemielaborantin beim prüfenden Blick durchs Mikroskop.

TAUSENDE BEIM KELLEREIFEST

Auch im geselligen Bereich hat sich die BASF ihrem Umfeld weit geöffnet. Die Restaurants und gastronomischen Einrichtungen laden nicht nur Mitarbeiter, sondern auch Gäste zum Besuch ein. Die Kellerei der BASF bietet ein internationales Weinsortiment und verfügt über einen riesigen Kundenstamm, der weit über Ludwigshafen hinaus reicht. Ihr Kellereifest lockt alljährlich an einem Wochenende im Spätsommer bis zu 12 000 Besucher in die Zeltstadt auf dem Gelände, das an Werktagen als Großparkplatz dient. Das Kellereifest hat sich innerhalb von 25 Jahren mit Weinausschank und Pfälzer Spezialitäten, mit politischem Stammtisch und Attraktionen für Kinder zum besucherstärksten Weinfest der Pfalz nach dem Bad Dürkheimer Wurstmarkt entwickelt. Auch politische Prominenz gibt sich dort die Ehre. Anlässlich des 150-jährigen Bestehens der Stadt Ludwigshafen im Jahr 2003 unterstützte die BASF mit der Ausstellung „Der Blaue Reiter" erneut eine der großen Kunstausstellungen im dortigen Wilhelm-Hack-Museum. Frühere Ausstellungen dieses Hauses, die in Kooperation mit der BASF realisiert wurden, galten anderen Vertretern der klassischen Moderne wie Vasarely oder Chagall. Besonderes Augenmerk schenkt das Unternehmen der Pflege von Projekten des Weltkulturerbes. So unterstützt die BASF die Restaurierung des Speyerer Doms, aber auch die Wiederherstellung der Meister-Häuser in Dessau oder die Rettung der Bach-Autographen.

SÜDTIROL

BURGUND

PFALZ

AUSTRALIEN

BORDEAUX

SÜDTIROL

ALTO ADIGE
CHARDONNAY
PILAT

BURGUND

CHABLIS PREMIER CRU
LES VAILLONS
1996

CORTON-CHARLEMAGNE
GRAND CRU
Domaine du Martray
1998

GRANDS VINS DE BOURGOGNE
MEURSAULT
LES NARVAUX
GUY BOCARD

AUSTRALIEN

SHAW
CREEK

PFALZ

MOTZENBÄCKER

2002
Chardonnay
Spätlese · trocken
Pfalz
GUTSABFÜLLUNG
13%
vol
0,75 L
Weingut MOTZENBÄCKER
67152 RUPPERTSBERG
DEUTSCHLAND

BORDEAUX

EXTRA CUVÉE DE RÉSERVE
CHAMPAGNE
Pol Roger

CHARDONNAY

CHARDONNAY
Popularität verlangt ihren Preis

Chardonnay ist ein Mega-Star. Die weiße Traube aus dem noblen Burgund hat zu Beginn der 1980er-Jahre einen Siegeszug rund um den Globus angetreten. Aus der Rebsorte ist eine Weltmarke geworden.

Während aus Chardonnay in seiner französischen Heimat feinste Weißweine und Champagner entstehen, werden allein in Kalifornien jährlich über 600 Millionen Flaschen Wein dieses Namens gefüllt. Wen wundert es, dass in der Presse despektierlich von Coca-Cola-Wein die Rede ist oder Weinliebhaber ihren Überdruss mit der Verzichtformel „Anything but Chardonnay" (Alles außer Chardonnay) zum Ausdruck bringen? „Es muss nicht immer Chardonnay sein", betitelten Schweizer Weinjournalisten ihr Buch über die wichtigsten Rebsorten der Welt. Süffisant fragen sie: „Chardonnay – ein Barbie-Wein? Blond, gut gebaut, dümmlich und austauschbar."

Tatsache ist, dass Chardonnay unter allen weißen Rebsorten der Welt in den vergangenen 30 Jahren den mit Abstand größten Zuwachs verzeichnet hat: in Frankreich selbst, in ganz Europa und vor allem in der Neuen Welt. Während Anfang der 1970er-Jahre kein Mensch in Amerika oder „Down Under" überhaupt nur den Namen dieser Edelrebe aus dem Burgund kannte, ist Chardonnay in den Vereinigten Staaten zum Synonym für Weißwein und für Australiens Winzer zum Exportschlager Nr. 1 geworden.

Was hat die kalifornischen und australischen Weinerzeuger veranlasst, gerade Chardonnay in großem Stil anzupflanzen? Sie wollten dem berühmten Vorbild Burgund nacheifern. Dabei kam ihnen zupass, dass Chardonnay unter den verschiedensten Klimabedingungen gute Erträge in ordentlicher Qualität abliefert. Die Winzer in der Neuen Welt reizte an der Traubensorte zudem, dass sie sowohl im Edelstahltank als auch im Eichenholzfass vergoren und mit hervorragenden Resultaten im Barrique ausgebaut werden kann. Außerdem spricht sie auf ein breiteres Spektrum von Kellertechniken an als die meisten anderen weißen Rebsorten. Die amerikanischen und australischen Weinmacher waren selbstbewusst genug, das französische Vorbild nicht zu kopieren, sondern die eigenen Stärken – echte und vermeintliche – auszuspielen: die Verfügbarkeit vollreifen Leseguts und den ungenierten Einsatz von neuem, kräftigem Holz. Als dann New World Chardonnay selbst in Europa erste Erfolge erzielte, brachen alle Dämme. Heute muss die Rebsorte den Spagat zwischen einem exklusiven Corton-Charlemagne und den vielen Allerwelts-Chardonnays aushalten.

Bevor der weltweite Siegeszug begann, hat Chardonnay schon in zwei der nobelsten Weinbaugebieten Frankreichs Karriere gemacht: im Burgund und in der Champagne. Da in beiden Regionen die geografische Herkunft der Weine höchsten Stellenwert besitzt und nur diese auf dem Etikett steht, wurde Chardonnay nicht unter seinem Namen, sondern als Chablis, Meursault, Puligny-Montrachet, Corton-Charlemagne und als Champagner berühmt.

Burgund, eine der angesehensten und traditionsreichsten Weinlandschaften der Erde, bringt neben Rotweinen, die sich mit den nobelsten Bordeaux-Gewächsen um Bacchus' Krone streiten, Chardonnays hervor, die fraglos zu den besten Weißweinen der Welt zählen.

Wenn Paris der Kopf Frankreichs ist und die Champagne seine Seele, dann müsse das Burgund, wie Weinautor Hugh Johnson meint, Frankreichs Magen sein. Nirgendwo gehen Speis und Trank eine so harmonische Ehe ein wie im Burgund. Nicht von ungefähr sind hier die Starköche gleich dutzendweise zu Hause, wachsen ihnen doch die besten Zutaten geradezu in den Kochtopf: zarte Freilandhühner aus der Bresse, saftiges Rindfleisch aus dem Charolais, Niederwild aus dem Chalonnais, ganz zu schweigen von den weltberühmten Weinbergschnecken.

KAISER UND PÄPSTE SIND SEINEM CHARME ERLEGEN

Wenn man vom Burgunder als dem „Roi des Vins – Vin des Rois (König der Weine – Wein der Könige) spricht, dann ist diese Behauptung vielfach belegbar. Die mächtigen burgundischen Herzöge von Johann dem Unerschrockenen bis Karl dem Kühnen nannten sich stolz «Seigneurs immédiats des meilleurs vins de la chrétienté» (Reichsunmittelbare Landesherren über die besten Weine der Christenheit).

Auch die deutsche Dichtung bestätigt allerhöchste Wertschätzung: „Der Kaiser trinkt Burgunderwein, sein schönster Junker schenkt ihn ein ...", reimte Johann Peter Hebel. Und auch Päpste sind dem Charme des Burgunders erlegen. Als der italienische Humanist Petrarca nach Avignon kam, wo Papst Clemens V. seit Beginn des 14. Jahrhunderts residierte, schrieb er spöttisch: „Die Kardinäle wollen deshalb nicht nach Rom zurückkehren, weil es in Italien keinen Burgunder gibt." Als Papst Urban V. dann 1376 ziemlich widerwillig in die Ewige Stadt zurückging, bekannte er freimütig: „Es liegt mir nichts daran, die Landschaften jenseits der Alpen wiederzusehen, wo es keinen Wein aus Beaune gibt."

Die Wurzeln des burgundischen Weinbaus reichen in die Römerzeit zurück. Den entscheidenden Anstoß gaben jedoch die Mönche, die den Landstrich christianisierten. Und es waren im Mittelalter vor allem die Klöster, die Burgunds Weinkultur pflegten, allen voran die Benediktiner von Cluny und der vom heiligen Bernhard gegründete Zisterzienserorden. Auch das Château du Clos de Vougeot, heute Sitz der Chevaliers du Tastevin, ist ein ehemaliges Kloster.

Nach der Französischen Revolution wurden die Besitztümer der Kirche und des Adels unter das Volk verteilt und dann im Laufe der Zeit durch das im Code Napoléon verankerte Erbrecht immer weiter zersplittert. Die Folge ist eine wahre Weindemokratie, in der rund 49 000 burgundische Winzer ein Weinbaugebiet von knapp 35 000 Hektar bestellen.

Was die Herkunft von Chardonnay betrifft, konkurrieren drei Theorien miteinander. Die erste sieht in der Rebe ein echtes Burgundergewächs, dessen Wiege im Mâconnais, und zwar in einem Dorf namens Chardonnay stand. Die zweite wird von dem Champagnerproduzenten Claude Taittinger vertreten. Ihr zufolge hat Thibaut le Chansonnier, Comte de Champagne, sie auf dem Heimweg vom Heiligen Land aus Zypern mitgebracht. Die dritte Theorie behauptet, dass die Rebsorte ursprünglich aus dem Libanon stammt. Wir halten es mit der burgundischen Version. Aktenkundig ist Chardonnay in Burgund zwar erst 1855 geworden, doch Rebkundler können nachweisen, dass die Sorte unter anderen Namen seit dem Ende des 12. Jahrhunderts in Burgund ansässig ist und bereits im Mittelalter von dort ihren Weg in die verschiedenen Regionen Frankreichs sowie nach Italien und Spanien gefunden hat. Dass es Chardonnay-Reben waren, die Karl der Große in seinen Weinbergen an der Côte d'Or anpflanzen ließ, um den Bart nicht länger mit Rotwein zu beflecken, ist nicht belegt.

CÔTE D'OR UND CHABLIS STAMMLANDE DES CHARDONNAYS

Das Weinbaugebiet Burgund gliedert sich in 4 Distrikte. Der nördlichste, Chablis, liegt – isoliert von den anderen – rund 120 Kilometer nordwestlich von Dijon. Von Dijon in südlicher Richtung erstreckt sich die Côte d'Or, die Heimat der berühmtesten Burgunderweine, rote und weiße. Hier begegnet man so legendären Orts- und Lagennamen wie Chambertin, Clos de Vougeot, Romanée-Conti und Montrachet. Der nördliche Teil der Côte d'Or wird als Côte de Nuits bezeichnet, der südliche als Côte de Beaune.

Beaune ist die Weinmetropole Burgunds – manche würden sagen: der Welt. Zugunsten der berühmten Hospices de Beaune, in denen seit dem Mittelalter Kranken und Bedürftigen geholfen wird, findet hier alljährlich – jeweils am dritten Sonntag im November – eine Weinauktion statt, zu der Weinhändler und -importeure aus aller Welt nach Burgund kommen. Die für die Hospices-Weine erzielten Erlöse gelten als Barometer für die Entwicklung der Burgunderpreise.

Südlich an die Côte d'Or schließt sich die Côte Chalonnais mit Mercurey als Mittelpunkt an. Weiter in südlicher Richtung folgt das Mâconnais (benannt nach der Stadt Mâcon). In allen 4 Gebieten wird Chardonnay erzeugt.

Die Côte d'Or ist das Herzstück der Weinlandschaft Burgund. In dem rund 50 Kilometer langen Band von Weinbergen gibt es mehr als 500 AOC-Gebiete; ihre Hierarchie gleicht einer Pyramide. Den breiten Sockel bilden die Regional-Appellationen (AOC Régionale) wie z. B. Bourgogne Blanc (Chardonnay). Eine Stufe höher stehen die Dorf-Appellationen (AOC Communale), derer es 25 gibt: Jeder Ort an der Côte d'Or hat seine eigene AOC, z. B. Meursault AOC. Die meisten Dörfer verfügen über eine Reihe von Premiers Crus, deren Namen sie an den ihrer Gemeinde anhängen, z. B. AOC Meursault Premier Cru Les Perrières. In Burgund sind über 450 Premiers Crus registriert. Daneben gibt es so genannte „lieux-dits", eine vornehmlich in diesem

Landstrich gebräuchliche Bezeichnung von Weinberglagen, die zwar keinen Premier-Cru-Status besitzen, aber dennoch auf dem Etikett erscheinen dürfen, z. B. Meursault AOC „Les Narvaux".

An der Spitze der Pyramide stehen die Grands Crus, 30 an der Zahl. Aus diesen Toplagen kommt 1 Prozent des Burgunderweins. Auf dem Etikett steht ganz puristisch der Lagenname und der Zusatz Grand Cru, z. B. Corton-Charlemagne Grand Cru. Auf den Zusatz könnte man, wie Spötter meinen, auch noch verzichten, denn der Preis spräche für sich selbst.

MEURSAULT: INBEGRIFF DES WEISSEN BURGUNDERS

Die Namen von vier Weindörfern an der Côte d'Or, Meursault, Puligny-Montrachet und Chassagne-Montrachet an der Côte de Beaune sowie Aloxe-Corton an der Côte de Nuits, elektrisieren Weißwein-Freaks überall auf der Welt. Meursault, der größte und imposanteste dieser Weinorte, macht auf seine Besucher einen geschäftigen, wohlhabenden Eindruck. Obwohl mit keinem Grand Cru gesegnet, ist der Meursault für viele Weinkenner der Inbegriff des vollendeten weißen Burgunders. Er besitzt zumeist ein eindrucksvolles Bukett mit Anklängen an Butter, Haselnüssen und Zimt sowie einen ausgeprägt kräftigen Geschmack, den man lange auf der Zunge behält.

Von den 23 Premiers Crus, die das Gemeindegebiet von Meursault ganz oder teilweise umschließen, gilt Les Perrières als diejenige Lage, aus der der Meursault von größter Klasse und höchster Feinheit stammt. Daneben verfügt Meursault über ein komplexes Netzwerk von „lieux-dits". Versierte Weineinkäufer schwören auf einige dieser Weinberglagen, wie z. B. „Les Narvaux", die in ihrer Qualität an die benachbarten Premiers Crus heranreichen, im Preis aber deutlich darunter liegen.

Meursault ist Gastgeber eines der drei großen Feste, die alljährlich in der dritten Novemberwoche in Burgund stattfinden („Trois Glorieuses"). Am Montag nach der Auktion in den „Hospices de Beaune" kommen rund 600 Winzer und ihre Gäste mittags zur „Paulée de Meursault", dem Erntedankfest, zusammen. Im Tragekorb bringen die Erzeuger ihre eigenen Weine mit, die dann mit Nachbarn und Freunden an den Tischen ringsum geteilt werden.

Ganz im Gegensatz zum geschäftigen Meursault sind Puligny-Montrachet und Chassagne-Montrachet verschlafene Dörfer. Weintouristen machen die Erfahrung, dass Besucher in Puligny zwar geduldet, doch durch nichts und niemanden animiert werden, wieder zu kommen. Chassagne weist wenigstens mit einem Schild am Ortseingang auf „Die besten Weißweine der Welt" hin.

Die Gemeinde Puligny verfügt über 4 Grands Crus: Le Montrachet, Chevalier-Montrachet, Bâtard-Montrachet und Bienvenûes-Bâtard-Montrachet. Die ersten beiden muss sie sich jedoch mit dem Nachbarort Chassagne teilen. Die winzige Lage Griots-Bâtard-Montrachet, die nur 10 000 Flaschen hervorbringt, ist der einzige Grand Cru, der ganz in der Gemarkung Chassagne liegt.

Diese legendären „Großen Gewächse" verdanken ihren Weltruf dem „terroir", aus dem sie kommen. Boden und Mikroklima gehen hier eine einzigartige Allianz ein.

fertigkeit des Menschen, die den Unterschied zwischen fein und göttlich ausmacht", betont Burgund-Kennerin Serena Sutcliffe.

Wenn Experten behaupten, dass die Montrachets die weltbesten Chardonnays sind, können sie den Beweis dafür nicht mit jungen Weinen antreten. Für den Chardonnay-Experten Tim Atkin gleicht es einem Verbrechen, einen Montrachet zu trinken, der nicht mindestens 10 Jahre auf der Flasche gereift ist. Erst dann hat sich das grünliche Gelb in prachtvolles Gold verwandelt und der Wein seine vielgerühmte Tiefe und Komplexität erreicht: Honig, Mandeln, Weißdorn und wohlgestaltete Fülle zeichnen reifen Montrachet aus. Wesentlich ist, dass der Wein bei etwa 13 °C, auf keinen Fall aus dem Kühlschrank, serviert wird.

Über dem Glanz der Grands Crus darf man die Premiers Crus nicht vergessen, die gerade in Puligny, das über 12 „Erste Gewächse" verfügt, bemerkenswerte Schönheit besitzen: Les Folatières (Maison Joseph Drouhin), Les Pucelles (Domaine Leflaive), Les Chalumeaux (Domaine Joseph Matrot), Les Caillerets (Domaine Hubert de Montille) und Les Referts (Domaine Louis Latour).

Aus den 18 Premiers Crus, die Chassagne besitzt, ragt eine Hand voll heraus: Les Chaumées (Domaine Michel Colin-Deléger), En Caillerets (Domaine Jean-Noël Gagnard, Domaine Ramonet), Abbaye de Morgeot Clos de la Chapelle (Domaine du Duc de Magenta), Les Vergers (Château Génot-Boulanger) und Les Chenevottes (Domaine Jean Noël Gagnard).

Saint-Aubin, ein winziges Dorf, dessen Weinberge nördlich an die Gemarkungen Chassagne und Puligny-Montrachet anschließen, ist so etwas wie „ein unentdecktes Juwel von Burgund". Experten, wie die zitierte Serena Sutcliffe, behaupten, die Weine von Saint-Anbin seien die leichteren, frischeren Versionen der berühmten Nachbar-Appellationen. Zu den paar Dutzend Weinerzeugern des Ortes, die allesamt sehr gewissenhaft arbeiten, zählt die Domaine Roux Père & Fils. Ihr vollmundiger Bourgogne Chardonnay aus der Lage „Les Murelles" wächst an einem Südosthang auf kalkhaltigem Lehmboden. Im Bukett vereinen sich Aromen von Vanille, Nüssen, gerösteten Mandeln, Pfirsich, Aprikosen und Honig. Ein Schnäppchen der BASF-Kellerei.

Die Rebflächen liegen so günstig und geschützt an sonnigen Hängen, dass mit großer Regelmäßigkeit voll ausgereifte Trauben geerntet werden. Die Grands Crus liegen auf unterschiedlichen Kalkböden: Le Montrachet auf hartem Bathonien-Kalkstein, der mit eisenoxidhaltigem Geröll bedeckt ist, Chevalier-Montrachet auf mergeligem Bajocien-Kalk und die Bâtards auf braunem Kalkstein mit viel Kies.

Der zu Puligny gehörende Teil des Montrachet ist nach Südosten geneigt, der Chassagne-Teil direkt nach Süden ausgerichtet. Ob die in Puligny gewachsenen Weine tatsächlich mehr Finesse haben, sei dahingestellt. Viel wichtiger ist, was die einzelnen Erzeuger aus diesen großartigen Lagen herausholen. „Es ist die Kunst-

WEINBERGBESITZER KARL DER GROSSE

Die Domaine Bonneau du Martray in Pernand-Vergelesses gilt als der beste Erzeuger von Corton-Charlemagne. Ihr Besitzer, Jean-Charles Le Bault de la Morinière, ein gelernter Architekt, hat die 11 Hektar große Domaine 1994 von seinem Vater übernommen. Zur Besonderheit der Lage weist er darauf hin, dass Corton-Charlemagne als die große Ausnahme nach Westen ausgerichtet ist. „Wenn man im Juni um 7 Uhr morgens hier ist, steht man in der Sonne. Kommt man um 9 Uhr abends her, sieht man die Sonne noch immer. Das sind 14 Stunden direkte Einstrahlung – nicht Hitze wohlgemerkt, denn dazu braucht man keine Südlage, sondern gutes Licht, kühles Licht. Das wirkt sich wohl auf die besondere Struktur und Ausgewogenheit von Corton-Charlemagne aus. Wir haben viel natürliche Säure und ein gutes Alkoholpotenzial; 1 Jahr nach der Abfüllung ist unser Wein uninteressant. Er braucht 10, 15, manchmal 20 Jahre." Die Grand-Cru-Bezeichnung Corton-Charlemagne erinnert daran, dass Karl der Große an den Hängen des Corton-Bergs Reben pflanzen ließ, die er 775 den Mönchen von St. Androche de Saulieu schenkte.

„SO LEBENDIG UND FRISCH WIE EIN EISKALTER WILDBACH"

Das Schicksal hat es gut mit Chablis gemeint. Der Name klingt französisch und ist doch leicht auszusprechen. Sein Ruf eilt ihm voraus. Bevor die französischen Weinnamen mit dem Appellationssystem unter Schutz gestellt wurden, schmückte sich fast jedes neue Weinland mit einem „Chablis"; zum Teil ist das heute immer noch so.

Während viele Chardonnays aus der Neuen Welt als passable Meursaults durchgehen könnten, wagt kaum jemand den Versuch, einen Chablis in Geruch und Geschmack zu kopieren. „Er riecht nach Rauch, Stein und Winterluft und schmeckt so lebendig und frisch wie ein eiskalter Wildbach, der über Kiesel zu Tal plätschert", beschreibt Andrew Jefford in „Weinlandschaft Frankreich" diesen Ausnahmewein.

Das Anbaugebiet rund um die unscheinbare Stadt Chablis hat die Form eines verschlissenen Flickenteppichs. Die Weinberge liegen zu beiden Seiten des Flüsschens Serein. Sie teilen sich in 4 Appellationen auf, die es zusammen gerade mal auf 4000 Hektar bringen: Petit Chablis, Chablis, Chablis Premier Cru und Chablis Grand Cru.

Die Grands Crus sind eine zusammenhängende Rebfläche von 106 Hektar Größe, die sich an einem Hügel direkt gegenüber der Stadt entlangzieht. Der Hang besteht aus 7 Grand-Cru-Parzellen. Les Clos, das größte und wärmste Areal, bringt stattliche, mineralische, langlebige Weine hervor. Vaudésir liefert verführerische, reife, sinnliche Tropfen, Les-Preuses-Gewächse sind cremig und voll blumiger Finesse, während Valmur als der typischste der glorreichen Sieben auftritt: herb und nervig. Grenouilles besitzt mehr mineralische Tiefe, Bougros ist umstritten.

Die 40 Premiers Crus umfassen insgesamt 747 Hektar Rebfläche. Die besten Lagen schließen sich seitlich an die Grands Crus an: Fourchaume nördlich und Mantée de Tonnerre sowie Mont de Milieu südlich. Dazu kommen 3, die den Grands Crus auf der anderen Seite des Serein-Tals gegenüberliegen: Montmains, Les Vaillons und Côtes de Léchet.

In Chablis ist es wie überall an der Côte d'Or: eine Vielzahl von Winzern teilt sich in die Premiers und Grands Crus. So besitzt Billaud-Simon, eine 18 Hektar große Domäne, die von Samuel Billaud und seinem Onkel Bernard mit großem Einsatz bewirtschaftet wird, kleine Parzellen von höchstens 1 Hektar in 4 Grands Crus und insgesamt 9 Hektar verteilt auf diverse Premiers Crus. Einem anderen Top-Erzeuger, der Domaine William Fèvre (im Besitz von Joseph Henriot), gehören Parzellen in 6 der 7 Grands Crus, zusammen rund 16 Hektar. 12 der insgesamt 40 Hektar Weinberge, die mit im Durchschnitt 40 Jahre alten Reben bestockt sind, haben Premier-Cru-Status. „Wenn es ein Gut im Chablis gibt, dessen Weine jede Nuance der einzigartigen Böden zum Ausdruck bringen, dann dieses", schwärmt Weinschriftsteller Andrew Jefford, der jeden Wein und jeden Stein im Chablis kennt.

Als Vorzeigewinzer und Meister ihres Fachs in Chablis gelten Domaine René et Vincent Dauvissat, Domaine Louis Michel et Fils und Domaine François et Jean-Marie Raveneau.

DIE WEISSE CHAMPAGNER-TRAUBE

Die zweite französische Weinregion, in der Chardonnay zu Weltruhm gelangte, ist die Champagne. Wie bei Burgunderweinen ist auch beim Champagner von Chardonnay explizit nicht die Rede.

Zur Champagner-Erzeugung sind drei Rebsorten zugelassen: die beiden roten Pinot Noir und Pinot Meunier und die weiße Chardonnay. Die roten Trauben werden weiß gekeltert, das heißt, man trennt die Traubenschalen, in denen die Farbpigmente sitzen, sofort nach dem Pressen vom Most. So erhält man aus Rotweintrauben Weißwein. Pinot Noir gibt dem Champagner Rückgrat, Fülle und Langlebigkeit, Pinot Meunier Frische und Frucht, Chardonnay schließlich verleiht ihm Feinheit, Leichtigkeit und Eleganz.

Die klassischen Standard-Cuvées der Champagnerhäuser bestehen zu je einem Drittel aus den zugelassenen Traubensorten, in speziellen Cuvées kann der Chardonnay-Anteil höher oder niedriger sein. Fast jeder Champagner-Erzeuger bietet einen Blanc de Blancs an, und dieser wird zu 100 Prozent aus Chardonnay erzeugt (das Pendant dazu, der Blanc de Noirs, entsteht ausschließlich aus roten Trauben). Chardonnay spielt in der Champagne also nicht die erste Geige, sondern muss sich – von gelegentlichen Solopartien abgesehen – als Mitglied eines Terzetts zufrieden geben.

In der Champagne existiert eine einzige AOC, und die heißt „Champagne". Und es gibt eine Klassifizierung mit Premiers und Grands Crus an der Spitze. Klassifiziert werden jeweils die Weinberge eines ganzen Dorfs – ein System, das seit langem heftig in der Kritik steht. Es dient dazu, den Preis des Leseguts festzusetzen: Grand-Cru-Orte, 17 an der Zahl, werden als „100 %" eingestuft, die 41 Premier-Cru-Gemeinden als „90–99 %", alle übrigen der insgesamt 311 Dorf-Crus als „80–89 %".

Champagner wächst auf einer dicken Kreideschicht. Die Wurzeln der Rebstöcke dringen durch Humus- und Lehmschichten hindurch in den kreidigen Untergrund. Die Kreide hält auch im trockenen Sommer genug Feuchtigkeit zurück, lässt überschüssiges Wasser aber ablaufen. Und sie speichert Wärme.

Die Weinberge der Champagne ziehen sich an den Hügeln der Montagne de Reims, des Valleé de la Maine, der Côte des Blancs und der Côte de Sézanne entlang. An der Côte des Blancs gehen die meisten Rebhänge nach Osten und Südosten (so wie in der burgundischen Côte d'Or). Vielleicht erklärt das auch, warum sich Chardonnay hier wohl fühlt und 96 Prozent der Rebflächen einnimmt. Die Weinberge an der Côte de Sézanne sind zu 70 Prozent mit Chardonnay bestockt.

Aber auch in den besten, nach Osten geneigten Lagen der Côte des Blancs hat es Chardonnay schwer, reif zu werden. Nicht die Sonne fehlt (die Champagne hat ebenso viele Sonnenstunden wie das Elsass), es ist einfach zu kalt. Die Champagne liegt dicht unter der Nordgrenze, bis zu der Weinbau überhaupt möglich ist. Der Westwind bläst über die sanften Hügel und hält die jährliche Durchschnittstemperatur zwischen 10 und 11 °C – unter einem Durchschnittswert von 9,5 °C würden die Trauben nicht mehr reif. Im Frühjahr drohen gefährliche Fröste, und oft müssen in den Weinbergen der Champagne – wie auch im Chablis – Heizöfen aufgefahren werden. Doch die Winzer bekommen unter diesen Grenzbedingungen, was sie wollen: Chardonnay mit sahnig-nussigem, blumigem Charakter, hoch elegant und duftig. Da die Grundweine für Champagner aus Dutzenden unterschiedlichen Lagen assembliert werden, sucht man die Crus nach ihren Eigenschaften aus. Die Côte-de-Blancs-Gemeinden Cramant, Oger, Mesnil und Vertus sorgen für Eleganz und Duft, während Chardonnay vom Ostrand der Montagne de Reims schlank und pikant ist und der von der Côte de Sézanne als weich und cremig gilt.

Fast drei Viertel der Chardonnay-Bestände Frankreichs stehen im Burgund und in der Champagne, doch hat die Rebsorte sich längst nach Süden und Westen ausgebreitet und Aufnahme in einer Vielzahl von Appellationen gefunden. So gibt es inzwischen Chardonnay im Elsass, an der Ardèche, im Jura, in Savoyen, an der Loire und vor allem im Languedoc.

In Italien hat Chardonnay auf den Berghängen Südtirols und des Trentins schon eine lange Tradition. Allerdings handhaben die Italiener die Unterscheidung zwischen Pinot Bianco (in Südtirol Weißburgunder) und Chardonnay nicht so genau. In einer landwirtschaftlichen Erhebung aus dem Jahr 1982 tritt Chardonnay noch gar nicht in Erscheinung, 8 Jahre später werden dann bereits 6000 Hektar Chardonnay-Fläche (halb so viel wie im Burgund) ausgewiesen.

In Südtirol, wo die Rebsorte bereits 1984 DOC-Status bekam, ist Chardonnay fester Bestandteil im Sortiment der meisten Weingüter und Kellereien. Unter den sechs weißen Drei-Gläser-Weinen, die Südtiroler Erzeuger im „Gambero Rosso 2003" stellen, sind zwei Chardonnays und ein Chardonnay-Cuvée.

Tradition hat Chardonnay auch im Trentin, wo Kellereien wie LaVis und Concilio erstklassige Qualität anbieten. Im Collio bringen Spitzenerzeuger wie Villa Russiz und Gravner Chardonnays hervor, die zu den besten Weißweinen Italiens zählen. Und jedes zweite Piemonthaus bietet längst seinen Langhe Chardonnay an. Am bekanntesten ist wohl der barriquegereifte „Gaia & Rey" von Gaja in Barbaresco.

Auch aus der Toskana (Isole e Olena), Umbrien (Lungarotti) und Sizilien (Planeta, Fattorie Azzolino) kommen Chardonnays der Extraklasse.

IN DER STEIERMARK ALS MORILLON GEFEIERT

Unter dem Namen „Morillon" ist Chardonnay in der Steiermark ein Klassiker, den alle Spitzenweingüter in exzellenter Qualität in ihrem Programm haben: Alois Gross, Hannes Harkamp, Lackner-Tinnacher, Neumeister, Erich und Walter Polz, Sattlerhof, Manfred Tement und Gerhard Wohlmuth. Vom Neusiedler See stammen trockene und edelsüße Chardonnays (Achs, Heider, Kollwentz, Kracher, Prieler und Ernst Triebaumer). Vom Süßwein-Guru Alois Kracher bietet die BASF-Kellerei eine Cuvée aus Chardonnay und Welschriesling als Beerenauslese an.

Der „Milmanda" von Miguel Torres ist das Beispiel eines Top-Chardonnays aus Spanien; außer im Penedés, wo Jean Léon dem Chardonnay den Weg bereitete, ist die Rebsorte vor allem in Navarra, Somontano und Costers del Segre angepflanzt worden. Auf nur wenig Chardonnay trifft man in Portugal. In Osteuropa hingegen ist die Rebsorte überall präsent. Chardonnay von guter Qualität kommt aus Slowenien, Rumänien und Griechenland.

In Kalifornien hat die Chardonnay-Produktion eine Größenordnung von 600 Millionen Flaschen erreicht. Die Qualitäten driften naturgemäß weit auseinander. In den Carneros, im Napa und im Sonoma Valley, vor allem am

Russian River, wachsen Trauben, aus denen kleine, feine Weingüter ebenso wie Marktführer Robert Mondavi erstklassige Chardonnays erzeugen, die auf den europäischen Märkten ebenso große Akzeptanz finden wie in den Vereinigten Staaten. Bei Blindprobenvergleichen zwischen kalifornischen und burgundischen Chardonnays, wie sie wiederholt stattgefunden haben, ist es sogar passiert, dass ein französischer Winzer einen kalifornischen Chardonnay vermeintlich als den seinen identifiziert hat – und umgekehrt.

Bei aller Annäherung haben sowohl in den USA als auch in Südamerika, Südafrika, Australien und Neuseeland die „Weinmacher" ihren eigenen Stil gefunden und neue Klassiker geschaffen. In Chile sind es Weinerzeuger wie Errázuriz, aus dessen Joint Venture mit Robert Mondavi die Caliterra-Weine entstanden sind, Montgras und Lapostolle, in Südafrika ist das De Wetshof-Estate im Robertson-Distrikt ein Beispiel dafür. Inhaber Danie de Wet hat an der Weinbauhochschule in Geisenheim studiert und sich als einer der Ersten am Kap mit Chardonnay beschäftigt. Ein anderer südafrikanischer Chardonnay-Pionier ist Hamilton Russell; das Weingut liegt an der kühlen Walker-Bay in der Nähe des ehemaligen Fischerdorfes Hermanus.

In Australien steht Chardonnay unter den weißen Edelreben auf Platz eins. Aus den dereinst goldgelben, breiten, fetten Weinen mit Karamellgeschmack, die als der australische Chardonnay-Typ galten, sind hellfarbene, hoch elegante Weine geworden, die aus kühleren Anbaugebieten wie den Adelaide Hills, aus Padthaway, dem Yarra Valley, vom Margret River im Westen oder von der Südinsel Tasmanien kommen.

Die wichtigste Chardonnay-Zone Neuseelands ist das Gisborne Valley an der Ostküste der Nordinsel. Obwohl ein Massenanbaugebiet, konzentrieren sich Hunderte von ambitionierten Winzern und auch einige größere Kellereien auf diese Rebsorte, die körperreiche Weine mit charmanter Frucht und milder Säure ergibt. Aus Nelson, dem noch jungen Anbaugebiet auf der Südinsel, kommen stoffige Chardonnays.

Als eines der letzten Weinbauländer hat Deutschland dem Chardonnay 1991 die offizielle Anerkennung zuteil werden lassen. Das sei auch nicht weiter verwunderlich, meint „Das Oxford Weinlexikon", denn für viele kommt die Auslieferung einer der begünstigten deutschen Weinlagen an diese im wesentlichen doch französische Rebsorte einer Niederlage für den angestammten deutschen Riesling gleich. Auch wenn die deutschen Winzer nicht so chauvinistisch denken, ist Chardonnay bisher doch nur auf 700 Hektar Rebfläche gepflanzt worden. Es sind Top-Erzeuger, die sich in Baden (Bercher, Dr. Heger, Huber, Johner, Laible und Salway), der Pfalz (Bürklin-Wolf, Christmann, Dr. Deinhard, Knipser, Koehler-Ruprecht und Rebholz) sowie in Rheinhessen (Wittmann) mit Chardonnay beschäftigen. Entsprechend hochklassig sind die Qualitäten.

CHARDONNAY
Ausgewählte Gerichte

Rustikale Fleischpastete
(für 10 Personen)

Zutaten:

500 g Kalbsrücken
500 g Schweineschinken
(saftiger Hinterschinken)
0,2 l Weißwein
3 cl Cognac
Salz, Pfeffer
Pastetengewürz
(Mischung, zu gleichen Teilen
bestehend aus gemahlenem Muskat,
Nelkenpulver, schwarzem Pfeffer und Zimt)
800 g Schweinehals
Salz, Pfeffer, Muskat, Koriander
200 g Gänsestopfleber

Zutaten Pastetenteig:

700 g Mehl
400 g Butter
5 Eier
Salz
1 Pastetenform für 2 kg Inhalt
(es geht auch eine Brotkastenform)
2 große Scheiben fetter Speck
zum Auslegen der Terrine
1 Ei zum Bestreichen
9 Blatt Gelatine
0,5 l klare, kräftige Fleischbrühe

Zubereitung Farce:

Den Kalbsrücken und den Schweineschinken in etwa 5 mm große Würfel schneiden. In eine Schüssel geben und mit Weißwein, Cognac, Salz, Pfeffer und der Pastetengewürzmischung marinieren. Zugedeckt mindestens 6 Stunden ziehen lassen.
Den Schweinehals durch die feine Scheibe des Fleischwolfs drehen und kräftig mit Salz, Pfeffer, Muskat und Koriander abschmecken. Die Farce mit den marinierten Fleischstücken und der 5 mm würfelig geschnittenen Gänsestopfleber vermengen.

Zubereitung Pastetenteig:

Aus dem Mehl und der Butter fein zerriebene Streusel herstellen, dann die Eier sowie 1 TL Salz sehr schnell mit dem geriebenen Teig zu einem Mürbeteig verarbeiten. Vorsicht: Wenn Sie zu lange kneten, kann der Teig brandig werden, das heißt, das Fett trennt sich von der Flüssigkeit.

Einsetzen der Pastete:

Die Pasteten-/Kastenform mit dem ausgerollten Teig auslegen, den Pastetenboden mit dem fetten Speck belegen und die Fleischfarce einfüllen. Die Fleischoberseite etwas glatt streichen und mit dem restlichen Speck belegen.
Die Pastete mit einem Teigdeckel verschließen, in den Deckel drei runde Löcher schneiden. Für die Löcher basteln wir aus Karton 2 cm hohe Kamine und stecken diese in die Löcher, damit der entstehende Dampf beim Backen aus der Pastete ausweichen kann.

Fertigstellung:

Den Backofen auf 250 °C vorheizen. Das Ei mit wenig Wasser gut verschlagen und damit die Pastete bestreichen.
Die Form in den Backofen stellen und 15 Minuten bei der angegebenen Temperatur backen. Die Temperatur auf 180 °C zurückdrehen und weitere 45 Minuten backen. Aus dem Backofen nehmen und abkühlen lassen. Die Blattgelatine in kaltem Wasser einweichen, ausdrücken und in der erwärmten Fleischbrühe auflösen. Die Brühe wieder erkalten lassen, kurz vor dem Gelieren in die drei Deckelöffnungen das kalte Gelee einfüllen. Tipp: Sollte der Teig nach dem Backen an einer Stelle gerissen sein, wird die Leckage mit weicher Butter verschlossen. Die Kartonkamine entfernen und die Pastete 1 Tag im Kühlschrank abkühlen lassen.

Anrichten:

Die Pastete vorsichtig aus der Form stürzen, fingerdicke Scheiben schneiden, mit einem Salatbukett und etwas Vinaigrette servieren.

| *Unser Kellermeister* | Chardonnay „Pilat" |
| *empfiehlt:* | Wilhelm Walch – Südtirol |

Der elegante Südtiroler, den wir zur Fleischpastete wählen, ist ein Bilderbuch-Chardonnay des dezent-fruchtigen, frischen Typs. Die Ausgewogenheit zwischen Körper und Säure macht ihn rund und gefällig. Walch geht keine Kompromisse ein!

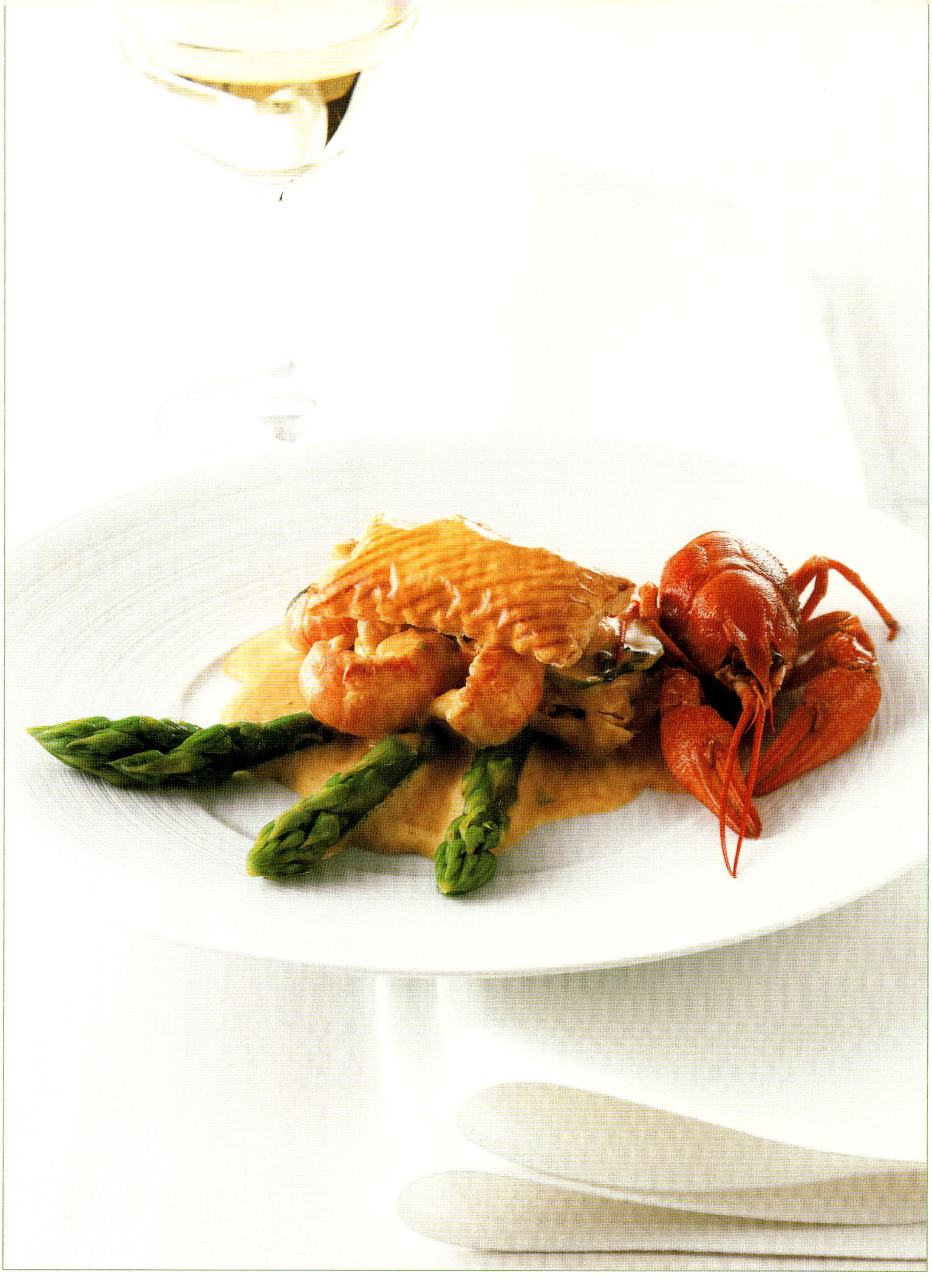

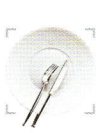

Flusskrebse und Kalbsbries
im Blätterteigkissen und grünem Spargel

(für 4 Personen)

Unser Kellermeister empfiehlt: Chablis Premier Cru „Les Vaillons"
Domaine Billaud-Simon – Burgund

So lebendig und frisch wie ein eiskalter Wildbach: Chablis aus einer der besten Premier-Cru-Lagen. Ein rücksichtsvoller Begleiter von Flusskrebsen und Kalbsbries, der die feinen Geschmacksnuancen unseres kulinarischen Doppels respektiert. Das Markenzeichen von Billaud-Simon ist sein frischer, klarer, reiner Stil.

Flusskrebse und Kalbsbries
im Blätterteigkissen und grünem Spargel
(für 4 Personen)

Zutaten:

40 Flusskrebse, lebend
400 g Kalbsbries

Fond zum Kochen der Krebse
(Court Bouillon):
2 l Wasser
0,1 l Essig
2 Lorbeerblätter
2 Nelken, 2 Dillzweige
2 Karotten
2 Zwiebeln
1 Stange Lauch
2 EL Salz
1 Msp. Paprikapulver

Zutaten Krebssauce:
40 Krebsschalen
(4 Krebsnasen = Krebskörper ohne Schwanz,
Scheren und Innereien,
zur Garnitur zurückbehalten)
60 g Butter
1 Fenchel
1 Karotte
2 Knoblauchzehen
4 Schalotten
1 Stange Staudensellerie
5 Tomaten
1 EL Tomatenmark
2 Dillzweige
1 Thymianzweig
1 Petersilienzweig
1 Rosmarinzweig
1 Korianderzweig
2 cl Noilly-Prat
0,1 l Cognac
2 cl Pernod
0,2 l Geflügelfond (auch aus dem Glas)
(siehe Grundrezept auf Seite 302)
1 l Sahne
1 Döschen Safranfäden
Salz, Pfeffer und Balsamico-Essig

Zubereitung Flusskrebse:

Den Fond zum Kochen der Krebse mit allen Zutaten aufkochen.
Nach etwa 15 Minuten den Fond durch ein Sieb passieren, Gemüse und Gewürze entfernen. Den Fond nochmals aufkochen und 10 Krebse in den kochenden Fond geben, 3 Minuten kochen und dann in Eiswasser abschrecken. So verfahren, bis alle Krebse gekocht sind.
Zum Aufbrechen der Krebse den Schwanz mit einer drehenden Bewegung vom Krebskörper lösen. Das Schwanzfleisch vorsichtig von dem Panzer befreien. Den Darm entfernen, dazu mit einem kleinen Messer die Oberseite des Krebsschwanzes aufschneiden und den Darm herausziehen. Die Krebsschwänze bis zur weiteren Verwendung kühl stellen. Die weichen und grauen Innereien aus dem Krebskörper entfernen und die Schalen waschen.

Zubereitung Krebssauce:

Die gesäuberten Krebsschalen (Karkassen) in der Butter andünsten. Alle Gemüse und Kräuter (außer Tomaten, Tomatenmark und Safranfäden) zugeben. Etwa 10 Minuten mit anschwitzen. Dann Tomaten und Tomatenmark zugeben, 5 Minuten mit anschwitzen. Danach mit Noilly Prat, Cognac und Pernod ablöschen und auf die Hälfte reduzieren. Geflügelfond auffüllen und wiederum auf die Hälfte reduzieren. Die Sahne und die Safranfäden zugeben. Bis zur gewünschten Konsistenz reduzieren. Den Fond durch ein feines Sieb passieren, dabei die Krebsschalen mit dem Gemüse gut ausdrücken. Sauce aufkochen, mit Salz, Pfeffer und Balsamico-Essig abschmecken.

Zubereitung Kalbsbries:

Den Weißweinessig und die Zwiebel mit den Gewürzen aufkochen, das Kalbsbries zugeben, Hitze reduzieren und das Kalbsbries 15 Minuten unter dem Siedepunkt ziehen lassen. Das Kalbsbries im Fond auskühlen lassen, danach in kleine Segmente (Röschen) zerteilen und dabei Haut und kleine Sehnen sorgfältig entfernen. Bis zu weiteren Verwendung kalt stellen.

Zubereitung Blätterteig:

Den Blätterteig auf einer bemehlten Arbeitsfläche 5 mm dünn ausrollen. In vier Rechtecke von 8 x 4 cm schneiden. Im Kühlschrank zugedeckt 30 Minuten ruhen lassen. Mit verquirltem Eigelb bestreichen. Mit einer Gabel diagonal ein Muster in die Oberfläche ziehen. Auf einem mit kaltem Wasser abgespültem Backblech im vorgeheizten Backofen bei 225 °C 12 bis 15 Minuten backen.

Fond zum Kochen vom Kalbsbries:
0,5 l Wasser
1 EL Weißweinessig
1 Zwiebel
1 Lorbeerblatt
2 Nelken
5 Pfefferkörner

Zutaten Blätterteig:
200 g Tiefkühlblätterteig
1 Eigelb

Zutaten Spargel:
400 g grüner Spargel
1 Zitrone
Salz, Zucker, Butter

Anrichten:
Butter, Zitrone, Salz und Pfeffer
0,1 l geschlagene Sahne
1 Estragonzweig

Zubereitung Spargel:

Grünen Spargel schälen. Wasser mit dem Saft von 1 Zitrone plus Schale, Salz, Zucker und Butter aufkochen. Spargel zugeben und bissfest kochen. Nach dem Kochen in Eiswasser geben, damit er seine grüne Farbe behält. Den Spargel schräg in etwa 2 cm große Stücke schneiden. Die Spitzen zirka 7 cm lang lassen.

Anrichten:

Kalbsbriesröschen und Krebsschwänze in Butter anschwitzen, ohne dass sie Farbe annehmen, mit Zitrone, Salz und Pfeffer würzen. Die warme Sauce dazugeben, jedoch nicht mehr kochen lassen. Die geschlagene Sahne und den gehackten Estragon unterheben. Mit Salz und Pfeffer abschmecken. Die Spargelstückchen und die Spargelspitzen in Butter und ein wenig Spargelfond erwärmen. Warme Blätterteigkissen horizontal halbieren, zuerst mit den Spargelstückchen, dann mit dem Kalbsbries-Krebs-Ragout füllen. Mit den grünen Spargelspitzen, der Krebsnase garnieren und den abgetrennten Blätterteigdeckel anlegen.

Gegrillte Dorade
mit 2 Saucen

(für 4 Personen)

Unser Kellermeister empfiehlt: Meursault „Les Narvaux"
Domaine Guy Bocard – Burgund

Ursprünglicher Burgunder mit imposantem Bukett (Toastbrot, Nüsse), ungemein kräftigem, nachhaltigem Geschmack und lebendiger Säure. Passt zur gegrillten Dorade und harmoniert mit beiden Saucen prächtig. Ein Wein, in dem man die buttrige Sonnenwärme spürt.

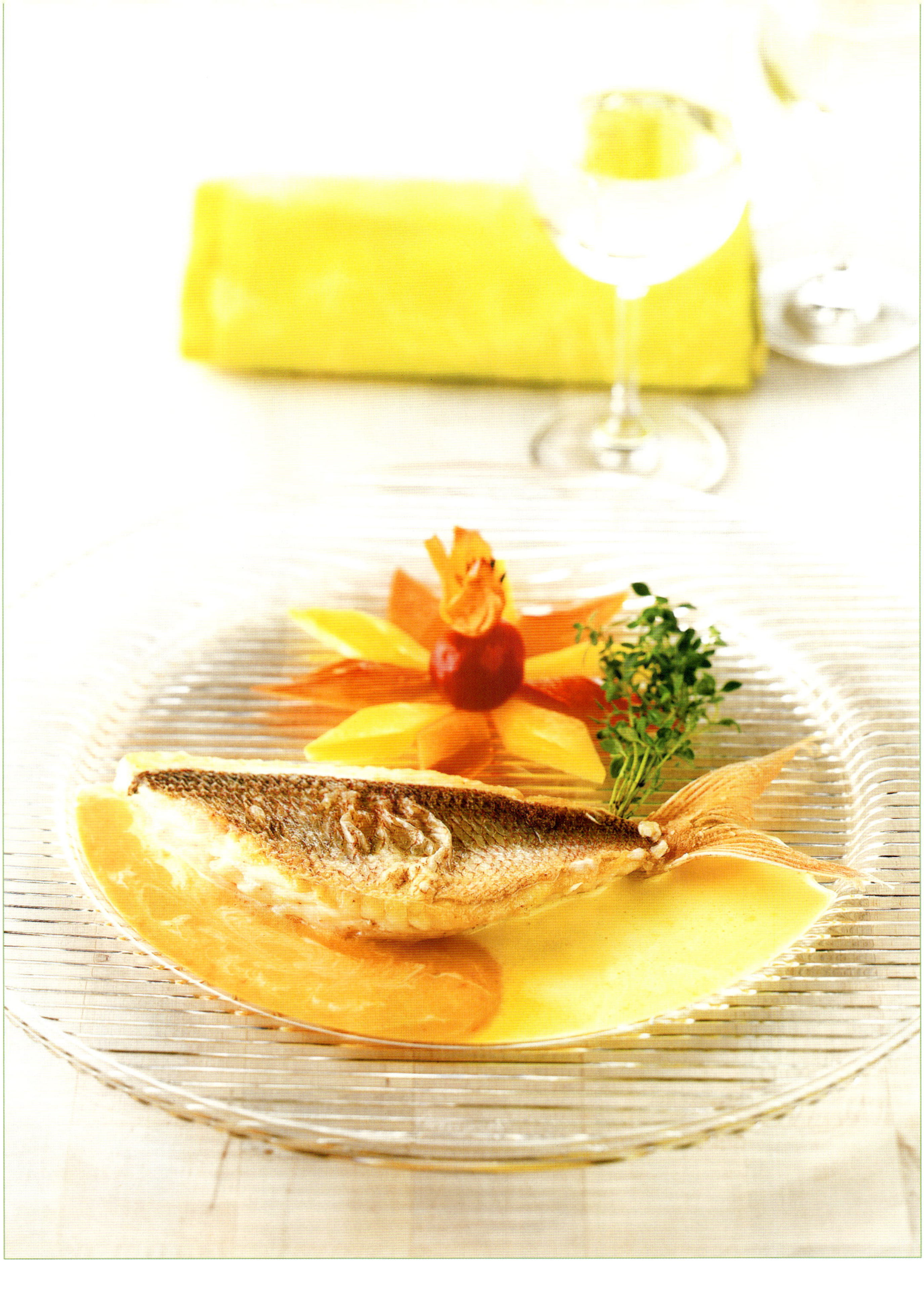

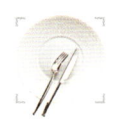

Gegrillte Dorade
mit 2 Saucen

(für 4 Personen)

Zutaten Doradenfilets:
600 g geschuppte Doradenfilets,
4 Filets oder 2 ganze Doraden Royal
Salz, Pfeffer aus der Mühle
1 TL Zitronensaft
50 g Mehl
3 EL Olivenöl

Vorbereitung Doradenfilets:

Die Doradenfilets sorgfältig mit einer Pinzette entgräten und die Haut abtasten, ob sich daran noch Schuppen befinden. Wer die Doraden im Stück einkauft, muss die 2 Fische zuerst unter fließendem Wasser mit dem Rücken eines Küchenmessers schuppen. Oder Sie besitzen ein Schuppmesser, das im Fachhandel erhältlich ist. Der Kopf von den geschuppten Doraden wird direkt hinter den Kiemen abgetrennt. Mit einem flexiblen Filiermesser an beiden Seiten der Rückenflosse bis zur Mittelgräte einschneiden und vom Kopf zum Schwanz hin die Filets von der Gräte herunterfilieren. Die Bauchgräten mit einem flachen Schnitt entfernen, Gräten ziehen.

Zubereitung Doradenfilets:

Die Doradenfilets mit Salz, Pfeffer und etwas Zitronensaft würzen, leicht mit Mehl bestäuben und in einer heißen Pfanne mit Olivenöl zuerst von der Hautseite, dann kurz von der Innenseite braten. Das Fleisch soll auf Fingerdruck noch leicht elastisch und im Kern leicht glasig sein.

Zubereitung Saucen:

Die Fischgräten waschen und mit 1 Liter kaltem Wasser und 100 ml Wein in einen Topf auf den Herd setzen. Das Gemüse, die Kräuter und die Gewürze hinzugeben und das Wasser langsam erhitzen. 30 Minuten am Siedepunkt halten, nicht kochen lassen. Eventuell ausschäumendes Eiweiß mit einem Schaumlöffel abheben. Den Fond durch ein feines Haarsieb in einen frischen Topf passieren und erneut zum Siedepunkt erhitzen. Den Fond auf ein Drittel seiner Flüssigkeit zur weiteren Verarbeitung reduzieren.

Zutaten Saucen:

400 g Fischgräten von Edelfischen
(ohne Kiemen)
70 g Karotten
70 g Sellerie
70 g Lauch
1 Estragonzweig
1 Lorbeerblatt
10 weiße Pfefferkörner
3 Pimentkörner
40 g Petersilienstiele
150 ml Chardonnay
3 EL Crème fraîche
50 g Schalotten, fein würfelig
300 g rote Paprika
300 g reife Tomaten
70 g eiskalte Butterwürfel
2 g Safran
30 ml Kokosmilch
1 EL Zitronensaft
Salz, Pfeffer aus der Mühle

Zutaten Garnitur:

4 Kirschtomaten mit Zweig

Zubereitung Tomaten-Paprika-Sauce:

20 g Butter schmelzen und 25 g würfelige Schalotten darin anschwitzen. Mit 50 ml Chardonnay ablöschen und 100 ml Fischfond aufgießen. Die Paprikahaut mit einem Sparschäler dünn abschälen, halbieren und entfernen, dabei auch die weißen Zwischenstege entfernen. Das Paprikafleisch in 1 cm große Stücke schneiden, zum Saucenansatz geben und weich dünsten. Die Tomaten mit heißem Wasser überbrühen, sobald die Schale aufplatzt in kaltem Wasser abschrecken und die Haut abziehen. Die Tomaten vierteln und entkernen. Das Tomatenfleisch zu dem Paprika in die Sauce geben und mit einem Stabmixer pürieren. Die Sauce einmal aufkochen lassen, vom Feuer nehmen und 1 EL Crème fraîche hinzugeben und unterschwenken, mit Salz und Pfeffer würzen. Sollte die Sauce noch zu dünnflüssig sein, wird sie mit etwas Beurre Marnier (Mehl-Butter, 2 : 1 in kaltem Zustand verknetet) gebunden. Vor dem Anrichten 20 g eiskalte Butterwürfel in die heiße Sauce unterschwenken.

Zubereitung Safransauce:

100 ml vom reduzierten Fischfond mit 2 EL Crème fraîche erhitzen, die Safranfäden und die Kokosmilch hinzugeben, mit Beurre Marnier leicht die Sauce abbinden. Mit Salz sowie Pfeffer würzen und mit Zitronensaft abschmecken.

Zubereitung Garnitur:

Die Kirschtomaten vom Zweig befreien und mit einem scharfen Messer von der runden Seite zum Stielansatz die Haut in 4 gleich große Segmente einritzen. Am Stielansatz bleibt die Haut unversehrt. Die Tomaten kurz in kochendes Wasser geben, bis sich die Haut löst, sofort in Eiswasser abschrecken und die 4 Hautteile lösen. Die Hautteile über dem Stielansatz zusammennehmen und an den Enden vorsichtig zwirbeln. Die Tomaten bei mäßiger Hitze warm stellen, vor dem Servieren das Fruchtfleisch mit Butter abpinseln und etwas salzen.

Anrichten:

Auf vorgewärmte Teller die beiden Saucen nebeneinander in die Tellermitte gießen, über den Schnittpunkt die Doradenfilets mit der knusprigen Hautseite nach oben legen und die Kirschtomate dazusetzen.

Tranche von schottischem Wildlachs
unter der Meerrettichkruste
(für 4 Personen)

Zutaten:
640 g schottisches Lachsfilet
ohne Haut und Gräten
2 EL Olivenöl
Salz und Pfeffer aus der Mühle

Zutaten Meerrettichkruste:
50 g Butter
50 g Gemüsemeerrettich
70 g Mie de pain
(Weißbrotkrume ohne Rinde)
Salz und Pfeffer aus der Mühle

Zutaten Gemüse:
200 g Karotten
200 g Lauch – nur das Weiße
200 g rote Zwiebeln
Salz und Pfeffer aus der Mühle

Zutaten Sauce:
1/4 l Fischfond
(siehe Grundrezept auf Seite 301)
1/4 l Sahne
1/8 l trockener Chardonnay
Salz und Pfeffer aus der Mühle

Zubereitung:
Vom Lachsfilet 8 Tranchen à 80 g schneiden. Beim Einkauf des Filets sollten Sie darauf achten, dass die braune Fettschicht zwischen Haut und dem roten Lachsfleisch möglichst völlig entfernt ist. Die Lachstranchen mit der Hautseite nach unten in einer heißen Pfanne mit Olivenöl kurz (30 Sekunden) anbraten, ohne zu wenden. Die Tranchen aus der Pfanne auf ein Blech oder in eine Auflaufform setzen und auskühlen lassen. Die Tranchen mit Salz und Pfeffer würzen.

Zubereitung Meerrettichkruste:
Die Butter bei Zimmertemperatur schaumig rühren, den Meerrettich hinzugeben und das Mie de pain einstreuen. Die Masse sollte nicht zu trocken sein, gerade noch geschmeidig zur weiteren Verarbeitung. Mit Salz und Pfeffer würzen und in einen Spritzbeutel mit kleiner Lochtülle oder einer Flachtülle füllen. Die Meerrettich-Butter-Masse gleichmäßig auf die Oberseite der Lachstranchen verteilen. Mit einer Palette oder einem Küchenmesser die Buttermasse schön glätten und überhängende Teile entfernen. Die Form zum Auskühlen in den Kühlschrank stellen. Den Backofen auf 200 °C vorheizen.

Zubereitung Gemüse:
Die Karotten schälen und schräg in etwa 3 mm dicke Scheiben schneiden. Den Lauch halbieren und waschen, 1 x 1 cm groß blättrig schneiden. Die Zwiebeln schälen und der Länge nach achteln, dabei den inneren Strunk entfernen, so dass die Zwiebelspalten blättrig auseinander fallen. Butter in einer Pfanne schmelzen und die Karottenscheiben darin anbraten, die Zwiebeln und den Lauch hinzugeben, mit 2 cl Wasser ablöschen, mit Salz und Pfeffer würzen. Bei schwacher Hitze knackig schmoren lassen.

Zubereitung Sauce:
Den Fischfond in einer kleinen Kasserolle bei mäßiger Hitze um die Hälfte verdampfen lassen, 1/8 l Sahne und den Wein hinzugeben und nochmals zur Hälfte reduzieren. Die restliche Sahne steif schlagen. Unter die Sauce im letzten Moment die steif geschlagene Sahne rühren und mit Salz und Pfeffer würzen.

Fertigstellung:
Die Form mit den Lachstranchen für 10 bis 12 Minuten in den vorgewärmten Backofen stellen. Die restlichen 2 Minuten der Backzeit den Backofen auf Oberhitze oder Grillschlange stellen, dadurch wird die Kruste auf den Tranchen schön goldgelb überbacken. Die Lachstranchen sind ideal gegart, wenn der Kern vom Lachs noch leicht glasig ist.

Anrichten:
Auf 4 vorgewärmten Tellern das Gemüse verteilen und je 2 Tranchen Lachsfilet darauf setzen. Die Sauce um das Gemüse herumgießen. Als Beilage passt Baguette oder nussgroße Kartöffelchen, in Kräutern geschwenkt.

Unser Kellermeister empfiehlt: Chardonnay Spätlese trocken
Barriqueausbau
Weingut Motzenbäcker – Pfalz

Zum schottischen Wildlachs ein Pfälzer Chardonnay mit feiner Reife und süßer Frucht: Ein großartiger, üppiger und zärtlicher Wein, der im Barrique vergoren und ausgebaut wurde. Das Weingut in Ruppertsberg mit dem flaggengeschmückten „Lufthansa-Weinberg" gehört den Sekterzeugern Regina und Klaus Menger-Krug.

Unser Kellermeister empfiehlt:	Corton-Charlemagne Grand Cru Domaine Bonneau du Martray – Burgund

Aus dem Weinberg Karls des Großen: Weltberühmter Corton-Charlemagne vom Spitzenwinzer Jean-Charles La Bault de la Morinière. Mit seiner umwerfenden Geschmacksfülle und Intensität passt der Ausnahme-Burgunder sowohl zum Zander mit Trüffelbutter als auch zum Kaninchenrücken mit Zwetschgen, in seiner Begleitung wird jedes feine Gericht zum Festmahl.

Gratinierter Zander mit Trüffelbutter
(für 4 Personen)

Zutaten Sauce:
1 Schalotte
20 g Butter
4 EL Portwein
600 ml Fischfond
(siehe Grundrezept auf Seite 301)
20 g Perigord-Trüffel, grob gehackt
Salz, Pfeffer, Zitronensaft

Zutaten Zanderfilets:
60 g geklärte Butter
600 g Zanderfilet
Zitronensaft
Salz, Pfeffer
200 g Mie de pain
(frische geriebene Weißbrotkrume
ohne Rinde)
2 Kerbelzweige
5 g Perigord-Trüffel,
grob gehackt, für die Garnitur

Zubereitung Sauce:

Die fein gewürfelte Schalotte im Topf in Butter anschwitzen, ohne Farbe zu geben. Mit dem Portwein ablöschen, auf 2 EL reduzieren. Den Fischfond angießen und auf 1/4 l reduzieren. Sauce passieren und zurück in den Topf geben. Den Fond mit den Trüffeln verkochen und mit kalter Butter binden. Mit Salz, Pfeffer und Zitronensaft abschmecken.

Zubereitung Zanderfilets:

4 Teller mit 2/3 geklärter Butter einfetten; einen Rand von etwa 2 cm nicht ausbuttern. Das Zanderfilet salzen, pfeffern und mit etwas Zitronensaft beträufeln. Die Filets in etwa 6 mm dicke, gleichmäßige Scheiben schneiden. Die Scheiben kreisförmig auf den Tellern anrichten. Die restliche geklärte Butter darauf verteilen. Leicht mit Salz und Pfeffer würzen, mit der Weißbrotkrume bestreuen. Dem Gericht unter der vorgeheizten Grillschlange des Backofens eine schöne Farbe geben. So gart das Filet auf den Punkt und bleibt unten am Teller noch etwas glasig. Aus dem Ofen nehmen und 1 1/2 bis 2 Minuten zur Seite stellen.

Anrichten:

Um den gegarten Fisch die Sauce gießen, mit Kerbel und dem gehackten Trüffel garnieren und sofort servieren.

Kaninchen, gefüllt mit Zwetschgen

(für 4 Personen)

Zutaten:
2 Kaninchenrücken mit Nieren und Leber
200 g Trockenpflaumen
2 cl weißer Portwein
250 g Schweinenetz
(beim Metzger vorbestellen)
Salz, Pfeffer
1/8 l Olivenöl
4 Kirschtomaten
50 g Rosmarin (mindestens 4 Zweige)

Zutaten Sauce:
Knochen der 2 Kaninchenrücken
2 Zwiebeln
100 g Staudensellerie
75 g Champignons
1/2 TL weiße Pfefferkörner
1 Thymianzweig
1/8 l Weißwein
1/4 l Wildfond
(siehe Grundrezept auf Seite 300)
25 g kleine, eiskalte Butterwürfel

Zutaten Garnitur und Beilagen:
500 g Wirsing
20 Schalotten, fein würfelig
20 g Butter
1/8 l Sahne
Salz, Pfeffer, Muskat
500 g Kartoffeln (3 große Kartoffeln)
5 g Rosmarin
2 El Olivenöl

Zubereitung:

Die Kaninchenrücken hohl ausbeinen, das heißt, die Rücken werden von unten her ausgelöst, ohne die Deckhaut zu durchtrennen. Die beiden Filets sollen an der Haut bleiben. Die Nieren vom Fett befreien und mit der Leber zur Seite legen. Bei einem Rücken unterhalb der Filets die Bauchlappen abschneiden. Die Trockenpflaumen mit dem Portwein marinieren und 2 Stunden bei Zimmertemperatur vor der Zubereitung marinieren lassen. Den ausgelösten Rücken mit den Bauchlappen mit der Hautseite nach unten ausbreiten. Die Trockenpflaumen zwischen die beiden Filets legen und den zweiten Kaninchenrücken darauf legen. Fest andrücken und die Bauchlappen über dem zweiten Rücken zusammenschlagen. Die entstandene Rolle mit dem gut gewässerten und danach ausgedrückten Schweinenetz umwickeln, mit einem Bindfaden die Rolle umwickeln und zusammenbinden. Den Ofen auf 180 °C vorheizen, die Kaninchenrolle mit Salz, Pfeffer würzen, mit 2 EL Olivenöl beträufeln und in den Backofen schieben. Bei 160 °C etwa 25 Minuten braten. Von der Kaninchenleber, den Nieren, den Tomaten und den Rosmarinzweigen kleine Spieße stecken und beiseite stellen.

Zubereitung Sauce:

Für die Sauce die Knochen klein hacken, anrösten und im Ofen leicht bräunen. Zwiebeln, Sellerie, Champignons, Pfefferkörner und den Thymianzweig dazugeben, 10 Minuten weiter rösten, mit dem Weißwein ablöschen und den braunen Fond auffüllen. 30 Minuten kochen lassen und durch ein feines Sieb passieren. Kurz vor dem Anrichten die eiskalten Butterwürfel unterschwenken.

Zubereitung Garnitur und Beilagen:

Die Wirsingblätter waschen und von den dicken Rippen befreien. Die Blätter in grobe Streifen schneiden, in kochendem Wasser kurz blanchieren, abtropfen lassen. Die Schalotten in der Butter glasig dünsten, mit der Sahne ablöschen und einkochen lassen. Den Wirsing hinzugeben und mit Salz, Pfeffer und etwas Muskat abschmecken. Die Kartoffeln schälen und vierteln, den Spalten mit einem Küchenmesser etwas Form geben und in Salzwasser gar kochen. Von einem Rosmarinzweig die Nadeln abzupfen und fein hacken. Olivenöl in einer Pfanne erhitzen, das Rosmarin hinzugeben, kurz durchschwenken und die Kartoffeln darin anbraten.

Anrichten:

Die Rosmarinspieße in einer Pfanne mit Olivenöl braten, mit Salz und Pfeffer würzen. Auf einem vorgewärmten Teller in der Mitte den Wirsing anrichten. 2 Stück von dem gefüllten Kaninchenrücken darauf legen. 3 Kartoffelspalten um das Fleisch verteilen, den Rosmarinspieß anlegen und die heiße Sauce angießen.

Unser Kellermeister **Corton Charlemagne Grand Cru**
empfiehlt: **Domaine Bonneau du Martray – Burgund**

Aus dem Weinberg Karls des Großen: Weltberühmter Corton Charlemagne vom Spitzenwinzer Jean-Charles La Bault de la Morinière. Mit seiner umwerfenden Geschmacksfülle und Intensität passt der Ausnahme-Burgunder sowohl zum Zander mit Trüffelbutter als auch zum Kaninchenrücken mit Zwetschgen, in seiner Begleitung wird jedes feine Gericht zum Festmahl.

Unser Kellermeister empfiehlt:

Chardonnay
Snake Creek
South Australia

Extravagante Weinwahl zur Rehschulter: Delikater Chardonnay, der sich wohltuend vom kräftigen „Antipodian Style" abhebt. In der Nase verbinden sich Anklänge tropischer Früchte mit feinen Vanille- und Mandelnoten, im Geschmack dominieren Steinobst und Cashewkerne. Weicher, erfrischender Ausklang. Jeder Schluck lädt zum nächsten ein.

Gedämpfte Rehschulter
mit Gartenkräutersalat und Holunderblütendressing

(für 4 Personen)

Zutaten Rehschulter:
1 Rehschulter mit Knochen (etwa 600 g)
1/2 Flasche Rotwein
2 Zwiebeln, grob würfelig geschnitten
1 Petersilienwurzel, gewaschen,
mit der Schale geviertelt
3 Lorbeerblätter
10 schwarze Pfefferkörner
20 Wacholderbeeren
2 Nelken

Zutaten Pilze:
300 g gemischte Pilze
(zum Beispiel Kräutersaitlinge, Pfifferlinge,
Steinpilze, Shiitakepilze, Egerlinge)
2 EL Olivenöl
1 Thymianzweig
1 Knoblauchzehe mit Schalen

Zutaten Kräutersalat:
300 g Salatmischung. Wildkräutermischung
(fragen Sie Ihren Gemüsehändler,
oder stellen Sie Ihren Salat selbst zusammen.
Zum Beispiel junge Triebe der Brennnessel,
Giersch, Fette Henne, Wiesenkerbel,
Knoblauchranke, Pfefferoregano,
Camine-Trevisosalat,
vielleicht auch Vergissmeinnicht-
und Gänseblümchen-Blüten)

Zutaten Vinaigrette:
0,05 l Holunderblütenauszug
(oder 0,025 l Holunderblütensirup)
1/8 l Olivenöl
2 EL weißer Balsamico
1/2 TL Zitronensaft
2 EL weißer Portwein
Salz, Cayennepfeffer, Muskat, Koriander

Zubereitung Rehschulter:

Die Rehschulter mit dem Rotwein, den Zwiebeln, der Petersilienwurzel und den Gewürzen in einen Brattopf geben und im 200 °C heißen Backofen 15 Minuten schmoren. Die Hitze auf 80 °C reduzieren, das Fleisch zugedeckt in 3,5 Stunden fertig schmoren. Das Fleisch ist gar, wenn Sie den Schulterknochen und den Stelzenknochen leicht entfernen können. Den Schmorfond einkochen, passieren und abschmecken, er wird nicht gebunden.

Zubereitung Pilze:

Die Pilze mit einem feuchten Tuch abreiben und in Scheiben schneiden. In eine heiße Pfanne das Olivenöl, den Thymianzweig und die angedrückte Knoblauchzehe geben, kurz durchschwenken und die Pilzscheiben hineingeben. Die Pilze kurz in der heißen Pfanne schwenken, bis sie leicht Farbe annehmen.

Zubereitung Kräutersalat und Vinaigrette:

Die Kräuter waschen und trockenschleudern. Die Zutaten für die Vinaigrette vermischen und mit einem Schneebesen kräftig aufschlagen, abschmecken.

Anrichten:

Die Wildkräuter auf den Tellern verteilen, die Rehschulter in Stücke schneiden und in die Tellermitte legen, mit dem heißen Rehfond übergießen. Die Vinaigrette über die Kräuter träufeln, die gebratenen Pilze rundherum verteilen und mit den kleinen Blüten garnieren.

Zitronentarte
mit geeister Praline und Orangenhippe
(für 8 Personen)

Zutaten Tarte:
500 g Mehl
175 g Puderzucker
250 g Butter, in Würfel geschnitten
abgeriebene Schale von 1 Zitrone,
Mark von 1 Vanilleschote
1 1/2 Eier
Mehl zum Bestäuben
Butter zum Einfetten
50 g Puderzucker zum Bestäuben

Zutaten Zitronenfüllung:
9 Eier
400 g Zucker
5 Zitronen (Schale von 2, Saft von allen 5)
250 g geschlagene Sahne

Zutaten geeiste Praline:
0,5 l Milch
500 g Nugat
6 Eigelb
40 g Zucker
1 Prise Salz

Zutaten Orangenhippe:
100 g grob gehackte Mandeln
100 g Zucker
Saft und Schale von 1 unbehandelten Orange
30 g Mehl
50 g flüssige Butter

Zubereitung Tarteboden:
Den Backofen auf 180 °C vorheizen. Mehl und Puderzucker durchsieben und gut mit der Butter vermischen. In die Mitte eine Mulde drücken und Zitronenschale sowie das Vanillemark hineingeben. Die Eier schlagen und in die Mulde geben. Den Teig verkneten, in Klarsichtfolie einpacken und 30 Minuten im Kühlschrank ruhen lassen.
Den Teig auf einer leicht mit Mehl bestäubten Oberfläche auf die Größe der Backform ausrollen. In eine eingefettete Springform den Teig einlegen und vorsichtig fest drücken und mindestens 1 cm über den Rand hängen lassen. Mit Pergamentpapier abdecken und Hülsenfrüchte zum Beschweren gleichmäßig darauf füllen – so erhält der Kuchen seine schöne Form. 10 Minuten backen. Dann das Pergamentpapier und die Hülsenfrüchte entfernen. Den überhängenden Teil abschneiden, weitere 10 Minuten backen.

Zubereitung Tarte:
Die Backofentemperatur auf 120 °C senken. Die kalte Füllung in den heißen Teig füllen (auf diese Weise dichtet er die Füllung gut ab) und 30 Minuten backen. Sobald der Kuchen fertig ist, aus dem Backofen holen und den Backofen dann sofort auf höchste Stufe (Grill, zum Überbacken) stellen. Die Tarte noch warm mit Puderzucker bestäuben und unter dem heißen Grill karamellisieren. Die Tarte abkühlen lassen.

Zubereitung Zitronenfüllung:
Die Eier mit dem Zucker und der Zitronenschale schaumig schlagen. Den Zitronensaft hineinrühren, dann die geschlagene Sahne unterheben. Den Schaum, der jetzt so ganz leicht obendrauf ist, abschöpfen.

Zubereitung geeiste Praline:
Die Milch erhitzen und den Nugat in der Milch auflösen. Eigelb, Zucker und Salz verrühren, warme Nugatmilch zugeben (in den Topf). So lange rühren, bis die Masse anfängt, dicklich zu werden. Die Masse in eine Terrinenform geben und einfrieren. Mindestens 10 Minuten vor dem Servieren aus dem Gefrierschrank holen.

Zubereitung Orangenhippe:
Die Mandeln mit Zucker, Orangensaft, abgeriebener Orangenschale, Mehl und Butter in eine Rührschüssel geben und mit einem Kochlöffel 5 Minuten gut durchrühren. Die Masse für mindestens 1 Stunde in den Kühlschrank stellen. Ein Backblech mit Backpapier auslegen und mindestens 12 nussgroße Kugeln formen und diese mit großem Abstand auf das Blech setzen. Bei 180 bis 200 °C 12 bis 15 Minuten goldbraun backen. Beim Backen läuft der Teig sehr stark auseinander und ergibt somit hauchdünne Blätter. Die Mandel-Orangen-Hippen auf dem Backblech auskühlen lassen.

Anrichten:
Die Zitronentarte in Stücke schneiden. Jeweils 3 Orangenhippen mit der geeisten Praline füllen. Mit Vanillesauce (siehe Grundrezept Seite 303) umgießen. Mit Himbeermark und Puderzucker wie auf dem Foto anrichten.

Unser Kellermeister empfiehlt:

Champagne Pol Roger Demi-Sec

Zur Zitronentarte eine süße Verführung: Mit seinem Demi-Sec führt das Champagnerhaus die Tradition fort, süßen Champagner zum Dessert zu reichen, wie das im 19. Jahrhundert Usus war. Klassische Champagner-Cuvée mit je einem Drittel Pinot Meunier, Pinot Noir und Chardonnay.

Renaissance
der BASF-Gastronomie

*Im Wandel der Zeit:
Bereits 1885 wurde die erste „Speiseanstalt" der BASF eröffnet.*

Warum geht ein guter Koch zur BASF? „Weil man dort vorzüglich isst", beschreiben die Kenner im Umfeld von Ludwigshafen den gastronomischen Rang des Hauses, denn die BASF ist nicht nur das weltweit führende Chemieunternehmen, die BASF hat auch eine Küche von hohem Ruf! Die Pfalz, dieser Garten Deutschlands, liegt vor den Werkstoren. Essen und Trinken spielen in dieser genussfrohen Landschaft eine wichtige Rolle, die Pflege der Küche gehört zu ihrer Kultur. Aus diesem Landstrich rechts und links des Rheins kommen die etwa 35 000 Männer und Frauen, die am Standort Ludwigshafen in der BASF arbeiten, sie kommen mit ihrer Tradition, mit ihren Neigungen und Vorlieben, und sie wollen sich an einem Arbeitsplatz wiederfinden, der die Eigenschaften ihrer Heimat respektiert und sich zu Eigen macht. So ist die Pflege der Gastronomie zu einem Stück Unternehmenskultur der BASF geworden. Dazu gehört nicht nur die Küche. Die Wirtschaftsbetriebe der BASF bündeln alles, was am Stammsitz Ludwigshafen zu den Bereichen „Essen – Trinken – Tagen – Schlafen" gehört. Dabei ist Qualität, im Verein mit Kostendenken, klar angesagt. „Wir streben Markt- und Kostenführerschaft an", heißt es überall in der BASF. Und „wir wollen zu den Besten gehören", sagen auch die Wirtschaftsbetriebe gemäß ihres Slogans: „Die erste Wahl für unsere Kunden."

VON DER SOZIALLEISTUNG ZUM SERVICEANGEBOT

Die Verpflegung der Mitarbeiter ist eine alte Unternehmensaufgabe. Doch in Ludwigshafen hat sich die Palette gewandelt von der klassischen Sozialleistung hin zum modernen Serviceangebot. Der Wandel wurde im Jahr 1996 eingeleitet. Im gesamten Konzern wurde über Einsparungen nachgedacht. Sollte die Verpflegung der Mitarbeiter ausgegliedert oder extern vergeben werden? Die BASF entschloss sich, die Eigenregie-Betriebe beizubehalten, aber die gesamte Unternehmenseinheit einem strikten Kostenmanagement bei gleichzeitiger Effizienzsteigerung zu unterziehen. Kundenorientierung und Wirtschaftlichkeit wurden die Losung – im Makrokosmos des Gesamtunternehmens wie auch im Mikrokosmos der Wirtschaftsbetriebe. Dort hieß es, den Spagat zwischen Qualitätsanspruch und Kostenlimit zu meistern. Nach hohen Investitionen in allen Kernkompetenz-Bereichen arbeiten nun weniger als 400 Beschäftigte in den Wirtschaftsbetrieben, gegenüber 850 vor der Restrukturierung und rund 1200 in früheren Jahren. Die Zahl der BASF-Belegschaft am Standort Ludwigshafen hat sich verringert – die Zahl der Essensgäste nicht. Aus dem Ludwigshafener Mitarbeiter ist inzwischen der Kunde geworden.

10 000 ANILINER MIT GUTEM APPETIT

Die Mitarbeiter sollen nach dem Essen zufrieden vom Tisch aufstehen. Ihre Verpflegung ist Mittelpunkt der Aufgaben der Wirtschaftsbetriebe. Täglich nehmen bis zu 10 000 „Aniliner" in den Betriebsrestaurants eine Mahlzeit ein. Kein ungewohnter Anblick, wenn mitten in der Schlange im BASF-Hochhaus auch ein Vorstandsmitglied ansteht. Die Mittagsgäste haben in den Werksrestaurants an reichhaltigen Büfetts die Auswahl zwischen fünf verschiedenen Gerichten. Die Küche stellt diese Mahlzeiten nach neuen Produktionsverfahren mit weniger Küchenmitarbeitern als früher und preiswerter her. Teilleistungen, die von einem Dienstleister besser erbracht werden als von eigenen Kräften, wurden inzwischen nach außen vergeben. In Kooperation mit Franchise-Unternehmen entstanden im Werk Pizzerien und Coffeebars, es gibt den Döner-Imbiss und das von 6 bis 19 Uhr geöffnete Bistro. Ein Inhouse-Catering beliefert mit täglich bis zu 400 Aufträgen Büros und Besprechungsräume. Alle Geschäftsessen finden in den eigenen Räumen statt. Dabei kommt die Spitzengastronomie zum Zuge, die sich im Gesellschaftshaus in der Ludwigshafener Wöhlerstraße etabliert hat. Tagsüber dienen die Restaurants in diesem altehrwürdigen Haus dem Unternehmen – am Abend sind sie auch für externe Gäste geöffnet, zur Freude der Gourmets dieser Region. Diese kulinarische Spitzenadresse, die sich erst im Zuge der Restrukturierung der Wirtschaftsbetriebe dem breiten Publikum geöffnet hat, erschließt den Freunden der guten Küche hier eine spannende Erlebniswelt. Sterne-Köche aus renommierten Restaurants kehren im Gesellschaftshaus ein und geben ein begeisterndes Gastspiel, Spezialitätenwochen entführen an die Tafel fremder Länder, bei kulinarischen Weinproben vermählen sich große Weine und große Küche. Die Pfalz selbst ist der Stargast

Für jeden Geschmack das Richtige:
Die Büfetts in den Werksrestaurants bieten eine große Vielfalt.

Hinter den Kulissen:
Köche im Restaurant des Gesellschaftshauses.

bei der Präsentation der Grands Crus, der großen Weine der Pfalz, alljährlich im Herbst im Festsaal des Hauses – Jahr für Jahr ein großer Abend und zugleich eine Verbeugung des größten Chemieunternehmens der Welt vor dem edlen Gewächs des heimischen Bodens.

EIN PLATZ IN DER SPITZENGASTRONOMIE

Das beinahe abwegige Unterfangen, die Küche eines Industrieunternehmens auch in der Spitzengastronomie zu positionieren und dieses Vorhaben gleichzeitig in betriebswirtschaftlich akzeptablen Dimensionen zu halten – in Ludwigshafen wurde es realisiert. Hier gelingt nicht nur der Spagat zwischen Qualitätsanspruch und Kostendenken – es gelingt auch der Spagat zwischen Gemeinschaftsverpflegung und Spitzengastronomie. Im Umkreis des großen Werks gibt es nicht nur das Kellereifest mit seinen rund 12 000 Besuchern oder die After-Work-Party, es gibt auch die kulinarische Weinprobe und den Erlebnis-Brunch, es gibt das Candle-Light-Dinner und die Ladies-Night, die Fiesta Espagnola und das American Barbecue. Die Wirtschaftsbetriebe sammeln Punkt um Punkt in der Gunst der Mitarbeiter. Ihr „Genießerkalender" mit einer Druckauflage, von der mancher Verleger nur träumt, ist am Jahresanfang rasch vergriffen und die Veranstaltungskette in Windeseile ausgebucht. Bei den Fragebogenumfragen unter internen und externen Kunden gehören die Teams der Wirtschaftsbetriebe zu den bestbewerteten Einheiten des Unternehmens – allen voran die Kellerei.

DER KONZERN ALS HOTELIER UND KELLERMEISTER

Zu den Wirtschaftsbetrieben gehören nicht nur Küchen und Restaurants, sondern auch das Business-Hotel René Bohn in Ludwigshafen. Dieses Hotel mit 57 Zimmern und Suiten, das den Namen eines großen Ludwigshafener Chemikers trägt und ursprünglich ein Gästehaus nur für „Aniliner" war, hat sich im Zuge der Restrukturierung der Wirtschaftsbetriebe gleichfalls für Außenstehende geöffnet. Vom Verband Deutsches Reisemanagement als eines der führenden Business-Hotels in Deutschland aus-

Die Rezeption im Business-Hotel René Bohn in Ludwigshafen.

gezeichnet, ist es inzwischen stark gebucht. Und in der Kompetenzkette „Essen – Trinken – Tagen – Schlafen" glänzt als weiteres Juwel die Kellerei. Mit dieser Einrichtung, die genau genommen ein großes Weinfachgeschäft ist, versteht sich die BASF als Partner, nicht als Konkurrent der Pfälzer Winzer. Das Angebot dieser hoch geschätzten Einrichtung geht indessen weit über Pfälzer Weine hinaus. Unter den rund einer Million Flaschen, die in den Kellern lagern, finden sich Kreszenzen aus aller Herren Länder. Die Kundenliste ist illuster. Nach Weinproben mit erlesenen Spitzenweinen, zu denen die BASF auch schon in Brüssel oder Berlin eingeladen hat, finden sich nun auch die Botschaften der Bundesrepublik auf den Kundenlisten der BASF-Kellerei.

ERLEBNISKULTUR AM MITTAGSTISCH

Wie sieht der Wirtschaftsbetrieb der Zukunft aus? Heinrich Rottmüller, der Leiter der BASF-Wirtschaftsbetriebe, hat Konzepte des Auslands studiert. Beim Trendsetter USA geht – in Deutschland noch undenkbar – die Betriebsgastronomie mitunter schon eine Verbindung mit Wellnesseinrichtungen ein. Manche Trends werden sich wahrscheinlich auch in deutschen Wirtschaftsbetrieben durchsetzen, vermutet man in Ludwigshafen: Mehr Bring- und Bestelldienste innerhalb des Unternehmens; mehr Zukauf von Produkten und Dienstleistungen von außen; noch stärkere Beachtung der Kostenseite; mehr Front Cooking vor den Augen der Gäste; kürzere Essenszeiten, bei unverändertem Wunsch nach einem Stück Erlebnis. Auch solche Einflüsse sollen in Ludwigshafen verschmelzen mit der gewachsenen Unternehmenskultur, die geprägt ist von Land und Leuten, von der Pfalz, von ihrer Tradition, ihrer Offenheit und Lebensfreude.

Trend der Zukunft in den Wirtschaftsbetrieben: Front Cooking vor den Augen der Gäste.

AHR

AHR
1992er
Marienthaler Klostergarten
Spätburgunder
Trockenbeerenauslese
Qualitätswein mit Prädikat
A. P. Nr. 1 791 285 19 93
11.5% by vol.   Erzeugerabfüllung   375 ml e
Staatliche Weinbaudomäne Marienthal/Ahr
D - 5483 Bad Neuenahr-Ahrweiler

PRODUCE OF GERMANY

BURGUND

GRAND VIN DE BOURGOGNE
JACQUES GIRARDIN
2001
SANTENAY CLOS ROUSSEAU
1ᵉʳ CRU
APPELLATION SANTENAY 1ᵉʳ CRU CONTRÔLÉE
Alc. 12.9% by vol.   750 ml e
MIS EN BOUTEILLE À LA PROPRIÉTÉ PAR
JACQUES GIRARDIN PROPRIÉTAIRE À SANTENAY - CÔTE D'OR - FRANCE

Vougeot 1er Cru
CLOS DE LA PERRIÈRE
APPELLATION CONTRÔLÉE
MONOPOLE
75 cl
DOMAINE BERTAGNA
13,5% vol.

BADEN

Gräflich Wolff Metternich'sches Weingut
vorm. Freiherr Zorn von Bulach
77770 Durbach
GUTSABFÜLLUNG   PRODUCE OF GERMANY
2001
Durbacher Schloßberg
Spätburgunder Rotwein
Spätlese Trocken
Qualitätswein mit Prädikat
A.P.Nr. 501/29/02
12,5 % vol   **Baden**   750 ml

NEUSEELAND

PENCARROW
MARTINBOROUGH
PINOT NOIR
2001
e750ml   14% Vol

AHR

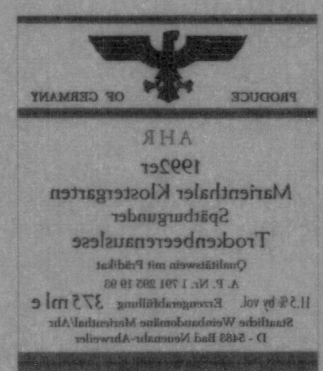

PRODUCE OF GERMANY

AHR
1992er
Marienthaler Klostergarten
Spätburgunder
Trockenbeerenauslese

Qualitätswein mit Prädikat
A. P. Nr.: 1 701 285 19 95

11,5 % by vol.   Erzeugerabfüllung   375 ml e
Staatliche Weinbaudomäne Marienthal/Ahr
D – 5483 Bad Neuenahr-Ahrweiler

BURGUND

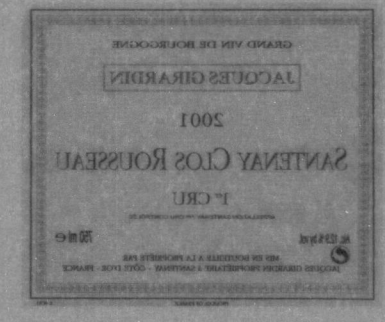

GRAND VIN DE BOURGOGNE

JACQUES GIRARDIN

2001

SANTENAY CLOS ROUSSEAU

1er CRU

MIS EN BOUTEILLE A LA PROPRIETE PAR
JACQUES GIRARDIN PROPRIETAIRE A HAUTERIVE – COTE D'OR – FRANCE

Vougeot 1er Cru
CLOS DE LA PERRIERE
APPELLATION CONTROLÉE
MONOPOLE

DOMAINE
BERTAGNA

NEUSEELAND

PENCARROW

MARTINBOROUGH
PINOT NOIR
2001

e750ml   14% Vol

BADEN

Qualitätsweinabfüllung   Weine von Dunkel,
Weingut   77723 Gudwaldt

GUTSABFÜLLUNG · PRODUCE OF GERMANY

2001

Durbacher Schlossberg

Spätburgunder Rotwein
Spätlese Trocken
Qualitätswein mit Prädikat
A.P.Nr. 30/02/02

12,5 % vol   Baden   750 ml

SPÄTBURGUNDER

SPÄTBURGUNDER
Eine Leidenschaft

Die Côte de Nuits im Norden, die Côte de Beaune im Süden, dazwischen ein schmaler Streifen, wo die Reben den Steinbrüchen weichen – dieses 50 Kilometer lange Band von Weinbergen im Herzen Burgunds ist die weltberühmte Côte d'Or: seit 1600 Jahren Kernland des Pinot Noir. An diesem „Goldenen Hang" bringt die Rebsorte verführerische Gewächse hervor, mit denen sich kein anderer Rotwein an fruchtiger Pracht und aromatischer Sinnlichkeit messen kann. Allerdings liegen Licht und Schatten nirgendwo näher beisammen als bei dieser Rebsorte.

Pinot Noir ist kein Wein, er ist eine Leidenschaft. Ein geflügeltes Wort. Aus dem Munde eines Bordeaux-Trinkers kann dieser Satz durchaus als Seitenhieb auf Liebhaber großer Burgunder gemeint sein, denn bei all dem Lob, das Pinot-Noir-Freunde auf die sinnlichsten Weinen der Welt singen, müssen sie immer mal wieder bittere Enttäuschungen einstecken.

LAUNISCHE DIVA

Die Pinot-Noir-Traube ist eine launische Diva. Wer sich an ihr versucht, muss das Risiko des Scheiterns einkalkulieren. Das gilt für Weinerzeuger und -genießer gleichermaßen.

Kein Wein macht es dem Winzer so schwer, ihn gut zu bereiten, wie der rote Burgunder. Er stellt sowohl an die Weinberglage als auch an die Kellertechnik sehr hohe Ansprüche. Da Pinot Noir mit Vorliebe in einem kühlen Klima wächst, wie es in den nördlichen Weinbaugebieten Frankreichs und Deutschlands herrscht, lauern der Rebe Spätfröste auf, bedroht sie Hagelschlag, und ihre dünnschaligen Beeren laufen Gefahr, vom Grauschimmel befallen zu werden, bevor launisches Herbstwetter schließlich das Ausreifen des Leseguts in Frage stellt.

Zu hohe Erträge führen bei Pinot Noir unweigerlich in nichtssagende Leere. Nur konsequent auf Ertragsreduzierung gerichtete Weinbergarbeit, behutsame Lese und sorgfältiges Aussortieren von Schimmel befallener Trauben garantieren hochwertiges Rebgut. Die Vinifizierung gerät zur Gratwanderung zwischen zu viel und zu wenig Extraktgehalt. Zu viel Extrakt macht der duftigen Eleganz, für die rote Burgunder berühmt sind, den Garaus, zu wenig lässt die Weine dünn, schmächtig und leer erscheinen. Viel Einfühlungsvermögen braucht der Einsatz neuer Fässer, denn die Eiche soll den Wein ja bereichern und nicht austrocknen.

Wie die Winzer sagen, müsste man roten Burgunder eigentlich vom Fass trinken, denn aus dem Holz rinnt ein Tropfen von feingewirkter Zartheit. Schönen und Filtrieren können nur schaden.

Einen großen Pinot Noir zu erzeugen, kommt einem Meisterstück gleich. Einen großen Burgunder zu entdecken, verlangt profunde Kennerschaft. „Wer ohne intime Kenntnis der Winzerkeller an der Côte d'Or einen guten Pinot Noir sucht, macht eine lange Durststrecke durch", warnt der erfahrene Weinjournalist Jens Priewe. „Vom Geld ganz zu schweigen, das die Burgunder-Leidenschaft kostet."

IM BURGUND SEIT 1600 JAHREN HEIMISCH

Pinot Noir ist eine der ältesten Kulturreben der Welt. Wie alle Arten der Spezies Vitis vinifera stammt sie von Wildreben ab, aus denen sie vor über 2000 Jahren selektiert wurde. Bereits seit dem 4. Jahrhundert soll sie im Burgund heimisch sein. Die erste schriftliche Erwähnung datiert aus dem Jahr 1375. Urkundlich belegt ist, dass Burgunder-Herzog Philipp der Kühne die Gamay-Rebe zugunsten der Pinot Noir von der Côte d'Or verbannt hat.

LAGEN-HIERARCHIE

Was in Burgund zählt, ist die Lage. Sie steht auf dem Etikett, nicht die Rebsorte. An der Côte d'Or gibt es mehr als 500 AOC-Gebiete; ihre Hierarchie gleicht einer Pyramide. An der Spitze stehen die 30 Grands Crus. Wenn auf dem Etikett der pure Lagenname erscheint – Chambertin, Corton, Echézeaux, Musigny – ist das Ausdruck höchsten burgundischen Weinadels. Auf den vom Weingesetz verlangten Zusatz Grand Cru könnte man, wie Spötter meinen, auch noch verzichten, denn der Preis spräche für sich selbst. Auf Rang 2 folgen die Premiers Crus. Deklariert wird der Ortsname gefolgt von der Lagenbezeichnung, zum Beispiel Gevrey-Chambertin Les Véroilles. An der Côte d'Or gibt es 450 Premiers Crus.

CHAMBERTIN INBEGRIFF DES BURGUNDERS

Die Côte d'Or beginnt in den Außenbezirken von Dijon. In Gevrey-Chambertin läuft sie zur Höchstform auf. Südlich des Ortes trifft man auf den ersten Grand-Cru-Hang: den beschaulich-majestätischen Chambertin. Die „Großen Gewächse" liegen alle am oberen Teil des Hangs. Sie gelten als die kräftigsten Rotweine der Côte d'Or überhaupt, für viele Kenner der Inbegriff des roten Burgunders. Natürlich gibt es eine Rangfolge: An der Spitze stehen Chambertin und Chambertin-Clos de Bèze – die beiden wuchtigsten Vertreter. Die Zweitplatzierten sind Chapelle-, Griottes-, Latricières-, Mazis- und Charmes Chambertin (auch Mazoyères-Chambertin genannt). Unter den Premiers Crus ist der Clos St-Jacques hervorzuheben. Und auch die Gemeindeweine können ausgezeichnete Qualität aufweisen.

Die Gemarkung Chambertin geht im Süden in die Grand-Cru-Lagen von Morey-St-Denis mit ihren herrlichen Trüffel-, Wildkirsch- und Johannisbeer-Düften über: Clos de la Roche, Clos St-Denis, Clos des Lambrays, Clos des Tart und Bonnes Mares. Während der Gevrey-Stil ausdrucksvoll und geschmacksintensiv ist, kommen aus Morey elegantere, feinfruchtige Tropfen. „Clos de la Roche hat ein vollendetes Gefüge, der straffe Aufbau ist

CLOS DE VOUGEOT GETEILT DURCH 80

Die bekannteste und auch die größte Lage der Côte de Nuits ist Clos de Vougeot: ein 50 Hektar großer Rebgarten, um den sich eine hohe Mauer zieht – Zeichen für einen Weinberg klösterlichen Ursprungs. Heute teilen sich über 80 Besitzer die Rebfläche. Der ganze Weinberg ist als Grand Cru eingestuft. Fachleute haben Zweifel, ob die Klassifizierung für den unteren Teil der Lage gerechtfertigt ist. Einst mischten die Zisterziensermönche Trauben, die ganz oben am Hang wuchsen, mit denen von der Mitte und manchmal auch mit denen von ganz unten, und brachten so, wenn man den Überlieferungen Glauben schenken darf, einen der feinsten und beständigsten Burgunder hervor. Heute gilt, dass die besten Weine aus dem mittleren und vor allem aus dem oberen Teil des Hangs stammen. Natürlich hängt die Qualität ebenso von der Kunstfertigkeit des Winzers ab. Im Burgund muss immer beides stimmen: die Lage und – gerade wenn eine Vielzahl von Besitzern sie sich teilt – der Erzeuger.

Im Château du Clos de Vougeot hat die Confrérie des Chevaliers de Tastevin ihren Sitz, eine Weinbruderschaft, die üppige Feste und Tastevinage-Weinproben veranstaltet. Zum Auftakt der Trois Glorieuses, die alljährlich am 3. Wochenende im November zelebriert werden, findet hier ein berühmtes Weinbankett für 600 illustre Gäste statt.

In den Weinbergen des kleinen, verträumten Dorfs Vosne-Romanée wachsen die höchstgepriesenen Burgunder. Wer von den weltberühmten Grands Crus mit dem legendären Romanée-Conti an der Spitze einen dramatischen Paukenschlag erwartet, wird enttäuscht: „Großer roter Burgunder ist duftig, leicht, ätherisch, in der Jugend lebhaft-fruchtig und im Alter sanft-animalisch, scheinbar zart, doch unergründlich kraftvoll, robust und vollmundig", so beschreibt Andrew Jefford in „Weinlandschaft Frankreich" das Ideal. Diese Kreszenzen erreichen es – gelegentlich.

Vosne-Romanée besitzt sechs Grands Crus: Richebourg, La Romanée, Romanée-Conti, Romanée-St-Vivant, La Grande Rue und La Tâche. Echézeaux und Grands Echézeaux liegen zwar außerhalb des Gemeindegebiets, werden aber dazugezählt. Eine sichere Bank: der Echézeaux Grand Cru von Joseph Drouhin. Drouhin gehört neben Jadot und Bouchard Père et Fils zum Triumvirat der großen burgundischen négociants und überzeugt mit einer konsistent erstklassigen Angebotspalette.

mit voller Frucht durchsetzt – ideal für lange Lebensdauer – absolut verführerisch", so beschreibt Burgund-Kennerin Serena Sutcliffe den Grand Cru. Bonnes Mares könne in der Jugend zwar hart und streng sein, erschließe sich aber mit zunehmender Reife sehr schön und zeige viel Rasse, erläutert die Expertin.

Von Bonnes Mares entfallen nur 1,5 Hektar auf das Gebiet von Morey St-Denis, 13,7 Hektar gehören zur Gemarkung Chambolle-Musigny. Außer Bonnes Mares gibt es in dieser Gemeinde nur einen Grand Cru, nämlich Musigny. Ein gut gemachter Chambolle-Musigny, wie der von Hudelot Noëllat, präsentiert sich graziös, duftend und verführerisch. Weinautor Jens Priewe behauptet, dass das faszinierende Pinot-Noir-Bukett bei keinem anderen Wein so herrlich zum Ausdruck kommt wie beim Chambolle-Musigny: süßer Irisblütenduft, mit herbem Pflaumenaroma unterlegt.

CORTON-SUPERSTAR
LE BAULT DE LA MORINIERE

Die Rebfläche der Côte de Beaune ist doppelt so groß wie die der Côte de Nuits. Trotz ihrer berühmten Weißweine dominiert in den Weinbergen der Pinot Noir. Den Übergang zur Côte de Beaune markiert der Corton-Berg mit seinem bewaldeten Gipfel. Seine gewaltigen, bis oben mit Reben besetzten Hänge neigen sich nach Osten, Süden und Westen – allesamt hervorragende Lagen für Weiß- und Rotweine. Es gilt die Faustregel: Wo der Boden rötlich ist, gedeiht der Pinot Noir, wo er kreideweiß glänzt, ist der Chardonnay nicht zu schlagen.

Roter Corton wächst in einem breiten Gürtel um den ganzen Berg herum. Corton der Spitzenklasse kommt aus den Lagen Le Corton, Les Bressandes, Le Clos du Roi und Les Renardes. Spitzenerzeuger ist die Domaine Bonneau du Martray, deren 11 Hektar Rebfläche ausnahmslos zum Grand Cru Corton gehören. Serena Sutcliffe zählt Jean-Charles Le Bault de la Morinière, der die Domäne seit 1994 leitet, zu den „Superstars". Dem roten Corton bestätigt sie herrlichen Pinot-Charakter mit anhaltendem Bukett und Tiefe.

HOSPICES DE BEAUNE
WEINE FÜR DIE WOHLTÄTIGKEIT

Beaune ist die Weinmetropole Burgunds. Zugunsten der berühmten Hospices de Beaune, in denen seit dem Mittelalter Kranken und Bedürftigen geholfen wird, findet hier alljährlich – jeweils am 3. Sonntag im November – eine Weinauktion statt, zu der Weinhändler und -importeure aus aller Welt nach Beaune kommen. Von seiner Gründung bis in die Gegenwart gelangten die Hospices durch Schenkungen in den Besitz exzellenter Weinbergslagen. Heute besitzen sie rund 60 Hektar, die sich auf 38 Lagen verteilen und um die 700 pièces (Fässer von 228 Litern) ergeben. Bei der Versteigerung wird der Wein im Jahr der Ernte fassweise verkauft. Aus den Erlösen, die als Barometer für das Preisniveau des gesamten neuen Burgunder-Jahrgangs gelten, können die Hospices den größten Teil ihrer Ausgaben bestreiten. Die BASF-Kellerei bietet einen Versteigerungswein aus dem Jahrgang 2000 an, nämlich den Savigny-lès-Beaune Premier Cru „Cuvée Fouquerand".

Savigny-lès-Beaune, ein ausnehmend hübscher Ort, erzeugt neben Beaune und Santenay den meisten Rotwein an der ganzen Côte. Wenn seine Gewächse auch nicht ganz die Standfestigkeit ihrer berühmten Rivalen aufweisen, so gibt es doch ganz exquisite Savigny-Gewächse, wie zum Beispiel den Premier Cru „Les Marconnets" der Domaine Doudet-Naudin (im BASF-Programm). Kennzeichen eines guten Savigny ist zum einen der verschwenderische Veilchen- und Himbeerduft, zum anderen die spielerische Leichtigkeit und Eleganz, die vor allem bei noch jungen Weinen bezaubert. Pommard, sagen Spötter, verdanke seinen Ruhm nur dem leicht auszusprechenden und einprägsamen Namen. Es mag zwar etwas Wahres daran sein, doch die besten Pommard-Crus sind fraglos die aufregendsten Weine der Côte de Beaune, vorausgesetzt sie stammen von einem der begabten Weinerzeuger. Den Nachweis erbringt Michel Bouzereau mit seinem Pommard „Les Cras".

VOLNAYS STIEFSCHWESTER MONTHELIE

Die Nachbargemeinde Volnay liefert filigrane Weine mit zarter Frucht, die zu den feinsten der Côte de Beaune gehören. Der Premier Cru „Les Brouillards" der Domaine Doudet-Naudin sprüht vor Lebendigkeit, Frucht und Rasse.

Monthelie ist die „Stiefschwester von Volnay" (Serena Sutcliffe). Die Weine der beiden Appellationen haben viel gemeinsam, doch stehen die Monthelie-Gewächse ein wenig im Hintergrund; glücklicherweise drückt sich das deutlich im Preis aus, wie die Weinliste der BASF-Kellerei dokumentiert. Ein guter Monthelie bezaubert wie ein guter Volnay mit verführerisch duftigem Bukett, seine Lebensdauer ist jedoch kürzer, dafür schmeckt er relativ jung getrunken köstlich.

Mit Meursault, Puligny-Montrachet und Chassagne-Montrachet folgen Weindörfer, die das Herz vieler Weißweinkenner höher schlagen lassen, bevor wir dann auf die Rotweine von Santenay und Maranges treffen. Die Pinot Noirs von Santenay weisen oft einen deutlichen goût de terroir auf, denn die geologische Struktur in diesem Teil der Côte ist sehr komplex; Verwerfungen durchbrechen die regelmäßige Folge von Gesteinsschichten. Aus der hervorragenden Premier-Cru-Lage Clos Rousseau erzeugt Jacques Girardin einen superben Pinot Noir, bei dem er nichts dem Zufall überlässt, weder im Weinberg noch beim Ausbau im Keller. Die Experten der BASF-Kellerei haben den 2000er Wein bei ihren Blindproben ungleich höher eingeschätzt als im Preis zum Ausdruck kommt. Die Weine von Maranges sind kräftig, brauchen ein wenig Zeit, um sich zu runden und eignen sich vorzüglich zum Altern.

Südlich an die Côte d'Or schließt sich die Côte Chalonnaise an. Sie erstreckt sich von Chagny im Norden bis Châlon-sur-Saône im Süden. Zwar stehen hier auf allen günstig gelegenen Hängen Reben, doch ergeben die Weinberge kein ununterbrochenes Band wie an der Côte d'Or. Der Boden besteht aus Kalkstein oder kalkhaltigem Lehm. Die Unterschiede zwischen den Appellationen sind mehr klimatisch als geologisch begründet. Wo Kalkstein hervortritt, wird in der Regel Chardonnay gepflanzt, während auf den lehmigen Böden Pinot Noir steht – mit einem Anteil von 67 Prozent die bedeutendste Traubensorte an der Côte Chalonnaise. Die besten Lagen sind Ost-, Südost- und Südhänge, die bis zu einer Höhe von 350 Metern mit Reben bepflanzt sind.

Die wichtigsten Weinorte sind Rully (mehr Weiß- als Rotwein), Mercurey und Givry (beide mit Rotwein-Dominanz) und Montagny (nur Weißwein). In Mercurey wachsen die kräftigsten und festesten Rotweine der Côte Chalonnaise; zu den herausragenden zählt Château de Chamirey, ein Pinot Noir mit dichten Kirsch- und markanten Bodenaromen. Der Givry kann wunderbare Duftigkeit und köstlichen Pinot-Noir-Charme entwickeln. „Er hat nicht so viel Körper wie der Mercurey, dafür mehr Delikatesse im Geschmack" (Serena Sutcliffe). Ein überzeugender Repräsentant ist der Givry der Domaine Chanson Père & Fils.

CHAMPAGNER-TRAUBE

Die zweite französische Weinregion, zu deren Weltruhm Pinot Noir entscheidend beigetragen hat, ist die Champagne. Neben Pinot Meunier und Chardonnay ist Pinot Noir eine der drei Rebsorten, aus denen Champagner erzeugt werden darf. Die Traube verleiht ihm Rückgrat, Körper und Langlebigkeit.

Die klassischen Champagner entstehen zu je einem Drittel aus den drei zugelassenen Traubensorten, spezielle Cuvées können mehr oder weniger Pinot Noir enthalten. Da in der Champagne ebenso wenig wie in Burgund Rebsorten deklariert werden, wird selbst ein sortenreiner Pinot-Noir-Champagner (wie zum Beispiel der von Egly-Ouriet in Ambonnay) als Blanc de Noirs bezeichnet. Was Lagen und Klassifizierung betrifft, verweisen wir auf Kapitel 4, Chardonnay.

Wie Burgund hat die Champagne Vorbildcharakter für Weinerzeuger in der Neuen Welt. So wird sowohl in Kalifornien, vor allem am Russian River, im Anderson Valley und in Carneros, als auch in Australien Pinot Noir zur Produktion hochwertiger Schaumweine kultiviert.

DEUTSCHE SPÄTBURGUNDER-TRADITION

In Deutschland, wo Pinot Noir Spätburgunder heißt, wird die Rebsorte seit rund 1200 Jahren angebaut. Kaiser Karl III. brachte sie im 9. Jahrhundert an den Bodensee. Obwohl die Traube seit dem frühen Mittelalter bei uns heimisch ist, sind deutsche Spätburgunder auf der internationalen Rotwein-Bühne bis vor kurzem nur mild belächelt worden. Die Weine waren blass, übertrieben bukettreich und schmeckten süß wie Bonbons.

Das ist Vergangenheit. Seit die Winzer vor 10, 15 Jahren begannen, ihre Weinberge „von altdeutschen Spätburgunder-Rebstöcken zu entrümpeln" (Jens Priewe) und durch Pinot-Noir-Klone zu ersetzen, die mehr Frucht, mehr Farbe und mehr Gerbstoff liefern, und sich gleichzeitig zu reduzierten Erträgen bekannten, können sich die Resultate sehen lassen: Die besten deutschen Spätburgunder haben mittlerweile ein Niveau erreicht, das in Frankreich nicht mehr selbstverständlich ist. In zahlreichen Vergleichsproben musste sich der Pinot-Noir-Adel vom „Goldenen Hang" der Spätburgunder-Konkurrenz vom Kaiserstuhl, aus Assmannshausen, von der Ahr und aus der Pfalz beugen. Beim Pinot Noir Cup 2003 der Zeitschrift Wein Gourmet stand erstmals ein Württemberger Spätburgunder auf dem Treppchen.

„Deutschlands Spätburgunder werden immer besser", stellt Gerhard Eichelmann fest. Und: „Immer mehr Winzer in immer mehr Regionen machen hervorragenden Spätburgunder." Knapp die Hälfte der Spitzenriege stellt Baden, gefolgt von der Pfalz und Württemberg. Die Liste der Top-Erzeuger ist mittlerweile lang. In der Ortenau: Jacob Duijn, Ewald Kopp, Andreas Laible, Heinrich Männle, Weingut Graf Wolff Metternich. Am Kaiserstuhl: Bercher, Heger, Huber, Keller, Johner, Salwey, Reinhold & Cornelia Schneider. An der Badischen Bergstraße: Thomas Seeger. Am Bodensee: Robert und Manfred Aufricht. In der Pfalz: Hansjörg Rebholz, Friedrich Becker, Weingut Dr. Bürklin-Wolf, Bernd Philippi und die Brüder Knipser. In Württemberg: Rainer Schnaitmann, Drautz-Abele und Schlossgut Hohenbeilstein.

Von der Ahr, Deutschlands nördlichstem Anbaugebiet, kommen ebenfalls herausragende Spätburgunder in stattlicher Zahl. Der Star von der Ahr ist Meyer-Näkel, aber auch Stodden, Kreuzberg, Nelles und Deutzerhof spielen in der Pinot-Noir-Liga ganz oben mit. Der von Eichelmann am höchsten bewertete Spätburgunder stammt aus Rheinhessen: von Deutschlands Spitzenwinzer Klaus Keller. Aus Franken gehören Paul Fürst und Ludwig Knoll zu den Top-Erzeugern und aus Assmannshausen. der Pinot-Noir-Enklave im Rheingau, August Kessler. Neu in die Spitzengruppe vorgestoßen sind Spätburgunder von der Nahe (Stefan Rumpf und Armin Diel) und von der Mosel (Markus Molitor).

BURGUNDER-SPEZIALISTEN

Burgunder sind die Stärke der Südpfalz. Das Weingut Ökonomierat Rebholz in Siebeldingen zählt bei roten (wie auch bei weißen) Burgundern zur deutschen Spitze. Die Große Gewächs-Lage „Im Sonnenschein", aus der sein Spätburgunder stammt, besteht aus reinem Muschelkalk. Kalkboden ist die Voraussetzung für alle großen Burgunder der Welt. Hansjörg Rebholz, von Deutschlands führendem WeinGuide Gault Millau zum Winzer des Jahres 2002 gekürt, geht bei der Qualität keine Kompromisse ein. Die Trauben für diesen Wein wurden selektiv von Hand gelesen, danach 3 Wochen auf der Maische vergoren und anschließend schonend gekeltert. Die 20-monatige Fasslagerung erfolgte in überwiegend neuen Barriques aus französischer und Pfälzer Eiche. Das Resultat: ein Spitzenburgunder mit großem Lagerpotenzial.

Friedrich Becker konzentriert sich neben Riesling ganz auf Burgunder. Sein 14 Hektar großes Weingut im südpfälzischem Schweigern liegt an und zum Teil über der französischen Grenze. Zweimal hat er die Königsdisziplin „Spätburgunder trocken" des Deutschen Rotweinpreises der Zeitschrift VINUM gewonnen. Im Kammerberg, einer Top-Lage innerhalb des großen Schweigener Sonnenbergs, hat der Winzer 1,5 Hektar Spätburgunder-Reben stehen, die größtenteils 35 Jahre alt sind. Sie liefern die Trauben für Beckers Spätburgunder „Großes Gewächs".

Beim Namen Bürklin-Wolf denkt man natürlich an Riesling, doch ist immerhin ein Fünftel der Rebfläche des Traditionsweinguts in Wachenheim mit roten Traubensorten bepflanzt. Der Spätburgunder „S" beeindruckt mit vielschichtigem Spektrum von Waldbeeren-, Bitterschokolade-, Schwarztee- und Röstaromen, unterlegt mit Noten von schwarzem Pfeffer, Majoran und Gewürznelke. Er präsentiert Fülle, delikate Frucht und markante Tannine: Ein äußerst finessenreicher, komplexer Rotwein, der großen Körper und Eleganz zeigt.

Aus dem Dalsheimer Bürgel, einer klassischen Burgunder-Lage, erzeugt das Weingut Keller sein Großes Gewächs. Mit 92 Punkten führt dieser Spätburgunder aus Rheinhessen Eichelmanns Bestenliste des Jahrgangs 2001 an: In Nase und Mund „herrlich konzentriert, klare reife süße Frucht, faszinierend reintönig, jugendlich, viel Nachhall" (Eichelmann, Deutschlands Weine 2004).

Die Spätburgunder Spätlese trocken aus dem Durbacher Schlossberg, einer Monopollage des Gräflich Wolff Metternich'schen Weinguts, gehört „zu den besten in Baden" (Eichelmann). Auch in diesem 34 Hektar großen Traditionsbetrieb ist Spätburgunder mit einem Anteil von mehr als 30 Prozent die Rebsorte, auf die man am stärksten setzt.

„Mögen die besten Burgunder immer noch aus Frankreich kommen: Das Gros hält der wachsenden Konkurrenz nicht mehr stand", resümiert Jens Priewe. Das gelte nicht nur für die aus Deutschland. In der Schweiz überböten Martha und Daniel Gantenbein die teure, aber biedere Burgunderkost ihrer Nachbarn. Auch Österreich kratze mit ausgezeichneten Blauburgundern am Lack der Franzosen (Paul Achs, Claudia Giefing, Gsellmann & Gsellmann, Gernot Heinrich, Juris, Pöckl, Prieler, Reinisch, Umathum).

PRÜFSTEIN FÜR WINZERKÖNNEN

Gerade in der Neuen Welt übt Pinot Noir enorme Faszination auf viele Winzer aus. Sie sehen in der roten Burgundertraube den Prüfstein für ihr Können und ihren Ehrgeiz. Es ist eine Verbeugung vor den großen Rotweinen Burgunds, dass so viele ambitionierte Weinerzeuger ihr Geschick an dieser kapriziösen Rebsorte erproben.

Schon in den 1940er-Jahren zeichneten sich in Kalifornien erste Pinot-Noir-Erfolge ab, so als André Tchelistcheffs seinen legendären 1946er Pinot Noir von Beaulieu Vineyard herausbrachte. Martin Ray erzeugte ein paar Jahre später auf Mount Eden in den Santa Cruz Mountains einen Pinot Noir von Reben, die sich Paul Masson in Romanée-Conti erschlichen hatte.

Die eigentliche Geburtsstunde des Pinot Noir in der Neuen Welt schlug 1957, als James Zellerbach, der frühere US-Botschafter in Frankreich, Pinot-Noir-Reben in Sonoma pflanzte und seine Hanzell Winery nach Clos de Vougeot-Vorbild baute. Der erste Jahrgang, den er kommerzialisierte, war der 1965er, den heute zu verkosten – glaubt man dem „Wine Spectator" – noch immer ein großer Genuss ist.

1966 legten Diana und David Lett ihren Weinberg in den Red Hills of Dundee an; sie waren nicht die Ersten, die im kühlerem Klima Oregons Pinot Noir pflanzten, aber sie wählten den richtigen Standort; Spitzenerzeuger wie Archery Summit und Domaine Drouhin werteten ihn später weiter auf. Der Durchbruch gelang David Lett mit seinem Eyrie Vineyard Pinot Noir South Block 1975, der bei einer von Gault Millau veranstalteten Pinot-Noir-Vergleichsprobe den 3. Platz belegte. Dieser Erfolg motivierte eine ganze Reihe von Winzern, sich in dem gelobten Pinot-Noir-Land Oregon niederzulassen.

Auch in Kalifornien, dessen Klima lange Zeit als zu heiß für Pinot Noir erachtet wurde, fanden die Winzer Standorte, die der Rebsorte offensichtlich behagen, so vor allem in Carneros, wo es im Schnitt 3 bis 5 Grad Celsius kühler als im Norden des Napa Valley ist, aber auch im Russian River Valley (Sonoma County) und in den äußeren Bereichen der zerklüfteten Sonoma Coast, des Weiteren in den Santa Lucia Highlands (Monterey County) und im Santa Barbara County.

Zwei Highlights aus Kalifornien: der Pinot Noir Carneros der Acacia Winery (Napa Valley), die unter den vom „Wine Spectator" aufgelisteten „California's all-time best Pinot Noirs" gleich mit zwei Weinen auf den vorderen Plätzen vertreten ist, sowie dem Pinot Noir Carneros der Schug Winery (Sonoma Valley). Die Besonderheit der Carneros AVA ist, dass sie zu einem Teil im Sonoma Valley und zum anderen im Napa Valley liegt.

Aus Kalifornien wie aus Oregon kommen heute so samtig-feine Pinot Noirs, dass selbst erfahrene Verkoster glauben, einen Vosne-Romanée oder einen Musigny im Glas zu haben. „Noch vor einem Jahrzehnt erschien es undenkbar, dass solche Pinot Noirs jemals aus der Neuen Welt kommen könnten", schreibt der „Wine Spectator". „Jetzt stellt sich uns die brennende Frage: Wie gut werden die Weine erst in 10 Jahren sein?"

Neuseeland verfügt „über eine Menge kühler Plätze", witzelt Rebsorten-Experte Oz Clarke. Martinborough, etwa 1 Autostunde von der Hauptstadt Wellington entfernt, liegt im Wairarapatal an der Südspitze der Nordinsel. Mit eleganten, reichhaltigen Weinen von den alten Flussterrassen hat sich die Region als Pinot-Noir-Land profiliert. Es gibt Weinexperten, die der Überzeugung sind, dass hier die besten Pinot Noirs außerhalb Burgunds wachsen. Das international renommierte Palliser Estate bietet sowohl in seiner Premiumwein-Linie als auch unter dem Zweitlabel „Pencarrow" beeindruckende Pinot Noir-Qualitäten an.

DES KÖNIGS GEIZIGER BURGUNDER-FREUND

Große Burgunder waren immer schon rar und teuer. Der französische Schriftsteller und Philosoph Voltaire, der ein Liebhaber großer Burgunder war und sich vorzüglich in den Kellern der Côte d'Or auskannte, fand einen Weg aus dieser Malaise. Er galt als ebenso geizig wie ehrgeizig – Letzteres ging, wie seine Biographen behaupten, bis zur Charakterlosigkeit. Bereitwillig gab er seinem Freund Friedrich dem Großen von Preußen detaillierte Empfehlungen, welche Burgunder und Champagner er kaufen sollte. Wenn der preußische König seinen Weinkeller dann aufgefüllt hatte, reiste Voltaire nach Sanssouci, um ihm beim Austrinken zu helfen.

SPÄTBURGUNDER
Ausgewählte Gerichte

Lyoner Wurst aus dem Burgundersud
mit Berglinsen und Walnussbrot
(für 8 bis 10 Personen)

Die Inspiration für dieses Rezept habe ich bei einer unserer Urlaubsreisen durch das Burgund bekommen. Nach einer Einladung zu einer schönen Beaujolais-Rundfahrt ließen wir gemeinsam mit unseren französischen Freunden in einem Weinkeller bei französischen und deutschen Weinliedern den Tag ausklingen. Die Winzersfrau servierte uns eine grobe Wurst im Rotweinsud.
Paul Bocuse serviert diese Lyoner Wurst (sie hat mit der deutschen Lyoner nichts gemeinsam) in Brioche gebacken als Amuse Gueule.

Zutaten:
300 g mageres Schweinefleisch
400 g Schweinekamm
500 g Schweinebauch
24 g Kochsalz
2,5 g weißer Pfeffer aus der Mühle
0,75 g Muskat
1 g gemahlener Koriander
30 g Pistazien
etwa 1,5 m Schweinekranzdärme
(beim Metzger vorbestellen)
2 l Burgunder Rotwein
2 Knoblauchzehen
1 Petersilienstängel
450 g Walnussbrot

Zutaten Berglinsen:
150 g französische Berglinsen
200 g Schalotten, gewürfelt
25 g Butter
100 g Gemüsewürfel
(Karotten, Sellerie, Lauch)
1/8 l Sahne
Salz, Pfeffer
1 TL 12 Jahre alter Balsamico
2 EL gehackte Blattpetersilie

Zubereitung:
Das gesamte Fleisch wird zunächst von allen Sehnen und Knorpeln befreit. Das Fleisch in Würfel schneiden und mit den gut vermengten Gewürzen bestreuen und mit dem Fleisch verreiben. Das magere Schweinefleisch bleibt dabei separat und wird nach dem Würzen durch die 2-mm-Scheibe des Fleischwolfs gedreht. Das restliche Fleisch durch die 4-mm-Scheibe des Fleischwolfs drehen. Nun das Brät gut durcheinander kneten und die Pistazienkerne unterarbeiten. Nochmals abschmecken und die Wurstmasse in Schweinedickdärme abfüllen. Den Rotwein in einem Topf auf 75 °C erhitzen, den Knoblauch und den Petersilienstängel zugeben. Die Würste im Sud 30 bis 40 Minuten garen.

Zubereitung Berglinsen:
Die Linsen eine Stunde in kaltem Wasser einweichen, danach auf ein Sieb schütten. Die Schalotten in der Butter glasig dünsten, die Gemüsewürfel und die Linsen zugeben, ansautieren. Mit der Sahne ablöschen und leise köcheln lassen, bis die Linsen weich sind. Mit Salz, Pfeffer und dem Balsamico abschmecken. Zum Schluss die Blattpetersilie unterheben.

Anrichten:
Die Linsen auf einem vorgewärmten Teller anrichten und dicke Scheiben von der Lyoner Wurst darauf legen. 1 bis 2 EL Rotweinsud darüber gießen. Ein kräftiges Walnussbrot rundet das Geschmackserlebnis ab.

Unser Kellermeister   Santenay 1er Cru
empfiehlt: Clos Rousseau
                 Domaine Jacques Girardin – Burgund

                 Macht aus der schmackhaften „Lyoner" ein kulinarisches Highlight:
                 Der Santenay von „Superstar" Vincent Girardin, der nichts dem Zufall überlässt.
                 Das Ergebnis ist ein mustergültiger Pinot Noir von seidener Reinheit.

Bressepoulardenbrust mit rotem Burgunder
(für 4 Personen)

Zutaten:
4 Bressepoulardenbrüste, ausgelöst
15 g Butter
Salz, Pfeffer
0,1 l Kalbsjus
(siehe Grundrezept auf Seite 298)
20 g Butterwürfel

Zutaten Marinade:
1/2 Flasche Spätburgunder
1 Zwiebel, geschält und geviertelt
1 Karotte, geviertelt und in Stücke geschnitten
3 Petersilienstängel
2 Knoblauchzehen, zerdrückt
1 Thymianzweig
1 Rosmarinzweig
1 Lorbeerblatt
1 Salbeiblatt
1 Nelke
10 schwarze Pfefferkörner

Zutaten Garnitur:
200 g magerer, geräucherter Bauchspeck
200 g Perlzwiebeln, frisch oder tiefgekühlt
25 g Butter
Zucker, Salz und Pfeffer aus der Mühle

Zutaten Brokkolitarte:
700 g Brokkoli
10 g Butter
0,15 l Sahne
3 Eier
Salz, Pfeffer, Muskat

Tortenförmchen, z. B. aus Alufolie
mit einem Durchmesser von 20 cm
und einer Randhöhe von 1,5 cm

Zubereitung Poulardenbrust und Marinade:
Die Poulardenbrüste für 24 Stunden zusammen mit dem Gemüse, den Kräutern und Gewürzen in den Spätburgunder einlegen und marinieren. 1 Stunde vor der Zubereitung das Fleisch aus der Marinade nehmen, abtropfen lassen und gut trockentupfen. Mit Salz und Pfeffer würzen. In Butter vorsichtig braten, dabei immer wieder mit dem Bratenfett übergießen, damit das Fleisch schön saftig bleibt. Die Brust 8 bis 10 Minuten braten, jedoch länger von der Hautseite als von der Fleischinnenseite, damit das Fleisch nicht trocken wird. Die Poulardenbrust bei 65 °C im Backofen warm stellen. Das Bratfett vom Bratenfond abgießen und mit der passierten Marinade ablöschen, einkochen, bis eine sirupartige Konsistenz erreicht ist. Die Kalbsjus hinzugeben, aufkochen und abschmecken. Vor dem Anrichten einige eiskalte Butterwürfel unterschwenken.

Zubereitung Garnitur:
Den Speck in kaltes Wasser legen, aufkochen und 10 Minuten köcheln lassen. Herausnehmen, in kaltem Wasser abkühlen und in Streifen schneiden. In einer Pfanne bei milder Hitze anbraten, bis die Speckstreifen etwas Farbe haben.
Die geschälten Zwiebeln in einen Topf legen und mit Wasser bedecken. 1 Stück Butter und je 1 Prise Salz und Zucker hinzugeben. Bei milder Hitze zugedeckt schmoren, den Garprozess ständig kontrollieren, wenn erforderlich, etwas Wasser nachgießen. Zum Ende der Garzeit den Deckel abnehmen und die Flüssigkeit vollkommen verdampfen lassen, damit die Zwiebeln eine schöne braune Farbe bekommen.

Zubereitung Brokkolitarte:
Den Brokkoli putzen, in kleine Röschen zerteilen, in kochendem Salzwasser kurz blanchieren und in Eiswasser abschrecken. Die gut abgetropften Brokkoliröschen in die ausgebutterte Form mit den Stielen nach unten einsetzen. Die Stiele so kürzen, dass die Brokkoliblüten maximal 5 mm über den Rand der Form hinausragen. Sahne und Eier gut miteinander verrühren und mit Salz, Pfeffer sowie Muskat abschmecken. Die Masse in das Förmchen laufen lassen und im vorgeheizten Backofen bei 130 °C 30 Minuten garen, stürzen und ein Kuchenstück herausschneiden.

Anrichten:
Die Poulardenbrüste aufschneiden, fächerförmig auf vorgewärmte Teller anrichten und mit der heißen Sauce umgießen. Die glasierten Perlzwiebeln und die Speckstreifen hinzugeben. Mit einem Thymianzweig und einem Salbeiblatt garnieren.
Als Beilage passen feine Nudeln.

Unser Kellermeister   Durbacher Schlossberg
empfiehlt: **Spätburgunder Spätlese trocken**
                 Gräflich Wolff Metternich'sches Weingut – Baden

                 Der schmeichelnde Spätburgunder ist unser Favorit zur Bressepoularde.
                 Seine reife, süße Pinot-Frucht harmoniert glänzend mit dem Gericht, dessen Sauce
                 aus dem gleichen Wein zubereitet wurde. Weingut mit 600-jähriger Geschichte,
                 das sich spürbar im Aufwind befindet.

Hasenpfeffer mit Speck, Champignons und Perlzwiebeln

(für 4 Personen)

Zutaten:
1 Hase (1,5 bis 1,8 kg)

Zutaten Marinade:
150 g Möhren und Zwiebeln
60 g Knollensellerie
2 Nelken
8 weiße Pfefferkörner
8 Wacholderbeeren
3 Lorbeerblätter
2 Thymianzweige
80 ml Rotweinessig
1 l kräftiger Rotwein (Pinot Noir)

Zutaten Garnitur:
150 g durchwachsener Speck
250 g Perlzwiebeln
200 g weiße Champignons
20 g Butter

Zutaten Hase:
4 EL Mehl
20 ml Pflanzenöl
4 cl Cognac
1/8 l Schweineblut
Salz, weißer Pfeffer aus der Mühle

Vorbereitung:
Den Hasen zerlegen; Vorderläufe einmal, Keulen je zweimal durchtrennen und den Rücken in 4 gleiche Stücke zerteilen.

Zubereitung Marinade:
Das Gemüse schälen und in grobe Würfelstücke von zirka 1,5 cm x 1,5 cm schneiden. Den Hasen in eine Schüssel legen, das Gemüse, die Gewürze und die Kräuter darüber geben, mit Essig und Rotwein übergießen. Danach mit Folie abdecken und im Kühlschrank 24 Stunden marinieren.

Zubereitung Garnitur:
Den Speck in 0,5 cm breite Streifen schneiden und kurz in kochendem Wasser blanchieren. Die Perlzwiebeln schälen und die Champignons putzen. Die Butter in einem Topf erhitzen, den Speck goldgelb darin braten und auf ein Sieb geben. In derselben Butter die Perlzwiebeln mit wenig Farbe anschwitzen, 4 EL Wasser angießen und zugedeckt 10 Minuten dünsten. Die Champignons zugeben und weitere 5 Minuten dünsten, bis das Gemüse leicht glasig ist, danach in einen Teller geben.

Fertigstellung Hase:
Den Hasen und das Gemüse aus der Marinade nehmen. Das Fleisch mit Küchenpapier trockentupfen. Fleisch salzen und pfeffern, in Mehl wenden und abklopfen, so dass nur eine dünne Schicht haften bleibt. In einem Topf Öl erhitzen und die Hasenteile rundum anbraten, bis sie eine leichte Farbe annehmen, danach herausnehmen. Das Gemüse der Marinade abtropfen lassen und im Bratensatz anschwitzen. Das Gemüse unter Rühren anbraten, leicht Farbe nehmen lassen und mit Cognac ablöschen. Danach einkochen lassen, bis nur noch ein kleiner Rest Cognac im Topf ist, die Marinade zugießen und aufkochen lassen. Das Fleisch zugeben, den Topf mit dem Deckel verschließen und im vorgeheizten Backofen bei 180 °C 70 bis 90 Minuten schmoren lassen. Nach dem Garen das Fleisch herausnehmen und warm halten. Den Schmorfond durch ein feines Sieb passieren, zum Kochen bringen, abschäumen, entfetten und das Schweineblut einrühren. Achtung: Die Sauce darf mit dem Blut nicht mehr kochen, weil die Sauce sonst gerinnt und grießig wird! Mit Salz und Pfeffer abschmecken.

Zutaten geschmorte Quitten:
2 Quitten
Saft von einer 1/2 Zitrone

Zutaten Sud:
0,5 l Wasser
300 g Zucker
100 ml Zitronensaft
1 Zimtstange
1 Nelke

Zutaten Elsässer Knöpfli:
400 g Mehl
6 Eier
2 Eigelb
Salz, Muskat

Zubereitung geschmorte Quitten und Sud:
Die gewaschenen Quitten längs halbieren und die Kerngehäuse mit einem Kugelausstecher sorgfältig entfernen. Die so vorbereiteten Quitten bis zur weiteren Verarbeitung in Zitronenwasser legen. Für den Kochsud alle Zutaten, bis auf 200 g Zucker, in einen Topf geben und die Quittenhälften hinzufügen. Etwa 20 Minuten in dem Sud kochen, bis die Quitten weich sind. Mit der Schnittfläche nach oben auf ein gefettetes Backblech legen und mit etwas Sud begießen. Den restlichen Zucker darüber streuen und in einen auf 250 °C vorgeheizten Backofen schieben. So lange backen, bis die Früchte eine goldgelbe Oberfläche haben. Mit etwas Sud beträufeln und zum Hasenpfeffer servieren. Die geschmorten Quitten harmonieren auch gut mit gebratenem oder gegrilltem Wildbret sowie Wildgeflügel.

Zubereitung Elsässer Knöpfli:
Aus allen Zutaten einen Teig herstellen. Mit einem Knöpflihobel die Teigklümpchen in kochendes, gesalzenes Wasser hobeln. Sobald die Knöpfli oben schwimmen, mit einer Schaumkelle aus dem Topf herausnehmen und in eine vorgewärmte Schüssel geben. Zum Hasenpfeffer servieren.
Man kann die Knöpfli nach dem Kochen auch in kaltem Wasser abkühlen lassen und vor dem Servieren in einer Pfanne mit wenig Butter nochmals warm machen.

Anrichten:
Das Hasenfleisch in die Sauce geben. Perlzwiebeln, Speck und Champignons erwärmen. Den Hasenpfeffer in einem tiefen Teller anrichten, achten Sie auf eine gerechte Verteilung der verschiedenen Fleischstücke. Die heiße Garnitur darüber verteilen. Mit den geschmorten Quitten und den Knöpfli sofort servieren.

Auch Häuser haben ihre Geschichte
Noble Gastfreundschaft

Das Gesellschaftshaus der BASF in Ludwigshafen um 1900.

Nicht nur Menschen, nicht nur Bücher, auch Häuser haben ihre Geschichte. Von großen und kleinen Festen könnten das Gesellschaftshaus und das Feierabendhaus der BASF erzählen, von elitären Gästen aus aller Welt, vom Empfang zum Abschluss eines guten Geschäfts oder auch von einer privaten glanzvollen Hochzeit. In diesen Räumen bewirtete die BASF schon den Weimarer Außenminister Gustav Stresemann oder den Komponisten Richard Strauss, aber hier feierten auch schon viele Ludwigshafener. Die BASF hütet das Gesellschaftshaus mit seinem Ambiente von Tradition und Moderne als ein Juwel der Unternehmensgeschichte und als einen Bau aus der Gründerzeit – jener Zeit, in der zwischen „Anilin" und Ludwigshafener Stadtgebiet noch Ackerland lag.

IM LUDWIGSHAFEN DER GRÜNDERJAHRE

Eine Inschrift an der Front des Gebäudes zwischen Anilin- und Wöhlerstraße vermeldet: „Gesellschaftshaus der Badischen Anilin- & Soda-Fabrik / Errichtet ihren Beamten & Arbeitern / A°.DMI. 1898 – 1900." In jener Zeit wurden die leitenden Angestellten des Unternehmens als „Beamte" bezeichnet. Auch Techniker und Kaufleute konnten in diese Gruppe aufrücken, sofern sie das Einjährigen-Freiwilligen-Zeugnis des Wilhelminischen Kaiserreichs vorlegen konnten: Wer ein Jahr freiwillig gedient und sich außerdem um das Unternehmen verdient gemacht hatte, dem konnte die Beamteneigenschaft zuerkannt werden. Damit war nicht nur die Inspruchnahme der Beamtenpensionskasse verbunden, sondern eben auch der Besuch des Gesellschaftshauses – so streng waren einst die Bräuche. Der Vorstand hatte den Bauauftrag dem Architekten Eugen Haueisen erteilt, der noch vom Firmengründer Friedrich Engelhorn eingestellt worden war, weil im Unternehmen die „englische Arbeitszeit" mit ihrer verkürzten Mittagspause eingeführt wurde. Den Mitarbeitern musste nun die Möglichkeit geboten werden, das Mittagessen in nächster Nähe der Fabrik einzunehmen. Gleichzeitig war aber auch der Wunsch nach einer Stätte der Geselligkeit laut geworden. In dem schnell wachsenden Unternehmen hatten sich Werksvereine gegründet, die einen Versammlungsraum suchten – der Gesangverein und das Werksorchester vermissten ein Probenlokal, eine Arbeiter-Bibliothek war gestiftet worden. Auch sie fand Unterkunft in dem herrschaftlichen Bau der Gründerjahre, der von 1898 bis 1900 mit Vestibül, Speise- und Festsälen, mit Garderoben und Kegelbahn, Stuckaturen und Holzschnitzereien emporwuchs und das Selbstverständnis der großen Fabrik in jener Zeit spiegelte. Vor dem Gebäude war auch noch ein Tennisplatz angelegt worden, der sich im Winter in eine Eislaufbahn verwandelte. Als Zulieferer zum Gesellschaftshaus und als Verkaufsstelle für Wein, Tabak und Spirituosen wurde eine Kellerei geschaffen – niemand konnte ahnen, dass sich daraus eine der führenden Weinfachhandlungen Deutschlands entwickeln würde. Doch trotz seiner großzügigen Auslegung erwies sich das Gebäude bald als zu klein, um allen Bedürfnissen gerecht zu werden. Daher entstand 1913 das heutige Feierabendhaus, in dem die Werksvereine wesentlich größere Räume zur Verfügung hatten.

KULTURDENKMAL DES LANDES

Der Zweite Weltkrieg ging am Ludwigshafener Gesellschaftshaus nicht spurlos vorüber. Bei einem Luftangriff im Jahre 1943 brannte der Festsaal im Obergeschoss fast vollständig aus. Der darunter gelegene große Speisesaal blieb lange Jahre in der gesamten Region um Ludwigshafen und Mannheim der einzige unzerstörte größere Saal, der noch bis 1945 und in den ersten Jahren nach Kriegsende benutzt werden konnte. So war er 1948 die Stätte des Festbanketts anlässlich der Einweihung der wieder errichteten Rheinbrücke zwischen Mannheim und Ludwigshafen, dieser Hauptverkehrsader zwischen den beiden Schwesterstädten. Heute schließt der markante Bau, der zu den Kulturdenkmälern von Rheinland-Pfalz gezählt wird, eine denkmalgeschützte Zone rund um die älteste Arbeitersiedlung Ludwigshafens ab, die Anfang des 20. Jahrhunderts im Auftrag der BASF entstanden war. Die Straßenzüge mit den niederen Backsteinhäusern und den ausgebauten Satteldächern – ein pittoresker Gegensatz zum hochherrschaftlichen Gründerzeitbau des Gesellschaftshauses – dienten schon häufig als Filmkulisse.

Errichtet ihren Beamten und Arbeitern: Inschrift an der Front des Gesellschaftshauses.

Das Gesellschaftshaus der BASF in Ludwigshafen heute.

100 JAHRE, UND KEIN BISSCHEN VERSTAUBT

Ein Jahrhundert nach seiner Eröffnung hat sich das Gesellschaftshaus seinem Umfeld weit geöffnet. Es ist keineswegs mehr den „Anilinern" vorbehalten, sondern präsentiert sich als ein Kristallisationspunkt des gesellschaftlichen Lebens seiner Region. 100 Jahre alt, doch taufrisch, ging das Haus aus der aufwendigen Renovierung und Modernisierung hervor, die im Jahr 2000 abgeschlossen war. Vieles wurde verändert, vieles blieb erhalten, Alt und Neu runden sich zu einer geglückten Verbindung von Tradition und Moderne. Das stilvolle Ensemble rahmt betriebliche und private Feiern, bei denen kreative Küchenchefs mit kulinarischen Köstlichkeiten überraschen. Das Haus will heute ein Optimum an gastronomischer Leistung und Repräsentation bieten. Neben der Bewirtung der Gäste aus aller Welt und der eigenen Mitarbeiter ist das À-la-carte-Restaurant mit nationaler und internationaler Küche getreten, das an den Werktagabenden unter der Woche jedermann offen steht, am Wochenende nach Vereinbarung. Das Gourmet-Journal „Feinschmecker" zählt es zu den besten Restaurants in Deutschland. Spezialitätenwochen und Einzelveranstaltungen laden zum Besuch. Ein Höhepunkt des kulinarischen Angebots ist – einmal im Jahr – das Gastspiel eines Sterne-Kochs aus einem der berühmten Restaurants des In- oder Auslands in den Räumen des Gesellschaftshauses. Die Bankettträume können bis zu 240 Personen aufnehmen, sie eignen sich für Büfetts, Empfänge, Tagungen und Konferenzen. Die rustikale „Klause" im Erdgeschoss bleibt der Treffpunkt für kleinere Gruppen. Ein großer Abend ist im Herbst die Präsentation der großen Gewächse der Pfalz durch die führenden Weingüter der Region. Die Verkostung der „Grands Crus" der Pfalz im vornehmen Gesellschaftshaus der BASF ist ein Ereignis für Weinkenner von nah und fern.

UNTER DEN „BEST OF CLASS"

Einen Steinwurf entfernt vom ehrwürdigen Gesellschaftshaus steht das Business-Hotel René Bohn, das der Verband Deutsches Reisemanagement unter die 165 „Best of Class" rechnet, als eines von nur zwei auf diese Weise ausgezeichneten Häusern im Rhein-Neckar-Dreieck. Das Haus, das nach einem bedeutenden Farbstoffchemiker der Zeit um 1900 benannt ist, bietet den Gästen in 51 Zimmern und 6 Suiten einen Room-Service rund um die Uhr, Kleiderreinigungs- und Bügeldienste und noch viele andere Annehmlichkeiten an. Das fünfgeschossige Gebäude an der René-Bohn-Straße ist stets gut gebucht und steht nun, genau wie die übrigen Einrichtungen der Wirtschaftsbetriebe, auch externen Gästen offen.

EIN STÜCK FIRMENKULTUR

Qualität und Niveau der Wirtschaftsbetriebe sind heute ein Stück der Firmenkultur der BASF. Dieser einmal errungene Standard soll erhalten bleiben. Damit spielt für alle Einrichtungen im Gesamtfeld von „Essen – Trinken – Tagen – Schlafen" die Zukunftsfähigkeit eine große Rolle. Selbst tagtäglich Bewährtes wird auf den Prüfstand gestellt, neue gastronomische Konzepte werden untersucht, aufkommende Trends des In- und Auslands genau beobachtet. Auch ungewöhnliche Arbeitszeitmodelle oder innovative Berufsausbildungswege gehören in den Kontext dieser Überlegungen, die sich am Kunden und seinen Wünschen orientieren. Die Servicekräfte in den Restaurants und im Hotel sollen auf hohem Niveau beraten können – aber auch der Koch steht heute nicht mehr unsichtbar nur in der Küche, sondern er tritt als Ansprechpartner auf. Auch er muss kommunizieren können. Um die anspruchsvollen Aufgaben der Gemeinschaftsgastronomie in Angriff zu nehmen, beschreitet die BASF manchen neuen Weg. In Zusammenarbeit mit der Fachhochschule im nahen Worms und mit der amerikanischen Johnson & Wales-Universität für das Hotellerie- und Gastronomiewesen in Providence/Rhode Island soll Abiturienten, die sich für dieses Fach interessieren, die Möglichkeit eines universitären MBA-Abschlusses und damit eine vollständige deutsche und amerikanische Hochschulausbildung geboten werden. Trainees der amerikanischen Universität absolvieren bereits in Küche und Service der Ludwigshafener Betriebe ihre Praktika, Schulter an Schulter mit den 30 einheimischen Nachwuchskräften.

Eine kulinarische Spitzenadresse:
Das Restaurant im Gesellschaftshaus der BASF.

PFALZ

Meßmer
SELECTION
2002
WEISSBURGUNDER
SPÄTLESE TROCKEN
SCHLOSSGARTEN

MENGER-KRUG
Pinot Brut

Weingut Ed. Wegmüller
2002er
Grauer Burgunder
Spätlese
Haardter Herrenletten
alc 13.0% by vol   Pfalz   750 ml

FRIAUL

STURM
Pinot Grigio
D.O.C.

RHEINHESSEN

WEINGUT
LEONHARD
1993er Niersteiner Paterberg
Ruländer Beerenauslese
Rheinhessen   375 ml   Alc 10.0 %vol

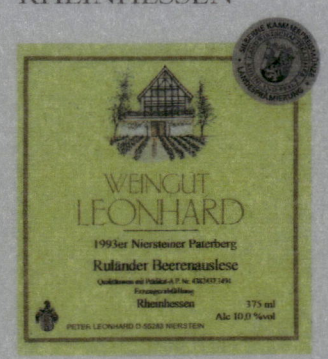

PFALZ

RHEINHESSEN

FRIAUL

GRAUBURGUNDER/ WEISSBURGUNDER

BURGUNDER
Trauben in den Farben Weiß und Grau

Die Pinot-Familie stammt aus dem Burgund. Pinot Gris ist eine Mutation der Pinot-Noir-Rebe. Im Weinberg sind die beiden leicht zu verwechseln, weil ihre Blätter praktisch dieselbe Form haben. Unterscheiden kann man die Beeren nach dem Farbumschlag: Pinot Noir präsentiert sich purpurrot bis blau, Pinot Gris variiert zwischen graublau und rotbraun. In Burgund ist Pinot Gris noch vereinzelt in Pinot-Noir-Beständen zu finden. Unter dem Namen Pinot Beurot ist sie dort bis heute in den meisten Rotwein-Appellationen zugelassen. Auch an der Loire gibt es kleinere Bestände der Rebsorte, oft unter dem Namen Malvoisie. So heißt die Rebsorte auch im Schweizer Kanton Wallis, wo sie volle, duftige, reichhaltige Weine hervorbringt. Die aus spät gelesenen Trauben gekelterten Süßweine werden sortenrein als Malvoisie Flétrie angeboten.

Pinot Gris, vor allem in Gestalt des spritzigen Pinot Grigio, ist hingegen alles andere als eine graue Maus. Mühelos hat er es in Deutschland geschafft, der bekannteste italienische Weißwein zu werden. Obwohl es in Italien herzlich wenig wirklich guten Pinot Grigio gibt, strömen riesige Mengen dieses Weins über die Grenze. Es muss am italienisch klingenden Namen liegen, der einem so leicht über die Lippen geht.

Auch viele deutsche Winzer schwimmen auf dieser Erfolgswelle. Grauburgunder liegt im Trend – jedenfalls in seiner spritzig-leichten Ausprägung. So beliebt dieser Typ auch sein mag, „dem eigentlichen Potenzial der Sorte wird er nur selten gerecht" (Wein Gourmet 2/2004).

Winzer, die den klassischen glutvollen Grauburgunder-Typ mit Schmelz und Tiefe erzeugen, den die Traditionalisten unbeirrt als „Ruländer" bezeichnen, setzen auf hochreifes Lesegut – mit und ohne Botrytis –, verwenden vielfach Trauben von alten Reben und beschränken sich auf niedrige Erträge. Dieser opulente Typ wird, insbesondere wenn er auf den Vulkan- und Lössböden des Kaiserstuhls gewachsen ist, gern als „Badische Klassik" apostrophiert, der man den „Pfälzer Pragmatismus" gegenüberstellt, der stilistisch mehr Nähe zum Riesling hat. Bei einer Vergleichsprobe des Fachmagazins Wein Gourmet zeigten sich beide Stilrichtungen auf der Höhe der Zeit und qualitativ absolut gleichwertig.

GEHÖRT IM ELSASS ZUM WEINADEL
PINOT GRIS

Pinot Gris zählt im Elsass zu den noblen Rebsorten, die in den Grand-Cru-Lagen zugelassen sind und aus denen vendanges tardives (Spätlesen) und sélections des grains nobles (edelfaule Beerenauslesen) erzeugt werden dürfen. Pinot Gris erbringt problemlos die benötigten

hohen Mostgewichte. Der Elsässer Tokay Pinot Gris Ephemeride der Domaine Mittnacht, eine vendange tardive aus der Grand-Cru-Lage Rosacker, ist ein beredtes Zeugnis dieser hohen Schule der Weinbereitung.
Die früher als Elsässer Tokay-Pinot-Gris oder Tokay d'Alsace bekannte Sorte darf seit dem Abkommen von 1993 zwischen der Europäischen Union und Ungarn nur noch als Pinot Gris bezeichnet werden. Tokaij in jeder Schreibweise bleibt Ungarns berühmtem Süßwein vorbehalten.
Die Pinot Blanc ist die hellere Varietät der Pinot Gris. Ihre Beeren sind grünlichgelb. Erste Hinweise auf diese Mutation führen in das 19. Jahrhundert zurück. Traditionell war sie im weißen Mischsatz in den Weinbergen Burgunds zu Hause, aber es ist ihr nie gelungen, aus dem Schatten der übermächtigen Chardonnay-Rebe herauszutreten. Nirgends in Frankreich spielt sie heute eine Rolle – außer im Elsass. Mit einem Anteil von 21 Prozent steht sie dort in der Rebsortenrangfolge hinter Riesling auf Platz zwei; 1300 Hektar sind mit ihr bestockt.
Pinot Blanc gilt im Elsass als Alltagssorte. Die dort auch als Klevner bezeichnete Traube liefert dank dezenter Aromatik und kräftiger Säure den Grundwein für den schäumenden Crémant d'Alsace. Wird in einem Jahr die zur Versektung vorgesehene Menge nicht vollständig gebraucht, überschwemmen recht durchschnittliche Qualitäten den Markt. Pinot Blanc besitzt deshalb beim Verbraucher kein hohes Qualitätsimage – ganz zu Unrecht angesichts der charaktervollen Weine, die Spitzenwinzer wie Gustave Lorentz und Willy Gisselbrecht & Fils aus der Rebsorte erzeugen. Herausragend der „Les Lutins" von Jean Meyer in Wintzenheim.

WEISSBURGUNDER IM TREND

Als weißer Burgunder, Weißburgunder und Pinot Bianco steht das burgundische Aschenputtel in Deutschland, Österreich und Italien in hohem Ansehen. Winzer in Baden, der Pfalz, Rheinhessen und Franken, in der Steiermark, der Thermenregion und im Burgenland, in Südtirol, im Trentino und Friaul wetteifern um den Pinot Blanc schönster Ausprägung.
In Deutschland, wo Rotweine im Trend liegen und Weißweine seit Jahren darum kämpfen, ihre Position zu behaupten, gehört der Weißburgunder zu den wenigen Sorten mit deutlich steigender Tendenz. In Österreich

steht weißer Burgunder mit 2000 Hektar unter den Weißweinsorten an vierter Stelle, und in Italien wird weit mehr Pinot Bianco erzeugt als es weltweit Pinot Blanc gibt.

LIEBLING DER WINZER

Wo immer die Rebsorte angepflanzt wird, sind die Winzer voll des Lobs, denn sie besitzt höchst willkommene Vorzüge: Erstens verlangt sie nicht unbedingt Top-Lagen, um gute Ergebnisse zu liefern. Zweitens geizt sie auch bei generösem Behang nicht mit dem Mostgewicht. Drittens passt sie als nicht so üppig tragende Sorte bestens in die heutige Qualitätsphilosophie der Weinerzeuger, und viertens schätzen es die Winzer, dass die Traube einen kräftigen, hochgradigen Wein ergibt, der sich zum Ausbau im Barrique hervorragend eignet.

Den Gourmet begeistern die weißen Burgunder als Begleiter der feinen Küche. In ihrer Jugend noch zart und verhalten im Duft, mit fein-bitteren Mandeltönen, entwickeln die Weine mit zunehmender Reife charaktervolle, ausdrucksstarke Aromen, oft mit Anklängen exotischer Früchte, ohne dass eine Geruchs- oder Geschmacksnote herausstechen würde. Der weiße Burgunder überzeugt durch ein langes, gutes Weingefühl im Mund, zumal im reifen Wein die Säure harmonisch eingebunden ist. Da er ohnehin ein, zwei Gramm weniger Säure hat als ein Riesling, sind säureempfindliche Weintrinker von ihm beglückt.

Pinot Blanc gilt in Winzerkreisen als die „Burgundervariante Deutschlands". In der Tat gedeiht die Rebsorte an deutschen Standorten prächtig. Ideale Voraussetzungen findet sie zum Beispiel in der Südpfalz auf tiefgründigen Kalk-Mergel- und Kalkverwitterungsböden oder – wie im Birkweiler Mandelberg – auf schwerem, von kleinen Kalksteinen durchsetztem, lehmigem Tonboden.

Aus dieser Lage hat das Weingut Dr. Wehrheim eine weiße Burgunder Spätlese „Großes Gewächs" erzeugt, die vom Gault Millau Wein Guide zum Spitzenreiter des Jahrgangs 2002 gekürt wurde – ein Tropfen von verschwenderischer Fülle mit dem finessenreichen Duft von Stachelbeeren und Mirabellen, fruchtbetont, komplex und mineralisch, harmonisch eingebundene pikante Säure, ausgewogen und verspielt.

SPITZENERZEUGER BRILLIEREN MIT BURGUNDERSORTEN

Zu den Pfälzer Top-Erzeugern von weißem Burgunder gehören Ökonomierat Rebholz, Siebeldingen, Bergdolt-St. Lamprecht, Neustadt-Duttweiler, Münzberg, Landau-Godramstein, sowie die Schweigener Weingüter Bernhart und Friedrich Becker. Die Weingüter Bärenhof, Bad Dürkheim-Ungstein, Weegmüller, Neustadt-Haardt, und August Ziegler, Maikammer (herausragend seine weiße Burgunder Spätlese „Kirrweiler Römerweg"), bieten tadellose Weißburgunder mit günstigem Qualitäts-Preis-Verhältnis an. Kellermeisterin Stefanie Weegmüller-Scherr gehört zu jenen, die sowohl mit weißem als auch mit grauem Burgunder glänzen. Ihre Grauburgunder Spätlese aus den Haardter Herrenletten zeigt enorme Fruchtfülle und feine Kräuterwürze mit einem Hauch Brot; stoffig, komplex, dicht, mit pikantem Schmelz. Rheinhessens Spitzenriege brilliert samt und sonders mit weißem und grauem Burgunder. Die Top-Erzeuger Klaus und Klaus Peter Keller in Flörsheim-Dalsheim haben den beiden Burgundersorten auf gut einem Drittel ihrer 12,5 Hektar Platz eingeräumt. So sehr sich das Weingut mit seinen Rieslingen profiliert hat, zählen ebenso seine Weißburgunder zur Spitze in Deutschland. Bei Günter und Philipp Wittmann in Westhofen, die 30 Prozent ihrer Weinbergfläche mit Burgunderreben bepflanzt haben, ist es nicht anders. Ihr weißer Burgunder der „S"-Reihe gehört zu den Jahrgangsbesten. Aufsehen erregen die Weißburgunder der rheinhessischen „Shooting Stars" Heinfried und Gerold Pfannebecker aus Flomborn: beeindruckende Weine mit reifer, klarer, süßer Frucht, guter Konzentration und herrlicher Fülle – zu attraktiven Preisen.

GRAUBURGUNDERLAND BADEN

Während in der Pfalz und in Rheinhessen Weiß- und Grauburgunder gleichgewichtig nebeneinander stehen, ist Baden Grauburgunderland. Die Rebsorte, die die Traditionalisten immer noch gern bei ihrem früher gebräuchlichen Namen Ruländer nennen, besitzt an der badischen Rebfläche einen Anteil von fast 10 Prozent. Von ein paar Ausnahmen abgesehen sind es aber die gleichen Winzer, die bei den weißen und bei den grauen Burgundern die Bestenlisten anführen: Dr. Heger, Bercher, Salwey, Reinhold und Cornelia Schneider, Freiherr von Gleichenstein, Graf Wolff Metternich, Knab, Michel, Seeger und Stigler.

Überraschend rücken jetzt auch fränkische Weingüter mit den weißen Burgundersorten ins Rampenlicht. Der höchstbewertete Weißburgunder in Eichelmann Deutschlands Weine 2004 ist eine Kreation von Rudolf Fürst in Bürgstadt (Franken).

TOP-QUALITÄTEN AUS SÜDTIROL, FRIAUL UND ÖSTERREICH

Geradezu sensationelle Weißburgunder-Qualitäten kommen aus Südtirol: Schreckbichl in Girlan und St. Michael in Eppan, zwei der großen Genossenschaftskellereien, stehen seit Jahren unangefochten an der Qualitätsspitze. Im Friaul gehören sowohl Pinot Bianco als auch Pinot Grigio zu den Aushängeschildern der renommierten Weingüter. Die Top-Qualitäten kommen in erster Linie aus dem Collio und den Colli Orientali.

In nahezu allen österreichischen Weinbaugebieten profilieren sich Spitzenwinzer mit den weißen Pinot-Sorten. Prachtvolle Tropfen kommen vom Neusiedler See. Der Seewinkel am Ostufer bringt Beeren- und Trockenbeerenauslesen sowohl von Pinot Blanc als auch von Pinot Gris hervor, die einzeln oder gemeinsam auch Teil einer Cuvée sein können. Auf der westlichen Uferseite, in Rust, entstehen Ausbrüche und Ausbruchessenzen, sortenreine Weiß- und Grauburgunder oder auch Verschnitte mit Welschriesling und Chardonnay. Starwinzer Alois Kracher weist darauf hin, dass weißer Burgunder und Welschriesling am Neusiedler See in die Rolle schlüpfen, die Sémillon und Sauvignon Blanc im Sauternes spielen.

Von Österreich aus ist die Pinot-Blanc-Rebe nach Slowenien und Kroatien gewandert, wo sie unter dem Namen Beli Pinot angebaut wird. In der Tschechischen Republik, der Slowakei und in Ungarn ist die Rebsorte ebenfalls weit verbreitet. Pinot Gris wird in Rumänien auf 1600 Hektar kultiviert und ist auch in Ungarn heimisch geworden, wo sie Szürkebarát heißt.

KARRIERE IN DER NEUEN WELT

In der Neuen Welt interessieren sich die Winzer für Pinot Blanc nur mäßig, stärkeren Anklang findet dort Pinot Gris. In Oregon, der amerikanischen Pinot-Hochburg, ist sie eine der erfolgreichsten Rebsorten geworden. In Kalifornien, vor allem in Monterey und im Napa Valley, stieg die Zahl der mit Pinot Gris bepflanzten Weinberge beträchtlich. In Südamerika sind zwar mehr Rebflächen mit Pinot Blanc bestockt, doch reifen zum Beispiel in den höher gelegenen Weinbergen der argentinischen Region Mendoza durchaus interessante Pinot Gris heran. Verbesserte Klonenselektion hat auch in Neuseeland und Australien die Begeisterung für Pinot Gris neu angefacht. Superstar Ben Glaetzer begeistert „down under" mit einer Viognier-Pinot-Gris-Cuvée. In Südafrika leistet das Weingut L'Ormarins Pionierarbeit für Pinot Gris. Die Rebsorte macht international Karriere.

GRAUBURGUNDER/ WEISSBURGUNDER
Ausgewählte Gerichte

Rehsülze
(für 12 Personen)

Zutaten:

1 l Rehconsommé
(siehe Grundrezept Seite 300)
0,15 l Preiselbeersaft
18 Blatt Gelatine
Salz, Tabasco
150 g Pfifferlinge
150 g Steinpilze
150 g Shiitakepilze
150 g Austernpilze
4 EL Öl
1 EL gehackter Wiesenkerbel
1 EL gehackter Estragon
1 kg Rehrückenfilet
150 g Wirsingblätter ohne dicke Mittelrippe
200 g eingelegte Preiselbeeren

Zutaten Garnitur:

50 g Wildkräuter und Blütenmischung
1 EL weißer Balsamico
1 EL Sonnenblumenöl
1 EL Holunderblütenauszug
Salz, Pfeffer aus der Mühle

Zutaten eingelegte Preiselbeeren

(Menge für 2-mal 1-Liter-Gläser):
1,5 kg Preiselbeeren
2 säuerliche Äpfel
abgeriebene Schale von einer 1/2 Zitrone
450 g Zucker
1 l Wasser

Zubereitung Rehsülze:

Die Rehconsommé mit dem Saft der selbst gekochten Preiselbeeren vermischen. Die eingeweichte Gelatine ausdrücken und in die erwärmte Consommé einrühren, mit Salz und Tabasco abschmecken. Die Pilze abreiben und putzen, je 2 kleine Pilze für die Garnitur zur Seite legen. Die restlichen Pilze in 5 mm kleine Würfel schneiden und in wenig Öl anbraten, würzen und abkühlen lassen. Den Kerbel und Estragon untermischen. Die Wirsingblätter auf eine eingeölte Alufolie legen. Rehfilet entsprechend der Terrinenform zuzüglich 2 cm in der Länge zuschneiden. Die Rehfilets in einer heißen Pfanne mit wenig Öl ansteifen (kurz in der heißen Pfanne wenden, ohne dem Fleisch Farbe zu geben), würzen und in die Wirsingblätter einrollen. Die Alufolie an den Rändern zusammendrehen, damit eine stramme Rolle entsteht. Im vorgeheizten Backofen bei 80 °C 20 bis 25 Minuten garen, herausnehmen und abkühlen lassen. Die Pilze mit dem flüssigen Gelee vermischen und eine Schicht in die Terrinenform gießen, fest werden lassen. Ein ausgepacktes Rehfilet in die Terrinenform legen, außen herum einige Preiselbeeren verteilen und mit Gelee auffüllen, abermals fest werden lassen.

Das Einsetzen einer Geleeterrine gelingt am besten in einem Eiswasserbad. Die zweite Wirsingroulade in die Terrinenform legen, wieder einige Preiselbeeren um das Filet verteilen und mit dem restlichen Gelee bis zum Rand aufgießen. Die Terrine vor dem Aufschneiden 24 Stunden gut durchkühlen lassen.

Zubereitung Garnitur:

Die Wildkräuter waschen und trockenschleudern, mit dem Balsamico, Öl und Holunderblütenauszug, Salz und Pfeffer eine Vinaigrette rühren.

Zubereitung eingelegte Preiselbeeren:

Die Früchte verlesen und möglichst nicht waschen. Äpfel schälen, vierteln, Kerngehäuse entfernen und in dünne Scheiben schneiden. Beeren, Äpfel und Zitronenschale mischen und in Einmachgläser füllen. Zucker und Wasser unter Rühren und Abschäumen klären und erkaltet über die Früchte gießen. Verschließen und bei 90 °C 40 Minuten einkochen.

Anrichten:

Von der Rehsülze eine fingerdicke Tranche schneiden (am besten geht es mit einem Elektromesser) und in die Mitte eines Tellers legen. Die Wildkräuter um die Sülze verteilen, dazwischen einige Preiselbeeren anordnen. Mit den Wildkräuterblüten garnieren

Unser Kellermeister empfiehlt:

Burrweiler Schlossgarten
Weißburgunder Spätlese trocken
Weingut Meßmer – Pfalz

Südpfälzer Weißburgunder, der von Schluck zu Schluck Lust auf mehr macht. Auf kräftigem Boden mit hohem Lehm- und Kalkgehalt finden die Burgunder-Reben im Burrweiler Schlossgarten ihren idealen Standort. Dort ist dieser Wein entstanden, der – nach reifen Reneclauden duftend, mit fülliger Frucht und harmonisch eingebundener Säure – unsere Empfehlung zur Rehsülze ist.

Unser Kellermeister empfiehlt: **Menger-Krug Pinot Brut**

Feinfruchtiger, körperreicher Pinot Brut – zum Lachs wie geschaffen. Pinot Blanc und Pinot Noir haben sich beide als Sekttrauben bewährt, im Crémant d'Alsace und im Champagner. Menger-Krug macht aus ihnen seinen Klassiker.

Zweierlei Lachsrosen mit Sekt-Senf-Sauce

(für 4 Personen)

Zutaten:
400 g frischer Lachs mit Haut (ohne Gräten)
200 g Räucherlachs am Stück

Zutaten Beize:
10 g Salz
20 g Zucker
1/2 TL Senfkörner
1 Dillzweig
1 Prise gemahlener Koriander
1 EL Zitronensaft

Zutaten für die Garnitur:
2 Tomaten
12 Schnittlauchstängel
24 g Osietra-Kaviar
Frisée-, Radicchio-, Rucola-, Eichblattsalat
1 EL weißer Balsamico
1 TL Olivenöl
1 TL Sonnenblumenöl
Salz, Pfeffer aus der Mühle

Zutaten Sekt-Senf-Sauce:
125 g Crème fraîche
2 EL Sahne
1 gehäufter TL Dijonsenf mit Körnern
1 EL Kerbel
Salz, Pfeffer, Zucker, Zitronensaft
50 ml weißer Burgunder Sekt, brut

Zubereitung Lachs und Beize:

Den frischen Lachs am Stück und mit Haut mit Salz, Zucker, Senfkörnern, gehacktem Dill und der Prise Koriander beizen. Alle Zutaten mischen und damit den Lachs einreiben, zum Schluss mit dem Zitronensaft beträufeln. Mit einer Klarsichtfolie abgedeckt und leicht beschwert in den Kühlschrank stellen. Für 3 Tage den Lachs in der Beize liegen lassen, jeden Tag einmal das Lachsstück umdrehen.

Den Räucherlachs in 12 dünne und schmale Scheiben schneiden. Je 3 Scheiben auf eine Klarsichtfolie hintereinander legen, an den Enden leicht überlappend. Die 3 Scheiben locker aufrollen und zu einem Röschen formen. Den gebeizten Lachs vorsichtig abschaben, dass alle Senfkörner entfernt sind. Das Lachsstück in 12 dünne und schmale Scheiben schneiden und von der Haut abtrennen. Genauso zu einem Röschen aufrollen wie beim Räucherlachs.

Zubereitung Garnitur:

Bei den Tomaten den Strunk ausbohren und an der gegenüberliegenden Seite die Haut über Kreuz schneiden. Die Tomaten in kochendes Wasser legen und einige Sekunden warten, bis die Haut aufplatzt. Sofort in Eiswasser abschrecken und die Haut vorsichtig abziehen. Die Tomaten vierteln und von den Mittelstegen und dem flüssigen Kerngehäuse befreien. Die Tomatenviertel nochmals halbieren, die Achtelstücke von der Spitze zum Strunkansatz so einschneiden, dass sie im oberen Teil noch zusammenhängend bleiben. Den Garnitursalat putzen und waschen.

Zubereitung Sekt-Senf-Sauce:

Die Crème fraiche mit der Sahne und dem Senf glatt rühren. Den gehackten Kerbel hinzugeben und mit dem Salz, Pfeffer, Zucker und Zitronensaft abschmecken. Zum Schluss vorsichtig den Sekt unterrühren.

Anrichten:

Auf kalten Tellern je 2 Schnittlauchstängel legen und im oberen Teil einen Löffel Sekt-Senf-Sauce darauf geben. In die Sauce ein Räucherlachs- und ein gebeiztes Lachsröschen setzen. Einen kleineren Schnittlauchstängel daneben legen und an dessen oberes Ende einen mit 2 Kaffeelöffeln geformten Kaviar-Nocken legen. Am unteren Ende der Schnittlauchstängel mit einem kleinen Salatbukett garnieren und jeweils 2 Tomatenspalten dazulegen. Das Salatbukett mit einer Vinaigrette aus weißem Balsamico, Oliven- und Sonnenblumenöl, Salz und Pfeffer beträufeln.

Angeldorsch mit Sesam und Sezchuanpfeffer
gebraten, mit süßsaurem Pilzgemüse

(für 4 Personen)

Zutaten:

5 g Mandeln
5 g Haselnüsse
5 g Walnüsse
1 EL Korianderkörner
1/2 EL Sezchuanpfeffer
Salz und Pfeffer aus der Mühle
2 EL Sesam
4 Tranchen vom Dorschfilet à 120 g
50 g Mehl
0,1 l Milch
4 EL Olivenöl

Zutaten süßsaure Sauce:

200 g Egerlinge, Shiitake- und Austernpilze
2 EL Honig
2 EL Zitronensaft
2 EL Sherry-Essig
2 EL helle Sojasauce
60 g kalte Butterstückchen

Zutaten Gemüse:

50 g Bambussprossen in Streifen
50 g Wasserkastanien in Scheiben
20 g Austernpilze in Streifen
50 g Shiitakepilzkappen
10 g Butter
8 Kirschtomaten
Salz,
Pfeffer aus der Mühle
100 g junger Blattspinat
einige Tropfen Sesamöl
1 EL Olivenöl
1 EL Sherry-Essig
Zucker

Zubereitung:

Die Mandeln, Nüsse und Korianderkörner mit dem Sezchuanpfeffer in einer Pfanne ohne Fett mit 1/2 TL Salz rösten. Nach dem Abkühlen in einem Mörser oder in einer Küchenmaschine zerkleinern, den Sesam hinzufügen. Die Dorschfilets mit Salz und Pfeffer würzen und mit der äußeren Fleischseite nacheinander in Mehl, Milch und danach in die Sesam-Sezchuan-Mischung drücken. Die Filets mit der panierten Seite in heißem Olivenöl anbraten, danach im vorgeheizten Backofen bei 160 °C in 4 bis 5 Minuten fertig garen.

Zubereitung süßsaure Sauce:

Für die Sauce die Pilze in Butter goldbraun in einer Pfanne schwenken. Honig hinzugeben und mit Zitronensaft sowie Essig ablöschen. Mit 1/4 l Wasser und der Sojasauce auffüllen und 15 Minuten köcheln lassen. Danach durch ein feines Sieb passieren, aufkochen und abschmecken. Vor dem Servieren einige eiskalte Butterstückchen unterschwenken.

Zubereitung Gemüse:

Die Bambussprossen, Wasserkastanien sowie die Austern- und Shiitakepilze in einer heißen Pfanne mit Butter anschwenken. Die Kirschtomaten mit heißem Wasser überbrühen, bis die Haut aufplatzt; sofort in Eiswasser abschrecken und die Haut vorsichtig abziehen. Zu den Pilzen in die Pfanne geben, mit Salz und Pfeffer würzen.
Den Blattspinat von den Stielen befreien und die kleinen Blätter mit Sesamöl, Olivenöl, Sherry-Essig, Salz, Zucker und Pfeffer als Salat anmachen.

Anrichten:

Das Gemüse auf vorgewärmte Teller geben, mit der heißen Sauce überziehen.
Den Spinatsalat als kleines Bukett in der Mitte obenauf platzieren und darauf das Dorschfilet mit der Sesamkruste nach oben legen.

Unser Kellermeister empfiehlt:

Haardter Herrenletten
Grauburgunder Spätlese halbtrocken
Weingut Weegmüller – Pfalz

„Gehoben, aber nicht abgehoben sein": die Devise der Winzerin Stefanie Weegmüller-Scherr. Ihr Grauburgunder, den wir zum asiatisch gewürzten Angeldorsch auf süßsaurem Gemüse wählen, besticht durch seine enorme Fülle süßer Frucht, die mit feinen Kräutern und einem Hauch Brot unterlegt ist – ein stoffiger, dichter Wein mit pikantem Schmelz.

Unser Kellermeister	**Pinot Grigio**
empfiehlt:	**Azienda Agricola Sturm**
	Friaul – Collio

Zum Schweinefleisch aus der Chinaküche empfehlen wir einen Pinot Grigio aus den Hügellagen des Collio. Oscar Sturm bewirtschaftet ein 10-Hektar-Weingut an der slowenischen Grenze. Sein Wein begeistert durch den Duft von trockenem Heu, gerösteten Mandeln und reichem, vollem Akazienhoniggeschmack.

AUS DER CHINAKÜCHE:

Schweinefleisch mit Tofu und Auberginen

(für 4 Personen)

Zutaten:

250 g Auberginen
Salz
1/2 l Erdnussöl
100 g Tofu
Pfeffer
150 g Schweinehackfleisch
1 TL Lauch, nur das Weiße in feinen Würfeln
2 TL Knoblauch, in feinen Würfeln
1 TL Ingwer, fein würfelig
1 EL Tomatenketchup
1 EL Zucker
1 TL rote Chilipaste
(je nach gewünschter Schärfe)
2 EL Reiswein
1 TL Reisessig
2 EL dunkle Sojasauce
Sesamöl
30 g Brokkolistiele
30 g Shiitakepilzkappen
flüssige Stärke (Stärke in Wasser aufgelöst)
8 Brokkoliröschen

Zubereitung:

Die Auberginen der Länge nach halbieren. Von der Hautseite her die Auberginen in 3 x 1,5 cm große Stücke schneiden, in der Mitte 1/3 tief einschneiden, gut mit Salz bestreuen und 30 Minuten stehen lassen. Die Auberginenstücke auspressen und das entzogene Wasser wegschütten. Die Stücke in Erdnussöl bei 180 bis 200 °C schwimmend ausbacken. (Vorsicht, Spritzgefahr!) Die Auberginen dürfen schön goldbraun frittiert sein. Den Tofu in 3 x 1 cm große Stäbchen schneiden und mit Salz sowie Pfeffer würzen.

Das Hackfleisch mit viel Öl anbraten, das Öl abgießen, den Lauch, Knoblauch und Ingwer hinzugeben, 2 Minuten anbraten. Den Tomatketchup, Zucker und die Chilipaste hinzugeben. Mit Reiswein, Reisessig und 200 ml Wasser ablöschen. Die Sojasauce, einige Tropfen Sesamöl hinzugeben, mit Salz und Pfeffer würzen. Vorsicht, nicht zu viel Salz hinzugeben! Der Geschmack der Sauce soll süß-sauer-scharf und die Farbe Rot sein.

Die Auberginenstücke, den Tofu, die abgeschälten und in 5 x 5 mm kleinen Würfel geschnittenen Brokkolistiele sowie die gleich groß geschnittenen Shiitakepilzkappen zu der Sauce geben und aufkochen. Mit der flüssigen Stärke die Sauce binden, in eine feuerfeste Form geben, mit den Brokkoliröschen garnieren und die Form in den vorgewärmten Backofen bei 180 °C für 10 Minuten einschieben.

Anrichten:

Servieren Sie das Gericht in einer entsprechenden Form, und stellen Sie diese zusammen mit anderen Gerichten in die Mitte Ihrer Chinatafel. Der Gast holt sich die Speisen mit einem Stäbchenpaar heraus.

Birne Helene auf Casinoart

(für 4 Personen)

Unser Kellermeister empfiehlt: Niersteiner Paterberg Ruländer Beerenauslese
Weingut Leonhard – Rheinhessen

Zur Birne Helene ist unsere Wahl auf Peter Leonhards Beerenauslese mit den satten Aromen von reifem Dörrobst und Mandeln gefallen: Ein Ruländer klassischen Typs, der sich breit, weich, wuchtig und feurig präsentiert. Die sehr reife Säure zeichnet besonders gute Jahrgänge aus.

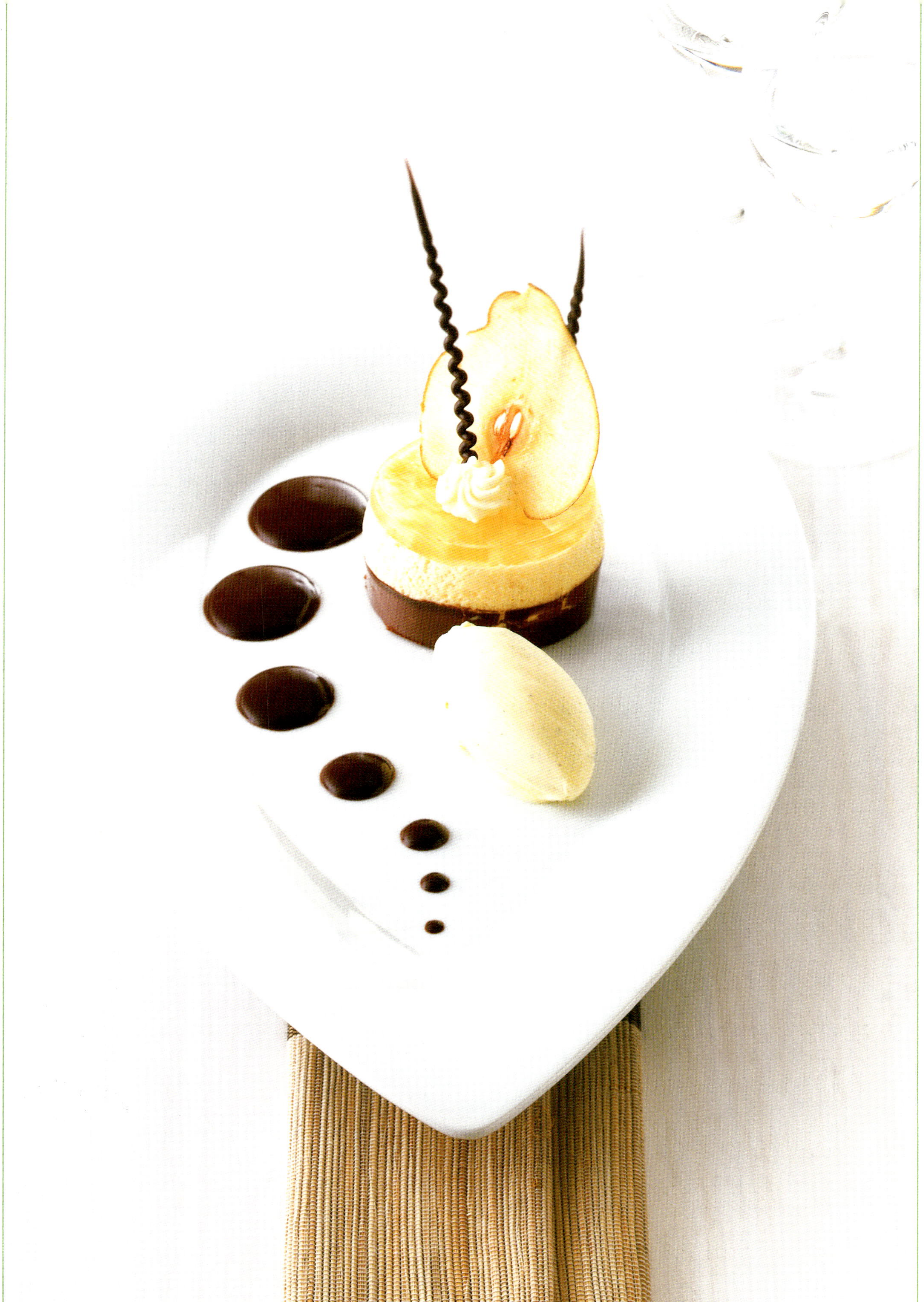

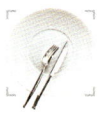

Die Kellerei und Vinothek der BASF

Historischer Weinkeller in einem Pfälzer Weingut.

Weinkultur wird bei der BASF groß geschrieben, und das schon seit mehr als einem Jahrhundert. 35 Jahre nach Gründung der Badischen Anilin- & Soda-Fabrik berief die Unternehmensspitze eine Weinkommission, die sich am 8. Oktober 1900 zu ihrer konstituierenden Sitzung traf. Ihr gehörten zwei Vorstandsmitglieder, drei leitende Angestellte (im damaligen Sprachgebrauch „Beamte") und der Werksarzt an. Ihr Beschluss, eine firmeneigene Weinkellerei zu gründen, wurde von den 8000 Mitarbeitern, die das Unternehmen um die vorletzte Jahrhundertwende beschäftigte, begeistert begrüßt und prompt verwirklicht. Die erste Preisliste umfasste 21 Weine aus der Pfalz, 10 von der Mosel und 7 vom Rhein sowie mehrere Gewächse aus Bordeaux und Burgund. Die meisten dieser Weine wurden in Fässern bezogen und in der eigenen Kellerei in Flaschen gefüllt und etikettiert.

Die Weinkommission hat die BASF-Kellerei in den mehr als 100 Jahren ihres Bestehens begleitet – durch Inflation, Weltkriege, Währungsreform, Wirtschaftswunder sowie Phasen des konjunkturellen Auf- und Abschwungs. Ihre sieben Mitglieder, hochkarätige Führungskräfte des Unternehmens, genießen bei den „Anilinern" allergrößten Respekt, denn neben ihrer fachlichen Kompetenz besitzen sie etwas, das in der Pfalz zählt: Weinverstand. Und tatsächlich besteht eine wesentliche Funktion der Weinkommission heute wie vor 100 Jahren darin, eine Anzahl von Weinen, die anstehen, in das Sortiment der BASF-Kellerei aufgenommen zu werden, zu degustieren, in Duft und Geschmack kritisch zu prüfen und gemeinsam mit dem Leiter der Kellerei auszuwählen. Dazu trifft sich das Gremium 6-mal im Jahr. Erfahrungsgemäß können dabei insgesamt 120 bis 150 Weine vergleichend verkostet werden. Angesichts der 3000 bis 4000 Muster, die übers Jahr probiert und von denen dann etwa 800 Weine ausgewählt und gekauft werden, müssen die Weinexperten der Kellerei schon eine Vorauswahl treffen. Letztendlich entscheidet die Kommission mit ihrem Plazet, welche Weine unter dem Signum BASF von Ludwigshafen aus in alle Welt gehen.

Dass das führende Chemieunternehmen der Welt sich mit Wein beschäftigt, erklärt sich aus der Zeit, in der die BASF-Kellerei gegründet wurde. Man schrieb das Jahr 1901. An der Wende vom 19. zum 20. Jahrhundert wurden edelsüße deutsche Weine, insbesondere aus der Pfalz, dem Rheingau und von der Mosel, auf dem internationalen Parkett höher eingeschätzt als die vornehmsten Bordelaiser und Burgunder Gewächse. So stießen die Honoratioren bei der Einweihung des Suezkanals mit Riesling aus dem Weingut des Reichsrats von Buhl im pfälzischen Deidesheim an. Bei den Weltausstellungen in Paris, Brüssel und Chicago hatten die Weine höchste Auszeichnungen errungen, und bei den jährlichen Versteigerungen auf dem Weingut – damals überhaupt die einzige Gelegenheit, deutsche Spitzenweine zu erstehen – erzielten Rieslinge aus den besten Lagen von Deidesheim und Forst wahre Rekordpreise. Weingenuss war dem Klerus, den Adelshäusern und dem finanzkräftigen Großbürgertum vorbehalten, den Tisch „normaler" Familien zierte eine gute Flasche Wein höchst selten. „Die Gründung der Kellerei mit dem Ziel, für die Beamten und Arbeiter der BASF Wein zu bezahlbaren Preisen zu beschaffen, hatte vor diesem Hintergrund", wie Kellerei-Chef Joachim Spies erläutert, „einen regelrecht sozialen Aspekt."

QUALIFIZIERTE BERATUNG

Aus einer Verkaufsstelle, in der sich die BASF-Mitarbeiter außer mit Wein auch mit Tabakwaren und Spirituosen preiswert versorgen konnten, ist in den über 100 Jahren ihres Bestehens ein höchst renommiertes Fachhandelsunternehmen entstanden, das 2004 in die „Top Ten der umsatzstärksten Weinhandlungen Deutschlands" aufgestiegen ist. „Steigende Verkaufszahlen, selbst gegen den Trend, sind nur möglich, weil wir ein motiviertes Team qualifizierter Weinfachleute haben", hebt Spies hervor und weist gleichzeitig darauf hin, dass bei der BASF höchster Wert auf die fachbezogene Aus- und Weiterbildung gelegt wird. Besuche bei den Weingütern und die Orientierung auf internationalen Weinmessen stehen ebenso auf dem Programm wie die betriebswirtschaftliche und verkäuferische Schulung.

Die BASF-Kellerei beschäftigt heute (2004) 20 Mitarbeiter. Sie setzt jährlich knapp eine Million Flaschen Wein ab und erzielt über 5 Millionen Euro Umsatz. Das Kellereigeschäft steht auf drei Säulen: Das Weinfachgeschäft an der Anilinstraße – unmittelbar am Werksgelände in Ludwigshafen gelegen –, in dem jedermann, BASF-Mitarbeiter oder nicht, zum gleichen Preis einkaufen kann, die Belieferung der unternehmenseigenen Gastronomie, die längst nicht nur mehr für die Bewirtung von Mitarbeitern und Gästen sorgt, sondern dem Publikum offen steht, und der Versand an Kunden in ganz Deutschland und in über 50 Länder der Welt. Er macht die Hälfte des Umsatzes aus. Die rund 600 Positionen umfassende Weinliste, die zweimal im Jahr erscheint, wird an 18 000 Adressen verschickt. Für die USA und die asiatischen Märkte werden eigene Ausgaben gedruckt. „Internationalität ist eine Stärke der BASF", betont Spies, „es gibt so gut wie kein Land der Erde, in dem wir beim Weinversand nicht die Logistik einer Tochtergesellschaft nutzen können." Der Auslandsabsatz hat inzwischen einen Anteil von gut 10 Prozent erreicht.

In der gediegenen Atmosphäre des übersichtlich gestalteten Weinfachgeschäfts finden einmal im Monat Aktionstage statt, bei denen zum Beispiel die Exklusivweine der Kellerei im Vordergrund stehen oder das Sommerweinangebot präsentiert wird oder Weine aus der Alten und der Neuen Welt in einer Vergleichsprobe einander gegenübergestellt werden. Die freundlichen, auf ihre Kunden zugehenden Verkäufer geben fachlich-kompetent Auskunft und bieten grundsätzlich alle Aktionsweine wohltemperiert zur Verkostung an. So lernen die Kunden auch Novitäten aus Italien, Frankreich oder Spanien kennen, vergleichen an „Rieslingtagen" Weine dieser Rebsorte von diversen Gütern und aus verschiedenen Anbaugebieten oder befassen sich mit Spitzenweinen der drei großen „B" der Pfalz: Geheimer Rat Dr. von Bassermann-Jordan, Reichsrat von Buhl und Dr. Bürklin-Wolf.

RIESLING AUS DEM GRÜNDUNGSJAHR

In den klimatisierten Kellerräumen unter dem BASF-Gesellschaftshaus in Ludwigshafen lagern auf 4000 Quadratmetern 1800 Sorten Wein, darunter die Gewächse von etwa 250 Châteaux – eine Fundgrube für Bordeaux-Liebhaber. Auch ältere Jahrgänge Pétrus sind vorhanden. Diese Wein-Preziosen liegen natürlich in der gut behüteten Schatzkammer, in bester Gesellschaft von einigen Bouteillen 1961er Château Margaux und 1947er Château Léoville-Las Cases. Unverkäuflich sind die sechs Flaschen des 1865er Forster Kirchenstück Riesling vom Deidesheimer Weingut Reichsrat von Buhl, die aus dem Gründungsjahr der BASF stammen.

Insgesamt umfassen die Weinkeller der BASF mehr als eine Million Flaschen. Die Weißweine werden bei konstant 12 °C gelagert, die Rotweine bei 14 °C. Wie groß das Interesse an der BASF-Kellerei ist, zeigt sich allein schon daran, dass pro Jahr 10 000 Besucher durch das Kellereilager geführt werden.

ERSTER „GRAND CRU" DER BASF

Eigene Abfüllungen hat die Kellerei 1996 aufgegeben, das dahinter stehende Konzept, auf die Weinqualität unmittelbar Einfluss zu nehmen und den Kunden ein exklusives Angebot zu machen, hat sie indessen beibehalten. Wer die BASF-Weinliste in die Hand nimmt, findet in dem umfassenden Angebot rund zwei Dutzend Weine, vor allem aus der Pfalz, aber auch aus dem Rheingau und von der Mosel, die von der BASF-Kellerei exklusiv verkauft werden, darunter ein Riesling „Großes Gewächs" aus der Forster Spitzenlage Freundstück, den das Weingut Reichsrat von Buhl der Kellerei zum Alleinverkauf anvertraut hat: Der erste „Grand Cru" der BASF!

BOTSCHAFTER DES DEUTSCHEN WEINS

46 Prozent des Absatzes entfallen auf deutschen Wein. Die BASF-Kellerei führt die Gewächse von 180 Weingütern aus der Pfalz, Rheinhessen, dem Rheingau, von Mosel-Saar-Ruwer, aus Franken, Baden, Württemberg, von der Ahr und aus Sachsen. Zur Pfalz, dem Anbaugebiet, das direkt vor den Werkstoren der BASF liegt, besteht natürlich eine sehr enge Verbundenheit. In der aktuellen Weinliste der BASF-Kellerei ist die Pfalz mit einem stattlichen Angebot von 110 Weinen vertreten.

Als Unternehmen, das Zehntausende von Mitarbeitern beschäftigt, die im Weinanbaugebiet leben, von denen nicht wenige aus Winzerfamilien stammen und manche sogar abends noch im eigenen Weinberg tätig sind, stellt sich die BASF bewusst in den Dienst des deutschen und insbesondere des Pfälzer Weins. Sie nutzt ihre internationalen Verbindungen, um deutsche Weine in alle Welt zu versenden. In beinahe jedem Präsentpaket, das die Kellerei verlässt, befindet sich mindestens eine Flasche deutscher Wein. Besonders in den USA und in Asien bildet das Angebot der BASF-Kellerei eine repräsentative Plattform für deutschen Wein.

Auch Kellereileiter Joachim Spies ist ein waschechtes Pfälzer Gewächs. Er ist in Ludwigshafen geboren. Das Abitur machte er in Neustadt an der Weinstraße. Auf den Wehrdienst folgte ein Studium an der Fachhochschule Geisenheim, Deutschlands international renommierter Weinakademie, das er als Diplomingenieur für Getränketechnologie abschloss. Bevor er dann in das elterliche Weingut A. Spies in Maikammer einstieg, absolvierte er ein 6-monatiges Praktikum bei der Costello-Winery im kalifornischen Napa Valley. 1989 trat er als Verkaufsmitarbeiter in das Weinfachgeschäft der BASF ein, 1994 wechselte er in die Marketingabteilung der BASF-Kellerei, zu deren Leiter er am 1. Januar 1996 ernannt wurde.

Spies gehört zu den Fachleuten, die sich sowohl im deutschen als auch im internationalen Weinangebot bestens auskennen. Bei Weinvergleichsproben ist er selbstsicher und unbeirrbar. Sein Umgang mit Wein ist ungekünstelt. Seine Liebe zu dem Produkt, das er zu verkaufen hat, ist immer und überall spürbar, genauso aber auch das betriebswirtschaftliche Kalkül. „Bei uns gilt stets das Prinzip ‚Qualität vor Preis‘, aber unterm Strich muss die Rechnung stimmen", sagt Realist Spies. „Wir wollen unseren Kunden die Sicherheit geben, dass sie bei der BASF-Kellerei erstklassige Weine zu den bestmöglichen Preisen bekommen."

Wie der Mann, so das Programm: Klar strukturiert, nach geographischer Herkunft, nach Preisklassen und Qualitätsstufen, mit dem Schwerpunkt auf tadellosen, preisgünstigen Weinen, keine Aneinanderreihung berühmter Etiketten, sondern eine kompetente Weinauswahl mit vorzüglichem Qualitäts-Preis-Verhältnis, dem Puls der Zeit folgend, Weingüter und Winzer im Fokus, die sich mit herausragender Qualität einen Namen machen wollen, gespickt mit Trouvaillen aus der Alten und Highlights aus der Neuen Welt, in der Spitze auf den anspruchsvollen Weintrinker zugeschnitten, stets bemüht, absolute Top-Gewächse zu noch bezahlbaren Preisen anbieten zu können, nie ohne zugleich deutlich preiswertere Alternativen aufzuzeigen.

AUSGEZEICHNET FÜR DAS BESTE SORTIMENT

Die Stärken des Programms sind in der Fachwelt anerkannt. So hat die Kellerei der BASF erfolgreich an dem Wettbewerb Weinfachhändler des Jahres 2002 der Fachzeitschrift „Weinwirtschaft" des Meininger Verlags teilgenommen. Auf der Prowein, Deutschlands wichtigster Weinmesse, konnte Joachim Spies den Sonderpreis für ein herausragendes deutsches Weinsortiment entgegennehmen. Das große Engagement der BASF-Kellerei für deutschen Riesling wurde 2003 mit dem Riesling-Förderpreis in der Kategorie Fachhandel gewürdigt. Dieser Preis wird vom Weinmagazin VINUM gemeinsam mit der Vereinigung Pro Riesling im Rahmen der Verleihung des Deutschen Riesling-Erzeugerpreises vergeben. „Bei uns spielt der deutsche Riesling eine Hauptrolle, und deshalb haben wir uns sehr über die Auszeichnung gefreut", bekennt Spies.

BORDEAUX-KOMPETENZ

Mit Recht ist Spies darauf stolz, dass es der BASF-Kellerei gelungen ist, sich in der kaufkräftigen Zielgruppe der Bordeaux-Liebhaber Kompetenz aufzubauen. Die Kellerei kauft eine stattliche Anzahl klassifizierter Bordeaux-Gewächse per Subskription ein und bringt sie dann nach 6 bis 10 Jahren – ein ebenso vorbildlicher wie kostspieliger Dienst am Kunden – in den Verkauf. So finden sich in der aktuellen Preisliste 42 Bordeaux-Weine, vorwiegend der Jahrgänge 1995 bis 1998.

Auch das Burgund-Sortiment kann sich sehen lassen – mit 8 Weiß- und 24 Rotweinen. Repräsentativ vertreten sind ebenfalls das Elsass, die Loire, das Rhônetal und der Süden Frankreichs. Einen starken Auftritt haben Italien (mit 61 Weinen) und Spanien (mit 42 Weinen, darunter 7 Sherrys). Außerdem zeigen Portugal, Österreich, Ungarn (mit Dessertweinen aus dem berühmten Tokaji), Griechenland und Bulgarien Flagge. Dass auch Newcomer eine Chance haben, beweist ein rumänischer Merlot, der sich schon kurz nach der Einführung zum Senkrechtstarter entwickelte.

Auch die Weine aus der Neuen Welt haben im BASF-Sortiment den ihnen gebührenden Platz gefunden. Da sie heute in aller Munde sind, werden sie im Weinhandel zuweilen überrepräsentiert. Nicht so bei der BASF-Kellerei. Sie bietet eine sorgfältige Auswahl an, die sich primär auf Weine aus den jeweils typischen Rebsorten – Zinfandel in Kalifornien, Carmenère in Chile, Shiraz in Australien, Sauvignon Blanc in Neuseeland, Pinotage in Südafrika – konzentriert und auf herausragende Qualitäten beschränkt. Insgesamt wird ein Sortiment von rund 40 Überseeweinen angeboten. Ein Dutzend Champagner, ebenso viele Jahrgangs- und Lagensekte sowie diverse Sekt-Hausmarken vervollständigen das BASF-Weinprogramm. Ergänzt wird es durch Aperitifs, Spirituosen, Aceto Balsamico und italienisches Olivenöl.

ERLEBNIS WEIN

Wie engagiert die Kellerei ans Werk geht, um BASF-Mitarbeitern und -Kunden Wein als Erlebnis zu vermitteln, zeigt die Vielzahl von Veranstaltungen: 400 kulinarische Weinproben, Weinkollegseminare und Weinevents finden jährlich statt. „Unser Fokus liegt ganz klar auf der internen Ausrichtung, das heißt auf Veranstaltungen für die BASF und deren Tochtergesellschaften", betont Spies. Zum Beispiel ein exquisites 4-Gänge-Menü für die wichtigsten Kunden eines BASF-Unternehmens, mit 8 dazu ausgewählten Weinen, zwischen den Gängen fachmännisch kommentiert, in einem der stilvollen Räume des Gesellschaftshauses – mit vorangehender Kellereibesichtigung. Verantwortlich für den Bereich Kundenbetreuung und Weinproben ist Bernhard Wolff, dessen ebenso kompetente wie amüsante und höchst informative Weinkommentare legendär sind. Die Weinkollegveranstaltungen, meistens schon kurz nach Ankündigung ausverkauft, sind Themen wie Italien, Bordeaux, deutschen Jungweinen oder auch Sensorik gewidmet. Die Weinevents reichen von einer kulinarischen Weinwanderung über „Kellerei live mit Spitz & Stumpf" bis zum Kellereifest, das alljährlich an einem Spätsommerwochenende über 12 000 Besucher und viel Prominenz anzieht.

„Der Spagat zwischen Chemie-Riese und Weinspezialist ist der BASF vortrefflich gelungen", bescheinigt das Fachmagazin „Weinwirtschaft" dem Ludwigshafener Weltunternehmen.

TOSKANA

TOSKANA

TOSKANA

TOSKANA

TOSKANA

LA GERLA
RISERVA

Brunello di Montalcino
DENOMINAZIONE DI ORIGINE CONTROLLATA E GARANTITA
vendemmia 1997

750 ml e   14% vol.
PRODOTTO IN ITALIA

TOSKANA

Poliziano

TOSKANA

TOSKANA

SANLEONE
1998

SANGIOVESE

SANGIOVESE

Stolz der Toskana

Sangiovese ist in Italien die Rebsorte Nr.1. Sie ist am weitesten verbreitet und besitzt das größte Qualitätspotenzial. Die Rolle, die Cabernet Sauvignon in Frankreich und Tempranillo in Spanien spielen, fällt Sangiovese in Italien zu: Sie drückt großen italienischen Rotweinen ihren Stempel auf – dem berühmtesten von allen, dem Chianti, und auch dem kostspieligsten, dem Brunello di Montalcino.

In Italiens Weinbergen steht Sangiovese auf 70 000 Hektar, gut 10 Prozent der gesamten Anbaufläche. Das hauptsächliche Verbreitungsgebiet ist Mittelitalien: die Emilia-Romagna, die Toskana, Umbrien, die Marken, Latium und die Abruzzen. Aber auch in Süditalien, so in Kampanien, Molise, der Basilikata, in Kalabrien und auf Sizilien, wird die Rebsorte angepflanzt.

Dabei ist sie sensibel und erfordert schon bei der Lagen- und Klonenwahl viel Aufmerksamkeit. Sie treibt früh aus und reift spät, braucht also eine lange, warme Vegetationsperiode. Auf schlechte Witterungsverhältnisse reagiert sie empfindlich. Sind die Sommer zu heiß, können überladen-plumpe, alkoholstarke Weine die Folge sein, sind sie zu kühl und zu regnerisch, kann der Wein sauer und das Tannin hart sein.

Im Ausland, vor allem in Kalifornien, haben die hohen Ansprüche, die die Rebsorte stellt, ihre Verbreitung gebremst, in Italien offensichtlich nicht. Dort schätzt man ihre Tugenden. Sie besitzt Frucht, Säure und Tannin im erwünschten Maße; wenn es gelingt, diese Faktoren ins Gleichgewicht zu bringen, entsteht ein herrlicher Wein: Bella Italia im Glas.

Als Heimat der Sangiovese gilt die Toskana, die bis heute ihr bevorzugter Standort ist. Obwohl die Rebsorte hier erstmals 1722 dokumentiert ist, spricht vieles dafür, dass sie schon 2000 Jahre früher von den Etruskern kultiviert wurde. In der sanft geschwungenen Hügellandschaft findet Sangiovese eine geeignete Bühne, um sowohl als Solist also auch im Ensemble mit anderen Rebsorten aufzutreten.

Bei allen fünf toskanischen Rotweinen mit DOCG-Prädikat, der obersten Stufe der italienischen Weinklassifikation, spielt Sangiovese die erste Geige. So schreiben die DOCG-Statuten 75 bis 100 Prozent Sangiovese im Chianti und Chianti Classico vor. Bei Carmignano, dem einzigen italienischen Rotwein, der von altersher ein Sangiovese-Cabernet-Verschnitt ist, werden mindestens 50 Prozent verlangt. Vino Nobile di Montepulciano muss zu wenigstens 70 Prozent aus Sangiovese – vor Ort Prugnolo gentile genannt – entstehen und Brunello di Montalcino, der Star der Südtoskana, zu 100 Prozent.

Sangiovese leitet sich von sanguis Jovis, Blut des Jupiters, ab. Die Rebsorte ist so wandlungsfähig, wie ihr göttlicher Namenspatron. Sie existiert in zahlreichen Varietäten, deren wichtigste Sangiovese piccolo und Sangiovese grosso sind. Die kleinbeerige Spielart prägt den Chianti und viele andere Weine in Mittel- und Süditalien. Das Verbreitungsgebiet der Sangiovese grosso, aus der Vino Nobile di Montepulciano und Brunello di Montalcino entstehen, konzentriert sich auf den Süden der Toskana. Die Entwicklung des Weinbaus und der Weinbereitung ist in der Toskana wie fast überall in Europa ein Werk der Mönche gewesen. Die Vallombrosianer, ein zu den Benediktinern gehörender Orden, haben den Weinbau des Chianti schon vom 11. Jahrhundert an entscheidend geprägt. Badia a Coltibuono, heute ein renommiertes Chianti-Classico-Gut, ist im Ursprung eine Abtei, Badia a Passignano, jetzt im Besitz des Hauses Antinori, ebenfalls. Sant' Angiolo Vico l´Abate in Mercatale Val di Pesa, Sitz von Castelli del Grevepesa, der führenden Erzeugergemeinschaft im Chianti Classico, war eine Raststätte (vico) für Äbte (abate), die von einem zum anderen Kloster wanderten. Die Rebhänge, die sich an den steilen Anstieg zu diesem Kleinod schmiegen, sind eine exzellente Sangiovese-Lage.

DIE MACHT DER MEDICI UND DAS LÄCHELN DER MONA LISA

Sangiovese, der Stolz der Toskana, hatte immer mächtige Förderer, allen voran die florentinische Bankiers- und Herrscherdynastie der Medici. Und vergessen wir nicht das unwiderstehliche Lächeln der schönen Winzerstochter Mona Lisa, deren Wiege in der Villa Vignamaggio stand – noch heute ein erstrangiges Weingut im Chianti Classico. Vom späteren Papst Klemens VII., einem illegitimen Medici-Spross namens Giulio (1478 bis 1534), wissen wir, dass er sich persönlich um die Pflege der Pfarrweingärten von Campoli, einem Dorf im Herzen des Chianti-Gebiets, kümmerte, als er dort als Vikar tätig war. Auf die Nutznießung verzichtete er weder als Kardinal noch als Papst. Ein Wein aus dieser vorzüglichen Lage trägt heute seinen Namen: Clemente VII von Castelli del Grevepesa. Cosimo I. (1519 bis 1574) war es, der die Eignung der Hügellagen zwischen Carmignano und Artimino nordwestlich von Florenz für den Weinbau entdeckte. Inmitten dieses Jagdgebiets ließ er den „barco reale" (königlicher Park) anlegen und mit einer 32 Kilometer langen Mauer einfrieden; Mauerreste sind noch in den Weinbergen der Fattoria Artimino zu sehen. Dieses Areal wurde und wird bevorzugt für den Anbau von Wein und Oliven genutzt.

Fast 200 Jahre später spielte der „barco reale" eine Rolle, als es darum ging, den Ruf toskanischer Weine vor Geschäftemachern und Weinfälschern zu schützen, die sich eine goldene Nase verdienten, indem sie Weine anderer Herkunft als „Carmignano" oder „Chianti" verkauften. 1716 erließ Cosimo III., Großherzog der Toskana, ein Dekret, in dem neben Vorschriften für den Rebanbau, die Lese und die Vinifikation auch die Herkunftsgebiete der Weine genau umrissen wurden. So durften fortan nur Weine, die aus dem „barco reale" stammten, als „Carmignano" verkauft werden. Weine, die den Namen „Chianti" trugen, mussten aus einem Gebiet kommen, das „von Spedalazzo bis Greve, von dort nach Panzano, mit der ganzen Gemeinde Radda, die drei

DIE CHIANTI-FORMEL DES EISERNEN BARONS

Entscheidend für die Weltkarriere des Chianti und speziell der Sangiovese-Traube waren die wissenschaftlichen Arbeiten von Baron Bettino Ricasoli (1809 bis 1880). Der Schlossherr von Brolio und spätere Ministerpräsident des Vereinigten Italien war ein profunder Kenner der Rebenkunde und ein Önologe von Format. Seiner Beharrlichkeit wegen nannten ihn Zeitgenossen den „Eisernen Baron".

Zwischen 1834 und 1837 arbeitete er daran, die optimale Traubenmischung für Chianti zu finden. Dabei setzte er auf das große Potenzial der Sangiovese: zu 70 Prozent sollte Chianti aus dieser Traube, zu 15 Prozent aus Cannaiolo, zu 10 Prozent aus den weißen Rebsorten Trebbiano und Malvasia sowie zu 5 Prozent aus anderen lokalen Traubensorten bestehen. Dieses Mischungsverhältnis ist als Chianti-Formel berühmt geworden.

Mit dem Chianti, Italiens bekanntester und weltweit beliebtester Rotwein, ist die Sangiovese seit jeher am engsten verbunden. Er kommt aus einem weitläufigen Gebiet, das ebenso groß wie das Médoc ist. Chianti wächst auf höchst unterschiedlichen Böden. Zwischen den niedrigsten und den höchsten Pflanzungen gibt es Höhenunterschiede bis zu 500 Metern. Der westliche Teil liegt im Einflussbereich feuchten Meeresklimas, der östliche Teil ist den kalten Winden aus dem Apennin ausgesetzt. Entsprechend variieren auch die Niederschlagsmengen.

Zwischen Florenz und Siena liegt das Chianti Classico, die älteste Anbauzone. Um dieses Herzstück scharen sich die sieben geographischen Unterbereiche des Chianti, die auf dem Weinetikett ausgewiesen werden dürfen: Rufina (nordöstlich von Florenz bei Pontassieve), Colli Fiorentini (ein Gürtel um den nördlichen Teil des Chianti Classico), Montalbano (nordwestlich von Florenz, schließt die Carmignano-Zone ein), Colli Senesi (mehrere, nicht zusammenhängende Anbaugebiete um Siena, die sowohl Montepulciano als auch Montalcino umschließen), Colli Arentini (vier getrennte Anbaugebiete um Arezzo), Montespertoli (nicht zusammenhängende Anbaugebiete, die sich westlich an die Colli Fiorentini anschließen) und die Colline Pisane (im Hinterland von Pisa und Livorno). Chianti kann also kein einheitlicher Wein sein. So differenziert sich die Chianti-Weine auch darstellen, eines haben sie gemeinsam: ihren wärmenden Charme, die Mitgift der Sangiovese.

Teile umfasst, nämlich Radda, Gaiole und Castellina, bis an die Grenze der Provinz Siena" reichte; dieses Gebiet ist identisch mit dem nördlichen Teil der heutigen Chianti-Classico-Zone. Ebenso stellte der Großherzog die Weine von Pomino und aus dem oberen Arnotal unter seinen Schutz.

Dieses Dekret ging als „Bando" in die Geschichte ein. Zum ersten Mal wurden gebietsmäßige Anbaubegrenzungen verfügt, um die Qualität von Weinen bestimmter Herkunft zu garantieren – ein Vorläufer der italienischen DOC-Gesetze, die 250 Jahre später erlassen wurden.

VINO NOBILE

Montepulciano ist eine etruskische Gründung. Benannt wurde der Ort nach dem Hügel, auf dem er errichtet ist: Monte Pulciano. Dass der „Montepulciano" im ausgehenden 15. Jahrhundert in florentinischen Adelskreisen groß in Mode kam, war das Verdienst des Humanisten und Dichters Poliziano, der den Wein seiner Vaterstadt am Hof von Lorenzo il Magnifico bekannt machte. Die Bürger von Montepulciano nennen sich bis heute „poliziani".

Ihre Blütezeit erlebte die Stadt unter den Medici im 15. und 16. Jahrhundert. Künstler aus Florenz und Rom haben das Stadtbild geprägt. Das Rathaus ist dem Palazzo Vecchio in Florenz nachempfunden, der Palazzo Contucci trägt die Handschrift des florentinischen Baumeisters Antonio da Sangallo; in seinen Kellern wird noch stets Wein gekeltert und in großen Holzfässern ausgebaut. Und kein Geringerer als Giacomo da Vignola, der Nachfolger Michelangelos als Baumeister von St. Peter in Rom, gestaltete den Palazzo Avignonesi.

Ende des 17. Jahrhunderts schrieb Francesco Redi in seinem Buch „Bacco in Toscana": „Montepulciano d'ogni vino é re!" (Montepulciano ist der König der Weine) – ein Satz, den die „poliziani" sehr oft und gern zitieren.

Vino Nobile ist eine Namensschöpfung des 20. Jahrhunderts. Warum der Wein von Montepulciano so heißt, weiß niemand genau. In den 1920er-Jahren begann Adamo Fanetti für die Weine der Tenuta San'Agnese die Bezeichnung „Vino Nobile di Montepulciano" zu benutzen – als Einziger. Als später andere folgten, gab es einen langen Rechtsstreit um die Exklusivität des Namens.

Dass der Wein ein großer Erfolg wurde, ist nicht allein der Namensgebung, sondern auch dem von Fanetti komponierten Mischsatz zu verdanken: 70 Prozent Prugnolo gentile (Sangiovese grosso), 20 Prozent Canaiolo und 10 Prozent Trebbiano und Malvasia – fast identisch mit den heutigen DOCG-Statuten. Den „poliziani" schwellte vor Stolz die Brust, als das Landwirtschaftsministerium dem Vino Nobile ab Jahrgang 1980 als einem der ersten vier Rotweine Italiens die DOCG-Würde verlieh – in Gesellschaft mit Barolo, Barbaresco und Brunello di Montalcino.

Die Nummer 1 unter den Montepulciano-Erzeugern ist heute fraglos Poliziano, der das Kunststück fertig brachte, im „Gambero Rosso 2004" gleich 2-mal 3 Gläser abzukassieren.

BRUNELLO-GEBURTSJAHRGANG DER 1888ER BIONDI-SANTI

Der 19-jährige Ferruccio Biondi-Santi aus Montalcino hatte an Garibaldis Feldzügen teilgenommen. Nach seiner Rückkehr begann er in Florenz, Önologie zu studieren. Er wollte in die Fußstapfen seines Großvaters Clemente Santi treten, der Apotheker und leidenschaftlicher Winzer war. Zwei seiner Weine hatten bei den Ausstellungen 1856 in London und 1867 in Paris hohe Auszeichnungen erhalten. Ferruccio verfolgte das Ziel, aus 100 Prozent Sangiovese einen Wein zu machen, der den damals üblichen Verschnitten aus weißen und roten Trauben überlegen war.

Für seine experimentelle Weinbereitung benutzte er ausschließlich Trauben eines bestimmten Sangiovese-grosso-Klons aus den Weinbergen seines Großvaters, den er „Brunello" nannte. Ihn vermehrte er, um damit das komplette Familienweingut Il Greppo zu bepflanzen. Den daraus gekelterten Wein baute er im Holzfass aus.

Der 1888er Biondi-Santi gilt als Geburtsjahrgang des „Brunello di Montalcino" – offenbar ein Wein von Format, wie es damals wohl nur wenige in Italien gab. Dass es sich tatsächlich um einen großartigen Tropfen handelte, ist beweisbar. Noch heute liegen Flaschen der Jahrgänge 1888 und 1891 in den Kellern der Tenuta Il Greppo. Als man 1970 ein paar davon öffnete, erwiesen sie sich als vollkommen intakte, sehr harmonische Weine mit außergewöhnlich feinem Bukett.

Der Name Biondi-Santi ist für viele Weinfreunde in aller Welt der Inbegriff des Brunello. Das Familienweingut Il Greppo wird heute von Jacopo Biondi-Santi geleitet; seine Weine haben ihre Alleinstellung allerdings längst verloren. Inzwischen werden auf 1600 Hektar Rebfläche mehr als zwei Millionen Flaschen Brunello di Montalcino erzeugt, die zu Italiens langlebigsten und kostspieligsten Weinen zählen.

TOSKANISCHER ADEL BAUT BORDELAISER REBEN AN

Der entscheidende Anstoß zum Höhenflug der toskanischen Weine, der seit nunmehr 30 Jahren anhält, kam von den alteingesessenen Adelsgeschlechtern Antinori und Frescobaldi, die sich im Chianti einen großen Namen gemacht haben. Sie holten die klassischen Bordeaux-Reben Cabernet Sauvignon, Cabernet Franc und Merlot in die Toskana. Der Sangiovese-Traube erwuchs daraus einerseits zwar mächtige Konkurrenz im eigenen Hause, doch andererseits erwiesen sich die Bordelaiser Sorten als kongeniale Partner für Cuvées, die völlig neue Qualitätsperspektiven eröffneten.

Marchese Mario Incisa della Rocchetta, ein passionierter Bordeaux-Trinker, begann während des Zweiten Weltkriegs – seiner französischen Bezugsquellen beraubt – in einem Landgut an der tyrrhenischen Küste, wo er Pferde züchtete, Cabernet-Reben anzupflanzen. Der Ort, zu dem die Ländereien gehören, heißt Bolgheri (zwischen Livorno und Piombino), das Gut San Guido und der neu angelegte Weinberg Sassicaia. Incisas Vettern Lodovico und Piero Antinori interessierten sich brennend für diese Pioniertat, weil sie in der Nachbarschaft Land geerbt hatten. Ihr Önologe Giacomo Tachis begleitete das Projekt; den ersten Cabernet aus Bolgheri beurteilte er hervorragend.

Während Incisa die Pflanzungen von Cabernet Sauvignon und Cabernet Franc auf 23 Hektar ausdehnte, beschäftigen sich Piero Antinori und Giacomo Tachis auf ihrem Chianti-Classico-Weingut Santa Christina ebenfalls mit Cabernet. Sie bestockten ausgewählte Lagen mit der französischen Rebe und ließen sich bei ihrem Vorhaben von Professor Emile Peynaud, dem renommiertesten Önologen von Bordeaux, beraten.

Mit dem Jahrgang 1968 gab Sassicaia – der erste reinsortige Cabernet der Toskana – sein Debüt. Da es in der Region Bolgheri keine DOC gab, musste der Wein, der wahrscheinlich zu den besten zählte, die bis dato in Italien erzeugt worden waren, als Vino da tavola deklariert werden.

1974 hob Piero Antinori seinen Tignanello aus der Taufe. Als fast sortenreiner, in kleinen Fässern aus französischer Eiche gereifter Sangiovese war er nach den Buchstaben der DOC-Bestimmungen kein Chianti. Wie Sassicaia musste Tignanello mit der Einstufung als Vino da tavola vorlieb nehmen. Und auch Solaia, eine von Cabernet Sauvignon geprägte Cuvée, die Antinori 1978 auf den Markt brachte, teilte dieses Schicksal. Seiner zukunftsweisenden Bedeutung wegen erhielt der Sassicaia 1994 als erster Wein eines einzelnen Gutes den DOC-Status zuerkannt.

Auch Lodovico Antinori gründete in Bolgheri sein Vorzeige-Weingut: die Tenuta dell'Ornellaia. Obwohl geradezu fantastisch erfolgreich, trennte er sich von diesem Besitz. Jetzt wird das Gut von den Weindynastien Frescobaldi und Mondavi als Joint Venture geführt. Die Paradepferde sind Ornellaia, ein Bordeaux-Typ, und Masseto, ein 100-prozentiger Merlot. Sassicaia, Solaia, Ornellaia und Masseto werden vom „Gambero Rosso", Italiens Wein-Bibel, mit der Höchstbewertung (3 Gläser) bedacht, und das mit großer Regelmäßigkeit.

Den Marchesi de' Frescobaldi, deren Güter Pomino und Nippozano in der Rufina-Zone liegen, gehören auch 800 Hektar Land in Castelgiocondo in der Gemeinde Montalcino. Dort ist das zweite Gemeinschaftsprojekt von Frescobaldi und Mondavi angesiedelt, aus dem Luce, eine Sangiovese-Merlot-Cuvée, und der „kleinere Bruder" Lucente hervorgehen.

Beispiel für Sassicaia und Ornellaia, sowie die Zulassung von französischen Rebsorten in Dutzenden von DOC-Regionen haben viele Supertoskaner zur Rückkehr in den Schoß des DOC-/DOCG-Regelwerks bewogen. Für Weine, die weiterhin aus dem DOC-Rahmen fallen, ist die IGT – Indicatione Geografica Tipica – geschaffen worden.

„In den letzten drei Jahrzehnten hat sich der italienische Wein stärker verändert als in den drei Jahrtausenden davor", sagt Piero Antinori. Er hat die Erneuerung angestoßen.

AUFBRUCHSTIMMUNG IN DER MAREMMA

Beileibe nicht nur in Bolgheri, überall im Süden der Toskana herrscht Aufbruchstimmung. In der Maremma, dem Küstenlandstrich nördlich und südlich von Grosseto, gibt sich alles, was in der italienischen Weinwelt Rang und Namen hat, ein Stelldichein: von A wie Antinori bis Z wie Zonin. Vor allem das Morellino-Gebiet, das sich von den mit Mauern, Türmen und Toren bewehrten Städtchen Magliano in Toscana, Pereta und Manciano bis hinauf zu dem 500 Meter über dem Meer gelegenen Scansano erstreckt, zog die Weinmagnaten an. Aus den zwei Dutzend alteingesessenen Weinerzeugern sind quasi über Nacht mehr als 50 geworden. Wie Brunello ist Morellino ein Synonym für Sangiovese grosso. Zu mindestens 85 Prozent muss der Morellino di Scansano aus dieser Traube erzeugt werden.

Während hier die vielen Neupflanzungen langsam in Ertrag kommen, macht schon das benachbarte DOC-Gebiet Montecucco an den Ausläufern des Monte Amiata von sich reden. Auch dort setzen die Winzer vorrangig auf Sangiovese.

SUPER-TOSKANER MIT QUALITÄTSIMAGE AM WELTMARKT

Die umwälzenden Veränderungen, die Antinori ins Rollen gebracht hatte, griffen auf die ganze Toskana über. Die Winzer verstanden schnell, dass sie bessere Weine erzeugen konnten, wenn sie aus dem DOC-Regelwerk ausbrachen und ihrer Kreativität freien Raum ließen. Die eine Alternative war der Ausbau sortenreiner Sangiovese-Weine, die in kleinen Fässern aus französischer Eiche alle Rauheit verloren, die andere sah man in der Kreation von Cuvées aus Sangiovese und Cabernet oder Merlot. Die Geburtsstunde der „Supertoskaner" hatte geschlagen. Alle Spitzenweingüter der Toskana schufen sich mit solchen Kreationen ihre Flaggschiffe für die nächsten 20 Jahre und richteten ihr Qualitätsimage konsequent am Weltmarkt aus.

Die Aufwertung von Chianti Classico ebenso wie von Chianti zu DOCG-Weinen mit Statuten, die einen 100-prozentigen Sangiovese als Chianti oder Chianti Classico zulassen, die Schaffung eigener DOCs, zum

DIE PRIMADONNA REIST NICHT GERN

Italienische Auswanderer haben die Sangiovese schon früh mit nach Amerika, Argentinien und Australien genommen. Nirgends hat sie jedoch einen herausragenden Wein, der sich mit den besten der Toskana messen könnte, hervorgebracht. In Australien ist die Sangiovese jetzt auf dem Vormarsch. Von dort sind bald interessante

Weine zu erwarten. In Deutschland wird Sangiovese nur versuchsweise angebaut, so in der Pfalz bei Bürklin-Wolf. Die Rotwein-Cuvée Villa Bürklin ist eine Assemblage aus Spätburgunder, Dornfelder und im Barrique gereiftem Sangiovese, die durch feine Aromen nach schwarzen Kirschen, Pflaumen und Vanille fasziniert.

Nur in Kalifornien besitzt die Rebsorte schon so etwas wie Tradition. So bietet die Winzerfamilie Seghesio im Alexander Valley einen Sangiovese unter dem Namen „Chianti Station" an – von Reben, die 1910 gepflanzt wurden. Aber selbst das Engagement von Piero Antinori – seit 1993 ist er alleiniger Besitzer des Weinguts Atlas Peak im Napa County –, der Sangiovese-Ableger aus seinen toskanischen Weinbergen mitbrachte, verhalf der Rebsorte in Kalifornien nicht zum Durchbruch. Seine neuen Nachbarn, die sich auf die Sangiovese eingelassen haben, klagten ihm ihr Leid: Die Rebe mache im Weinberg viel mehr Arbeit, als man jemals erwartet hätte. Der Marchese verwies darauf, dass die Sangiovese auch in der Toskana nicht einfach zu kultivieren sei.

SANGIOVESE
Ausgewählte Gerichte

Aal in Sangiovese
(für 4 Personen)

Zutaten:
1,2 kg Aal
1 Bouquet garni
(2 Stängel Petersilie,
1 Lorbeerblatt, 1 Thymianzweig,
1 Stängel Staudensellerie,
mit einem Bindfaden zusammengebunden)
2 l Sangiovese
750 g Seezungengräten
1 Zwiebel
1 Karotte
1 Stange Lauch
2 Knoblauchzehen
25 g Butter
8 Schalotten
25 g eiskalte Butter
200 g Frühlingszwiebeln
20 g Butter
8 Champignonköpfe
1 EL Sultaninen
(1 Stunde in Rotwein einweichen)
1 Prise Zucker
Salz, Pfeffer aus der Mühle
4 Scheiben Ciabatta
2 EL Olivenöl
1 Rosmarinzweig
1 Knoblauchzehe

Zubereitung:
Den Aal enthäuten und in 5 cm lange Stücke teilen. Mit dem Bouquet garni 24 Stunden in den Rotwein einlegen. Die Fischgräten unter kaltem Wasser spülen und zerkleinern. Zwiebel, Karotte, Lauch und Knoblauch in Würfel schneiden, alles zusammen in 25 g Butter gut andünsten. Den Aal aus dem Rotwein nehmen, in einem Sieb zum Abtropfen zur Seite stellen. Die Rotweinmarinade zusammen mit dem Bouquet garni über die Fischgräten gießen und bei mittlerer Hitze 20 Minuten köcheln lassen; wenn erforderlich hin und wieder abschäumen. Den Fond durch ein feines Sieb passieren und auf die Hälfte reduzieren. Die Aalstücke zusammen mit den Schalotten in den reduzierten Fond geben und 20 Minuten pochieren. Die Fischstücke herausnehmen und bei den Schalotten prüfen, ob sie weich sind, sonst noch etwas nachpochieren. Die Aalstücke halbieren und die Mittelgräte entfernen, zusammen mit den weichen Schalotten warm stellen. Den Fond zur Sauce einkochen, dabei mit einer Kelle immer wieder das Fett abschöpfen. Das Entfetten ist notwendig, weil der Aal ein sehr fetter Fisch ist. Die reduzierte Sauce muss eine kräftige, dunkle Farbe haben. Abschmecken und vor dem Anrichten 25 g eiskalte Butter in kleinen Stückchen unterschwenken. Die Frühlingszwiebeln putzen und in 8 cm lange Stücke schneiden, in leichtem Salzwasser mit etwas Butter garen. Die restliche Butter in eine heiße Pfanne geben und die Champignonköpfe darin anbraten, die blanchierten Frühlingszwiebeln, die abgetropften Sultaninen und die Prise Zucker hinzugeben und alles schön goldbraun glasieren, mit Salz und Pfeffer würzen. Das Ciabatta in einer heißen Pfanne mit Olivenöl, dem Rosmarinzweig und dem Knoblauch goldgelb anbraten.

Anrichten:
Die Aalstücke mit den Schalotten, dem Gemüse und den Sultaninen in die heiße Sauce geben, kurz erwärmen und auf heißen Tellern verteilen. Dazu die goldgelb gebratenen Ciabattascheiben reichen.

| *Unser Kellermeister* | Brunello di Montalcino Riserva |
| *empfiehlt:* | Fattoria La Gerla – Toskana |

Aal in Sangiovese ist ein traditionelles toskanisches Fischgericht, so wohlschmeckend wie schwer, zu dem ein kraftvoller Rotwein durchaus am Platze ist, vorausgesetzt seine beißenden Tannine sind schon gezähmt und seine Säure ist noch lebendig. Bei der empfohlenen Riserva ist beides der Fall.

Unser Kellermeister empfiehlt: Vino Nobile di Montepulciano
Azienda Agricola Poliziano – Toskana

Ihr Vino Nobile gehört Jahrgang für Jahrgang zu den besten: Federico Carletti, Besitzer des Weingutes Poliziano, und der Önologe Carlo Ferrini beweisen, dass Prugnolo Gentile, eine Spielart der Sangiovese-Traube, Großes hervorzubringen vermag. Mit konzentrierter dunkler Frucht, feiner Würze und süßem Tannin verträgt er sich mit dem Gemüse in Balsamico-Marinade.

Mariniertes mediterranes Gemüse
mit Basilikumpesto und Parmigiano Reggiano

(für 6 bis 8 Personen)

Zutaten:

200 g Paprika, rot
200 g Paprika, gelb
4 kleine, violette Artischocken
4 Minizucchini mit Blüte
1 l Sonnenblumenöl
5 Knoblauchzehen
4 Thymianzweige
200 g Fenchel
300 g Auberginen
2 EL Zitronensaft
Salz, Pfeffer aus der Mühle
2 EL Mayonnaise
1/8 l kaltgepresstes Olivenöl
(eine fruchtige, milde Sorte)
1 EL gehäufte gehackte Blattpetersilie
1 Eiweiß
2 EL Kartoffelstärke
je 4 Blätter von violettem und grünem Basilikum
2 EL Acetato Balsamico di Modena
150 g Parmigiano Reggiano
4 EL Basilikumpesto
(siehe Grundrezept auf Seite 303)

Zubereitung:

Bei der roten und gelben Paprika die Haut mit einem Sparschäler dünn abschälen. Paprika halbieren, den Strunk, die Zwischensegmente und die Kerne entfernen. Das Fruchtfleisch in Dreiecke schneiden. Die kleinen Artischocken vorsichtig von den Blättern befreien und den Stiel 3 cm unter der Blüte kürzen. Den Stiel dünn abschälen. Die Artischocke mit dem Stiel halbieren und die Blütenstände (Stroh) vom Boden abschaben. Die Minizucchini an der Blüte abtrennen, die Blüte zur Seite legen und die Zucchini halbieren. Die halbierten Artischocken, die Zucchini und die Paprikadreiecke mit 140 °C heißem Sonnenblumenöl bedeckt übergießen. 1 Knoblauchzehe und 1 Thymianzweig dazugeben und zum Auskühlen zur Seite stellen. Den Fenchel mit dem Strunk längs in 0,5 cm dicke Scheiben schneiden, in einer heißen Pfanne mit etwas Sonnenblumenöl von beiden Seiten anbraten, bis die Scheiben leicht angeröstet sind. Jetzt mit Öl bedecken und auf 140 °C erhitzen, 1 Thymianzweig und 1 Knoblauchzehe dazugeben und zum Auskühlen zur Seite stellen. Die Auberginen mehrmals mit einer Gabel einstechen, im vorgeheizten Backofen bei 200 °C 30 Minuten rösten, bis sie ganz weich sind. Wenn sie abgekühlt sind, halbieren und das Fruchtfleisch aus den Schalen kratzen. Das Auberginenfleisch mit Zitronensaft, 2 klein gehackten Knoblauchzehen, Salz und Pfeffer zerdrücken, die Mayonnaise und 2 bis 3 EL Olivenöl unterrühren.

Das Auberginentatar sollte standfest sein, eventuell etwas Öl dazugießen. Zum Schluss die gehackte Petersilie zugeben und nochmals abschmecken.

Diese Arbeiten können gut 1 bis 2 Tage vor dem Servieren vorbereitet werden. Die Gemüse bleiben im Öl liegen und können abgedeckt im Kühlschrank aufbewahrt werden. Das Eiweiß mit der Stärke zu einem Teig verrühren. Der Teig muss dünnflüssig sein, sonst noch etwas kaltes Wasser hinzugeben.

Anrichten:

Die Gemüse aus dem Öl nehmen und abtropfen lassen. 1/4 Liter Öl auf 200 °C erhitzen, die Basilikumblätter nach und nach hineingeben und ausfrittieren, vorsichtig aus dem Öl nehmen und auf einem Küchenpapier abtropfen lassen. Die Zucchiniblüte in einzelne Segmente teilen, die Blütenblätter durch den dünnen Teig ziehen und im heißen Öl kurz frittieren. Die abgetropften Gemüse auf kalten Tellern anrichten, in der Mitte einen EL großen Auberginentatar-Nocken setzen. In die Nocken je 1 violettes, ein grünes Basilikumblatt und 2 Zucchiniblätter stecken. 4 EL Olivenöl und 2 EL Balsamico gut vermischen und über das Gemüse geben, mit Salz und Pfeffer würzen. Den Parmesankäse dünn hobeln und die Käsespäne über das Gemüse geben. Von 1 Thymianzweig die Blättchen abzupfen und über das Gemüse streuen. Das Basilikumpesto um das Gemüse geben.

Wachteln mit Morcheln

(für 4 Personen)

Zutaten:
120 g frische Spitzmorcheln
40 g Butter
1 EL kleine würfelig geschnittene Schalotten
0,8 l Geflügelfond
(siehe Grundrezept auf Seite 302)
0,15 l Crème fraîche
0,05 l Trüffeljus
0,02 l Kalbsfond
Salz, Pfeffer aus der Mühle
4 Wachteln
Gemüse der Saison

Zubereitung:

Die Morcheln putzen, halbieren, sehr gründlich waschen und abtropfen lassen. Die Stiele der Morcheln in feine Streifen schneiden. In einem Töpfchen mit 10 g Butter die Schalotten glasig dünsten, die Morchelköpfe und die Stiele hinzugeben, 2 Minuten bei schwacher Hitze durchschwenken. 0,15 l Geflügelfond angießen, aufkochen und 5 Minuten bei schwacher Hitze köcheln lassen. Die Pilze auf ein Sieb schütten und den Fond um 2/3 reduzieren. Die Crème fraîche zugeben, aufkochen und um die Hälfte reduzieren. Die Trüffeljus und den Kalbsfond hinzufügen und unterrühren. Die Morcheln in die Sauce geben und abschmecken.

Die Brüste der Wachteln vom Brustbein her, an den Knochen entlang mit den Flügeln auslösen. Danach die Keulen auslösen. Verwenden Sie dabei ein kleines scharfes Küchenmesser. Den Schlussknochen der Oberkeule vorsichtig auslösen, den Knochen der Unterkeule von der Sehnenkapsel putzen und den Knochen frei schaben. Das Keulenfleisch zu einem kleinen Fleischkeulchen zusammenschieben. An den ausgelösten Brüsten die Flügelspitzen abtrennen und den Flügelknochen blank schaben. Brüste und Keulchen in einer heißen Pfanne bei aufschäumender Butter auf der Hautseite anbraten. Wenn die Wachteln etwas Farbe haben, mit Salz und Pfeffer würzen. Bei 160 °C im vorgeheizten Backofen 5 bis 6 Minuten fertig braten. Die Wachteln aus der Pfanne nehmen und bei 70 °C im Backofen warm halten. Den Bratenfond in der Pfanne mit dem restlichen Geflügelfond ablöschen und der Sauce zufügen.

Anrichten:

Die beiden Wachtelbrüste je auf einen vorgewärmten Teller in der Mitte anrichten, die beiden Wachtelkeulchen dazulegen, die Morchelsauce angießen und saisonales Gemüse rundherum legen. Bei unserem Gericht haben wir wilden Spargel, Zuckerschoten und gebratene Zucchinischeiben verwendet.

Unser Kellermeister empfiehlt:	Chianti Classico „Don Tommaso" Fattoria Le Corti – Toskana

Zu Wachteln mit Morcheln ist dieser Chianti Classico der Spitzenklasse erste Wahl. „Don Tommaso" wird von Principe Duccio Corsini, der das Familiengut führt, als Cru verstanden. Der Wein entsteht aus den besten Sangiovese-Trauben, die in seinen Weinbergen wachsen. Ein Minianteil Merlot ist das Tüpfelchen auf dem i.

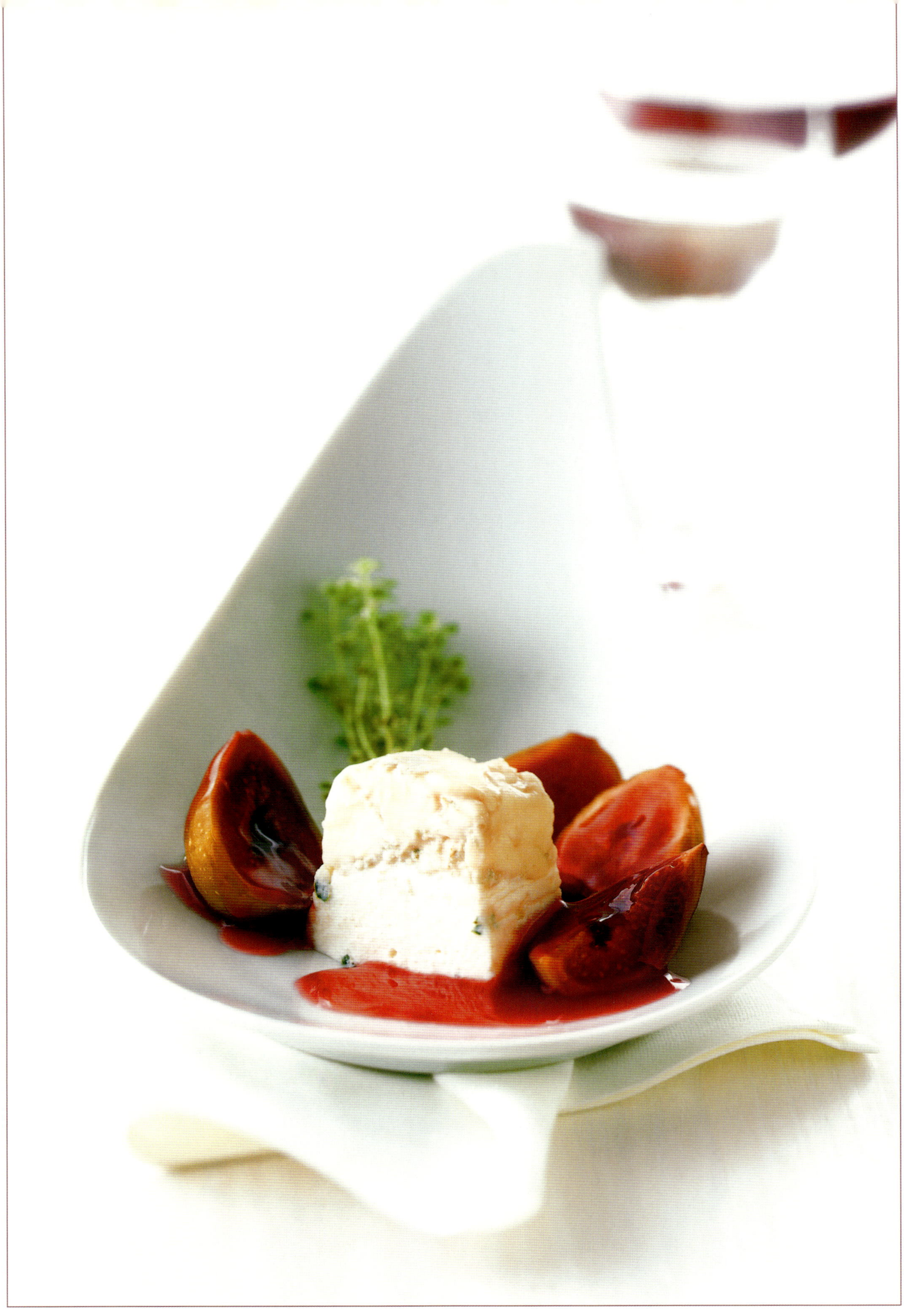

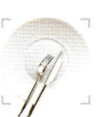

Terrine von Gorgonzola und Ricotta
mit eingelegten Portweinfeigen

(für 4 Personen)

Unser Kellermeister empfiehlt: Rosso Toscano SANLEONE
Fattoria Sonnio, Montespertoli – Toskana

„Supertoskaner" zur Käseterrine. Der SANLEONE von Baron Alessandro de Renzis Sonnio ist eine Cuvée aus Merlot (60 %), Sangiovese (30 %) und Petit Verdot (10 %), die 18 Monate in neuen Barriques reift – in Wein mit den Aromen eingemachter Früchte, Schokolade, Tabak, Vanille und fleischigem, warmem Geschmack.

Terrine von Gorgonzola und Ricotta
mit eingelegten Portweinfeigen
(für 4 Personen)

Gorgonzola ist einer der berühmtesten Käse der Welt. Seinen Namen erhielt er vor über tausend Jahren von der lombardischen Ortschaft, aus der er stammt. Kuhmilch ist die Grundlage des Gorgonzolas: Der warme Käsebruch der Morgenmilch wird für den äußeren Rand, Boden und Deckel des 6 bis 12 kg schweren zylindrischen Käses verwendet. Der erkaltete Bruch der Abendmilch wird für das Innere des Käses verwendet. Nach einer ersten Reifung, die etwa 6 Wochen dauert, wird der Gorgonzola mit Blauschimmelpilzen geimpft. Weitere 4 bis 6 Wochen braucht der Käse zur vollkommenen Reife.

Der Ricotta stammt ebenso wie der Gorgonzola aus Italien und wurde ursprünglich aus Ziegenmilch hergestellt. Heute stellt man in vielen Regionen Italiens, aber auch in Frankreich, den quarkähnlichen Käse aus Kuh- oder Schafsmilch wie auch aus deren Gemisch her. Ricotta bedeutet „nochmals aufgekocht". Die Molke bekannter Käsesorten, wie „Fontina", „Fontal" oder dem französischen „Beaufort" wird nochmals aufgekocht und mit Lab oder einem pflanzlichen Ferment wie Feigendicksaft dickgelegt. Der französische Dickkäse heißt Sérone und wird in den Savoyen produziert.

Zutaten:
250 g Gorgonzola Picante
(ohne Rinde)
4 Feigen, in 1/8 l Portwein eingelegt
2 Blatt Gelatine
2 EL Sahne
250 g Ricotta Romana
(aus Schafsmolke)
1 EL Blütenhonig
Zitronenthymian
1 Tunnelform für 500 g Inhalt
2 EL Stärke

Zubereitung:
Den Gorgonzola in gut kaltem Zustand grob zerbröseln und mit 2 EL Portwein von den Feigen zugedeckt im Kühlschrank aromatisieren lassen. Die Gelatine in kaltem Wasser einweichen, sobald die Blätter weich sind, aus dem Wasser nehmen und ausdrücken. Die Sahne mit der Gelatine in der Mikrowelle oder einem kleinen Topf erwärmen, bis sich die Gelatine vollkommen aufgelöst hat. Den Ricottakäse bei Zimmertemperatur mit dem Honig glatt rühren und die Sahne schnell unterarbeiten. Einen Teelöffel abgezupfte Zitronenthymianblättchen unterheben. Die Tunnelform mit einer Klarsichtfolie ausschlagen und den Gorgonzola in die Form hineindrücken. Die Oberfläche glatt abstreichen. Den Ricottakäse über den Gorgonzola in die Form füllen und die Tunnelform mehrmals auf eine feste Unterlage aufstoßen, damit sich alle Hohlräume schließen. Die Terrinenform für 6 Stunden in den Kühlschrank stellen, damit der Käse wieder gut durchkühlt und die Gelatine im Ricottakäse anziehen kann.

Die Feigen kann man sehr gut in größerer Menge in Einmachgläser mit Portwein einlegen. Dabei werden die reifen Früchte mit einer Nadel mehrfach eingestochen und in ein Glas gelegt. Mit Portwein übergießen, so dass die Früchte bedeckt sind. Das Glas mit einer Gummidichtung und Deckel fest verschließen und an einem kühlen Ort mindestens 4 Wochen reifen lassen. 1/8 l Portwein von den Feigen mit der angerührten Stärke kurz aufkochen und leicht abbinden lassen. Die Feigen vierteln und in die abgebundene und abgekühlte Portweinsauce zurückgeben.

Anrichten:

Die Terrinenform stürzen und von der Käseterrine eine dicke Scheibe abschneiden. Zusammen mit den Portweinfeigen auf einem Teller anrichten. Als Garnitur einen Zitronenthymianzweig anlegen. Dazu schmeckt ein kräftiges Pfälzer Bauernbrot ganz hervorragend.

Die Weinkommission der BASF
Ein Pfälzer Schattenkabinett

Ein kompetentes Team der BASF-Weinkellerei verkostet die neusten Weine.

Der Wein und die BASF – das sind zwei Partner, die eine gute, lange Ehe führen. Wer in der rebenschweren Pfalz seine Wurzeln hat, wer Zehntausende von Mitarbeitern beschäftigt, die in der Pfalz leben und nicht selten abends noch im eigenen Weinberg tätig sind, der kommt nicht umhin, sich intensiv mit Wein zu beschäftigen: mit seinem Anbau, mit seiner Qualität, mit seiner Historie. Die BASF, der stärkste Arbeitgeber der Region und zugleich das führende Chemieunternehmen der Welt, weiß um die Symbiose von Pfalz und Wein. Sie trägt ihr in außergewöhnlichem Umfang Rechnung. In Ludwigshafen arbeitet, weithin bekannt, seit mehr als 100 Jahren die Kellerei der BASF, eine der größten Weinfachhandlungen Deutschlands. Doch älter noch als die Kellerei ist – legendenumwittert – die Weinkommission der BASF. Der Respekt, mit dem „Aniliner" von der Weinkommission sprechen, mag damit zusammenhängen, dass es sieben hochkarätige Führungskräfte des Unternehmens sind, die in diesem Gremium gemeinsam mit dem Kellereileiter Weine kosten, schmecken und am Ende auswählen – ein Pfälzer Schattenkabinett der besonderen Art. Es darf unterstellt werden, dass die Herren, die da sechsmal im Jahr Weine probieren, nicht nur eminente naturwissenschaftliche oder kaufmännische Kompetenz besitzen, sondern dass sie viel, sehr viel vom Wein verstehen. Und das ist – angeboren oder teuer erworben – eine Eigenschaft, die in der Pfalz hoch veranschlagt wird und die jeglichen Respekt rechtfertigt.

WIE VIEL WEIN FÜR DIE ANILINER?

Dabei hat alles ganz einfach angefangen. 35 Jahre nach Gründung der Badischen Anilin- & Soda-Fabrik war an der Spitze des Unternehmens die Einsicht gereift, dass man für die ständig wachsende Belegschaft im Werk eine Verkaufsstelle einrichten müsse: für Tabak, Zigarren, für Spirituosen und natürlich für Wein. Aus dem Protokoll der ersten Sitzung der Weinkommission vom 8. Oktober 1900 ist zu entnehmen, womit sich die Herren beschäftigt haben. Sie legten fest, welche Mengen und zu welchem Preis der Wein für die Verkaufsstelle eingekauft werden sollte. Also etwa: Offener Pfälzer Wein, Einkaufspreis pro Hektoliter 400 bis 500 Mark, Abgabepreis 0,15 Mark pro Viertelliter, täglicher Bedarf schätzungsweise 40 bis

50 Liter. Dies war selbstverständlich nicht der einzige Einkaufsposten. Weiter geplant war die Beschaffung von „besserem" Pfälzer Wein, von einem noch teureren Pfälzer, von Moselwein, von „besserem" Moselwein, ferner von einer Sorte Bordeaux und von einer Sorte Burgunder – bei den französischen Kreszenzen durfte die Flasche im Einkauf immerhin 1,75 Goldmark kosten. Von den rund 8000 Mitarbeitern, die das Unternehmen um 1900 beschäftigte, wurden diese Pläne für ein Angebot ausgewählter und preiswerter Weine lebhaft begrüßt. So folgte mit Beschluss der Weinkommission vom 8. Oktober 1900 im folgenden Jahr die Gründung der Kellerei. Sie fand sofort regen Zuspruch. Schon 1903 umfasste ihre Preisliste 21 Pfälzer Weine, 10 Mosel- und 7 Rheinweine sowie verschiedene Bordeaux- und Burgunderweine. Die meisten Weine wurden in Fässern eingekauft und in der eigenen Kellerei abgefüllt, verkorkt und etikettiert. Es gab auch erlesene Kreszenzen, so etwa ein Piespoter Goldtröpfchen, das im November 1908 seine 3,50 Mark kostete, oder eine Scharzhofberger Riesling-Auslese zu 6 Mark. Die Weinkommission war zufrieden – sie bestand übrigens in ihrer Zusammensetzung mit zwei Vorstandsmitgliedern, drei leitenden Mitarbeitern und Werksarzt unverändert mehr als 20 Jahre lang.

430 MILLIARDEN REICHSMARK FÜR EINE FLASCHE WEIN

Die Weinkommission überdauerte den Ersten Weltkrieg, und sie überdauerte die Inflation der zwanziger Jahre. Der höchste Preis, der im Inflationsjahr 1923 in der Kellerei für eine Flasche Wein gezahlt wurde, betrug 430 Milliarden Reichsmark für einen Dürkheimer Michelsberg. Aus dem Jubiläumsjahr 1925, in dem die Weinkommission ein Vierteljahrhundert bestand, sind keine Protokolle mehr vorhanden. Dafür existieren aber die Weinkarten des heutigen Gesellschaftshauses, die keineswegs nur einen „besseren" Pfälzer aufzeigen, sondern beispielsweise auch einen 1916er Château Lafite-Rothschild zu 15,80 Mark.
Mit der Gründung der I.G. Farbenindustrie AG veränderten sich in Ludwigshafen manche Namen. Doch den Wein und die Weinkommission des großen Unternehmens gab es weiterhin. Maßgebend für die Tätigkeit dieses Gremiums blieb der Wunsch, dass die von der

Die BASF-Kellerei lagert einige „Schätze" wie diese Rarität von 1919.

Das Weinfachgeschäft der BASF: Weinliebhaber können aus einem breiten Angebot an Weinen wählen.

Kellerei ausgewählten Weine vor dem Verkauf von einigen Weinfreunden probiert werden sollten, die keine Weinfachleute, sondern Weinliebhaber waren und die sozusagen stellvertretend für die Weinkundschaft ein Urteil abgaben. Die Kellerei konnte auf diese Weise eine Art Marktforschung betreiben, während die Kommission noch weitere Aufgaben hatte. Sie beobachtete vor allem die Entwicklung der Kellerei, die vor dem Ausbruch des Zweiten Weltkriegs jährlich schon mehr als eine halbe Million Flaschen Wein absetzen konnte. Erst die Kriegsjahre, in denen auch Wein bewirtschaftet wurde, unterbrachen die Entwicklung. Der Krieg ließ ein zerstörtes Werk zurück. Doch wer die Pfalz und die Pfälzer kennt, wird verstehen, dass sich die Weinkommission schon alsbald nach Kriegsende wieder der Sache des Weins annahm. Das Geld war knapp, das Weingeschäft kam nur langsam wieder in Gang. Doch die Zeiten besserten sich, und anlässlich des 50-jährigen Bestehens der Weinkommission im Jahr 1950 kosteten die Kommissionsmitglieder und ihre Gäste in einer legendären Jubiläumsprobe Weine aller guten Jahrgänge des Jahrhunderts. Das enthusiastischste Urteil erntete ein 1921er Forster Freundstück Riesling-Trockenbeerenauslese – der „größte Wein des Jahrhunderts", vermerkte das Protokoll als Votum der Kenner.

WAS PFÄLZER RESPEKTIEREN

Mit Deutschlands Wirtschaftswunder blühte auch das Weingeschäft neu auf. Die Vielfalt im Angebot der Kellerei vergrößerte sich, und ihre zweimal jährlich erscheinende Weinliste entwickelte sich unter Weinfreunden zu einem Bestseller. Nach den Vorproben der Kellerei hatte die Weinkommission die Weine zu probieren, die in der damals noch nicht allzu langen Weinliste genannt wurden. Kellermeister und Kellereileiter hatten ihre Charakterisierung der Weine meistens mit der Hand an den Rand der Liste geschrieben; nur die Mitglieder der Weinkommission sollten diese Notizen lesen. Sie lasen sie gründlich. Damit wurde diesen Herren ein in der Pfalz hoch geschätztes Wissen zuteil – sie galten als die insgeheime Auskunftei über Qualität und Charakter vieler Weine, und glücklich, wer sie fragen konnte. Die Hochachtung, die ein Weinkenner in der Pfalz genießt, überträgt sich seither mühelos auf die Weinkommission. Ihre

Mitglieder genießen einen außerhalb der Pfalz kaum begreifbar hohen Status. Und nach und nach kristallisierte sich die landläufige Meinung heraus, dass es schwieriger sei, in die Weinkommission zu kommen als in den Vorstand der BASF. Allen Ernstes befragt, ob es für die Berufung in den Vorstand erforderlich sei, vorher Mitglied der Weinkommission gewesen zu sein, soll ein feinsinniger BASF-Vorstand einmal geantwortet haben: „Nein, erforderlich nicht – aber von Nachteil ist es auch nicht." Die Auswahlkriterien, nach denen ein „Aniliner" in dieses Kabinett berufen wird, bleiben Geheimnis der BASF – was dort zwischen den Weingesprächen besprochen wird, ebenfalls. Doch unwidersprochen setzt die BASF mit der hochrangigen Besetzung der Weinkommission ein Zeichen: Im größten Unternehmen der Pfalz gibt es demnach ein Gremium, das sich mit dem Kulturgut Wein identifiziert und das einsteht für die Qualität der Weine, die unter dem Signum des Unternehmens von seiner Kellerei aus in alle Welt gehen.

GLOBAL PLAYER IM REICH DER REBEN

Zwar probiert die Weinkommission heute nicht mehr alle Weine, die auf der rund 100 Seiten starken Weinliste der Kellerei erfasst sind. Das wäre zu viel verlangt. Die Kellerei trifft eine Vorauswahl. Doch immerhin verkostet die Kommission Jahr für Jahr etwa 120 bis 150 Weine von rund 60 Weingütern aus mehr als einem Dutzend Ländern dieser Welt, mit Schwergewicht auf Deutschland und der Pfalz. Es gab auch schon Sekt- und Champagnerproben, bevor eine BASF-Hausmarke des Schaumweinsektors positioniert wurde. Der Wunsch der Weinkundschaft führte in den letzten Jahren zur stärkeren Ausweitung des ausländischen Weinangebots. Inzwischen ist die Weinkellerei der BASF ein Global Player, und die mehr als 100 Jahre alte Weinkommission ist es mit ihr. Doch mag ihr Interesse auch den Weinen aus aller Welt gelten – ihr Herz gehört dem Pfälzer. Im Weinberg der Pfälzer Rieslinglage Forster Freundstück, die sich im Alleinverkauf der Kellerei befindet, haben die Mitglieder der Weinkommission eigenhändig Rebstöcke gepflanzt. Ihre traubenbekränzte Vision: Dort soll ein Grand Cru heranwachsen, ein „Großes Gewächs" der Pfalz.

Spitzenweine aus allen bedeutenden Weinanbaugebieten der Welt: Mitarbeiter der BASF-Kellerei sorgen für beste Qualität.

SÜDTIROL

STEIERMARK

BORDEAUX

PFALZ

LOIRE

SÜDTIROL

STEIERMARK

LOIRE

PFALZ

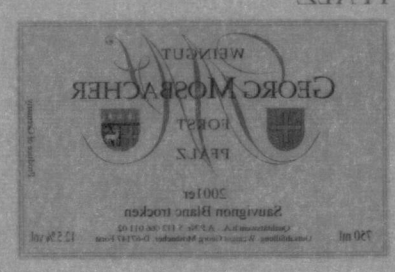

BORDEAUX

SAUVIGNON BLANC

SAUVIGNON BLANC

Wanderer zwischen den Welten

Sauvignon Blanc ist in Frankreich zu Hause. In Bordeaux, wo er seine Wurzeln hat, prägt er die berühmten weißen Grands Crus Classés von Graves und die noch berühmteren edelsüßen Kreszenzen von Sauternes; allerdings tritt er dabei weder allein noch unter seinem Namen auf. Im Loire-Tal bringt Sauvignon Blanc Weißweine wie aus Stein gepresst hervor. Sie haben Winzer in Südtirol, der Steiermark und im Friaul dazu inspiriert, ihrerseits Sauvignon-Maßstäbe zu setzen. Neuseeland war es, das der Rebsorte eine neue Dimension erschlossen hat. 1973 wurden in der Region Marlborough auf der Südinsel Neuseelands die ersten Sauvignon-Reben gepflanzt, und innerhalb weniger Jahre lieferten sie einen Wein von „so schockierend kitzelnder, prickelnder Schärfe, dass die Weinwelt nicht mehr dieselbe war", schreibt der englische Weinautor Oz Clarke in seinem Lexikon der Rebsorten. Nirgends habe man zuvor einen Wein zustande gebracht, der „nur halb so aufregend war wie der neuseeländische".

So euphorisch ist sein Landsmann Hugh Johnson beileibe nicht: „Der Marlborough Sauvignon ist ein Wein, den man entweder liebt oder hasst", stellt er nüchtern fest. Und der Sancerre-Winzer Jean-Marie Bourgeois, der seinen Sauvignon bewusst mit zurückhaltender Aromatik ausbaut, weist darauf hin, dass das ausgeprägt grasig-grüne Aroma der Neuseeländer ein sicheres Indiz für zu früh gelesene Trauben sei.

Doch lassen wir Oz Clarke die neuseeländische Erfolgsgeschichte zu Ende erzählen, bevor wir uns dem Anfang in Frankreich zuwenden. Es war eine Versuchspflanzung des Weingiganten Montana, der das Anbaugebiet Marlborough – bis dahin für Müller-Thurgau genutzt – als Sauvignon-Paradies erschloss. Den ersten Sauvignon-Jahrgang, der mit der Kraft exotisch-fruchtiger und messerscharfer grasig-grüner Aromen protzte, brachte Montana 1980 heraus. David Hohnen von Cape Mentelle im nahen Westaustralien erkannte sofort das außergewöhnliche Potenzial; er kreierte 1986 Cloudy Bay. Name, Etikett und Geschmack machten ihn zum Kultwein. Bis 2002 wurden rund 2000 Hektar in Marlborough mit Sauvignon bestockt; das ist immerhin ein Siebtel der französischen Fläche.

DIE WIEGE STAND AM STADTRAND VON BORDEAUX

Und damit zurück zum Ursprung der Rebsorte in Frankreich. Ampelographen haben es seit langem vermutet, die DNA-Analyse erbrachte den Beweis: Aus einer natürlichen Kreuzung von Sauvignon Blanc und Cabernet Franc ist Cabernet Sauvignon entstanden. Es muss, wie die Rebforscher meinen, im 18. Jahrhundert passiert sein, und zwar in Bordeaux. Da sich die Rebsorten ja nur in ihrer Heimat näher kommen konnten, ist zugleich auch der Sauvignon Blanc als Bordelaiser Gewächs identifiziert worden. Die Winzer von Graves haben ohnehin nie einen Zweifel daran gelassen, dass auf den kiesbedeckten Hügeln am Stadtrand von Bordeaux die ersten Sauvignon-Reben standen.

In Bordeaux' berühmten Weißwein-Appellationen an der Garonne, angefangen im elitären Pessac-Léognan über Graves bis hin zum Süßwein-Mekka Sauternes, spielt der Sauvignon Blanc bis heute eine wichtige Rolle, wenngleich er nur höchst selten sortenrein in die Flasche kommt. Von den renommierten Graves-Schlössern setzen nur wenige zu 100 Prozent auf Sauvignon Blanc, so Smith-Haute-Lafitte und Couhins-Lurton. Bei allen anderen ist Sémillon mit von der Partie, und bei einigen bringt auch Muscadelle noch einen kleinen Anteil ein.

Die Außenbezirke von Bordeaux sind schon weit in die Weinberge von Graves, genauer gesagt von Pessac-Léognan, hineingewachsen. 1987 haben die Schlossherren und Winzer nämlich die Abtrennung des nördlichen Teils der AOC Graves durchgesetzt und eine eigene elitäre Appellation mit dem Namen der beiden Gemeinden Pessac-Léognan etabliert. In dieser AOC-Region liegen 55 Châteaux und Domaines.

Die AOC Graves (gravier heißt Kies) schließt sich südlich an Pessac-Léognan an. Sie umfasst 3000 Hektar Rebfläche. In beiden Appellationen ziehen sich die Top-Lagen über Kieshügel. Beide AOC-Gebiete sind die Heimat hervorragender Weiß- und Rotweine. Obwohl in Weingütern, die beides produzieren, der Weiße nicht selten der bessere ist, verdanken Pessac-Léognan und Graves ihr Renommee hauptsächlich dem Roten, der auch mengenmäßig mit 70 Prozent dominiert.

Höchstes Ansehen genießt Château Haut-Brion – seines Rotweins wegen.

Als einziger Graves wurde er bei der offiziellen Klassifizierung von 1855 als Premier Cru eingestuft. Diese Sonderstellung behielt Haut-Brion bei der 1959 erfolgten Klassifizierung der Graves-Gewächse bei. Die Weinmakler von Bordeaux stellten Haut-Brion an die Spitze der 13 roten Crus Classés. Obwohl Haut Brion Blanc von den Experten stets als der feinste weiße Graves eingestuft worden ist, blieb der Weißwein auf Wunsch des Château-Besitzers unberücksichtigt, weil die Mengen verschwindend klein waren. Mit 10 000 Flaschen im Jahr sind sie noch immer eine Rarität.

Haut-Brion wird heute vom Herzog und der Herzogin von Mouchy geführt. Die Herzogin ist die Enkelin des amerikanischen Finanzmaklers Clarence Dillon, der Haut-Brion 1935 erwarb. Als er mit 96 Jahren starb, vererbte er es seinem Sohn Clarence Douglas Dillon, der Finanzminister unter J. F. Kennedy war. Seine Tochter Joan heiratete 1962 Prinz Charles von Luxemburg und, nach dessen Tod, 1978 den Herzog von Mouchy.

DIE WEISSEN GRANDS CRUS KLEIN, FEIN UND TEUER

Klein, fein und teuer – so lässt sich die Erzeugung der weißen Grands Crus Classés überschreiben. Wie Haut-Brion keltern auch Laville-Haut-Brion, Pape Clément und Domaine de Chevalier aus dem Lesegut von 2 bis

DAS BOTRYTIS-WUNDER VON SAUTERNES

Der Garonne weiter nach Süden folgend schließt sich rund 40 Kilometer flussaufwärts von Bordeaux die Appellation Sauternes an. Sie steht für extravaganten edelsüßen Wein. Das Gebiet umfasst 2200 Hektar Rebfläche der Gemeinden Sauternes, Bommes, Fargues, Preignac und Barsac. Die Weinerzeuger in Barsac haben die Wahl, ihre Weine als Sauternes AOC oder als Barsac AOC zu deklarieren.

Für Sauternes und Barsac sind drei Rebsorten zugelassen: Sémillon, Sauvignon Blanc und Muscadelle. Sémillon dominiert eindeutig, sie steht auf 80 Prozent der Rebfläche; Sauvignon Blanc muss sich mit der Rolle des Juniorpartners zufrieden geben.

Was macht das Sauternais so einzigartig? Der Ciron, ein kleiner Nebenfluss der Garonne, sorgt für eine klimatische Besonderheit, die den Botrytis-Befall der Trauben begünstigt. Da er kühles Quellwasser in die wärmere (von den Gezeiten beeinflusste) Garonne führt, stellt sich im Herbst mit großer Regelmäßigkeit Nachtnebel ein, der die Weinberge bis spät in den Vormittag hinein einhüllt und erst gegen Mittag der Sonne weicht.

Dieses Wechselspiel zwischen Feuchtigkeit und Wärme lockt den heiß begehrten Schimmelpilz Botrytis cinerea an. Er setzt sich auf die Trauben und bohrt winzige Löcher in ihre Haut, durch die das Wasser des Fruchtsaftes verdunstet. Die Trauben trocknen aus – im Innern werden Zucker und Aromastoffe konzentriert. Die Trauben werden braun, sehen aus wie feuchte Rosinen und scheinen mit einem grauen, an Asche erinnernden Staub (cinerea) überzogen. Wer es nicht weiß, würde niemals glauben, dass derart unappetitliche Früchte die feinsten, langlebigsten Weine der Welt hervorbringen.

Der wesentliche Unterschied zwischen mittelmäßigen und großen Sauternes beruht ganz auf der Bereitschaft der Winzer, geduldig zu warten, bis sich die Edelfäule einstellt: ein Pokerspiel mit der Natur. Die Gefahr, dass Frost oder Regen die Ernte verderben, wächst natürlich, je weiter der Herbst fortschreitet. Nimmt ein Weingut jedoch die Lese zu früh vor, dann kommt dabei nichts weiter als ein belangloser süßer Weißwein heraus.

Durch das Naturwunder Botrytis kommt ein Risikofaktor ins Spiel, der im Sauternais umso schwerer wiegt als

4 Hektar lediglich 8000 bis 12 000 Flaschen. Couhins-Lurton bringt aus 5,5 Hektar rund 25 000 reinsortigen Sauvignon hervor, der zu vergleichsweise günstigen Preisen angeboten wird. Olivier, Smith-Haut-Lafitte und La Tour-Martillac liefern immerhin 50 000 bis 80 000 Flaschen. Die Ausnahme ist Château Carbonnieux, das zu den größten Weingütern in Graves zählt und eine Viertelmillion Flaschen exzellenten Weißweins erzeugt, der in manchen Jahrgängen mit einem Alterungspotenzial von bis zu 20 Jahren überrascht. Überhaupt ist es die Fähigkeit dieser fast immer in neuem Eichenholz ausgebauten Weißweine, viele Jahre reifen zu können, die sie zu etwas Besonderem macht.

Gerade so als wollte man es den feinen Schlossherren im Norden zeigen, ist im Süden von Graves Bewegung entstanden. Dass auf dem Boden von Graves Weißweine in blendender Qualität zu bezahlbaren Preisen anzubieten sind, beweist Château Chantegrive in Podensac, das Henri Lévêque aus der Vergessenheit geholt hat. Weißweinspezialist Denis Dubourdieu produziert auf der kleinen Domäne Clos Floridène in Pujols-sur-Ciron superben weißen Graves, der es „mit der Qualität so legendärer Weine wie Lafitte-Haut-Brion, Haut-Brion-Blanc und Domaine de Chevalier ohne weiteres aufnehmen kann" (Robert M. Parker).

es für viele Châteaux ums Ganze geht. In jedem Jahrzehnt gibt es Jahre, in denen überhaupt keine Edelsüßen oder nur sehr geringe Mengen zustande kommen. Aber selbst in exzellenten Jahren ist der Ertrag auf höchstens 25 Hektoliter pro Hektar begrenzt, und auch diese Menge wird längst nicht auf allen Weingütern realisiert. Auf Château d'Yquem bleibt der Durchschnittsertrag auf 6 bis 7 Hektoliter begrenzt, und in den anderen auf höchste Qualität bedachten Weingütern liegt er zwischen 12 und 20 Hektoliter pro Hektar. Zum Vergleich: In den Rotwein-Domänen von Médoc und St-Emilion sind Hektarerträge von über 40 Hektoliter üblich.

Entre-deux-Mers (Zwischen den Meeren) heißt die sich östlich anschließende Appellation – eine poetische Bezeichnung für die Landschaft zwischen den mächtigen Flüssen Garonne und Dordogne, die sich nördlich von Bordeaux zur Gironde vereinigen. Obwohl in diesem Anbaugebiet entschieden mehr dunkle als helle Trauben wachsen, ist die AOC Entre-deux-Mers trockenen Weißweinen vorbehalten, die mit ihrer frischen, leichten Art zu gefallen wissen.

Auch im Entre-deux-Mers wird Sauvignon Blanc als ausdrucksstarke Rebsorte geschätzt; sie tritt, wie es Tradition in Bordeaux ist, zumeist gemeinsam mit Sémillon in Erscheinung. Reine Sauvignon-Weine sind die Ausnahme.

Zu den Volltreffern der Appellation gehören die Weißweine, die Jean-Louis Despagne in seinem 60-Hektar-Château im Osten von Entre-deux-Mers erzeugt. Seine „Cuvée Passion" kann selbst Pessac-Léognan-Kreszenzen Paroli bieten.

EXEMPLARISCHER SAUVIGNON VON DER LOIRE

An der oberen Loire stehen die Namen zweier Weinorte, Sancerre und Pouilly-sur-Loire, für Sauvignon Blanc reinster Güte. „So knackig, so nervig und so mineralisch zeigt sich der Weltenbummler nur hier" (Weinjournalist Stefan Keller). Pouilly-Fumé darf nur Wein heißen, der sortenrein aus Sauvignon Blanc – in der Gegend auch Blanc Fumé genannt – entstanden ist. Für die Weine der AOC Pouilly-sur-Loire werden Chasselas-Trauben verwendet.

Sancerre liegt auf der linken, Pouilly-sur-Loire auf der rechten Flussseite. Nur Kenner vermögen einen Pouilly-Fumé verlässlich von einem Sancerre zu unterscheiden. Die Spitzenweine an beiden Ufern stehen auf demselben Niveau. Überall dort, wo die Kalksteinböden hohen Flintgehalt aufweisen, nehmen die Weine den für Pouilly und Sancerre typischen rauchigen Feuersteinton an.

Mit ihren rassigen Sauvignon Blancs haben sich drei weitere Loire-Appellationen einen Namen gemacht: Menetou-Salon, Quincy und Reuilly. In Menetou-Salon, zu Unrecht als „Sancerre für Arme" bespöttelt, gesellen sich zur Frucht des Sauvignon Blanc mineralische Noten. In Quincy wird ein reifer, saftiger Sauvignon mit Biss bereitet. Guten Erzeugern wie Jean Tatin, Patron der Domaine du Tremblay, gelingen Weine, die an die Finesse und den Charme der Pouilly-Fumé- und Sancerre-Gewächse heranreichen. Sein Quincy Vin Noble ist das beste Beispiel dafür. In Reuilly-Weinen findet man oft eine pikant-würzige Note. Und auch von der mittleren Loire, so aus der 5000 Hektar großen AOC Touraine, kommt sehr ordentlicher Sauvignon.

SAUVIGNON BLANC
IN DER GANZEN WELT ZU HAUSE

Der Sauvignon Blanc ist ein Weltenbummler. Er hat in den meisten europäischen Weinländern ebenso wie in der Neuen Welt Wurzeln geschlagen. Wo überall wächst heute Sauvignon Blanc, der sich mit den exemplarischen Weinen von der Loire messen kann? Zum Beispiel in Österreich. Zwar sind dort nur ein paar hundert Hektar mit Sauvignon-Reben bestockt, doch entstehen an den steilen Süd- und Südwesthängen der Steiermark im Grenzgebiet zu Slowenien ausgesprochen würzige, von Fruchtaromen nur so strotzende Sauvignon-Weine, die sich längst ihren Platz unter den besten Vertretern der Rebsorte in der Weinwelt gesichert haben.

Die Spitzenerzeuger haben lange mit dem behutsamen Einsatz von neuem Eichenholz experimentiert; jetzt zeigen sie, dass sie damit umzugehen verstehen. Während Sauvignon Blanc – die Weine von Graves und Sauternes ausgenommen – in Frankreich wenig mit Holz in Berührung kommt, baut der steirische Top-Winzer Manfred Tement den Sauvignon aus seiner wertvollsten Lage Zieregg in großen alten und kleinen neuen Eichenholzfässern aus. Natürlich weiß er zu differenzieren: Die jung und frisch zu trinkenden Weine, wie sein Sauvignon Blanc Steirische Klassik, kommen aus dem Edelstahltank. Nicht anders bei Walter und Evelyn Skoff in Spielberg. In ihrem 36 Hektar großen Weingut besitzt Sauvignon Blanc Priorität. Sie bieten sechs verschiedene Sauvignon-Typen an.

In Südtirol hat sich Sauvignon Blanc als überaus erfolgreicher Aufsteiger etabliert. Erst nach 1980 wurden im Etschtal die ersten Weinberge mit der französischen Edelrebe bestockt; heute gehört die Sorte fest ins Programm der führenden Weißweinerzeuger. Die auf höchstem Qualitätsniveau arbeitenden Genossenschafts-Kellereien wetteifern um den Lorbeer für den besten Sauvignon Südtirols. St. Michael in Eppan hat mit den Lagen-Sauvignons St. Valentin und Lahn gleich zwei Eisen im Feuer, die Nachbarn in St. Pauls trumpfen mit dem Sauvignon Gfill Hof auf, die Winzer von Kurtatsch brillieren mit dem Sauvignon Milla, und die Kellerei Schreckbichl hat mit ihrem Sauvignon Lafóa ohnehin einen der vorderen Plätze in der Liste der besten Weißweine gepachtet.

Im Friaul, und zwar in allen DOC-Gebieten von Grave bis zu den Colli Orientali und dem Collio, wird Sauvignon der Spitzenklasse erzeugt. Gerade Winzer von Rang und Namen profilieren sich mit dieser Rebsorte. Im Friaul herrschen vegetabile Duft- und Geschmackskomponenten vor, die an Tomatenlaub und Wildkräuter erinnern.

Im Collio gibt es erstklassige Erzeuger dutzendweise. In der Villa Russiz, die hoch herrschaftlich auf einem rebbepflanzten Hügel thront, schwingt Kellermeister Gianni Menotti das Zepter. Mit dem Fingerspitzengefühl eines Pianisten trifft er Ernte für Ernte den richtigen Reifezeitpunkt der Trauben, die er für die Auslese Sauvignon de la Tour braucht. Auf dem Bilderbuch-Schloss Castello di Spessa, das der Kinderbetten-Fabrikant Loretto Pali mit viel Liebe zum Detail und noch mehr Geld renovieren ließ, kommt der umwerfend aromatische Collio Sauvignon Segré. Den vielleicht besten Sauvignon im Friaul erzeugen Venica & Venica in Dolegna del Collio: Ihr Ronco delle Mele begeistert mit seinen Aromen von Salbei, Tomatenlaub und Minze.

Altmeister Livio Felluga in Cormons, Walter Filiputti, dessen Keller sich in der herrlichen Abbazia die Rosazzo befindet, und die Rocca Bernarda des Souveränen Malteser-Ritter-Ordens sind Erzeuger, die in den Colli Orientali die Sauvignon-Fahne hochhalten. Plozner in Spilimbergo und die Fratelli Pighin erzeugen in der DOC Friuli Grave erstklassigen Sauvignon mit ausgeprägter Sortentypik.

In Spanien hat sich das Rioja-Haus Marqués de Riscal als Sauvignon-Pionier in der Rueda hervorgetan. Sein Rueda Sauvignon schneidet bei Vergleichsproben regelmäßig als einer der besten ab.

In Deutschland hat die Rebsorte im badischen Weingut Graf Wolff Metternich Tradition. Seit 1830 wird Sauvignon Blanc in Durbach angebaut. Freiherr Zorn von Bulach, dem das Weingut damals gehörte, bekam die Reben von seinem Freund Marquis de Lur-Saluces, dem Eigentümer von Châteaux d'Yquem. Als ein harter Frost 1955 die Pflanzung fast vollständig vernichtete, stellte Châteaux d'Yquem erneut Setzlinge zur Verfügung.

In Hektar- oder Hektoliterangaben ausgedrückt, spielt Sauvignon Blanc hierzulande keine Rolle, gleichwohl nehmen sich ihrer aufgeschlossene Winzer an, so in der experimentierfreudigen Pfalz das Weingut Motzenbäcker in Ruppertsberg und die engagierten Winzer Richard Mosbacher, Tochter Sabine und Schwiegersohn Jürgen Düringer in Forst. In „Deutschlands Weine 2004" von Gerhard Eichelmann hat es ein Sauvignon Blanc des württembergischen Winzers Rainer Schnaitmann mit 89 Punkten sogar zu einer Platzierung in der Bestenliste der deutschen Weißweine gebracht. Und an der Obermosel baut Baron von Hobe-Gelting auf Schloss Thorn einen grauen Sauvignon an, der noch aromatischere Weine als der weiße hervorbringen soll.

NEUSEELAND GIBT DEN TON AN

Als Wanderer zwischen der alten und der neuen Weinwelt ist Sauvignon Blanc in so gut wie allen überseeischen Ländern präsent; in Kalifornien und Chile ebenso wie in Südafrika und Australien. Neuseeland gibt mit seinen strahlenden Sauvignons den Ton an.

Beim amerikanischen Verbraucher fand Sauvignon Blanc zunächst keine große Gegenliebe, erst als Robert Mondavi auf die zündende Idee kam, den Wein Fumé Blanc zu nennen, öffnete sich der US-Markt.

Die führende Sauvignon-Region in Chile ist Casablanca, wo allerdings gerade mal 5 Prozent der Rebstöcke stehen. Fast der ganze Rest „welkt in zu heißen Regionen dahin" (Oz Clarke).

In Australien kristallisiert sich ein eigenständiger Sauvignon-Typ heraus: runder als der neuseeländische, mit Aromen weißer Pfirsiche und Limetten sowie angenehm frischer Säure. Sensationell der Ninth Island Sauvignon Blanc aus Tasmanien.

In Südafrika zählt Sauvignon zu den Big Five, in der Rebsortenrangliste steht er vor Chardonnay auf Platz 4. Am Kap der Guten Hoffnung ist eine Sauvignon-Kultur entstanden. Den südafrikanischen Winzern geht es nicht einfach darum, sich im internationalen Wettbewerb zu behaupten, sondern die ehrgeizigsten unter ihnen wollen an die Weltspitze. John Loubser vom Sauvignon-Top-Erzeuger Steenberg Vineyards bringt es auf den Punkt: „Wir wollen nicht auf allen Hochzeiten tanzen, sondern uns auf das fokussieren, was wir wirklich können, und das ist Sauvignon. Unser Anspruch ist es, einen der weltbesten Weine aus dieser Rebsorte zu erzeugen."

SAUVIGNON BLANC
Ausgewählte Gerichte

Sepioline mit Pesto von Tomate und Basilikum
(für 4 Personen)

Zutaten:
600 g Sepioline
1/8 l Olivenöl
2 Knoblauchzehen
1 Rosmarinzweig
Salz, Pfeffer
2 EL gehackte Blattpetersilie

Zutaten Tomatenpesto:
100 g getrocknete Tomaten
25 g geschälte Mandelkerne
1 TL grobes Salz
1/8 l Olivenöl

Zutaten Risotto:
20 g Schalotten,
in feine Würfel geschnitten
1/2 Knoblauchzehe,
in feine Würfel geschnitten
2 EL Olivenöl
200 g Aborio-Reis
0,6 l Fleischbrühe
0,05 l Weißwein
20 g Butter
1 Tütchen (2 g) Sepiatinte
2 EL grob geraspelter Parmesan
Salz, Pfeffer

Anrichten:
4 EL Basilikumpesto
(siehe Grundrezept auf Seite 303)

Zubereitung:
Die Sepioline gut waschen und dabei die inneren Knöchelchen entfernen. Im Zentrum der Tentakeln das Auge (Mund) herausdrücken. Die kleinen Tintenfische vor dem Braten gut abtropfen lassen.
In einer heißen Pfanne mit Olivenöl, Knoblauchzehen und dem Rosmarinzweig kurz anbraten, die jungen Sepioline brauchen nicht lange, bis sie gar sind. Braten Sie nach und nach, damit die Pfanne nicht so stark abkühlt und der Pfanneninhalt zu kochen beginnt. Mit Salz sowie Pfeffer würzen und zum Schluss die gehackte Petersilie unterschwenken.

Zubereitung Tomatenpesto:
Das getrocknete Fruchtfleisch klein würfeln, schneiden und zusammen mit den Mandelkernen, dem groben Salz und dem Olivenöl in einem Küchenmixer zu einem Brei verarbeiten. Der Vorgang sollte ziemlich schnell geschehen, damit das Tomatenpesto nicht allzu sehr warm wird.

Zubereitung Risotto:
Die Schalotten und den Knoblauch in Olivenöl glasig dünsten, ohne Farbe zu nehmen. Den Reis trocken hinzugeben und etwas ziehen lassen. 100 ml kochend heiße Fleischbrühe aufgießen und den Reis quellen lassen. Nach und nach die Brühe zufügen. Der Reis muss dabei kochen. Während die heiße Brühe aufgegossen wird, muss ständig gerührt werden, zum Schluss den Weißwein unterziehen. Der Reis soll weich werden, jedoch darf das Korn nicht zerfallen, deshalb auf kleinen festen Kern achten. Kurz vor dem Servieren die Butter, die Sepiatinte und den Parmesankäse unterrühren. Mit Salz und Pfeffer würzen.

Anrichten:
Auf einen vorgewärmten Teller in die Mitte einen Löffel Risotto setzen, drumherum die gebratenen Sepioline und dazwischen die Basilikum- und die Tomatenpesto geben.

Unser Kellermeister empfiehlt:	„Lafòa" Sauvignon Blanc **Kellerei Schreckbichl – Südtirol**

Mit ihrem Sauvignon aus der Lage Lafòa ist die Kellerei Schreckbichl auf einen Spitzenplatz unter den besten Südtiroler Weißweinen abonniert: Explosives Bukett von Salbei, Gewürznelken und Tomatenrispen, am Gaumen geschmeidig, mit kerniger Säure und kräftiger Struktur – unser Wunschkandidat zu Sepioline mit Pesto von Tomate und Basilikum. Ein Feuerwerk der Aromen!

Unser Kellermeister	Sancerre „Clos Paradis"
empfiehlt:	Domaine Fouassier – Loire

Zu den Jakobsmuscheln ein Sauvignon wie aus Stein gepresst: Sancerre aus dem Weingut „Clos Paradis", das zur Domaine Fouassier gehört. Die Reben stehen auf ton- und kalkhaltigen Böden, die nach Süden ausgerichtet sind. Sie bringen einen gehaltvollen Wein mit mineralisch geprägten Aromen und lebendiger Säure hervor.

Jakobsmuscheln auf 3 Arten mit Friséesalat
dazu Paprikavinaigrette

(für 4 Personen)

Zutaten:

16 Jakobsmuscheln (ohne Rogen)
weißer Pfeffer, frisch gemahlen aus der Mühle
3 EL kaltgepresstes Olivenöl/Limonenöl
Meersalz, am besten „Fleur de sel"
150 g rote Paprika
150 g gelbe Paprika
1 EL Schalotten, fein gewürfelt
1 EL Schnittlauch in feinen Röllchen

Zutaten Paprikavinaigrette:
1 EL weißer Balsamico
2 EL kaltgepresstes Olivenöl/Limonenöl
1 Spritzer Tabasco
Salz, Pfeffer

Zutaten Garnitur:
1 Kopf Friséesalat
(nur das Gelbe verwenden)
1 EL Basilikumöl
(können Sie ganz einfach selbst herstellen:
0,1 l Olivenöl mit 100 g frischem Basilikum
mixen und durch ein Sieb passieren)
1 EL alter Balsamico

Zubereitung:
Das Muschelfleisch vom Fuß, ein zäher Schließmuskel, welcher die Muschel in der Schale festhält, und von der dünnen Haut, die das weiße Fleisch umgibt, befreien.

Zubereitung Carpaccio:
4 Jakobsmuscheln in dünne Scheiben schneiden; mit Pfeffer, Olivenöl/Limonenöl und Meersalz würzen.

Zubereitung Tatar:
8 Jakobsmuscheln fein würfeln und mit Olivenöl/Limonenöl, Pfeffer und Meersalz würzen. Paprika mit einem Gemüseschäler dünn abschälen, halbieren, die weißen Zwischenwände und das Kerngehäuse entfernen, fein würfelig schneiden. Je 1 EL rote und gelbe Paprikawürfel, die Schalottenwürfel und den Schnittlauch zu dem Jakobsmuscheltatar hinzugeben, gut untermengen und abschmecken.

Gebratene Jakobsmuscheln:
In einer aufgeheizten, beschichteten Pfanne 4 Jakobsmuscheln mit wenig Olivenöl von beiden Seiten etwa 1 Minute braten. Die Jakobsmuscheln sollten im Inneren noch glasig sein, mit Salz und Pfeffer würzen. Die gebratenen Jakobsmuscheln erst kurz vor dem Servieren zubereiten, damit sie noch warm sind.

Zubereitung Paprikavinaigrette:
Restliche Paprikawürfel mit dem weißem Balsamico, Olivenöl/Limonenöl, Tabasco, Salz und Pfeffer verrühren.

Zubereitung Garnitur:
Den Friséesalat putzen, waschen und in einer Salatschleuder trockenschleudern; mit 2/3 der Paprikavinaigrette vermischen. Basilikumöl und alter Balsamico verrühren.

Anrichten:
Alle 3 Varianten von der Jakobsmuschel nebeneinander auf einem Teller anrichten, mit Friséesalat in der Mitte des Tellers garnieren. Die restliche Paprikavinaigrette beliebig auf dem Teller verteilen und zum Schluß mit dem Öl-Balsamico-Gemisch beträufeln. Dazu reichen wir Olivenbrot von unserem Hausbäcker Grimminger.

Hummer mit Couscous

(für 4 Personen)

Zutaten:
4 Hummer à 500 g, lebend

Zutaten Sud:
1 Zwiebel, geschält und geviertelt
1 Karotte, gewaschen und in Stücke geschnitten
1 Stängel Staudensellerie
3 Petersilienstängel
1 Knoblauchzehe
1 Nelke
1 Lorbeerblatt
1 Estragonzweig
5 gestrichene EL Salz
4 Pimentkörner
6 schwarze Pfefferkörner

Zutaten Sauce:
100 g Schalotten, gewürfelt
100 g Karotten, geschält
4 EL Olivenöl
4 kleine Tomaten
1 EL Gewürzmischung
(Paprika, Curry, Zimt, Cayennepfeffer)
0,05 l Cognac
0,5 l Weißwein
0,25 l Crème fraîche
50 g kalte Butter
2 Wiesenkerbelzweige
12 Schnittlauchstängel

Zutaten Couscous:
50 g Schalotten, in feine Würfel geschnitten
2 EL Olivenöl
100 g feiner Couscousgrieß
Salz, Pfeffer
1/2 rote Paprika
1/2 grüne Paprika

Zubereitung Hummer und Sauce:

In einem großen Topf 6 Liter Wasser und die Sudzutaten zum Kochen bringen. Die Hummer kopfüber ins sprudelnd kochende Wasser geben, einmal aufkochen und unter dem Siedepunkt 5 Minuten bei geschlossenem Deckel ziehen lassen (nicht kochen!). Die Hummer herausnehmen, in Eiswasser abschrecken und das Fleisch im Schwanz, den Scherengelenken und den Scheren ausbrechen. Das Hummerfleisch und den Hummersud beiseite stellen. Benutzen Sie zum Ausbrechen der Hummer ein kräftiges Schlagmesser, um die Scheren und Gelenke zu brechen.

Aus dem Hummerkörper das grüne Hummermark herausnehmen und aufbewahren, ebenso die braune flüssige Masse und die Sauerstofffiltrier-Härchen entfernen. Die Hummerschalen grob mit dem Schlagmesser zerkleinern und mit den Schalotten und den Karotten in Olivenöl anrösten.

Die Tomaten werden kreisrund an einem Stück vom Strunk her in ein feines etwa 6 mm breites Streifenband abgeschält. Am Ende der Tomate einen kleinen Boden von der Größe eines 2-Cent-Stücks, anhängend an der bereits abgeschälten Tomatenhaut, abschneiden. Vom Anfang des Streifens her wird die feine Tomatenhaut bis zu dem kleinen runden Stück aufgerollt und auf selbiges aufgesetzt, damit ein realistisch aussehendes Tomatenröschen entsteht. Die abgeschälte Tomate vierteln und das flüssige Kerngehäuse entfernen. Das Tomatenfleisch klein schneiden und zu den Hummerschalen hinzugeben. Mit der Gewürzmischung würzen, mit dem Cognac und dem Weißwein ablöschen, dann 15 Minuten köcheln lassen. Die Crème fraîche hinzugeben und nochmals 15 Minuten ziehen lassen, durch ein feines Sieb passieren, abschmecken und vor dem Servieren mit den kleinen, kalten Butterflöckchen aufmontieren.

Zubereitung Couscous:

Die Schalotten im Olivenöl glasig dünsten, den Couscousgrieß hinzugeben und mit 0,1 l Wasser auffüllen, aufkochen, mit Salz und Pfeffer würzen. Paprika mit einem Gemüseschäler dünn abschälen und das Kerngehäuse entfernen. Das Fruchtfleisch in feine Würfel schneiden und zu dem Couscous geben.

Anrichten:

Das Hummerfleisch in einer Pfanne mit wenig Butter leicht anbraten und mit etwas Hummerfond angießen. 2 bis 3 Minuten ziehen lassen, so dass der Hummer sich wieder erwärmt. Mit einem Metallring in die Mitte eines vorgewärmten Tellers das Couscous setzen, den Hummerschwanz in Scheiben schneiden und um das Couscous legen. Die 2 Hummerscheren und die Gelenke dazulegen, mit Schnittlauch, den Tomatenröschen und einem Wiesenkerbelblatt garnieren. Zum Schluss in die Sauce das Hummermark mit einem Mixer einrühren, die Sauce nochmals abschmecken, durch ein feines Haarsieb passieren und um den Hummer angießen.

Unser Kellermeister empfiehlt:	**Sauvignon blanc Classique** **Weingut Walter & Evelyn Skoff – Steiermark**
	Sauvignon steirischer Prägung: Walter & Evelyn Skoffs extratrockener Classique mit zarten Stachelbeer- und Brennnesselnoten in der Nase, am Gaumen sehr saftig mit einem Touch Cassis und prägnanter Säure. Erfrischender, animierender Begleiter zum Hummer!

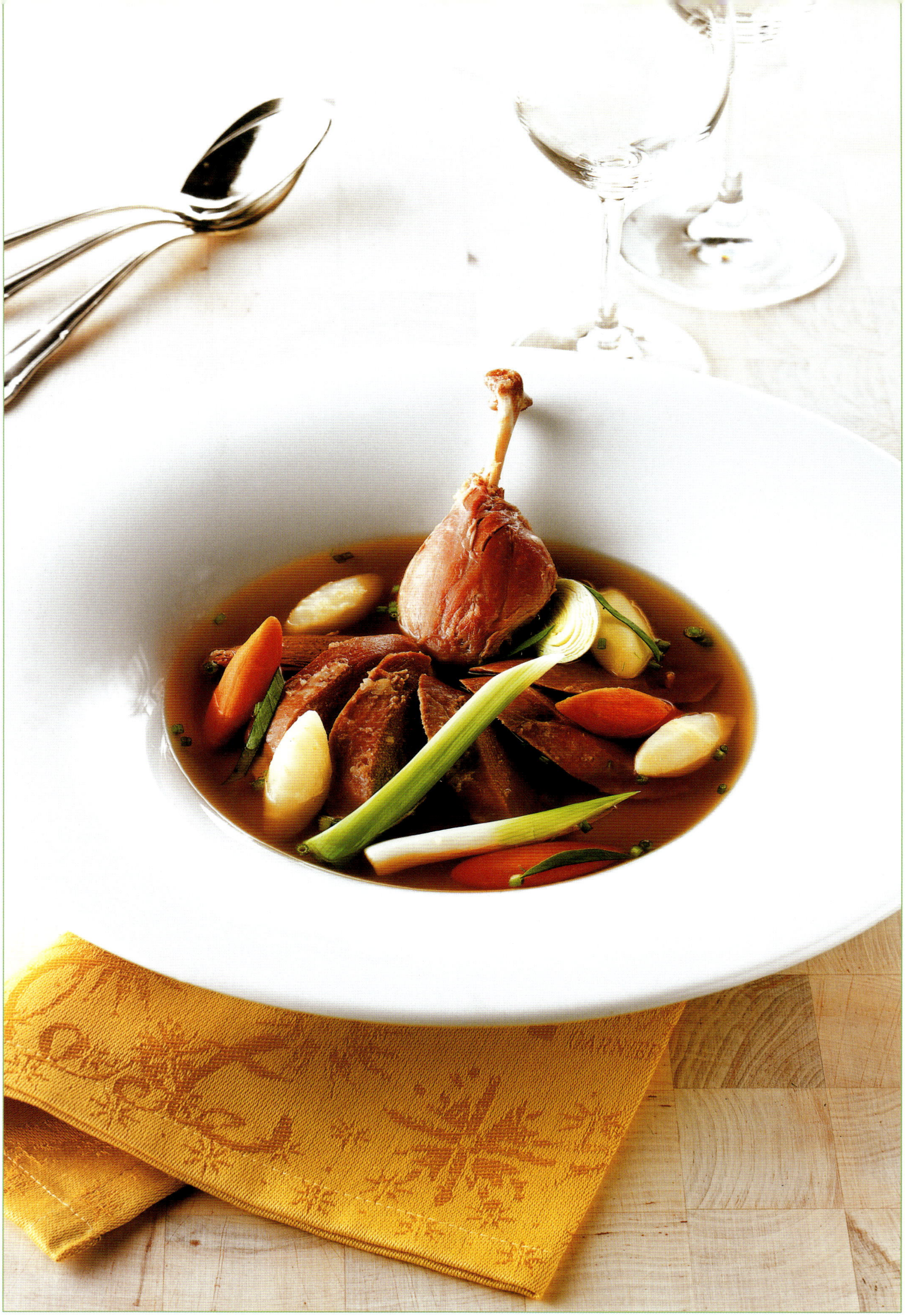

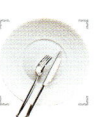

Potaufeu von der Ente

(für 4 Personen)

Zutaten:

2 Barbarieenten à 1 kg
250 g Kalbfleischabschnitte, klein geschnitten
2 Estragonzweige
100 g Schalotten mit Schale
200 g Karotten
200 g Kartoffeln
100 g Navetten (weiße Rüben)
200 g Lauch
1/4 l Sauvignon Blanc
50 g Keniabohnen
Salz, Pfeffer aus der Mühle
10 g Schnittlauch

Zubereitung:

Entenbrust und Keulen auslösen. Die Keulen im Gelenk zerteilen, die Unterkeulen am Knochen sauber parieren und den Knochen abschaben. An der Brust die Flügelspitzen abtrennen und auch den Brustflügelknochen sauber abschaben. Die Entenknochen klein hacken und mit den Abschnitten, dem Kalbfleisch, 1 Estragonzweig und den Schalotten in einen Topf geben. Den Ansatz mit kaltem Wasser bedecken und zum Kochen bringen, austretendes Eiweiß ständig abschäumen, den Suppenansatz unter dem Siedepunkt halten und ziehen lassen. Die Karotten, Kartoffeln und Navetten schälen und nussförmig tournieren. Den Lauch waschen, vom äußeren Blatt befreien und in 2,5 cm lange schräge Stücke schneiden. Die Gemüseabschnitte, außer den Kartoffeln, zu dem Brühenansatz geben, nach 40 Minuten die Brühe durch ein feines Sieb passieren und den Sauvignon Blanc zugießen. Entenbrust und Keulen in die Brühe legen und sanft köcheln lassen. Die Keulen brauchen rund 35 Minuten, die Brüste etwas weniger. Beides aus der Brühe nehmen und mit einem feuchten Tuch bedecken. Die tournierten Gemüse werden ebenfalls in der Entenbrühe gegart. Die feinen Böhnchen an beiden Enden abschneiden und in Salzwasser blanchieren, danach in eiskaltem Wasser abschrecken. Die Entenbrühe mit Salz und Pfeffer abschmecken und durch ein Tuch passieren. Von den Entenbrüsten und Keulen die Haut ablösen.

Anrichten:

Je 1 Entenbrust und Keule in einen vorgewärmten tiefen Teller legen, die Gemüse um das Fleisch arrangieren und mit der heißen Brühe übergießen. Den Schnittlauch in feine Röllchen schneiden, über das fertige Potaufeu streuen mit einigen Estragonblättchen garnieren.

Unser Kellermeister empfiehlt:

Sauvignon Blanc trocken
Weingut Georg Mosbacher – Pfalz

Zwei Generationen bringen ihre Erfahrungen und Ideen ein: Richard Mosbacher, Tochter Sabine und Schwiegersohn Jürgen Düringer. Die Familie besitzt beste Lagen in Forst und Deidesheim. Ihre Weine sind Spitze. Mit lebendiger Frische, prononcierter Frucht und messerscharfer Säure begleitet ihr feingliedriger Sauvignon Blanc das Potaufeu von der Ente in eleganter Manier.

Crème Brûlée

(für 10 kleine Schälchen)

Zutaten:
150 g Milch
1 Vanilleschote
90 g Zucker
140 g Eigelb
450 g flüssige Sahne
10 EL brauner Zucker

Zubereitung:

Die Milch, die halbierte und vom Mark ausgekratzte Vanilleschote mit dem Zucker erhitzen. So lange rühren bis der Zucker aufgelöst ist, abkühlen lassen.
Das Eigelb mit der Sahne vermischen und unter die Milch rühren. Die Flüssigkeit durch ein feines Sieb passieren und in bereitgestellte Schälchen abfüllen. Im Backofen bei 80 °C etwa 60 Minuten stocken lassen. Danach die Creme abkühlen lassen und im Kühlschrank zugedeckt mindestens 1 Stunde ruhen lassen. Die Oberfläche dicht mit braunem Zucker bestreuen, überflüssigen Zucker abkippen und den Rand der Schälchen eventuell vom Zucker säubern. Mit einem Bunsenbrenner (Lötlampe) bei schwacher Hitze den Zucker auf der Oberfläche der Creme gleichmäßig goldbraun karamellisieren.

Unser Kellermeister empfiehlt:

Château Suduiraut
Sauternes Premier Cru

In Blindproben wird Suduiraut, wie Robert M. Parker süffisant berichtet, schon mal mit seinem Nachbarn, dem legendären d'Yquem, verwechselt. Das Château, 1855 zum Premier Cru geadelt, gehört fraglos zu den besten in Sauternes. Die wundervoll üppige Süße des Wein steht in reizvollem Kontrast zur „verbrannten" Zuckerkruste der Creme. Sauvignon Blanc stellt in dieser Cuvée seine Qualitäten als Juniorpartner von Sémillon unter Beweis.

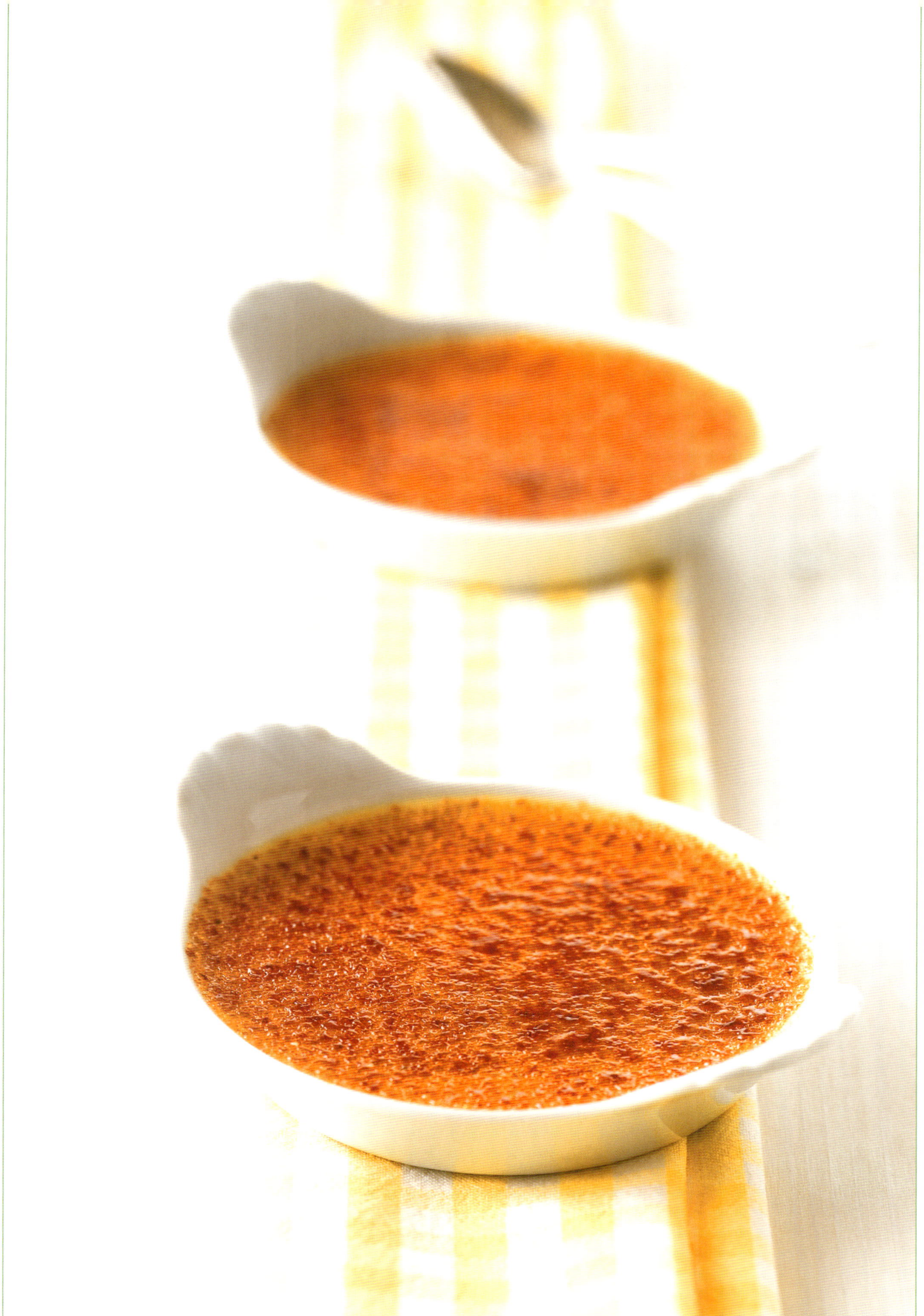

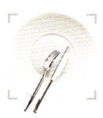

Kochkultur in der BASF
Kreativität unter der Kochmütze

Front Cooking in der Betriebsgaststätte – nur eine von vielen innovativen Ideen in der Küche der BASF.

„Gut essen hält Leib und Seele zusammen!" In der Welt der Arbeit will die Gemeinschaftsgastronomie dem Tagesablauf eine kleine genussvolle Fermate schenken und gleichzeitig den Mitarbeiter vernünftig ernähren. Lange vorbei die Zeiten, in denen die Jüngsten dem Vater das Essen im Henkelmann ans Werkstor brachten! Die Geschichte der Betriebsgaststätten setzt bei der BASF im Jahr 1884 mit der Einrichtung der ersten „stationären Speiseanstalt" auf dem Werksgelände ein. Heute umfasst die Gastronomie der BASF sechs Betriebsgaststätten auf dem Werksgelände, zwei Restaurantbetriebe der Spitzenklasse und ein Business-Hotel. Ein Feuerwerk an kulinarischen Ereignissen und eine Fülle von Großveranstaltungen lenkt im Jahresverlauf immer wieder die Aufmerksamkeit auf diese Häuser: auf das elegante Gesellschaftshaus, auf das freundliche Feierabendhaus mit seinem großen Angebot an Veranstaltungsräumen und auf das Business-Hotel René Bohn. BASF-Köche sind am Werk, wenn es um den Erlebnis-Brunch am Sonntagmorgen geht, um das Candle-Light-Dinner am Valentinstag, um die kulinarische Casino-Party, um die After-Work-Party, um den Bauernmarkt mit Ponyreiten, Kuhmelken, Traktorfahren, um das zweitägige Kellereifest mit seinen bis zu 12 000 Besuchern, um die Ladies Night, um den Muttertags-Brunch mitsamt der Kinderbetreuung, um die Fiesta Española, um das original amerikanische Barbecue oder um die kulinarischen Spezialitätenwochen mit Köstlichkeiten aus New Orleans, aus China und Japan. Und Genuss der Spitzenklasse bietet – einmal im Jahr – das Gastspiel eines international renommierten Sterne-Kochs im Gesellschaftshaus der BASF in Ludwigshafen.

PRÄSIDENTEN, KANZLER, WIRTSCHAFTSFÜHRER

Um kulinarische Höhepunkte ist die BASF-Küche ohnehin nicht verlegen. Im klassischen Ambiente des Gesellschaftshauses, einem Bau der Gründerjahre, stehen die Banketträume Gästen aus nah und fern offen. Viel Prominenz gab sich hier schon die Ehre – Bundespräsidenten, Bundeskanzler, Wirtschaftselite aus dem In- und Ausland, Nobelpreisträger, Hocharistokratie und Stars des Show-Business. Etwa 300 der rund 450 Gäste, die täglich im Gesellschaftshaus und im Feierabendhaus der

BASF einkehren, sind externe Gäste. Sie alle genießen gerne die kulinarischen Freuden einer hoch qualifizierten Küche. Phantasie und Können gehen in diesem Haus bei großen Essen eine begeisternde Verbindung ein. Bei einem großen Menü könnte – nach dem Amuse-Bouche – ein Törtchen von Atlanik-Hummer mit Kartoffel- und Bärlauch-Püree serviert werden, gefolgt von Taubenbrüstchen im Morchelnest mit Zuckererbsen, danach das Beste vom Argentinischen Rind mit einem Kompott aus Ochsenschwanz, bereichert um glasierten jungen Sellerie, Rotweinschalotten und Kartoffel-Crêpes, abgeschlossen durch eine Crème Brûlée mit Kirsch-Halbgefrorenem und Schokoladenmousse. Ein 60. Geburtstag könnte gekrönt werden durch ein Menü, das mit Carpaccio vom Rinderfilet mit gehobeltem Parmesan beginnt, sich fortsetzt über eine Wildenten-Consommé mit Trüffelklößchen, danach über die Schleife von der Seezunge mit Hummerragout und Kaiserschoten zum Kalbsmedaillon mit Nüsschen von Kalbsbries in Armagnac-Sauce führt, abgerundet durch eine Birne Helene. Bei der Jubiläumsfeier zum 125-jährigen Bestehen der BASF anno 1990 servierte die Küche zu den Melodien des „Jägers aus Kurpfalz" in einer geradezu herkulischen Anstrengung den insgesamt 1400 Gästen dieses Menü: Norweger Lachs mit Kaviar auf Kerbelsahne/Essenz von Trüffeln mit Entenleber-Klößchen/Lendenschnitte vom Angus-Rind mit Kräutersauce, dazu Frühlingsgemüse und neue Kartoffeln/Dessertteller und Feingebäck.

TISCHGÄSTE AUS DER GANZEN WELT

Die BASF, das führende Chemieunternehmen der Welt, hat nicht ohne Grund den erfolgreichen Versuch unternommen, ein Restaurant ihrer Gastronomie in der Spitzenklasse der Küche zu positionieren. Gäste der BASF kommen nicht länger nur aus Deutschland oder Europa, sondern sie kommen aus der ganzen Welt. Wer sie bewirten will, hat sich zu messen mit London und New York, mit São Paulo und Singapur, mit Peking und Paris. Die Haute Cuisine leistet einen wichtigen Beitrag zur Repräsentation, zur Kundenpflege und Imagebildung, sie ergänzt das Bild der BASF um eine sympathische Facette, und sie vervollständigt die Kundenpflege. Damit nicht genug: Innerhalb der Region steigert sie die Akzeptanz der BASF und stärkt über die Einbeziehung der Familien die Bin-

Gut essen in schöner Atmosphäre:
Der Wintergarten im Feierabendhaus.

Ein Hauch von Italien: In der Cafeteria des Hochhauses genießen Mitarbeiter ihre Mittagspause.

Ob Salat, Fisch oder Fleisch:
Am Büfett kann jeder Mitarbeiter sein individuelles Mittagsmenü zusammenstellen.

SÜDTIROL

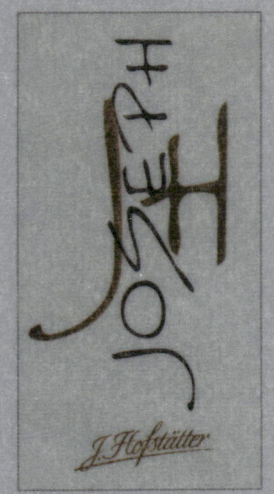

BADEN

PFALZ

ELSASS

SÜDTIROL

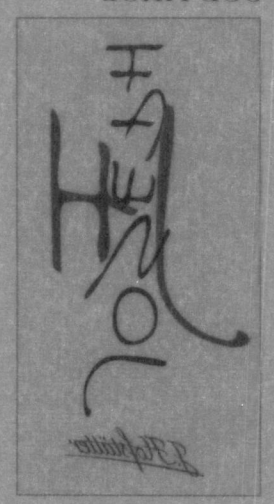

ELSASS

PFALZ

BADEN

GEWÜRZTRAMINER

GEWÜRZTRAMINER
Überschwang der Aromen

Populär ist er nun wahrhaftig nicht, aber er besitzt eine treue, begeisterte Fan-Gemeinde: der Gewürztraminer. Im Glas präsentiert er sich golden bis kupferfarben. Sein Aroma ist umwerfend intensiv. Er verströmt den üppigen Duft von Teerosen, Litschis und einem ganzen Korb anderer exotischer Früchte. Wenn er auch noch ausreichend frische Säure hat, die dem aromatischen Überschwang Zügel anlegt, besitzt er eigentlich alles, was ein guter Wein braucht. Sein einziger Fehler: Er hat des Guten zu viel. Mit seiner Wucht und seiner expressiven Aromatik übersättigt er rasch.

SEIN GEBURTSORT DAS WEINDORF TRAMIN

Das Südtiroler Weindorf Tramin gilt als der Geburtsort des Traminers. Dokumente aus dem 11. Jahrhundert belegen jedenfalls die Existenz von Traminer im Etschtal, wo man die Rebsorte bis ins 16. Jahrhundert hinein großflächig pflanzte. Dann allerdings musste sie dem viel ertragreicheren Vernatsch weichen. Heute manifestiert Tramin seine Verbundenheit mit der Rebsorte in einem jährlich stattfindenden internationalen Gewürztraminer-Symposion.

Traminer und Gewürztraminer gehören zur selben Familie. Sowohl optisch als auch geschmacklich lassen sie sich einfach unterscheiden: Der Traminer ist grünbeerig, die Gewürztraminertrauben sind rötlich angehaucht. Im Geschmack ist der Traminer weit weniger aromatisch. Der Rebkundler Pierre Galet ist überzeugt, dass auch der im französischen Jura angebaute Savagnin, aus dem der legendäre „Vin Jaune" entsteht, mit dem Traminer identisch ist. Und der Savagnin wiederum, so wird vermutet, wächst als Heida in den Weinbergen von Visperterminen auf 1200 Metern in den Schweizer Himmel. Im Elsass, dem heute flächenmäßig bedeutendsten Anbaugebiet, hat er seine eigentliche Heimat gefunden, obwohl die Urahnen der heutigen Rebstöcke vermutlich aus der Pfalz stammten.

IN DER PFALZ GEHEGT UND GEPFLEGT

Wie weit die Wurzeln des Gewürztraminers in der Pfalz zurückreichen, machen gut 300 Reben sichtbar, die irgendwann in der Zeit nach dem Dreißigjährigen Krieg in der Lage Rhodter Rosengarten (Südpfalz) gepflanzt wurden und immer noch fleißig tragen, zumindest in jedem zweiten Jahr. In diesem wohl ältesten Weingarten der Welt wachsen Weine, die durchaus dem klassischen Sortentyp entsprechen: aromatisch, nach Rosen duftend, weich mit viel Schmelz.

Insgesamt sind heute in der Pfalz 350 Hektar mit Gewürztraminer bestockt. Er spielt nirgendwo die erste Geige, aber engagierte Erzeuger hegen und pflegen ihn, so Karl Wegner und sein Sohn Joachim in Bad Dürkheim, Otto Haaß auf dem Benderhof in Kallstadt, August Ziegler in Maikammer und die Bernharts in Schweigen; ihre Weinberge liegen an der Grenze zum Elsass. Außerhalb der Pfalz sind nur noch in Baden größere Flächen mit Gewürztraminer bestockt.

DER MASSSTAB WIRD IM ELSASS GESETZT

Der Maßstab für Gewürztraminer wird im Elsass gesetzt. Nach Riesling und Pinot Blanc ist er die meist angebaute Rebsorte. Allein in den Weinbergen des Departements Haut-Rhin steht Gewürztraminer auf 2500 Hektar, vorzugsweise auf schweren Tonböden, die dort die besten Resultate erbringen. In geschützten Lagen erreichen die Trauben mühelos den Reifegrad, den Vendanges tardives (Spätlesen) verlangen, und in vielen Jahren entstehen auch großartige Sélections de grains nobles (Beeren- und Trockenbeerenauslesen): edelsüße Gewächse barocken Stils.

Die früh gelesenen Elsässer Gewürztraminer besitzen einen vollen, zuweilen opulenten Körper, sie sind stoffig, ja mollig am Gaumen; ihr Säurerückgrat ist straff genug und ihre Restsüße so dezent, dass sie durchaus zum Essen passen.

Zu welchen Speisen ist der Gewürztraminer die richtige Wahl? Die Franzosen lieben ihn zu intensiv riechenden und schmeckenden bäuerlichen Rotschmierkäsen, wie Münster. Eine traditionelle Elsässer Kombination mit Gewürztraminer sind Enten- oder Gänseleberpasteten, Zwiebelkuchen, Räucherfisch und gebratene Gans. Er passt aber auch vorzüglich zu Curry-Gerichten der indischen Küche und verträgt sich glänzend mit Zitronengras, Koriander und Kokosmilch, was ihn zu Speisen der thailändischen Küche empfiehlt.

SPITZENQUALITÄTEN AUS ÖSTERREICH UND SÜDTIROL

In Österreich stehen fast ebenso viele Traminerstöcke wie in Deutschland. Qualitativ nehmen die Weine eine Spitzenposition ein. Im Falstaff Weinguide 2003/2004 sind Gelbe Traminer, Rote Traminer und Gewürztraminer in den Bestenlisten der Kategorien Weißweine und Süßweine vertreten, die aus der Steiermark, dem Kamptal und Donauland kommen. Insbesondere in der Südsteiermark hat nahezu jeder der Topwinzer – von Alois Grass über Erich und Walter Polz, Gerhard Wohlmuth bis zu Manfred Tement – Spitzen-Traminer im Programm. Vom Neusiedler See kommen Trockenbeerenauslesen von Alois Kracher, Martin Haider und vom Stölzerhof sowie trockener Gelber und Roter Traminer von Josef Umathum.

In Südtirol entstehen feine, trockene Weine, die viel weniger Körper, dafür aber deutlich mehr Säure als ihre Elsässer Vettern haben. Als Anbaufläche gesteht man dem „Würzer" nur noch ganze 150 Hektar zu. So niedrig die Menge, so hoch ist die Qualität. Die aktuelle Ausgabe des Gambero Rosso, der italienischen Weinbibel, weist 30 Weingüter und Genossenschaften aus, die herausragende Gewürztraminer erzeugen. Drei davon haben sogar die Höchstbewertung (3 Gläser) erhalten, weitere neun sind immerhin ins Finale vorgestoßen. Seriensieger bei Qualitätsvergleichen auf nationalem und internationalem Parkett ist Martin Foradori, dem das Traminer Weingut Hofstätter gehört.

Auch im Trentin, im Friaul und in Venezien wird Traminer Aromatico, wie die Italiener die Rebsorte nennen, erzeugt; aus allen drei Regionen kommen Gewürztraminer erster Güte.

Während der Gewürztraminer in Deutschland, Österreich und Italien Spezialitätencharakter hat, wird die Traube in ganz Osteuropa großflächiger gepflanzt: als Traminec in Slowenien, Tramini in Ungarn, Mala Dinka in Bulgarien und Rusa in Rumänien.

Der spanische Kultwinzer Miguel Torres baut Gewürztraminer seit langem im Penédes für seinen körperreichen, aromatischen „Viña Esmeralda" an. Delikater ist der Gewürztraminer, der auf dem Gut Viñas del Vero in den Höhenlagen der Weinregion Somontano im Norden Spaniens heranreift.

Und schließlich stehen auch in Neuseeland, Australien und in den USA jeweils mehrere 100 Hektar Gewürztraminer im Ertrag. „Dem zur Zeit dominierenden Chardonnay wird Gewürztraminer kaum Paroli bieten können", schreibt Janis Robinson im Wein Gourmet. „Ohne ihn aber wäre die Weinwelt um einiges ärmer."

GEWÜRZTRAMINER
Ausgewählte Gerichte

Gänsestopfleber-Terrine
mit Traubenkompott und Gewürztraminer, dazu Brioche
(für 10 Personen)

Zutaten:
1 kg Gänsestopfleber

Zutaten Marinade:
2 cl Portwein
2 cl Madeira
2 cl Armagnac
je 1 Prise Muskat, Zucker und Pökelsalz
Salz, weißer Pfeffer aus der Mühle
1 cl Portwein
2 cl Armagnac
Terrinenform für 1 Liter Inhalt

Zutaten Brioche:
75 g Mehl
25 g Zucker
10 g Hefe
35 g Wasser
3 Eier
5 g Salz
150 g flüssige Butter
175 g Mehl
1 Eigelb

Zutaten Traubenkompott:
400 g Trauben
100 g Zucker
2 EL Sherry-Essig
0,4 l Gewürztraminer
4 Blatt Gelatine

Zubereitung:
Gänsestopfleber sorgfältig von Haut und Blutäderchen säubern. Beim Säubern die Gänsestopfleber nicht zerdrücken, behutsam arbeiten. Die geputzte Gänsestopfleber für 24 Stunden in den angegebenen Zutaten marinieren. Die Terrinenform ausbuttern und mit Klarsichtfolie auslegen. Die marinierte Gänsestopfleber schichtweise einsetzen. Jede Schicht mit Salz sowie Pfeffer würzen und mit der Mischung aus Portwein und Armagnac beträufeln. Die Terrine im Wasserbad im Backofen bei 120 °C 45 Minuten pochieren. Danach die Terrine im Kühlschrank 24 Stunden auskühlen lassen.

Zubereitung Brioche:
Aus 75 g Mehl, Zucker, der Hefe und dem Wasser einen Vorteig erstellen und gehen lassen. Unter den Vorteig nach und nach die Eier geben, dann Salz, flüssige lauwarme Butter und 175 g Mehl hinzugeben. Mit dem Knethaken des Handrührgerätes zirka 10 Minuten kneten. Bei Raumtemperatur zugedeckt 1 Stunde gehen lassen.
10 Kugeln von etwa 4 cm Durchmesser und 10 Kugeln von etwa 2 cm Durchmesser formen. In bereitgestellte und ausgebutterte Förmchen von 4 cm Durchmesser zuerst die großen Kugeln in die Form geben und in die Mitte eine kleine Vertiefung drücken. In die Vertiefung die kleine Kugel drücken. Noch einmal bei Zimmertemperatur abgedeckt zirka 30 Minuten gehen lassen. Mit Eigelb bepinseln und bei 120 °C 10 Minuten backen.

Zubereitung Traubenkompott:
Trauben schälen, halbieren und entkernen. Den Zucker in einem Topf karamellisieren und mit Sherry-Essig und Gewürztraminer auffüllen. Das Ganze auf 0,3 l reduzieren. Blattgelatine in kaltem Wasser etwa 5 Minuten einweichen lassen. Danach ausdrücken und in den warmen Sud geben. Sud auskühlen lassen und die Trauben dazugeben.

Anrichten:
Die Gänsestopfleber-Terrine in fingerdicke Scheiben schneiden, dabei das Messer nach jeder Scheibe in warmes Wasser tauchen.
Mit Traubenkompott in Gewürztraminer und der warmen Brioche servieren.

Unser Kellermeister	Gewürztraminer Vendange Tardive
empfiehlt:	Hugel & Fils – Elsass

Standesgemäße Verbindung: Spätgelesener, süß ausgebauter Gewürztraminer zur Gänseleber. Der Wein kommt aus dem weltweit renommierten Hause Hugel & Fils in Riquewihr. Seine Vendanges Tardives (Spätlesen), die ein Entwicklungspotenzial von 15, 20 Jahren besitzen, gehören zu den langlebigsten im ganzen Elsass. Sie begründen die herausragende Stellung des Weinhauses.

Unser Kellermeister empfiehlt: Schweigener Sonnenberg
Gewürztraminer Spätlese trocken
Weingut Bernhart – Pfalz

Reizvoll kombiniert: trockene Gewürztraminer Spätlese zur Wildente. Die reife, eindringliche Frucht harmoniert großartig mit dem würzigen, saftigen Entenfleisch und den markanten Geschmacksnoten von Entenleber, Schwarzwurzeln und Trüffeln. Der Wein kommt aus der Lage Schweigener Sonnenberg, die im Laufe ihrer wechselvollen Geschichte mal deutsch mal französisch war und heute zu einem Viertel jenseits der Grenze liegt.

Wildente mit Entenlebersauce
gebratene Austernpilzkappen und Polentanocken

(für 4 Personen)

Zutaten:
2 Wildenten, küchenfertig, à 800 bis 900 g
Salz, schwarzer Pfeffer aus der Mühle
Sonnenblumenöl

Zutaten Sauce:
0,04 l weißer Portwein
1/8 l Gewürztraminer
1/4 l Kalbsfond
(siehe Grundrezept auf Seite 298)
250 g Crème fraîche
200 g Entenstopfleber
Salz, Pfeffer

Zutaten Polenta:
1/2 l Milch
10 g Butter
100 g Maisgrieß (Polenta)
Salz, Pfeffer, Muskat
1 EL Olivenöl

Zutaten Gemüse:
100 g wilder Spargel
10 g Butter
Salz, Pfeffer
1 EL Schalotten in feinen Würfeln
1 EL Olivenöl
150 g Austernpilzkappen

Zubereitung Wildente und Sauce:
Die beiden Wildenten in eine Bratpfanne setzen, mit Salz und Pfeffer würzen, mit etwas Öl bestreichen und 1/4 Liter Wasser angießen. Den Backofen auf 250 °C vorheizen, die Enten einschieben und 10 Minuten bei 180 °C und weitere 25 Minuten bei 160 °C braten. Herausnehmen, den Bratenfond abfetten und mit weißem Portwein und dem Gewürztraminer ablöschen. Den Kalbsfond und die Crème fraîche aufkochen, den Bratenfond hinzugeben und unter Rühren auf 1/3 des Fonds reduzieren. Die Sauce mit einem Stabmixer aufschäumen, vor dem Servieren die abgezogene und entnervte (Blutadern ziehen) Entenstopfleber in 0,5 cm großen Würfeln unter die heiße Sauce geben. Mit Salz und Pfeffer abschmecken.

Zubereitung Polenta:
Milch und Butter aufkochen, den Maisgrieß und die Gewürze einstreuen und bei mäßiger Hitze 30 Minuten rühren. Je länger eine Polenta gerührt wird, umso weicher und sämiger wird sie. Zum Schluss das Olivenöl unterrühren und abschmecken.

Zubereitung Gemüse:
Den wilden Spargel in kochendem Salzwasser kurz blanchieren und in Eiswasser abschrecken. Die abgetropften Spargel in Butter schwenken, mit Salz und Pfeffer würzen. Die Schalotten in Olivenöl glasig dünsten und die geputzten Austernpilzkappen darin anbraten, bis sie leicht Farbe angenommen haben, mit Salz und Pfeffer würzen.

Anrichten:
Die warm gestellte Ente von der Karkasse ablösen und je 1 Brust und 1 Keule auf einem vorgewärmten Teller auf den Austernpilzkappen anrichten. Mit einem Esslöffel 2 Nocken Polenta daneben setzen, ein Bukett von wildem Spargel anlegen und die Entenlebersauce angießen.

La-Ratte-Kartoffeln
gefüllt mit Münsterkäse und Radieschen-Kümmel-Vinaigrette
(für 4 Personen)

Die „La-Ratte"-Kartoffel ist eine mittelfrühe, fest kochende, hörnchenförmige Sorte aus Frankreich. Sie hat einen sehr guten Geschmack. An ihrer Stelle können Sie aber auch Bamberger Hörnle verwenden.

Zutaten:
8 La-Ratte-Kartoffeln
200 g Münsterkäse
1 Bund Radieschen
1 Bund Schnittlauch

Zutaten Vinaigrette:
2 EL Weißweinessig
4 EL Sonnenblumenöl
je 1 TL Senf, Salz und Pfeffer
1 EL Kümmel

Zubereitung:
Die Kartoffeln waschen und in Salzwasser mit Schale weich kochen.
Münsterkäse entrinden. Kartoffeln auskühlen lassen und der Länge nach halbieren, mit einem Kaffeelöffel etwas aushöhlen. Mit dem Münsterkäse füllen und unter dem Grill erwärmen. Radieschen in Stifte, Schnittlauch in kleine Röllchen schneiden. Aus den angegebenen Zutaten eine Vinaigrette zubereiten. Radieschen und Schnittlauch in das Dressing geben.

Anrichten:
Kartoffeln auf einem Teller anrichten und mit der Vinaigrette beträufeln.

Unser Kellermeister empfiehlt: Jechtinger Eichert
Gewürztraminer Kabinett
Winzergenossenschaft Jechtingen – Baden

Kulinarischer Klassiker: Gewürztraminer zu Münsterkäse. Hier prallen expressive Geruchs- und Geschmackskomponenten aufeinander, die sich zu einer soliden Partnerschaft verbinden. Der Gewürztraminer kommt von der WG Jechtingen am Kaiserstuhl, deren konsequentes Qualitätsstreben sich bei Weinprämierungen in einem wahren Medaillenregen niederschlägt.

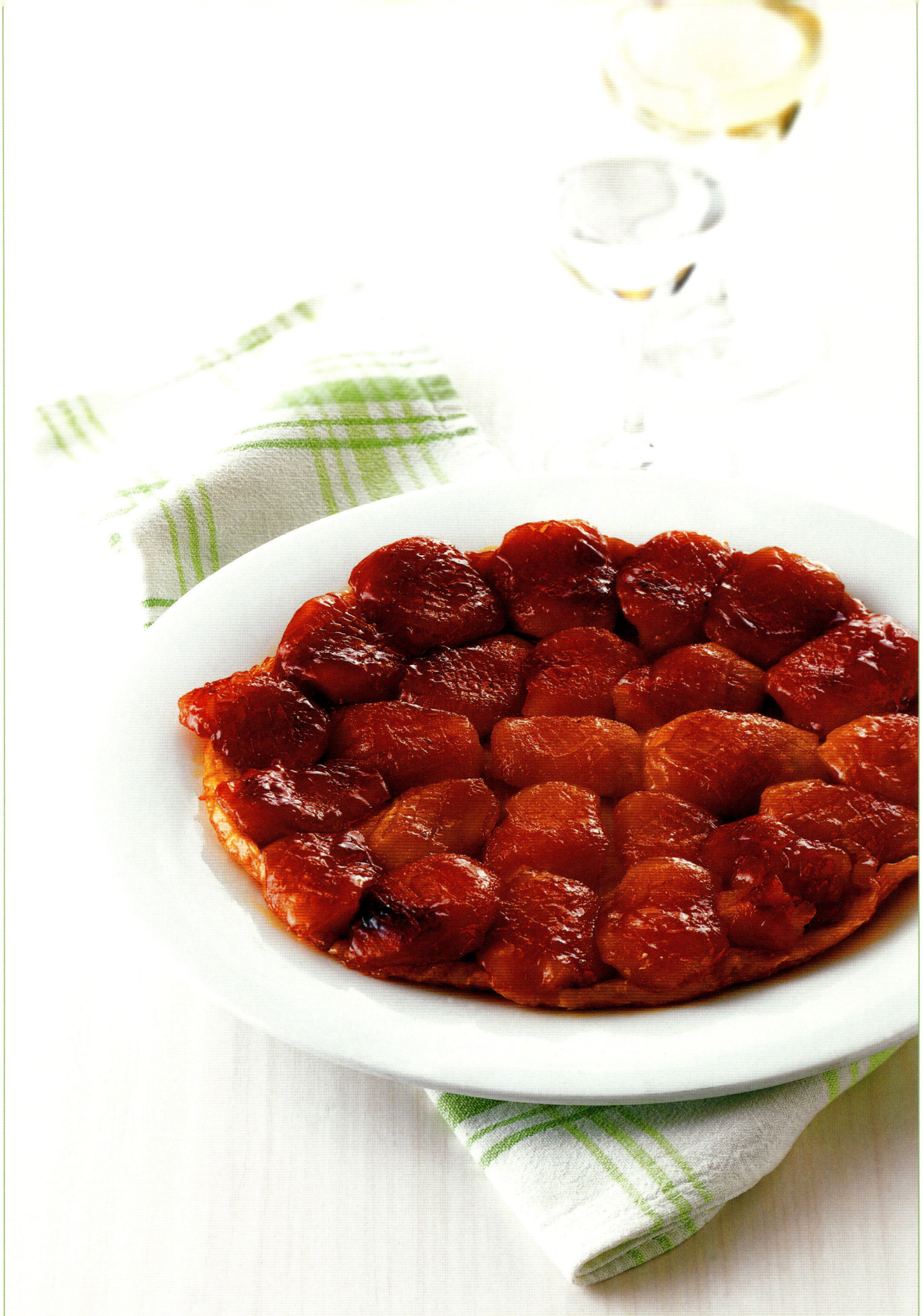

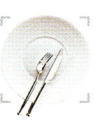

Glasierte Apfeltarte

(für 6 Personen)

Die Tarte kann portionsweise in einer Pfanne mit einem Bodendurchmesser von 12 cm oder für 6 Portionen in einer Pfanne von 26 cm Durchmesser hergestellt werden.

Zutaten:

250 g Blätterteig, tiefgekühlt
1 kg Äpfel (6 bis 7 Stück)
150 g Zucker
50 g Butter in kleinen Würfeln

Zubereitung:

Blätterteig auftauen und auf einer bemehlten Arbeitsfläche auf die Größe der Pfanne ausrollen, danach kühl stellen. Äpfel schälen und Kerngehäuse entfernen, vierteln und in die Apfelaußenseite mit einem Küchenmesser ein rautenförmiges Muster einschneiden. Den Zucker und die Butter in eine ofenfeste Pfanne geben. Die Äpfel mit der eingeritzten Außenseite nach unten in die Pfanne legen. Auf dem Herd bei höchster Stufe karamellisieren, dabei – wenn nötig – die Äpfel verschieben, damit sie überall gleichmäßig vom Karamell überzogen werden. Die Pfanne danach für 6 bis 8 Minuten in den auf 200 °C vorgeheizten Backofenboden stellen. Herausholen und abkühlen lassen. Bis hierher können Sie den Apfelkuchen (nach Bedarf) schon morgens zubereiten. Nach dem Auskühlen mit dem Blätterteig belegen. Den Blätterteig an den Rändern gut auf den Pfannenboden drücken. Mit einer Gabel mehrmals einstechen. Im vorgeheizten Backofen bei 200 °C auf dem Backofenboden 10 bis 12 Minuten backen. Danach den Apfelkuchen auf eine Kuchenplatte stürzen und sofort servieren. Dazu passt hervorragend eine Kugel Vanilleeis (siehe auch Rezept „Birne Helene auf Casinoart" auf Seite 154).

Unser Kellermeister empfiehlt:

Joseph
Gewürztraminer Spätlese
Weingut J. Hofstätter – Südtirol

Aus dem Südtiroler Weindorf Tramin kommt dieser spät gelesene Traminer Aromatico. Die Selektion aus den besten Lagen des Weingutes stand wie vier weitere Hofstätter-Weine im „Gambero-Rosso"-Finale 2004. Seine lebendige Säure macht den von Salbei-, Mango- und Papaya-Aromen geprägten, opulent-süßen Wein zum erfrischenden Begleiter zur Apfeltarte.

Sterne-Regen über Ludwigshafen
Genuss der Spitzenklasse

Der Sternekoch Marc Haeberlin zu Gast in der Küche des Gesellschaftshauses in Ludwigshafen.

Einmal im Jahr verwandelt sich die große Küche im Gesellschaftshaus der BASF in ein Sterne-Atelier. Große Köche geben für 130 Gäste ein kulinarisches Gastspiel. So viele Plätze hat das Restaurant im Gesellschaftshaus. Sie sind, wenn am Jahresanfang der „Genießerkalender" der Wirtschaftsbetriebe der BASF erscheint, innerhalb von wenigen Tagen ausverkauft. Der Weg in die Wöhlerstraße 15 in Ludwigshafen ist kürzer als der nach Baiersbronn, nach Schaffhausen, nach Sylt oder nach Illhaeusern.

Das Gastspiel der Sterne-Köche in Ludwigshafen, erstmals angeboten im Jahr 2000, hat rasch sein begeistertes Publikum gefunden. Lea Linster aus Frisange in Luxemburg und Jörg Müller vom gleichnamigen Sylter Spitzenrestaurant machten den Anfang, Wolfgang Raub aus Kuppenheim und Hans-Stefan Steinheuer von der Poststube in Bad Neuenahr-Heppingen folgten. Lea Linster brillierte im Rahmen eines 6-Gänge-Menüs mit ihrem Selle d'agneau im Kartoffelmantel, mit dem sie 1989 den begehrten Bocuse d'Or in Lyon gewonnen hat, Hans-Stefan Steinheuer brachte den gefüllten Kalbsschwanz in der Schalottensauce vom Spätburgunder der Ahr mit an den Rhein, André Jaeger von der Fischerzunft in Schaffhausen ließ mit einer Challans-Ente mit Sternanis und Ingwer eine Ahnung von Asien auf der Zunge zergehen.

STARKÖCHE IN DER BETRIEBSKÜCHE

Der Ruf der Küche im Ludwigshafener Gesellschaftshaus reicht schon geraume Zeit über die Region Rhein-Neckar hinaus. Dass große Köche ihrer Einladung Folge leisten, spricht ohne große Worte dafür. Hilfestellung bei der Kontaktanbahnung leistet Bert Schreiber, Generalsekretär der Confédération Culinaire Internationale de la Marmite, eines Zusammenschlusses aller organisierten Hobby-Köche, der im nahen Mannheim residiert. Die Wirtschaftsbetriebe der BASF verfolgen mit dieser spektakulären Vergrößerung ihrer Veranstaltungspalette mehrere Ziele. Der kulinarische Sterne-Reigen erhöht den Bekanntheitsgrad des Gesellschaftshauses, das sich erst vor wenigen Jahren über die Werksgrenzen hinaus für alle Gäste geöffnet hat. Er belebt aber auch die eigene Ludwigshafener Küche und fördert die Kochkunst der Werksköche – einer Brigade, die weniger Fluktuation kennt als andere Restaurantküchen. Ohnehin schickt die BASF ihre

Köche gerne zu Seminaren großer Spitzenköche des In- und Auslands. Die Küche ist stets der Ausweis eines Hauses, das Gäste zu empfangen weiß – das gilt für ein international operierendes Unternehmen ebenso wie für das Hotel oder den Privathaushalt. Dem Unternehmen bietet die gute Küche zudem einen wichtigen Beitrag zur Repräsentation und zur Pflege der Kundenbeziehungen.

„H" WIE HAEBERLIN „W" WIE WOHLFAHRT

Sterne-Köche kommen gerne nach Ludwigshafen. Davon macht auch Marc Haeberlin kein Ausnahme, Küchenchef und Mitinhaber der Auberge de l'Ill, des berühmten 3-Sterne-Restaurants im elsässischen Illhaeusern. Dort, wo noch die Störche auf dem Scheunendach nisten, wo die Butzenscheiben der Fachwerkhäuser funkeln und wo der Gewürztraminer dem Winzer ins Haus wächst, behauptet die Auberge am Ufer der Ill – 1878 als einfacher Landgasthof gegründet – seit 1967 ihre drei Sterne. Vor Marc Haeberlins Ludwigshafener Gastspiel kehrten der Souschef, der Chef Patissier und der Chef Sommelier des BASF-Gesellschaftshauses für die Dauer von drei unvergesslichen Tagen in Illhaeusern ein. Sie schlossen Bekanntschaft mit der Atmosphäre und mit den Feinheiten dieser großen Küche, mit dem Service, sie waren beeindruckt von der Ruhe und vom unaufgeregten Arbeitsstil in diesem Spitzenrestaurant. Nicht nur in Ludwigshafen gilt es als eine Auszeichnung, den Haeberlins assistiert zu haben. „Die Auberge de l'Ill muss man einatmen", sagten sie nach der Rückkehr.

DIE TERRINE MIT DEM DOPPELTEN „H"

Marc Haeberlin hat für das 6-Gänge-Menü in Ludwigshafen die Gänseleber in den weiß-blauen Terrinen mit dem charakteristischen „hh" aus Illhaeusern mitgebracht. Das doppelte h auf den Terrinen steht für die Namen der Brüder Paul und Jean-Pierre Haeberlin, dem 80-jährigen Vater und dem 78-jährigen Onkel von Marc, den Begründern des großen Rufs dieses Hauses. Die BASF-Köche, die Marc Haeberlin in Illhaeusern assistierten, haben inzwischen ganze Vorarbeit geleistet. So folgt auf den Gänseleberauftakt rasch das Spargelcremesüppchen mit Flusskrebsen, der Lachs in Weißweinsauce und – das Hauptgericht – das gebratene Taubenkotelett mit Wirsing und Trüffeln zur Portweinsauce, schließlich abgerundet durch eine Variation von dreierlei Münsterkäse zum Feigenbrot aus der Mannheimer Spezialitäten-Bäckerei Grimminger und zu guter Letzt von einem Pfirsich Paul Haeberlin mit Pistazieneis und Sabayone. Beeindruckt waren Marc Haeberlin und seine beiden jungen Begleitköche Nicola und Jean-Edern von der hochmodernen Ludwigshafener Küche. „Es ist eine der schönsten Küchen, die ich je gesehen habe", ruft Marc aus, „groß, sauber, viel Platz, viel Licht." Die Fachsimpelei mit BASF-Chefkoch Karl-Hermann Franck geht weiter: „Wie viel Couverts machst du hier?" „Im Gesellschaftshaus 300 bis 500 in der Spitze, mit 28 Köchen" „Oui. Wir sind 25 Köche, und 200 Couverts in zwei Schichten ..."

VIELLEICHT DAS TAUBENKOTELETT?

Das Menü, das Marc Haeberlin in Ludwigshafen gekocht hat, ist typisch für seine Auberge de l'Ill. Das Lachssoufflé ist der Klassiker des Hauses, der in dem berühmten Lokal immer wieder verlangt wird, kreiert von Marcs Vater Paul. „Jeder Koch macht im Lauf seines Lebens vielleicht doch nur ein einziges Gericht, das ihn überlebt", sinniert

Über die Schulter geschaut: Marc Haeberlin verrät den BASF-Köchen kleine Tipps und Tricks.

Marc Haeberlin: Aus seiner Küche vielleicht das Taubenkotelett? Marc Haeberlin will, dass man bei seinen Gerichten das Elsass schmeckt, dass man die Landschaft auf der Zunge hat. Er bekennt sich zur klassischen französischen Küche als seiner Basis, auch wenn Anregungen aus Asien oder aus Italien nicht verschmäht werden. „Man wird mit der klassischen französischen Küche nie ein so breites Publikum erreichen können wie mit der italienischen, in der man billiger und leichter kochen kann. Aber die französische Küche ist die Grundlage und bleibt es auch – sie muss nur leichter werden." Haeberlin erkennt unter den allgemeinen Trends auch eine Rückbesinnung auf die Hausmannskost, die hin und wieder auch seine Küche inspiriert – wie bei der gefüllten Lammschulter zum Beispiel oder bei dem im Ganzen gebratenen Hasen.

Marc Haeberlin, der vor über 30 Jahren im „Erbprinzen" im badischen Ettlingen gelernt hat, kocht nur selten außerhalb seines Hauses. Im Oriental in Bangkok hat er schon gastiert, im Raffles in Singapur, im Pierre in New York, auch in Los Angeles, in Boston oder in Louisiana. Das sind ja nun etwas andere Adressen als die BASF in Ludwigshafen. Deren Einladung hat er angenommen, „weil mir die Leute hier sympathisch waren. Hans Haas vom Tantris in München sagte, du kannst das machen, die sind in Ordnung."

Ein gutes Team:
Marc Haeberlin und der BASF-Chefkoch
Karl-Hermann Franck.

KULINARISCHES FEUERWERK

Von einem BASF-Vorstand, der in der „Traube Tonbach" zu Gast war, wurde Deutschlands Spitzenkoch Harald Wohlfahrt für ein Küchengastspiel in Ludwigshafen gewonnen. Das kulinarische Feuerwerk, das Wohlfahrt an einem großen Abend im BASF-Gesellschaftshaus abgebrannt hat, hat dort 130 Gäste entzückt. Seit einem Jahrzehnt gilt der Badener vom Jahrgang 1955 als der Erste unter den deutschen Köchen – seit 1992 behauptet er die drei Sterne im Michelin, der inzwischen Guide Rouge heißt. Sein Reich ist die Schwarzwaldstube im Hotel Traube Tonbach im gleichnamigen Ortsteil von Baiersbronn im nördlichen Schwarzwald. Dort residiert er als Küchenchef, davor als Souschef. In den siebziger Jahren war bei der Hotelierfamilie Finkbeiner der Plan gereift, in ihrer „Traube" ein Luxusrestaurant zu positionieren, wie es damals in Deutschland nur wenige gab – die „Schweizer Stuben" in Wertheim zum Beispiel oder das „Tantris" in München. Die Finkbeiners erkannten das ungewöhnliche Talent des jungen Kochs und förderten es nach Kräften. 1980 trat Harald Wohlfahrt in der „Traube Tonbach" an den Platz seines Vorgängers Wolfgang Staudenmeier, der seither im Mannheimer Restaurant „Da Gianni" kocht.

INSPIRATIONEN AUS ASIEN UND VOM MITTELMEER

Nuancenreich und experimentierfreudig bereichert Harald Wohlfahrt die deutsche Spitzenküche. Vier Köche brachte er zum Ludwigshafener 6-Gänge-Gastspiel mit, zwölf weitere Köche stellten die BASF-Wirtschaftsbetriebe bereit. Auch Harald Wohlfahrt baut auf der klassischen französischen Küche auf. Doch er sucht auch das Spannungsfeld zwischen asiatischer und mediterraner Küche und zeigt mit großer Könnerschaft, dass diese so unterschiedlichen Geschmacksrichtungen zur Harmonie geführt werden können. Er geht die Herausforderung ein, Komponenten beider Küchen auf den gleichen Teller zu bringen – und seine Ludwigshafener Gäste erlebten schon an der Vorspeise, dass er das Wagnis dieser Kombination beherrscht. „Zweierlei vom Bretonischen Hummer mit Limonenmarinade und Koriandersauce" entpuppte sich als eine köstliche Variation des Schalentiers aus südländischer und ostasiatischer Küche. Im nächsten Gang wurden Kartoffelravioli mit Spitzmorcheln und geschmorten Milchkalbsbäckchen zu Petersiliensauce serviert, gefolgt von einem Rotbarbenfilet auf einem Ragout, das Wohlfahrts Gäste Staunen lehrte: Senfsaat, Oliven, Tomaten und Pinienkerne wurden dabei in einem köstlichen Gemüse-Gewürz-Bett vereint. Beim Hauptgericht, einem gratinierten Lammkarree, hatte der Chefkoch Ingwercreme und Paprikasahne auf die Fleischstücke aufgetragen und später noch Rosmarinjus hinzugefügt. Zum Käsegang wurden marinierter Saint-Maure auf Blätterteig und Radieschensprossen gereicht, bevor der Dessertteller kam: eine karamellisierte Birnen-Schokoladen-Tarte auf Biskuit mit Krokanteis.

DIE KÜCHE WIRD MULTIKULTURELL

Der 3-Sterne-Koch Harald Wohlfahrt kocht gemeinsam mit BASF-Chefkoch Karl-Herrmann Franck.

Wohin entwickelt sich die Spitzenküche, welche Trends sind erkennbar? „Die Küche ist multikulturell geworden", sagt Harald Wohlfahrt, „auch Köche werden Global Player." Es ist eine Verbindung aus Moderne und Tradition, die entsteht. Wohlfahrt empfiehlt, nur die besten Nahrungsmittel zu verwenden, sie aus jenen Ländern und Regionen zu beziehen, wo sie am vortrefflichsten gedeihen, und diese Produkte zu veredeln – „das ist meine Philosophie. Es gibt hervorragende indische Gewürze, es gibt das Somafer-Lammfleisch aus Frankreich, es gibt den Schinken vom Schwarzen Schwein aus dem Baskenland, es gibt herrliche deutsche Pilze zum Risotto." Das und vieles anderes solle das Luxusrestaurant in vollendeter Kochkunst zubereiten, „und zwar zeitgemäß leicht". Die Hausmannskost suche man im Luxusrestaurant nicht. Der Gast bevorzuge heute viele kleine Schlemmereien, aber keine Völlerei mehr. Sehr frische, beste Produkte aus der idealen Herkunftsregion in der richtigen Jahreszeit vollendet zubereiten und das Gericht lustvoll darzubieten, „das ist die Kunst". Und was ist das persönliche Leibgericht von Deutschlands Spitzenkoch? Er sei ein Liebhaber von Fisch, bekennt Harald Wohlfahrt, und einen Wolfsbarsch, im Ganzen zubereitet mit Haut und Gräten, den isst er gerne.

RIOJA

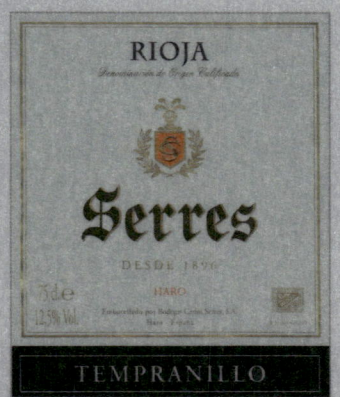

Rioja — Serres
TEMPRANILLO

Imperial Gran Reserva — Cosecha 1996

Conde de Valdemar — Gran Reserva

TORO

Bajoz — TINTA DE TORO

RIOJA

Serres

TEMPRANILLO

TORO

BAJOZ

CONDE DE VALDEMAR
GRAN RESERVA

IMPERIAL
GRAN RESERVA

13,5% Vol.
75 cl e

COSECHA
1996

TEMPRANILLO

TEMPRANILLO

Der Stoff, aus dem Spaniens große Rote sind

Die Tempranillo ist Spaniens Königin der roten Rebsorten. Sie dominiert alle großen Rotweine des Landes, die Rioja-Klassiker ebenso wie die alten und die neuen Stars aus Ribera del Duero: Vegas Sicilia, Pesquera und den Kultwein Pingus.

Wie stark verbreitet sie in Spaniens Weinbergen ist, wird dadurch verschleiert, dass sie unter verschiedenen Namen auftritt: In der Rioja unter Tempranillo, in Ribera del Duero heißt sie Tinto Fino oder Tinto del País, in Valdepenas Cencibel, im Penedés Ull de Llebre (katalanisch) oder Ojo de Liebre (spanisch), in dem kleinen, aufstrebenden Weinbaugebiet Toro wird sie Tinta de Toro genannt und in den Weinregionen um Spaniens Hauptstadt Tinto de Madrid. Mit 78 000 Hektar Rebfläche nimmt die Tempranillo hinter der Garnacha, die auf 105 000 Hektar wächst, Rang 2 unter den roten Rebsorten Spaniens ein.

Sortenrein gekeltert entstehen aus ihr hervorragende jóvenes mit köstlichen Himbeer- und Erdbeeraromen. Meisterleistungen erbringt sie in den großen Riojas, an denen sie mit 70 Prozent und mehr beteiligt ist; den Rest teilen sich Garnacha, Graciano und Mazuelo. In den Rioja-Cuvées übernimmt sie – im Vergleich mit den berühmten Médoc-Blends – die Rolle des Cabernet Sauvignon, während die viel fruchtigere und saftigere Garnacha den Part der molligen Merlot spielt. Tempranillo prägt den Geschmack und gibt dem Wein das Potenzial zu altern, Garnacha verleiht ihm das nötige Gewicht.

In Ribera del Duero entstehen aus der Tempranillo hauptsächlich reinsortige, angenehm-würzige crianzas und in guten Jahren großartige reservas. Und einige Erzeuger in Navarra, Toro und Katalonien erzielen mit dem Gespann Tempranillo-Cabernet Sauvignon spektakuläre Ergebnisse.

Tempranillo klingt zwar nach spanischem Temperament, Kastagnetten und Flamenco, doch bedeutet temprano im Spanischen „früh" und weist auf eine weinbauliche Besonderheit der Rebsorte hin: Sie treibt zeitig aus und ist deshalb in den höheren Lagen der Rioja (bis 500 Meter), in Ribera del Duero (750 bis 800 Meter), in Toro (600 bis 750 Meter) und im Hoch-Penedés (500 bis 850 Meter) durch Spätfröste gefährdet. Der frühe Austrieb korrespondiert nicht unbedingt mit früher Ernte: In der Rioja zieht sich die Lese bis weit in den Oktober hinein.

Die Rebstöcke werden auf zwei Arten erzogen: Traditionell schneiden die Winzer ihre Reben en vaso, im Gobeletsystem also, bei dem die Pflanze buschartig und ohne Stütze wächst. Im modernen Weinbau hat sich die Reberziehung an Spanndrähten durchgesetzt, deren Vorteil in einer geringeren Anfälligkeit für Rebkrankheiten gesehen wird. Zugleich ist sie Voraussetzung für eine maschinelle Lese.

EXPLOSION DER FRUCHTAROMEN

Der wohl berühmteste Wein aus der Tempranillo ist Vega Sicilia. Für Kellermeister Javier de Castro liefert sie „den Stoff für Extreme". Die Tempranillo ist „die beste Traube der Welt bei niedrigem Ertrag, 20 bis 25 Hektoliter pro Hektar, und vollständiger Reife, und sie ist die schlechteste, wenn die Erträge zu hoch, über 40 Hektoliter pro Hektar, oder die Trauben nicht reif sind". Ausgereift und bei gezügeltem Ertrag kommt es zu einer „Explosion der Fruchtaromen" mit Anklängen an Johannisbeeren und Waldfrüchte, wenn der Wein dann älter wird, erinnern sie an Backpflaumen und in Alkohol eingelegte Zwetschgen.

Tempranillo-Weine behalten lange ihre Frische. So weisen Riojas im Alter eine charakteristische Säure auf, die sie von allen anderen großen Rotweinen der Welt unterscheidet. Insbesondere Trauben aus hoch gelegenen und nach Norden ausgerichteten Hängen bringen eine höhere Säure ein, zumal wenn sie auf Kalkböden gewachsen sind.

Riojas aus guten Jahrgängen besitzen ein erstaunliches Lagerungspotenzial. Sie eignen sich geradezu ideal zum Ausbau im Barrique. Tempranillo besitzt einen reduktiven Charakter, das heißt, der Wein schließt sich gegen Sauerstoffeinwirkungen ab, während Garnacha im Gegensatz dazu oxidativ ist.

Die Tempranillo ist ein urspanisches Gewächs. Zwar sagt die Legende, dass Mönche sie auf dem Pilgerweg nach Santiago de Compostela aus dem Burgund mitgebracht hätten, doch sind sich Rebforscher ziemlich sicher, dass die Wiege der Tempranillo in der Rioja stand.

Die Rioja, im Norden Spaniens gelegen, ist heute das wichtigste Qualitätsweingebiet des Landes. Es ist nach dem Fluss (rio) Oja benannt und erstreckt sich auf einem 120 km langen und 40 km breiten Streifen entlang des Ebro. Als die Römer im 1. Jahrhundert auf die Iberische Halbinsel vordrangen, stießen sie auf einen Stamm, der Weinbau betrieb. Sie nannten ihn Celtiberi. Da die römischen Legionen mit gutem Wein versorgt werden wollten, zeigten sie den iberischen Kelten, wie sie die Weinbereitung verbessern konnten. Als nach dem Zusammenbruch des Römischen Reiches die Mauren im 8. Jahrhundert von Nordafrika aus fast die gesamte Halbinsel eroberten, war der Weinbau in der Rioja ein wichtiger Wirtschaftszweig.

Die muslimischen Eroberer perfektionierten zwar das Destillationsverfahren, benutzten Alkohol aber nur zur Herstellung von Duftwässern und für medizinische Zwecke, den Genuss alkoholischer Getränke lehnten sie ab. Trotz striktem Alkoholverbot blieb die Weinerzeugung den einheimischen Bauern weiterhin erlaubt. Als Ferdinand von Aragonien und Isabella von Kastilien, Los Reyes Católicos, die Araber aus dem Land vertrieben, das sie 700 Jahre beherrscht hatten, und wenig später Amerika entdeckt wurde, begann der Rioja-Weinbau zu florieren, zumal sich der Export sowohl in die Neue Welt als auch nach Frankreich, Italien und Flandern stürmisch entwickelte (nur die Engländer interessierten sich mehr für „Sherris Sack", den süßen gespriteten Wein aus Jerez).

RIOJA-PIONIER MARQUÉS DE RISCAL

Mitte des 19. Jahrhunderts tat sich in der Rioja dann Entscheidendes. Don Camilo Hurtado de Amezaga, der spätere Erbe des Titels Marqués de Riscal, legte den Grundstein für den spanischen Wein moderner Prägung. Don Camilo, der wegen politischer Äußerungen gezwungen war, nach Frankreich ins Exil zu gehen, verbrachte mehrere Jahre in Bordeaux. Da er aus einer mit dem Weinbau verwachsenen Familie stammte, interessierte er sich für die im Bordelais praktizierte Methode des Ausbaus in kleinen Eichenholzfässern. Mit ein paar barricas bordelesas, französischem Know-how und der festen Überzeugung, dass auf dem Land seiner Familie ein ebenso guter Wein entstehen könne wie in Bordeaux, kehrte er in die Heimat zurück.

Zur gleichen Zeit heuerten die Behörden in Rioja einen französischen Winzer namens Jean Pineau an, damit er seine spanischen Kollegen in die Geheimnisse der Bordelaiser Weinbereitung einweihte. Da die Riojanos sich nicht belehren lassen wollten, schon gar nicht von einem Franzosen, war seinem Auftrag kein Erfolg beschieden. Don Camilo engagierte den gescheiterten Missionar, um ihn die Errichtung seiner Bodega nach Bordeaux-Vorbild und die Pflanzung von Cabernet-Sauvignon-Reben beaufsichtigen zu lassen. Dank des Erfolgs, den Don Camilo schon bald mit seinen Weinen nach Bordelaiser Machart hatte, eiferten ihm viele Rioja-Erzeuger schnurstracks nach.

Cabernet Sauvignon ist in der Rioja bis heute nur als „Versuchsrebe" zugelassen. Da Marqués de Riscal seine Cabernet-Reben bereits lange vor Festlegung der D.O.-Bestimmungen gepflanzt hatte, wurden sie behördlich sanktioniert. Bei einer Vertikalverkostung herausragender Riscal-Jahrgänge des „Wine Spectator" zeigte sich, dass die Weine mit hohem Cabernet-Sauvignon-Anteil am besten abschnitten. Die Traumzahl von 99 Punkten erreichte Jahrgang 1949, der sich in Kraft und Farbe wie ein Jüngling präsentierte. Übrigens ist Marqués de Riscal wohl das einzige Weingut der Welt, das jedem Besucher, den man hoch genug schätzt, einen Wein aus seinem Geburtsjahrgang kredenzen kann.

DIE ERSTE DOCA

Seit die spanische Regierung 1991 dem Rioja als erstem und bisher einzigem Wein den neuen Qualitätsrang Denominación de Origen Calificada (DOCa) zuerkannte, sind schlechte Weine mit dem Namen Rioja auf dem Etikett selten geworden, und die besten sind seit den Jahrgängen 1994 und 1995 so gut wie nie zuvor.

Rioja besteht aus 3 Untergebieten: Rioja Alavesa nördlich des Rio Ebro in der baskischen Provinz Alava, Rioja Alta südlich des Ebro und westlich von Logroño sowie Rioja Baja östlich von Logroño; diese subzona reicht nach Navarra hinein. Jedes Rioja-Gut kann seine Trauben aus der gesamten Zone beziehen, das heißt, der Wein einer Bodega in Rioja Alta muss nicht zwangsläufig aus einheimischem Lesegut erzeugt sein.

Jede dieser Subzonen pflegt ihren eigenen Weinstil. Im Baskenland bringen einige Bodegas reinsortige Tempranillo-Weine schon bald nach der Lese auf den Markt, die nur kurze Zeit oder überhaupt nicht mit Holz in Berührung gekommen sind. Die großen Rioja-Häuser zu beiden Seiten des Ebro fahren oft zweigleisig und bieten frische, fruchtige, überwiegend aus Tempranillo gekelterte jóvenes und ausgewogene Cuvées aus reiferen Trauben mit langem Fassausbau an. Der typische Sortenmix setzt sich je nach Jahrgang aus 70 Prozent Tempranillo, 20 Prozent Garnacha und jeweils 5 Prozent Graciano und Mazuelo zusammen; zuweilen kommt noch die „Versuchsrebe" Cabernet Sauvignon ins Spiel. In Rioja Baja schließlich konzentrieren sich die Erzeuger auf die Garnacha, die sich besonders in langen, heißen Reifeperioden bewährt. Lesegut von jungen Reben liefert fruchtige, aromatische, früh genussreife Tropfen, während Trauben von alten Stöcken wunderbar reife Weine hervorbringen. Eines haben alle gemeinsam: Sie sind typische Riojas.

In der Rioja gibt es 250 Bodegas. Zu den führenden Erzeugern zählen die einstigen Pioniere Marqués de Riscal, gegründet 1860 in Elciego, und Marqués de Murrieta, gegründet 1872 in Logroño. Marqués de Riscal-Weine mit „Barón de Chirel" an der Spitze sind auf den Weinkarten der Top-Restaurants rund um den Globus zu finden – nicht zuletzt ein Verdienst des verstorbenen Vaters von König Juan Carlos, der auf seinen Reisen, wo immer er dinierte, eine Flasche Marqués de Riscal bestellte. Patrons, die ihn enttäuschen mussten, legte er seinen Lieblingswein wärmstens ans Herz.

In vorderster Linie steht auch die große Compañía Vinícola del Norte de España in Haro; da sich das Kürzel C.V.N.E wie „Cune" ausspricht, wird das Haus, das sich bis heute im Besitz der Gründerfamilie befindet, auch so genannt. Die Bodega verfügt über 540 Hektar eigene Weinberge. Die Effizienz ihrer Kellertechnik hat sie in der Branche berühmt gemacht und spanische wie ausländische Kellereien zur Nachahmung angeregt. Spektakulär sind ihre 136 Schwebetanks à 25 000 Liter, die die Maische ohne Pumpeneinwirkung zu beweglichen Pressen befördern. Die BASF-Kellerei bietet den Spitzenwein der Bodega, die 35 Monate in französischer Eiche ausgebaute Imperial Gran Reserva an. Dieser Wein gehöre zum Besten, was die Rioja zu bieten hat, urteilt Peter Hilgard in „Rioja mit allen Sinnen".

Zu den erfolgreichsten Gütern der Rioja Alavesa gehört Martínez Bujanda in Oyón. Die Bodega schöpft aus 400 Hektar eigener Weinberge. Ihre Conde de Valdemar-Weine sind Riojas modernen Stils. Die ersten Weine aus der bis 1996 auf den neuesten Stand der Technik gebrachten Bodega stießen freilich auf heftige Kritik. Was war von Rioja-Weinen zu halten, die mehr von Frucht als von Holz geprägt waren und aus einer ultramodernen Kellerei kamen, in der keine einzige Spinnwebe von der Decke hing? Spanische Weinjournalisten beschuldigten sie des Verrats am traditionellen Rioja-Stil. „Kurioserweise haben viele der jüngeren deutschen Weinliebhaber die Rioja über diese Weine kennen und schätzen gelernt und halten ihren Stil für klassisch", schreibt Weinautor David Schwarzwälder.

NEU: RIOJAS AUS EINZELLAGEN

Beträchtliches Aufsehen erregte ihr Cru „Finca Valpiedra Reserva" aus den Top-Lagen eines terrassenförmig angelegten Weinbergs am Ebro, denn Weine aus Einzellagen sind in der Rioja etwas Neues, pflegen doch die Bodegas Trauben aus allen drei Subzonen zu kaufen und daraus ihre individuellen Cuvées zu komponieren. Die BASF hat diesen neuen Stern der Bujandas in ihre Weinliste aufgenommen.

aus den eigenen 60 Hektar großen Weingärten. Die immer mehr zum Einsatz kommenden französischen Eichenbarriques geben seinen Valserrano-Weinen eine aromatische Note. Die Gran Reserva präsentiert sich mit dem Duft von Waldaromen. Im Geschmack finden sich Noten von Tabak, Leder und Eukalyptus sowie die feine Frucht der Beeren.

Kaum eine andere Bodega in Rioja Alta hält so konstant ihre Qualität wie Berberana in Cenicero. Sie ist heute Teil der Bodegas Unidas Arco, einer Gruppe, zu der auch Marqués de Griñón gehört. Produziert werden moderne, vollfruchtige Rotweine von joven bis reserva especial, die beispielhaft sind.

Mindestens zwei Dutzend weiterer Bodegas, moderne wie traditionelle, wären anzuführen, wollte man die Liste der Spitzenreiter komplettieren: Marqués de Cáceres, Montecillo, Palacio, Faustino ...

DIE STARS VON RIBERA DEL DUERO

Mit dem Weingut Vega Sicilia, das 1864 gegründet wurde, begann der Aufstieg von Ribera del Duero – 118 Jahre vor Verleihung des DO-Status. Don Eloy Lecanda Chaves erkannte als Erster die Vorzüge der sanften Hänge am Ufer des Duero mitten im kargen Hochland der kastilischen Meseta für den Weinbau. Bei seiner Rückkehr aus Bordeaux, wo er sich mit den dortigen Methoden des Weinbaus und der Weinbereitung vertraut machte, hatte er kleine Eichenfässer und französische Rebsorten im Gepäck – die Parallele zu Marqués de Riscal ist auffällig. Mit dieser Grundausstattung begann er auf Pago de la Vega Santa Cecilia y Carrascal in der Nähe von Valbueno, einen Weinberg in Médoc-Manier anzulegen. Die wesentliche Erkenntnis, die er in den Folgejahren gewann, war die, dass die heimische Tinto del País, die blaue Landrebe, sich Cabernet und Merlot ebenbürtig erwies, ja in trockenen Jahren den französischen Edelreben sogar überlegen war.

Heute kennt die Welt Don Eloys Weingut unter dem Namen Vega Sicilia und die blaue Landrebe als Tempranillo. Don Eloys Erfolg lockte andere Winzer in die Gegend. Sie fanden dort einen für den Rebanbau idealen Boden vor. Das Muttergestein besteht aus derselben Schieferschicht, die im Osten im Priorato und im Westen in den besten Port-Weinbergen im Duerotal zutage tritt. Der darüber

Nicht was die Größe, wohl aber was die Qualität betrifft, gehören die Bodegas Muga in Haro zu den ersten Adressen. Die Muga-Weine sind nie mächtig, sondern zeigen immer die für Rioja typische feine, auffallend klare Frucht. Das Gut verschmäht Edelstahl: Alle Weine gären und reifen in Eichenholz.

Obwohl die Rioja Alavesa für ihre fruchtigen Jungweine bekannt ist, baut Juan Pablo de Simón, Besitzer der Bodegas de la Marquesa im baskischen Winzerdorf Villabuena, ausnahmslos holzgereifte Weine aus. Der frühere Bankdirektor gab eine erfolgreiche Karriere in der Hauptstadt auf, um das Weingut seiner Familie zu übernehmen. Wie sein Urgroßvater, der 1880 in einem 250 Jahre alten Kellerstollen mit der Weinerzeugung begann, verwendet er ausschließlich Trauben – über 80 Prozent Tempranillo –

liegende Boden enthält viel Gips, jede Menge Mineralien und – als wichtigsten Bestandteil – Kalk, und zwar so viel davon, dass ganze Landstriche wie mit Schnee bedeckt aussehen.

WEINBAU AUF 850 METER HÖHE

Neben dem Boden ist die Höhenlage für die Qualität der Trauben von Belang. Die Rebflächen zu beiden Seiten des Duero liegen 750 bis 850 Meter über dem Meeresspiegel. Im Hochsommer erreichen die Temperaturen mittags über 40 Grad Celsius, nachts sinken sie auf unter 20 Grad. Diese starken Schwankungen wirken sich auf die Aromenbildung in den Trauben äußerst positiv aus. Wohl müssen die Winzer, die lediglich an 120 Tagen im Jahr vor Nachtfrösten sicher sein können, all ihre Erfahrung und ihr ganzes Können aufbieten, um die Trauben in diesen extremen Höhenlagen zur vollen Reife zu bringen. Trotz des fabelhaften Terroirs und dem phantastischen Vorbild von Vega Sicilia ließ der Erfolg auf sich warten. Dass der Wein aus der gleichen Region wie Vega Sicilia kommt, erwies sich als zu schwaches Verkaufsargument. Warum sollte man einen ziemlich teuren Wein aus einer unbekannten Gegend kaufen, wenn man für denselben Preis Rioja-Weine bekam, deren Qualität bekannt war? Viele Winzer warfen die Flinte ins Korn und bauten statt Wein wieder Obst und Gemüse an.

Zumindest ein Winzer in Pesquera ließ sich nicht entmutigen: Alejandro Fernández. Der gelernte Techniker hatte mit der Erfindung von Erntemaschinen für Zuckerrüben ein Vermögen gemacht. 1972 baute er eine Bodega, die er auf den neuesten Stand der Technik brachte und, gespickt mit eigenen Erfindungen, so ausstattete, dass sie sowohl nach Qualitäts- als auch nach Kostengesichtspunkten eine optimale Weinerzeugung möglich machte. Als Quereinsteiger ging er unbeeinflusst von Gewohnheiten und Überlieferungen ans Werk. Er wollte einfach nur guten Wein machen – und das ist ihm bis heute mit Bravour gelungen. Das weltweite Interesse an Fernández' Weinen ließ viele Winzer in der Region neuen Mut schöpfen. Ende der 1980er-Jahre bestockten sie ihre Weinberge neu, und bis Mitte der 1990er-Jahre lief die Modernisierung der Bodegas auf Hochtouren.

Die Weine aus Ribera del Duero zählen heute zu den besten Gewächsen Spaniens und genießen weltweite Anerkennung. Die heimische Rebsorte Tinta del País, die auch Tinto Fino genannt wird und praktisch identisch mit Tempranillo ist, bringt komplexe, facettenreiche und alterungsfähige Weine hervor. Ribera del Duero-Weine müssen mindestens 75 Prozent Tempranillo enthalten. Ihre Wertschätzung verdanken sie der wunderbaren Frucht, dem hohen Extraktgehalt und den süß anmutenden Tanninen, die sehr viel schneller weich werden als zum Beispiel die in einem Cabernet Sauvignon.

Alejandro Fernández, der bis heute die Leitfigur im Ribera del Duero geblieben ist, setzt zu 100 Prozent auf Tempranillo, die er in amerikanischer Eiche ausbaut. Ihm ist es „wie kaum einem anderen spanischen Erzeuger gelungen, Traubenreife und kraftvolle Fruchtkonzentration mit großer Finesse und Eleganz zu verbinden" (David Schwarzwälder). Seine weltweit gefragten Weine sind rar.

EIN DÄNE MISCHT DIE SPANISCHE WEINSZENE AUF

Der Superstar des modernen Ribera del Duero ist der Däne Peter Sisseck, seines Zeichens Kellermeister der Hacienda Monasterio in Valbueno, einem neuen Weingut, das architektonisch ebenso wie mit der Qualität seiner Weine beeindruckt. Die Fans des internationalen Stils sind von Sissecks Weinen begeistert, die er aus 80 Prozent Tempranillo, 15 Prozent Cabernet Sauvignon und 5 Prozent Merlot keltert und in neuen Barriques aus Allier-Eiche ausbaut. „Ich hielt Tempranillo für eine zweitrangige Sorte", bekennt Sisseck, „bis ich entdeckte, dass man sie nach burgundischer Art behandeln muss, anstatt nach Bordelaiser Art." Was in der Tempranillo-Traube steckt, zeigt er mit seinem Pingus, den er von 80 Jahre alten Tinto del País-Reben aus dem Dominio de Pingus in La Harra erzeugt. Schon der 1995er, sein erster Jahrgang, hat Kultstatus erlangt, weil Robert M. Parker ihn mit 98 Punkten auszeichnete. Von diesem Wein, der teurer als Vega Sicilia und Pasquera ist, gibt es jährlich maximal 8500 Flaschen. Ungeachtet der Höchstpreise ist jeder Jahrgang in kürzester Zeit ausverkauft: Die spanische Antwort auf die „Garagenweine" von St. Emilion und Pomerol.

Auch in anderen spanischen Weinbauregionen, die sich in jüngster Zeit ins Rampenlicht geschoben haben, spielt Tempranillo eine Schlüsselrolle. In Toro, der kleinen und aufstrebenden Weinbauregion westlich von Ribera del Duero, geben sich viele bekannte Namen ein Stelldichein. So hat Vega Sicilia mit Alquiriz 2001 seinen ersten Toro-Jahrgang abgeliefert und dafür im „Großen Peñín" auf Anhieb 93 Punkte kassiert. An die Spitze ist Vega de Toro, im Besitz der Rioja-Familie Eguren, mit dem reinsortigen Tinta de Toro „Termantia" (95 Punkte) vorgestoßen.

In der katalanischen Costers del Segre D.O. heißt die Tempranillo „Gotim Bru", braune Traube. Unter dieser Bezeichnung bietet das Weingut der Gebrüder Cusiné, „Castell del Remei", eine fabelhafte Cuvée aus Tempranillo, Cabernet Sauvignon und Merlot an.

In der benachbarten höchst renommierten D.O. Penedés strahlt Miguel Torres als hellster Stern am Weinfirmament. Trotz der Ausrichtung auf internationale Rebsorten, die zu den großen Pionierleistungen dieses Vorzeige-Weingutes gehören, ist der berühmte Coronas eine Crianza aus 85 Prozent Tempranillo und 15 Prozent Cabernet Sauvignon. Auf der Reserva-Stufe, im Gran Coronas, dreht sich das Verhältnis um: 85 Prozent Cabernet Sauvignon und 15 Prozent Tempranillo. Dass Gran Coronas Black Label bei der legendären „Weinolympiade", die Gault Millau 1979 mit großem publizistischem Aufwand veranstaltete, zum Sieger in der Spitzenklasse der Cabernet-Weine gekürt wurde, brachte Miguel Torres weltweite Anerkennung ein; und seither ist der Spanier einer der Stars der internationalen Weinszene.

Julián Chivite, die „größte und beste Bodega in Navarra" (Hugh Johnson), hat 1985 zu ihrem 125-jährigen Bestehen eine reinsortige Tempranillo Gran Reserva herausgebracht, die schnell Berühmtheit erlangte. Sie ist heute in die Premium-Linie des Hauses integriert. Für die Chivite Colección 125 Tinto Gran Reserva verwendet Weinmacher Fernando Chivite, der in Bordeaux und Geisenheim studiert hat, Tempranillo-Trauben verschiedener Lagen; sie gehört zu den besten Weinen Spaniens.

Die navarresische Bodega Nekeas, ein genossenschaftlicher Zusammenschluss von acht Familien, die Mitte der 1990er-Jahre ihre gemeinsame Rebfläche von 195 Hektar neu bestockten und eine Kellerei gründeten, profiliert sich mit einer Tinto Crianza aus Cabernet Sauvignon, Tempranillo und Merlot. Dieser mit schwarzen Früchten bepackte Wein, der am Gaumen ungestüme Kraft zeigt, braucht so seine drei Jahre, bevor die Tannine weichen werden und die reife Frucht voll zur Geltung kommt.

Auch in der Kategorie Vinos de la Tierra (Landweine) gibt es Tempranillos in den absoluten Top-Rängen, insbesondere aus dem Herkunftsgebiet Castilla y León, so den Terreus Pago de Cuevabaja Crianza (95 Prozent Tempranillo, 5 Prozent Garnacha) und den 100-prozentigen Tempranillo Leda Viñas Viejas (beide von José Penín mit 94 Punkten bewertet). In der Region Arribes del Duero ist die Bodega Durius zu Hause, die ein so namhafter Kellermeister wie Carlos Falcó, Marqués de Griñon berät. Die unter dem Namen Hacienda Zorita erzeugten Weine zeichnen sich durch ihr vorzügliches Genuss-Preis-Verhältnis aus, so die ausdrucksstarke Cuvée aus Tempranillo und Juan Garcia aus einer lokalen Traubenspezialität, die 12 Monate in französischen und amerikanischen Eichenfässern gereift ist.

KALIFORNIER LIEBÄUGELN MIT DER RASSIGEN SPANIERIN

So allgegenwärtig die Tempranillo in ihrer Heimat ist, weit entfernt von Spanien hat sie sich bisher nicht. Jenseits der portugiesischen Grenze, im Douro-Tal, ist die

Tinta Roriz, wie die Tempranillo dort heißt, eine der fünf für Portwein zugelassenen Rebsorten. Ihre helle Farbe macht sie für Tawny besonders geeignet. Weiter südlich, im Alentejo, haben die Winzer in den letzten Jahren auf Aragonez – so der dort gebräuchliche Name für Tempranillo – umgepfropft, von der man sich bukettreichere, fruchtigere Weine verspricht. Die Tempranillo-Anbaufläche hat sich innerhalb von drei Jahren verdreifacht.

Im Süden Frankreichs, insbesondere in den Départements Aude und Hérault, ist Tempranillo seit Jahrzehnten zu Hause. Der Tempranillo „Mas de Couy" der Domaine de La Tour Penedesses, ein Vin de Pays de Cassan ist ein herausragendes Beispiel dafür.

Spanische Auswanderer haben die Tempranillo mit nach Argentinien genommen, wo die Winzer sie auf riesige Erträge trimmen. Überall sonst in Übersee wurde sie als rustikale Rebsorte von rein regionaler Bedeutung verkannt. Neuerdings liebäugeln die Kalifornier mit der rassigen Spanierin, sogar die größte Kellerei der Welt, Ernest & Julio Gallo, zeigt Interesse an ihr.

TEMPRANILLO
Ausgewählte Gerichte

Herbstlicher Fasanensalat
(für 4 bis 6 Personen)

Zutaten:
1 ganzer junger Fasan, 1 bis 1,2 kg
Salz, schwarzer Pfeffer, Paprikapulver
(als Würzmischung vermischen)
1 Scheibe grüner Speck zum Bardieren
100 g Karotten, in Stücke gewürfelt
100 g Sellerie mit Schale,
gewaschen, gewürfelt
100 g Zwiebeln, gewürfelt
1 Lorbeerblatt
2 Nelken
4 EL Madeira
3 EL Kalbsfond
(siehe Grundrezept auf Seite 298)

Zutaten Salat:
1 kleiner Eichblattsalat
1 Friséesalat (nur das Gelbe)
200 g Radicchio
1 kleiner Kopf Lollo bianco
150 g Egerlinge

Zutaten Dressing:
Saft von 1 Zitrone
Salz, schwarzer Pfeffer aus der Mühle
3 EL Olivenöl
1 EL Sonnenblumenöl
1 EL Walnussöl
1 EL Trüffelöl
2 EL Crème fraîche
50 g Walnusskerne,
leicht in einer Pfanne geröstet

Zubereitung:
Den küchenfertigen Fasan von der Haut abziehen und mit der Gewürzmischung einreiben. Den Backofen auf 250 °C vorheizen. Die Brustseite mit der Speckscheibe abdecken und mit einem Bindfaden (bardieren) über Kreuz festbinden. Das Gemüse und die Gewürze in einen Topf geben, den Fasan darauf legen, Brustseite nach oben und auf der untersten Schiene in den heißen Backofen schieben. 10 Minuten anbraten, den Backofen öffnen, die Temperatur auf 80 °C reduzieren. Sobald der Backofen abgekühlt ist, die Tür wieder verschließen und den Fasan 1 Stunde bei 80 °C garen. Den Fasan aus dem Brattopf nehmen. Den Madeira und den Kalbsfond in den Topf zu dem Bratensatz geben und bei kleiner Hitze 10 Minuten ziehen lassen. Den Fond durch ein feines Sieb passieren, entfetten und um die Hälfte reduzieren.

Zubereitung Salat:
Den Salat putzen und in große Blattteile verarbeiten, waschen und trockenschleudern. Die Egerlinge trocken abbürsten und in Scheiben schneiden.

Zubereitung Dressing:
Den Zitronensaft mit Salz und Pfeffer verrühren. Mit den 4 Ölsorten gut verrühren, bis die Sauce homogen ist, danach die Crème fraîche hinzurühren. Den passierten und abgekühlten Bratensatz unterarbeiten.

Anrichten:
Die Fasanenkeulchen auslösen, das Fleisch von allen Sehnen befreien und in feine Streifen schneiden. Die Brüste ebenfalls auslösen, den Speck entfernen, das zart rosafarbene Brustfleisch in dünne Scheiben schneiden. Den Salat in einer Schüssel mischen oder gleich in tiefe Teller verteilen, die Egerlinge dazugeben und mit dem Dressing überziehen. Das lauwarme Fasanenfleisch darauf verteilen und mit einem Rest Sauce beträufeln. Die gerösteten Walnüsse darüber streuen.

Unser Kellermeister empfiehlt:	Bajoz Crianza Bodegas Viña Bajoz – Toro

Aus den extremen Höhenlagen (bis 750 Meter über dem Meer) des kleinen, aufstrebenden kastilischen Weinbaugebietes Toro kommen extraktreiche Weine mit viel Aroma, Farbe und Kraft, so wie wir sie uns als Begleiter zum Wildgeflügel wünschen. Bajoz Crianza wird zu 100 Prozent aus Tinta de Toro, wie Tempranillo in dieser Region genannt wird, erzeugt. Die 25 bis 30 Jahre alten Rebstöcke stehen auf sandigen Kalksteinböden.

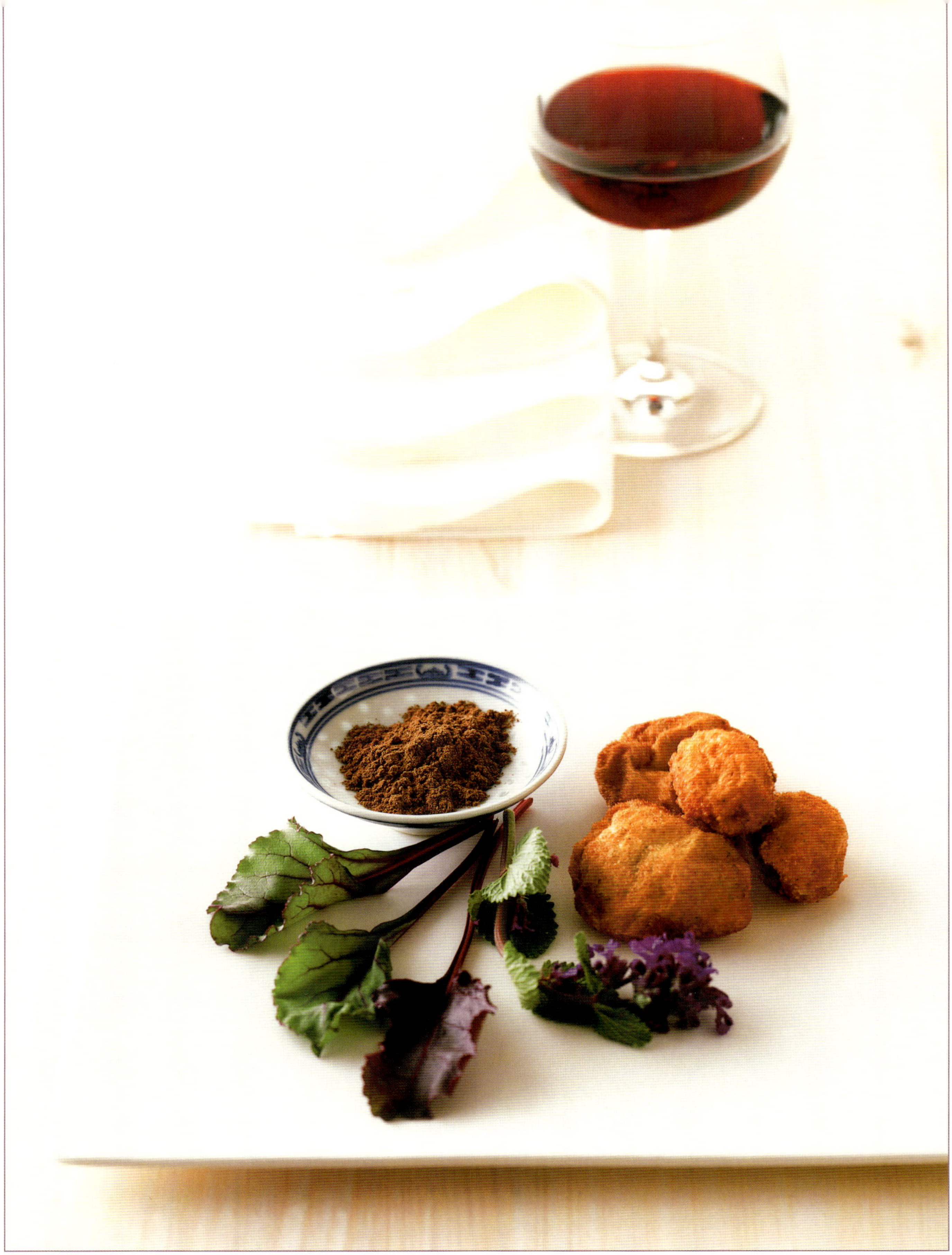

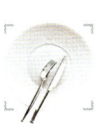

AUS DER CHINAKÜCHE:

Drachenpfannkuchen

(für 4 Personen)

Zutaten:

320 g Riesengarnelen
(ohne Kopf und Schalen)
160 g Hähnchenbrustfilet
1 TL Salz
50 g Wasserkastanien
1 EL Schweineschmalz
1 EL Lauch
(nur das Weiße in feinen Würfeln)
1 TL Ingwer in feinen Würfeln
60 g Eiweiß
2 EL Reiswein
1/2 l Sesamöl
Salz, Pfeffer aus der Mühle
Mie de pain (Weißbrotkrume)
1 l Erdnussöl
4 EL Sezchuanpfeffer
1 EL Salz

Zubereitung:

Das Garnelen- und Hähnchenfleisch in grobe Würfel schneiden, mit dem Teelöffel Salz bestreuen und für 15 Minuten in das Tiefkühlfach stellen. Die Hähnchenfleisch- und Garnelenwürfel in einer Küchenmaschine zu einer feinen Farce verarbeiten. Die Wasserkastanien fein hacken und mit dem Schweineschmalz, dem Lauch und dem Ingwer unter die Farce rühren. Das Eiweiß nach und nach unterarbeiten, mit Reiswein, Sesamöl und weißem Pfeffer würzen. Mit einem Esslöffel kleine Teile der Farce abstechen und Kugeln formen, in der Weißbrotkrume wälzen und zu Plätzchen platt drücken. Das Öl auf 160 °C erhitzen und die Plätzchen darin goldgelb ausbacken. Den Sezchuanpfeffer in einer trockenen Pfanne mit dem Salz rösten. In einem Mörser die Pfefferknospen zerstoßen und fein zerreiben.

Anrichten:

Die Drachenpfannkuchen nach dem Frittieren schnell servieren, da sie leicht zusammenfallen. Das Pfeffer-Salz-Gemisch in ein kleines Schälchen abfüllen und zu den Drachenpfannkuchen stellen. Vor dem Essen die Plätzchen in den Pfeffer dippen.

Unser Kellermeister
empfiehlt:

Rioja Tempranillo
Bodegas Carlos Serres – Rioja

Das Traditionshaus mit französischen Wurzeln erzeugt seinen Tempranillo von Trauben, die in der Rioja Alta auf Ton- und Kalksteinböden wachsen. Das Ergebnis ist ein körperreicher Wein mit den intensiven Aromen roter Beeren, weich, frisch und ausgewogen, mit einem warmen, aromatischen Nachklang: passt perfekt zum Drachenpfannkuchen aus der Chinaküche.

Ganzer Rehrücken auf klassische Art

Schauplatte zu einem kalten Büfett

Zutaten:
1 Rehrücken, 1,8 bis 2,2 kg
Salz, Pfeffer aus der Mühle
Sonnenblumenöl

Zutaten Selleriesalat:
400 g Sellerie, geschält
2 säuerliche Äpfel
Saft von 1 Zitrone
60 g Mayonnaise
Salz, Pfeffer
1 EL gehackte Walnüsse

Zutaten Portweingelee:
3/4 l Rehconsommé
(siehe Grundrezept auf Seite 300)
1/4 l roter Portwein
0,03 l Cognac
20 Blatt Gelatine

Zutaten Garnitur:
50 g Butter
350 g Geflügelleberwurst
oder getrüffelte Kalbsleberwurst
0,02 l Cognac
300 g Karotten
300 g Petersilienwurzeln
300 g Brokkoli
150 g Champignons
5 Äpfel (Cox' Orange)
1 Stängel Blattpetersilie
250 g eingelegte Preiselbeeren

Zubereitung:
Den Rehrücken von Sehnen und Fett parieren, mit Salz und Pfeffer würzen, mit Öl begießen und im vorgeheizten Backofen bei 180 °C 20 bis 25 Minuten rosa braten. Herausnehmen und auskühlen lassen, danach die Rückenfilets vorsichtig vom Knochen auslösen. Den Knochen am Rückgrat um 1 cm kürzen. Den Knochen vom Rehrücken mit dem Selleriesalat an der Stelle des ausgelösten Fleisches auffüllen, glatt formen, so dass eine schöne Rückenform entsteht. Die Rückenfilets gegen die Fleischfaser in dünne schräge Scheiben schneiden. Die Scheiben überlappend zuerst auf einer Rückenhälfte, dann auf der gegenüberliegenden Hälfte auflegen. Kopf- und Schwanzende des Rückens werden ebenfalls mit einigen Scheiben belegt. Den belegten Rehrücken auf einem Blech kalt stellen. Mit einem Pinsel vom übrig gebliebenen Portweingelee den Rehrücken mehrmals bestreichen.

Zubereitung Selleriesalat:
Den Sellerie zuerst in dünne Scheiben, danach in feine Streifen schneiden. Die Äpfel schälen, vierteln, das Kerngehäuse entfernen und die Apfelviertel in Streifen schneiden. Apfelstreifen und Sellerie mischen, mit dem Zitronensaft vermengen, die Mayonnaise unterrühren, mit Salz und Pfeffer würzen. Die gehackten Walnüsse unterheben.

Zubereitung Portweingelee:
Die Rehconsommé mit dem Portwein und dem Cognac vermengen. Die Gelatine in kaltem Wasser einweichen, nach 10 Minuten ausdrücken, in der warmen Rehconsommé auflösen. Eine entsprechend große Silberplatte (40 x 30 cm) mit 3/4 l Gelee begießen und auskühlen lassen.

Zubereitung Garnitur:
Die Butter schaumig rühren und die Leberwurst mit dem Cognac unterrühren. Von dem Mus 2/3 in einen Spritzbeutel mit Sterntülle füllen und auf dem Mittelgrad des Rehrückens eine Bordüre dressieren. Das Gemüse putzen und tournieren (mit einem Messer Form geben), in kochendem Salzwasser blanchieren und in Eiswasser abkühlen. Das Gemüse durch einen Rest Portweingelee ziehen und die Leberbordüre ausgarnieren. Die Äpfel quer halbieren, mit einem Ausstecher das Fruchtfleisch ausstechen und mit einem Kugelausstecher jeweils aus den Hälften das Kerngehäuse ausbohren. Die 10 Apfelhälften von jeglicher Schale befreien und den Boden gerade schneiden, in kochendem Wasser mit Zucker und Zitronensaft blanchieren. Herausnehmen und auskühlen lassen. 5 Apfelhälften mit dem Lebermus füllen und mit Gemüse garnieren. Die restlichen Apfelhälften mit den auf einem Sieb abgetropften Preiselbeeren füllen.

Anrichten:
In der Mitte der Silberplatte vorsichtig den garnierten Rehrücken platzieren. Der Rücken muss beim ersten Mal richtig sitzen, sonst ist das Gelee zerstört.
Sollte eine große Porzellanplatte zum Anrichten des Rehrückens verwendet werden, kann man auf das Ausgießen mit Portweingelee verzichten. Die Apfelhälften in schöner Abwechslung links und rechts vom Rehrücken anlegen (siehe Foto).

Unser Kellermeister empfiehlt: Rioja Imperial Gran Reserva
Compania Vinicola del Norte de España – Rioja

Tischpartner auf gleicher Augenhöhe – ein großer Rioja zum Rehrücken auf klassische Art. Gran Reservas erzeugt Cune, wie die Traditionskellerei in Kurzform genannt wird, nur von herausragenden Jahrgängen: wunderbar reif, mild, samtig, hochfein und edel. Sie gehören zum Besten, was die Rioja zu bieten hat.

Unser Kellermeister empfiehlt: Conde de Valdemar Rioja Gran Reserva
Martinez Bujanda – Rioja

Zu gereiftem Käse ist Conde de Valdemar Gran Reserva, das Aushängeschild der Bodegas Martinez Bujanda, eine exzellente Wahl: von samtiger Struktur, konzentriert und ausdrucksstark. Die tiefe, reife Frucht verbindet sich mit feinen Gewürznoten. Weiche Tannine, kaum spürbares Holz. Ein großer Wein mit langem Nachhall!

Spanischer Käse aus Ziegen- und Schafsmilch

Cabrales ist ein Käse aus Ziegenmilch, der aus dem nordspanischen Asturien kommt. Der beste Cabrales wird im Frühling aus Milch von den Bergweiden gemacht. Der Käse reift in luftigen kühlen Höhlen oder auf dem Dachboden und wird auf natürlichem Wege mit dem Penicillium glaucum infiziert, wodurch sich eine blaugrünliche Äderung durch den Käse bildet. Die Reifung des Käses dauert etwa 6 Monate, in denen der Cabrales eine gräuliche Rinde mit rosigen Flecken bekommt.

Der Manchego wird von der Milch der Manchega-Schafe hergestellt. Der erbsengroße Bruch wird auf 40 °C nachgewärmt und dann in zylindrische Formen gepresst. Je nach Typ hat der Käse ein Gewicht von 2 bis 3,5 kg und reift bis zu 1 Jahr. Er stammt aus den Provinzen Cuidad Real, Albacete, Cuenca und Toledo, wo auf den weiten Ebenen die zähen Manchega-Schafe weiden. Bei allen Manchego-Sorten sind traditionelle Motive in die Rinde eingeprägt, zum Beispiel Flecht- oder Zopfmuster, aber auch Blumenmotive. Der Manchego con aceite reift in Olivenöl und bekommt dadurch eine sehr dunkle Rinde. Die Rinde wird vor dem Essen dünn abgeschnitten, ebenso beim Cabrales.

Dazu werden warme Baguettescheiben, die in Olivenöl goldgelb gebraten sind, und dünne Scheiben von luftgetrocknetem Schweineschinken oder Salami, die ebenfalls kurz in Olivenöl gebraten werden, gereicht. Vor dem Servieren den Manchego mit einigen Tropfen kaltgepresstem Olivenöl übergießen.

Symphonie der Aromen
Kulinarische Weinproben

Wein gehört zum Essen. Das ist seine Bestimmung. In dem Bestreben, den Gästen der BASF, ihren Mitarbeitern und anderen Kunden der Kellerei Wein als Erlebnis zu vermitteln, hat das Team um Kellereileiter Joachim Spies die Kulinarische Weinprobe „erfunden" und praktiziert sie mittlerweile so an die 400-mal im Jahr. In Abstimmung mit den Wirtschaftsbetrieben wählen die Kellerei-Experten passende Weine zu den Menüs aus, die Küchenchef Karl-Hermann Franck kreiert hat, meistens zwei pro Gang, die dann – fachmännisch kommentiert – die Gerichte begleiten. Mit dieser gekonnten Kombination von Weinen und Speisen hat die BASF schon Tausende ihrer Geschäftspartner aus dem In- und Ausland, ja auch Minister in Berlin und Kommissare in Brüssel, begeistert. Die kulinarischen Weinproben sind das Markenzeichen der BASF-Gastlichkeit geworden.

PARTNERSUCHE – WELCHER WEIN PASST ZU WELCHEM GERICHT?

Jeder Gastgeber sieht sich mit der Frage konfrontiert: Welcher Wein passt zu welchem Gericht? Die Weinwahl ist so eine Art Partnersuche. Den richtigen Wein zu wählen, ist so leicht oder so schwer wie den richtigen Partner zu finden, nur vielleicht nicht ganz so wichtig.

Die Regel Nr. 1 bei der Abstimmung von Wein und Speisen lautet: Es gibt keine Regel. Man kann jeden Wein zu jedem Gericht trinken – und die Erde dreht sich weiter, auch wenn die Wahl keine glückliche war. „Wer Sie schief anschaut, weil Sie den angeblich ‚falschen' Wein serviert haben, ist steif, altmodisch oder fehlinformiert" – wie tröstlich, dass eine international renommierte Weinexpertin wie Janis Robinson, Master of Wine, vielfach preisgekrönte Journalistin, Referentin und Jurorin, Verfasserin von Weinkolumnen, die in Publikationen auf allen fünf Kontinenten erscheinen, und Herausgeberin so bedeutsamer Werke wie „Das Oxford Weinlexikon" und „Der Weinatlas" uns diesen Freibrief gibt. Folgen Sie also bei der Weinwahl ungeniert dem persönlichen Lustprinzip: Der Wein, der Ihnen zu einem Gericht am besten schmeckt, ist der richtige! Das Wichtigste überhaupt ist, einen guten Wein auf den Tisch zu bringen!

Missklang entsteht eigentlich nur dann, wenn ein Partner den anderen an die Wand drückt. Wesentlich für die Abstimmung mit dem Essen ist deshalb nicht die Farbe des Weins, sondern der Körper: Ein leichter Wein kann keine schwere Speise und ein schwerer Wein kein leichtes Gericht begleiten. Orientieren Sie sich dabei an der kräftigsten Geschmackskomponente des Gerichts – oft ist es die Sauce. Bei Rotweinen ist es ratsam, das Tannin (Gerbstoff) ins Kalkül zu ziehen. Zu kräftigen Speisen, zum Beispiel zu einem Braten aus dunklem Fleisch, schmeckt tanninreicher Wein milder.

Mesalliancen sind zu vermeiden, wenn man weiß, dass Bitterstoffe und Säuren in Speis und Trank sich addieren, Zucker und Süße sich hingegen aufheben. Zu süßen Gerichten empfindet man jeden Wein, der nicht süßer als das Gericht selbst ist, als sauer. Und eine Trockenbeerenauslese, die zum Dessert gereicht wird, wirkt wesentlich trockener als solo getrunken.

ZWISCHEN HARMONIE UND KONTRAPUNKT

Um Wein und Essen erfolgreich zu kombinieren, gibt es diverse Ansätze:

Die Empfehlung, Weine und Gerichte aus derselben Region zu wählen, liegt auf der Hand. Die Weine einer Landschaft munden, wie jeder von uns aus dem Urlaub weiß, immer großartig zu den dort typischen Gerichten, sie harmonieren prächtig mit den heimischen Kräutern und Gewürzen und schmecken auch zu den vor Ort erzeugten Produkten wie Schinken und Käse. Trinken Sie also zu der toskanischen Spezialität, die Sie Ihren Gästen servieren, einen guten Chianti Classico!

Der Königsweg: Komponieren Sie eine Symphonie der Aromen! Voraussetzung dazu ist, dass Sie die Aromen sowohl der Speisen als auch der Weine kennen. Dann können Sie beide passend kombinieren, so wie es der Sommelier im Restaurant macht.

Suchen Sie die Harmonie übereinstimmender oder sich ergänzender Aromen! Gerichte mit Buttersaucen zum Beispiel harmonieren perfekt mit Chardonnays aus dem Barrique – eine gediegene Kombination. Ein aufregender Sauvignon Blanc zu Sepioline mit Pesto von Tomate und Basilikum brennt hingegen ein Feuerwerk der Aromen ab! Und eine wunderbar reife, samtige Rioja Gran Reserva zum Rehrücken auf klassische Art mit all den Herbstaromen und Gewürztönen verlangt geradezu nach einem Jagdschloss als Kulisse.

TRAUMPAARE – BEI TISCH KEINE SELTENHEIT

Keine Angst vor Kombinationen mit Rezepten aus der chinesischen oder thailändischen Küche, sie können zu besonders reizvollen Harmonien führen, so eine halbtrockene Grauburgunder Spätlese zum asiatisch gewürzten Angeldorsch auf süßsaurem Gemüse oder ein Riesling Kabinett zu Garnelen aus der Chinaküche.

Überraschend viel Übereinstimmung gibt es bei fruchtigen Desserts und edelsüßen Weinen, weil sich die Obstaromen in den Anklängen des Weins wiederfinden. Und die springlebendige Säure eines Eisweins mischt die behäbige Süße des Desserts erst so richtig auf. Überhaupt sind kongeniale Paare, die sich perfekt ergänzen, und Traumpaare, deren Harmonie vollkommen ist, bei Tisch keine Seltenheit!

Oder setzen Sie einen Kontrapunkt! Das ist die hohe Schule der Aromenkomposition. Sie verlangt Weinwissen und Fingerspitzengefühl, denn es geht darum, Aromen reizvoll zu kontrastieren. Ein klassisches Beispiel: Zum kräftig gewürzten Hasenpfeffer reichen Sie einen verführerisch-saftigen hoch eleganten Pinot Noir. „Doch Vorsicht", mahnt der erfahrene Sommelier und Weinautor Bernd Kreis, „Sie betreten einen schmalen Grat."

Edle Speisen verlangen hochwertige Weine. Zu rustikalen Gerichten passen einfache Tropfen. Aber auch der Gegensatz kann spannend sein: Ein roter Burgunder aus bester Premier-Cru-Lage zur heißen Lyoner mit französischen Berglinsen macht ein einfaches Gericht zum kulinarischen Highlight.

Bei den rund 50 Weinempfehlungen, die die Experten der BASF-Kellerei zu den Rezepten von Küchenchef Franck in diesem Buch geben, wird der Spannungsbogen zwischen vollendeter Harmonie und gewolltem Kontrast sichtbar.

PROBLEMFÄLLE ESSIG UND SCHOKOLADE

Glücklicherweise gibt es nur wenige Speisen, die sich mit Wein nicht vertragen. Artischocken zum Beispiel lassen den Wein metallisch schmecken. Rettich harmoniert mit Bier, zu Wein passt er nicht. Auch Spinat kann einem den Weingenuss vermiesen. Der hohe Säuregrad von Tomaten bringt leichte Weine aus dem Gleichgewicht. Rohes Obst betreibt förmlich Weindemontage. Und Essig ist der Todfeind eines jeden Weins. Wenn die Küche unbedingt Essig braucht, sollte man milde Sorten verwenden oder besser durch Zitronensaft ersetzen. Schokolade gilt zwar als Problemfall, doch ein hochkonzentrierter Tokaji ist die Lösung.

Voraussetzung für den Erfolg eines Menüs ist, dass man die Gänge und damit die Weine in eine stimmige Abfolge bringt. Bis zum Hauptgang gilt: Kalte Speisen vor warmen, danach ist es umgekehrt. Die Süße bleibt dem Finale vorbehalten, Käse wird vor dem Dessert angeboten. Für die Weinfolge gilt: Neutral schmeckende Weine vor aromatischen, junge vor alten, leichte vor schweren, trockene vor süßen und weiße vor roten.

Die Abstimmung von Speisen und Wein lernen, heißt probieren. Eine Aufgabe fürs Leben. Der Weg zur vollkommenen Harmonie ist ein Lehrpfad mit hehrem Ziel, aber ohne Ende. Sie können ihn so lange genüsslich verfolgen, wie Sie wollen. Und Kellereileiter Joachim Spies macht Ihnen das Angebot: „Wer wissen will, welche Sorte im Abgang nach Grapefruit schmeckt oder welcher Riesling zu Fisch passt, ist bei einem unserer zahlreichen Seminare in der Weinkellerei richtig."

.

AUSTRALIEN

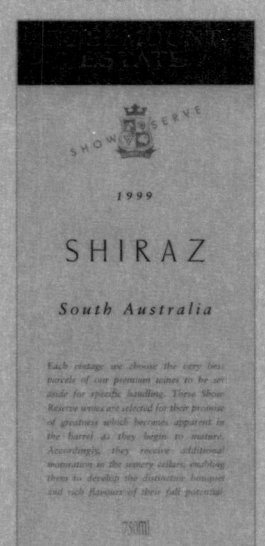

1999
SHIRAZ
South Australia

LANGUEDOC

Château
Puech-Haut
Saint-Drézéry
2000

RHÔNE

NOBLES RIVES
PRODUCT OF FRANCE — PRODUIT DE FRANCE
CORNAS
APPELLATION CORNAS CONTROLÉE
Cave de Tain l'Hermitage
MIS EN BOUTEILLE À LA PROPRIÉTÉ

KALIFORNIEN

VINTAGE 2001
BOGLE
VINEYARDS
Petite Sirah

LANGUEDOC　　　RHÔNE　　　KALIFORNIEN

AUSTRALIEN

SYRAH

SYRAH ODER SHIRAZ

Eine Traube erobert die Welt

Syrah ist die einzige Traubensorte, die zwei scheinbare Gegensätze miteinander vereint: Finesse und Wucht. In ihr aufregendes Aromenkostüm, in das der Duft von Veilchen, die Fruchtnoten Schwarzer Johannisbeeren und Kirschen, Pfeffer, Lakritze, der Anflug von Rauch ebenso wie Gerüche nach Wild und Leder eingewoben sind, macht den Wein ausgesprochen sinnlich. Wenn Cabernet Sauvignon schon mal recht rau und kantig daherkommt, wirkt Syrah dank feiner, seidiger Tannine immer angenehm, weich und warm. Frauen lieben das – und Männer auch. Die Traube erobert die Welt.

Die Syrah stammt aus dem oberen Rhônetal. Lange Zeit hielt man an der schönen Legende fest, dass der Kreuzritter Gaspard de Sterimberg die Rebe aus dem Heiligen Land mitgebracht hat, um sie am Hermitage-Berg zu pflanzen, als er dort als Einsiedler ein neues Leben begann. Heute ist man sich ziemlich sicher, dass die Traubensorte ihre Wurzeln seit jeher im Rhônetal hat. Sie ist ein Nachkömmling der vitis allobrogica, einer vom gallischen Stamm der Allobroger schon zu Römer-Zeiten kultivierten und von Plinius beschriebenen Rebe. Damit hat sich auch die Vermutung erledigt, dass die Traube nach der alten persischen Stadt Shiraz, ihrem vermeintlichen Geburtsort, benannt sein könnte. Wie die Syrah tatsächlich zu ihrem Namen kam, liegt nach wie vor im Dunkeln. Zwar gibt es eine enge Syrah-Verwandte namens Serine, die seit urdenklichen Zeiten an der Rhône gepflanzt wird, doch mutet die sprachliche Brücke Serine – Syrah ziemlich wackelig an.

Genau weiß man hingegen wann, wie und durch wen die Syrah den Weg nach Australien, ihre zweite Heimat, fand. Der Schotte James Busby, dem die Australier die Ehre zuerkennen, den Weinbau down under begründet zu haben, ließ sich 1824 in Neusüdwales nieder. 8 Jahre später kam er nach Europa zurück, um auf ausgedehnten Reisen über 400 Ableger verschiedenster Rebsorten zu sammeln. Die Syrah, die in Australien sprachlich zur Shiraz mutierte, erwies sich in dem trockenen, warmen Klima als eine der erfolgreichsten Sorten.

Trotz dieses frühen Erfolgs in der Neuen Welt hätte noch vor 25 Jahren eine Landkarte mit den Verbreitungsgebieten der Syrah/Shiraz ziemlich leer ausgesehen, denn außer in Südfrankreich und in Australien war sie nirgendwo vertreten. Die Syrah-Begeisterung in Ländern wie Spanien, Italien, der Schweiz und Österreich, am Kap der Guten Hoffnung sowie in Nord- und Südamerika ist relativ neu.

DAS KERNLAND DER SYRAH

Das Weinbaugebiet des Rhônetals erstreckt sich südlich von Lyon 200 Kilometer flussabwärts bis zur Provence. 75 000 Hektar sind als AOC-Fläche ausgewiesen. Nirgendwo sonst gibt es eine derartig schwer überschaubare

Vielfalt an geschmacklich völlig unterschiedlichen, charaktervollen, originären Weinen. Die Diskrepanz zwischen phänomenal guten und in der Vergangenheit oft erschreckend schlechten Qualitäten trug zum gravierenden Imageverlust der Region bei, obwohl die großen Handelshäuser Guigal, Chapoutier und Jaboulet mit ansprechenden, ja in der Spitze außerordentlich guten, wenn auch sehr teuren Weinen die Fahne hoch hielten. In den letzten 10 Jahren ist bei Weinliebhabern der schlechte Ruf stürmischer Begeisterung gewichen, zum einen für herausragende Alltagsweine zu extrem günstigen Preisen, zum anderen für Spitzengewächse von Weltformat.

Das Kernland der Syrah, die nördliche Rhône, beginnt bei Viennes und endet bei Valence. Obwohl alle Rotweine in dieser Region aus der Syrah-Traube vinifiziert werden, schmecken sie vollkommen verschieden, je nachdem aus welcher Appellation sie kommen. Es sind Terroir-Weine erster Güte, eigenständige Charaktere, die ihre unverwechselbaren Qualitäten den Gegebenheiten im Weinberg verdanken.

Die Côte Rotie ist die nördlichste Appellation der Region. Die Rhône hat sich hier ihr Bett durch kristallines Gestein gegraben. Die Rebfläche, rund 200 Hektar, erstreckt sich gänzlich an der Westseite des Flusstals über Steilhänge aus glimmerhaltigem Schiefer und Gneis, die, für den Weinbau ideal, nach Süden und Südosten ausgerichtet sind. Wie der Name zum Ausdruck bringt, werden diese Hanglagen mit einer Neigung von stellenweise 60 Prozent von der sommerlichen Sonne geradezu geröstet (rôtie). Schon die Römer ließen von ihren Sklaven an den Schwindel erregenden Abstürzen Terrassen anlegen und mit Rebstöcken bepflanzen.

BESTE LAGEN: BLONDE ET BRUNE

Die besten Weine kommen aus zwei Lagen oberhalb von Ampuis: der Côte Blonde mit sandig-schiefrigem Boden und hellen Kalksteineinlagen und der Côte Brune, die auf dunklem Schiefer liegt. Blonde nimmt den Südwesten ein und ist mit Syrah sowie der weißen Rebsorte Viognier bestockt, die bis zu 15 Prozent Anteil an den Weinen haben darf. Brune liegt im Nordosten und ist ausschließlich mit Syrah bepflanzt. Die im Stil unterschiedlichen Weine wurden früher von den Händlern gemischt, um einen einheitlichen Côte-Rôtie-Stil zu schaffen. Heute sind Abfüllungen mit Lagennamen der Trend, den Marcel Guigal, der „in der Appellation dominierende Perfektionist" (Hugh Johnson), kräftig fördert. Zusammen mit Michel Ogier, Yves Gangloff und René Rostaing gebührt dem erfolgreichen Négociant und Winzer das Verdienst, dass die Spitzenweine der Côte Rôtie heute hoch im Kurs stehen.

An die Côte Rôtie schließen sich nach Süden hin zwei Weißwein-Appellationen an: Condrieu und Château Grillet – ein Reben-Amphitheater von 3,8 Hektar und eigener AOC. Dann folgen die Appellationen, die bekannt für ihre sortenreinen Syrah-Weine sind: Hermitage, Crozes-Hermitage, St-Joseph und Cornas.

DIE SPITZE
HERMITAGE „LA CHAPELLE"

Die berühmteste Lage an der Rhône ist der Hermitage-Berg mit 134 Hektar Rebfläche auf Granitterrassen. Da die Rhône Frankreichs wichtigste Nord-Süd-Schlagader ist und die den Fluss begleitenden Straßen und Bahnlinien einschließlich der TGV-Trasse sich unter den schmalen Terrassen durch das Tal winden, kennen Millionen von Urlaubs- und Geschäftsreisenden den großartigen Anblick der Weinberghänge über der Stadt Tain l'Hermitage. Vor 100 Jahren galten die climats auf diesem imposanten Berg neben Château Lafite und Romanée-Conti als die besten Rotweinlagen der Welt. Im 19. Jahrhundert brachte der Weinhändler A. Jullien sie in eine Rangfolge: Méal, Gréfieux, Beaume, Raucoule, Muret, Guoignière, Bessas, Burges und Lauds. Die Schreibweise hat sich verändert, die climats sind dieselben geblieben. Während der Hermitage traditionell als eine Cuvée aus mehreren climats angeboten worden ist, werden neuerdings mit Vorliebe Einzellagen deklariert. Hugh Johnson und Jancis Robinson weisen in ihrem „Weinatlas" darauf hin, dass „die leichtesten, aromatischsten reinen Syrah-Rotweine aus den Lagen Beaumes, Les Diognières und L'Hermite neben der berühmten Kapelle, nach der Jaboulets berühmter Hermitage benannt ist", kommen. „La Chapelle" von Paul Jaboulet Aîné krönt das Rhône-Angebot der BASF-Kellerei.

Feste, komplexe Weine stammen aus den Lagen Les Rochoules, Les Gréffieux, woran Chapoutier den größten Anteil hat, und Le Méal. Die beiden Les Bressards erbringen tanninreiche, langlebige Gewächse, auf die der Begriff „männlich" – im Gegensatz zu der „femininen" Côte Rôtie – vielleicht am ehesten zutrifft.

Auf Granit liefert die Syrah-Traube gebieterische, elegante Weine mit einnehmendem Duft und üppigem, reinfruchtigem Geschmack, die mit zunehmender Reife rauchige Töne annehmen und schon mal nach rohem Fleisch oder Braten riechen können.

Neben den Handelshäusern Chapoutier, Jaboulet und Delas haben sich Gérard Chave und sein Sohn Jean-Louis, der sich auch als micro-négociant einen Namen gemacht hat, als die führenden Weinerzeuger der Region profiliert. Anders als Côte Rôtie besitzt Hermitage seit langem weltweiten Ruf. Grund und Boden werden vollständig genutzt, so dass es trotz steigender Nachfrage keine Möglichkeit zur Flächenausdehnung gibt.

Im 18. und 19. Jahrhundert benutzte man Hermitage zum Kräftigen feiner Bordeaux-Rotweine. Aus einem Brief, den der englische Weinhändler Nathaniel Johnston an seinen Partner in Bordeaux schrieb, erfahren wir, dass „der Laffite von 1795, der mit Hermitage gemacht war, von allen Weinen des Jahrgangs am meisten geschätzt" wurde. Die „verbesserten" Weine bezeichnete man ungeniert als „hermitagé". Auch wurde damals auf Châteaux wie Lafite, Latour und Cos d'Estournel Syrah in beachtlichen, wenn auch nicht sehr großen Mengen gepflanzt.

Fast 10-mal so groß wie Hermitage ist die AOC Crozes-Hermitage, nämlich 1235 Hektar. Crozes, das Dorf hinter dem Hermitage-Berg, gibt der Appellation den Namen. Sie umfasst Lagen südlich und nördlich von Hermitage. Die Reben wachsen hier zum größten Teil auf Kieseln und rotem Ton. Nördlich des Bergs befindet sich ein vorzügliches Areal mit lössbedecktem Granit. Das Filetstück der Region ist der Hang oberhalb von Tain. Produziert werden Weiß- und Rotweine.

Für die rauchigen Roten ist die Syrah zuständig. Es gibt zwei Stilrichtungen. Die eine zielt ab auf jung zu trinkende Weine voll jugendfrischer Frucht von Schwarzen Johannisbeeren, die andere orientiert sich am Hermitage. Erzeuger wie Alain Graillot, Albert Belle, Domaine Pochon und Domaine du Colombier prägen diesen anspruchsvollen Stil, doch auch die Genossenschaft Cave de Tain l'Hermitage bietet hervorragende Weine an, so den Crozes Hermitage „Les Hauts du Fief".

St-Joseph, das sich mit dem südlichen Ende von Condrieu überlappt, zieht sich rund 60 Kilometer die Rhône entlang bis hinunter nach Cornas. Diese lange Kette von Weinbergen, die die Winzer der Natur abgetrotzt haben – insgesamt 870 Hektar –, stellen das interessanteste Potenzial für die Zukunft des Weinbaus an der nördlichen Rhône dar. Der oben erwähnte Alain Graillot, der sein Handwerk bei seinen berühmten Freunden Gérald Jaboulet, Marcel Guigal und Gérard Chave gelernt hat, erzeugt zum Beispiel von Syrah-Trauben aus steilen Höhenlagen im Norden der Appellation einen dichten, konzentrierten Saint Joseph mit zart-rauchigem Duft, komplexen Cassis- und Kirscharomen, deutlich vernehmbaren, vom Granit stammenden mineralischen Untertönen, ein Wein von schöner Struktur und großer Finesse. Ein anderes Beispiel ist der Saint Joseph Vieilles Vignes „Les Roches" des Quereinsteigers Michel Tardieu aus den besten Parzellen einer Gipfellage, den Parker mit 90 bis 92 Punkten bewertet hat.

Den Abschluss des nördlichen Teils der Rhône bildet die nur 91 Hektar große AOC Cornas, die sich südlich an St-Joseph anschließt. Der Cornas ist sozusagen der Vetter vom Lande des noblen Hermitage. Wie dieser entsteht er zu 100 Prozent aus Syrah-Trauben, die auf Granit gewachsen sind; an Ausdruckskraft und Wucht steht er dem Hermitage nicht nach, besitzt aber nicht immer dessen Finesse. Jung getrunken wirkt zum Beispiel der Cornas der Cave de Tain l'Hermitage, den die BASF-Kellerei anbietet, dank seiner soliden Struktur und präsenter Tannine am Gaumen sehr kräftig. Nach mehreren Jahren der Reife entfaltet er komplexe Aromen von Trüffeln und Lakritze.

Die südliche Rhône zwischen Montélimar und Avignon hat eine weitaus vielgestaltigere AOC-Landschaft zu bieten als ihre Schwesterregion im Norden. Statt der kontinentalen Einflüsse auf das Klima am oberen Flusslauf macht sich der Einfluss des Mittelmeers breit. Die Grenache übernimmt von der Syrah das Kommando. Neben Mourvèdre, Cinsault und anderen Rebsorten spielt die Syrah eine zunehmend wichtiger werdende Rolle als Verschnittpartnerin. Das gilt für die AOC-Regionen Gigondas und Vacqueyras an den Hängen der wildromantischen Dentelles de Montmirail ebenso wie für die Satelliten-AOCs, zum Beispiel Coteaux du Tricastin im Norden, wo Syrah bessere Chancen hat auszureifen als Grenache. Auch im Südwesten, in den Costières de Nîmes, geben viele Erzeuger der üppig fruchtigen Syrah den Vorzug vor Grenache und Mourvèdre. So bereitet Château l'Ermitage seine Selektion „Sainte Cécile" aus 60 Prozent Syrah und je 20 Prozent Mourvèdre und Grenache.

EIN PAPST SCHREIBT WEINGESCHICHTE

Das Herzstück der südlichen Rhône ist Châteauneuf-du-Pape mit seinen berühmten Nachbarorten auf den Hügeln um die Ruine des päpstlichen Sommerpalastes. Bertrand de Goth, Erzbischof von Bordeaux, nahm nach seiner Wahl zum Papst den Namen Clemens V. an. 1309 traf er die folgenschwere Entscheidung, den päpstlichen Hof nach Avignon zu verlegen und führte damit das

Roussanne und Picardin. Château de Beaucastel setzt als einziger Erzeuger alle diese Trauben ein.

Stärker noch als an der südlichen Rhône hat sich die Syrah im Languedoc und in der Provence verbreitet. Dort ist sie als cépage améliorateur, als Rebsorte, die der Qualitätsverbesserung dient, willkommen geheißen und in großem Stil gepflanzt worden. Während sie in der Provence häufig mit Cabernet Sauvignon verschnitten wird, gibt es als Vins de Pays d'Oc viel sortenreinen Syrah – auch mit der in der Neuen Welt gebräuchlichen Schreibweise Shiraz auf dem Etikett. Eine hochklassige Cuvée (70 Prozent Syrah, 30 Prozent Carignan) aus der Appellation Coteaux du Languedoc ist Château Puech-Haut „Tête de Cuvée".

In Frankreich ist Syrah inzwischen auf Platz zwei der meist gepflanzten Rebsorten vorgerückt – hinter Merlot, aber deutlich vor Cabernet Sauvignon.

IM ZWEITEN ANLAUF AUSTRALIENS NR. 1

In den Weinbergen Australiens, wo die Rebsorte, wie schon erwähnt, in der ersten Hälfte des 19. Jahrhunderts Fuß fasste und im warmen Klima des Barossa und des Hunter Valley für reiche Traubenernten sorgte, übernahm Shiraz die Rolle des Arbeitspferdes. Als dann zuerst die Chardonnay- und später die Cabernet-Sauvignon-Welle auf den Kontinent schwappte und viele australische Winzer in den modischeren Rebsorten die Zukunft sahen, gab ihnen 1986 ein staatliches Rodungsprogramm Gelegenheit, ihre Shiraz-Reben loszuwerden. Weit schauende Weinerzeuger, darunter so namhafte wie Penfolds, Lindemans, Wynns und Tyrrell's, hielten an ihr fest, so dass im Barossa und im Hunter Valley immer noch mehr alte, wurzelechte Shiraz-Weinstöcke – die meisten schon im 19. Jahrhundert gepflanzt – als an der Rhône stehen. Henschkes „Hill of Grace Shiraz", einer der teuersten Weine Australiens, stammt zum Beispiel von Reben, die über 100 Jahre alt sind.

In Australien ist Shiraz – sozusagen im zweiten Anlauf – zur Rebsorte Nr. 1 aufgestiegen und belegt heute fast ein Drittel der Rebfläche. Die Mode hat der Shiraz-Vielfalt keinen Abbruch getan. Es werden immer noch „Portweine" von hoher Qualität erzeugt, und Shiraz-Schaumweine haben auch im Ausland ein kleine, aber begeisterte Fange-

römische Papsttum in die 70 Jahre dauernde „Babylonische Gefangenschaft". Dass er, Besitzer eines Weingutes in Bordeaux, das uns als Château Pape-Clément bekannt ist, die Anordnung gab, an seiner neu errichteten Sommerresidenz Reben zu pflanzen, kann nicht verwundern. Die Anlage des päpstlichen Weinbergs wird erst seinem Nachfolger Johannes XXII. zugeschrieben. Robert M. Parker bezeichnet Châteauneuf-du Pape als den Weinort, der die meisten Weltklasse-Winzer beheimatet. Viele Weinkenner sind der Überzeugung, dass sie mit einem hervorragenden Châteauneuf den besten Gegenwert für ihr Geld erhalten; die Weine der führenden Hersteller sind deshalb immer schnell ausverkauft.

Eine extreme Stilvielfalt ergibt sich allein schon daraus, dass jeder Erzeuger die 13 zugelassenen Traubensorten auf seine Art nutzt, um mehr oder weniger würzigen, herben oder geschmeidigen, schnell reifenden oder langlebigen Wein zustande zu bringen. Assembliert wird Grenache, das Rückgrat des Weins, vor allem mit Mourvèdre sowie Syrah, Cinsault, Counoise und kleinen Mengen Vaccarèse, Picpoul Noir, Terret Noir, aber auch mit den weißen Sorten Grenache Blanc, Clairette, Bourboulenc, meinde gefunden. Viele der weltweit gefragtesten australischen „Icon Wines" mit Penfolds Grange an der Spitze tragen das Shiraz-Banner um die Welt. Ein schönes Beispiel ist der „Shiraz Show Reserve" von Rosemount Estate.

Aufsehen erregt zurzeit der „Mitolo Shiraz" des 30-jährigen Weinmachers Ben Glaetzer aus dem McLaren Vale. Seine „enorme Frucht in bisher nicht gekannten Reinheit" ist dem „Wine Advocate" 95 bis 97 Punkte wert. „Ein atemberaubender Shiraz", schwärmt Robert M. Parker.

In Kalifornien wurden die ersten Shiraz-Reben in den 1970er-Jahren gepflanzt, aber erst die „Rhône Rangers", ein loser Zusammenschluss von Weinmachern, die sich auf Rhône-Rebsorten fokussieren, zeigten, dass Shiraz eine großartige Alternative zum Cabernet sein kann. Seither sind in verschiedenen Gebieten, so in der Bergregion Mount Vedder im Napa Valley, in den kühleren Los Carneros, im Sacramento Valley sowie in Paso Robles und Santa Barbara an der Central Coast, Shiraz-Pflanzungen erfolgt, ohne dass bisher letztlich entschieden ist, welche Bereiche am vielversprechendsten sind. Jedenfalls setzen die Bogle Vinyards auf Merritt Islands im Sacramento Valley mit ihrem Petite Syrah – im Programm der BASF-Kellerei – einen Maßstab, an dem sich andere messen lassen müssen.

Am Kap wird Shiraz von vielen Winzern als „die große Hoffnung für den südafrikanischen Wein gesehen" (John Platter). Hatte die Rebsorte 1990 noch nicht mal 1 Prozent der Rebfläche inne, so ist ihr Anteil inzwischen auf 8 Prozent (zum Vergleich: Cabernet Sauvignon belegt 11 Prozent) geklettert. The Foundry Shiraz ist die Benchmark für die Rebsorte am Kap, aber es gibt mindestens ein Dutzend weiterer Shiraz-Erzeuger, die sich mit den besten in der Welt vergleichen können. Im Übrigen ist der Rust en Vrede Estate Wine, den die US-Fachzeitschrift Wine Spectator zum dritten Mal in Folge als den höchst bewerteten Rotwein Südafrikas in ihre berühmte Auswahl der 100 weltbesten Weine aufnahm, eine Cuvée aus Cabernet Sauvignon, Syrah und Merlot.

SYRAH-BEGEISTERUNG BEI FRANKREICHS NACHBARN

In Spanien kommt Syrah immer mehr in Mode, wie José Penin in seinem neuen Weinführer berichtet. In Jumilla, wo die Rebsorte als erste gepflanzt wurde, versprechen sich die Winzer mit ihr eine große Zukunft, insbesondere als Cuvée-Partnerin von Monastrell. Spaniens bekanntester Wein aus dieser Rebsorte ist der legendäre Dominio de Valdepusa Tinto Syrah von Marqués de Grinon. Seit 1974 kultiviert der Markgraf französische Reben auf dem Weingut seiner Familie in Malpica de Tajo (Toledo). An der 33 Hektar großen Rebfläche hat Syrah heute einen Anteil von 42 Prozent. Ein anderes der ganz großen Gewächse Spaniens, Clos Mogador Tinto Reserva des Priorato-Pioniers René Barbier, ist eine Cuvée aus Cabernet Sauvignon, Garnacha und Syrah.

In Italien konzentriert sich die Begeisterung für Syrah auf die Toskana und Sizilien. Paolo De Marchi, Besitzer des renommierten Chianti-Classico-Gutes Isole e Olena, baute Syrah ursprünglich an, um seinen Sangiovese aufzupeppen, heute liefern die Reben einen phantastischen, unverkennbar toskanischen Syrah. Andere toskanische Erzeuger tun es ihm gleich, so die Tenuta Fontodi in Panzano, die mit ihrem „Syrah Case Via" die Rebsorte so authentisch wie kaum ein anderer in Italien repräsentiert. Ebenso mustergültig ist der Syrah von Poggio al Sole in Tavernelle Val di Pesa. Die berühmten drei Gläser des Weinführers Gambero Rosso zieren den Syrah des sizilianischen Weingutes Planeta.

In den österreichischen Weinbaugebieten Burgenland und Carnuntum setzt eine ganze Reihe von Spitzenwinzern auf Syrah. So hat René Pöckl mit seinem „Rêve de Jeunesse", einer grandiosen Syrah/Zweigelt-Cuvée, „den Weinjournalisten den Kopf verdreht" (Der Feinschmecker). Überzeugend auch der Blaufränkisch-Syrah von Gerhard Lunzer, die Cabernet-Syrah-Cuvées „Mephisto" von Robert Goldentis und „Mithras" von Helmut Preisinger sowie der „Syrano" vom Kloster am Spitz. Walter Glatzer und Hans Pitnauer sind die Syrah-Protagonisten im Carnuntum. Sie waren federführend daran beteiligt, dass Syrah in Österreich als Qualitätsrebsorte anerkannt wurde. Als Doyen der österreichischen Shiraz-Kultur gilt Matthias Leitner in Gols am Neusiedler See; er war der Erste, der Syrah trotz rechtlicher Schwierigkeiten in großem Umfang pflanzte.

Auch bei uns nehmen sich namhafte Winzer der Rebsorte an, so die Brüder Werner und Volker Knipser im pfälzischen Laumersheim, die zu den besten Rotweinerzeugern Deutschlands zählen. Mit 89 Punkten hat Gerhard Eichelmann ihren „Syrah trocken" in seinem Weinführer weit oben eingereiht.

SYRAH
Ausgewählte Gerichte

Gebratener Waller mit Roter Bete
(für 4 Personen)

Zutaten:
600 g Wallerfilet mit Haut
1 EL Zitronensaft
Salz, Pfeffer
0,1 l Olivenöl
400 g Rote Bete
Kümmel, Salz, Rotweinessig
25 g Butter

Zutaten Raviolifüllung:
150 g Kartoffeln, gewürfelt
20 g Karotten, gewürfelt
15 g Lauch, gewürfelt
20 g Sellerie, gewürfelt
0,2 l Gemüsebrühe
50 g Crème fraîche
Salz, Pfeffer

Zutaten Ravioliteig:
4 Eigelb
1 Ei
Salz
1 EL Olivenöl
1 EL Wasser
250 g Mehl
1 Eiweiß zum Bestreichen

Zutaten Meerrettichsauce:
1/4 l Sahne
1/4 l Gemüsebrühe
100 g geschälter Meerrettich, fein gerieben
10 g Mehl
10 g Butter
100 g geschlagene Sahne

Zutaten Garnitur:
1/4 l Sonnenblumenöl
100 g feine Kartoffelstreifen
Salz, Pfeffer aus der Mühle
1 gehäufter EL gehackte Blattpetersilie

Zubereitung:
4 Tranchen vom Wallerfilet à 150 g mit Zitronensaft, Salz sowie Pfeffer würzen und in einer heißen Pfanne mit Olivenöl scharf von der Hautseite anbraten, kurz wenden, wieder zurück auf die Hautseite legen und im Backofen bei 160 °C 4 bis 5 Minuten fertig garen. Die Rote Bete zusammen mit Kümmel, Salz und etwas Rotweinessig in Folie einwickeln. Im 200 °C heißen Ofen auf einem Salzbett rund 35 Minuten garen, danach auswickeln, schälen und unter einem feuchten Tuch zum Auskühlen zur Seite stellen.

Zubereitung Raviolifüllung:
Die Kartoffeln mit dem in Würfel geschnittenen Gemüse in der Gemüsebrühe garen, zum Schluss den Deckel vom Topf öffnen, damit die Flüssigkeit verdunstet. Die Kartoffeln und das Gemüse mit einer Gabel zerdrücken, die Crème fraîche unterrühren und mit Salz und Pfeffer würzen.

Zubereitung Ravioliteig:
Die Eigelbe mit dem Ei, Salz, Olivenöl und Wasser vermischen, das Mehl hinzufügen und zu einem geschmeidigen Teig verkneten. Den Teig unter einer irdenen Schüssel, die angefeuchtet wurde, 30 Minuten ruhen lassen. Danach dünn ausrollen und 8 Kreise ausstechen. In 4 Teigkreise in die Mitte jeweils 1 EL Kartoffelfüllung setzen. Den Rand mit Eiweiß bestreichen und mit einem zweiten Kreis abdecken. Die Ränder mit einer Gabel gut andrücken. Die Ravioli in reichlich Salzwasser 6 bis 8 Minuten kochen.

Zubereitung Meerrettichsauce:
Die Sahne mit der Gemüsebrühe aufkochen und auf die Hälfte reduzieren lassen. Den geriebenen Meerrettich hinzugeben und 20 Minuten ziehen lassen. Mehl und Butter zu einer Beurre manié verkneten, die Sauce durch ein feines Sieb passieren und mit der Beurre manié leicht abbinden. Vor dem Servieren die steif geschlagene Sahne unterschwenken.

Zubereitung Garnitur:
Das Öl auf 200 °C erhitzen und darin die feinen Kartoffelstreifen goldgelb frittieren. Auf einem Küchenpapier abtropfen lassen, mit Salz und Pfeffer würzen, die gehackte Petersilie darüber streuen.

Anrichten:
Die Rote Bete in dünne Scheiben schneiden, in Butter erwärmen und kreisrund auf vorgewärmte Teller legen. Ravioli in die Mitte legen, das Wallerfilet mit der knusprig gebratenen Hautseite nach oben darauf setzen, mit dem Kartoffelstroh garnieren. Die schaumige Meerrettichsauce am äußeren Rand entlang saucieren.

Unser Kellermeister **Cornas**
empfiehlt: Cave de Tain l'Hermitage – Rhône

Zum gebratenen Waller reichen wir diesen im nördlichen Rhônetal auf Granitterrassen gewachsenen sortenreinen Syrah. In der Nase von Schwarzen Johannisbeeren, Kirschen und einer Prise Pfeffer geprägt, prahlt junger Cornas am Gaumen mit Kraft und enormer Tanninfülle. Mit zunehmender Reife entfaltet er komplexe Aromen von Trüffeln, Lakritze und kandierten Früchten.

Unser Kellermeister	Petite Sirah
empfiehlt:	Bogle Vineyards
	Sacramento Valley – Kalifornien

Petite Sirah ist eine aus dem Rhônetal stammende Kreuzung von Syrah und Durif. Die höchst anspruchsvolle Traube ist nur noch selten anzutreffen. Bei den Bogles war es die erste rote Rebsorte, die sie 1968 anpflanzten, und sie ist bis heute ihre besondere Liebe geblieben. Zum Lamm auf chinesische Art ist dieser ausdrucksvolle Wein mit herrlicher Brombeernase, samtigem Körper, weichen Tanninen und würzigem Ausklang der richtige.

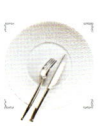

AUS DER CHINAKÜCHE:

Lammfleisch mit Lauch

(für 4 Personen)

Zutaten:
600 g Lammkeule

Zutaten Marinade:
10 g flüssige Stärke
7 g Backpulver
2 g Natron
5 g Salz
100 ml Wasser
250 g Frühlingslauch
20 g Vollei
1 Zwiebel (100 g)
1/2 EL Knoblauch, fein gewürfelt
1/2 EL Ingwer, fein gewürfelt
1/2 EL Lauch
(nur das Weiße in feinen Würfeln)
1/2 l Erdnussöl

Zutaten Sauce:
4 cl Wasser
1 cl brauner Reisessig
10 g Zucker
1 EL Sojasauce
1/2 TL Salz
2 cl Reiswein
20 g flüssige Stärke
(Stärke in Wasser aufgelöst)
1 TL gehackte frische rote Chilischoten

Zubereitung:

Das Lammfleisch von Sehnen und Fett befreien und in 2 cm große und 3 mm dicke Scheibchen schneiden. Die Zutaten der Marinade, ohne das Vollei, miteinander vermengen und unter das geschnittene Fleisch massieren. Am besten geht das mit den Fingern, kneten und rühren. Die Flüssigkeit soll ganz in das Fleisch eingearbeitet sein, zum Schluss das Ei unterarbeiten. Die Zwiebel halbieren und in Scheiben schneiden. Den Frühlingslauch putzen, von 4 Frühlingslauchstängeln das Wurzelende auf 10 cm Länge abschneiden und an der Schnittkante etwa 6 cm tief mehrmals über Kreuz einschneiden und in kaltes Wasser legen. Die Frühlingslauchspitzen in feine Röllchen schneiden und zur Seite stellen. Die Mittelteile der Frühlingslauchstangen und die übrigen Frühlingslauchstangen in schräge, 1 cm dicke Scheiben schneiden.

Das Öl auf 180 °C erhitzen und das Lammfleisch in kleinen Mengen nach und nach darin frittieren, bis das Fleisch durchgebraten ist. Mit einem Frittierlöffel aus dem heißen Öl nehmen und zum Abtropfen in ein bereitgestelltes Sieb legen. Danach die Zwiebeln und die in schräge Stücke geschnittenen Frühlingslauchstangen kurz frittieren und zu dem Fleisch zum Abtropfen geben.

In einem Wok oder einer hochwandigen Pfanne den Knoblauch, Ingwer und Lauch mit etwas Öl glasig dünsten, die Zutaten für die Sauce hinzugeben, mit der flüssigen Stärke abbinden. Das abgetropfte Fleisch, den Frühlingslauch und die Zwiebeln zur Sauce hinzugeben und unter Rühren aufkochen lassen.

Anrichten:

Auf einer vorgewärmten Platte das Lammfleisch anrichten und mit den 4 eingeschnittenen Frühlingslauchenden sowie den Lauchröllchen garnieren.
Die chinesischen Köche geben an viele Gerichte vor dem Anrichten etwas heißes Öl über den Wokinhalt, damit die Speisen schön glänzen.
Das Gericht wird in China mit mehreren Speisen in die Tischmitte gestellt, und die Gäste nehmen sich mit ihren Stäbchen einen beliebigen Happen.

Entrecôte unter der Senfkruste
mit Bohnen und Kartoffelgratin

(für 6 Personen)

Zutaten:
1 kg Rinder-Entrecôte von deutscher Färse
Salz, Pfeffer aus der Mühle
Öl zum Anbraten
150 g Zwiebeln, gewürfelt
20 g Butter
2 EL mittelscharfer Senf
2 EL gehackte Blattpetersilie
50 g grob geraspelter Parmesan
1/8 l Kalbsjus
(siehe Grundrezept auf Seite 298)

Zutaten Kartoffelgratin:
500 g fest kochende Kartoffeln
10 g Butter für die Gratinform
oder die Förmchen
Salz, Pfeffer, Muskat
0,3 l Sahne
1 Ei

Zutaten Gemüse:
400 g Stangenbohnen
Salz, Pfeffer
80 g durchgewachsener Speck
20 g Butter
40 g Zwiebeln, fein gewürfelt
1 Bohnenkrautzweig
1 Tomate

Zubereitung:

Das Entrecôte sollte gut abgehangen und mit kleinen Fettadern durchzogen sein, in 4 gleich große Steaks schneiden, mit Salz und Pfeffer würzen. In einer heißen Pfanne mit etwas Pflanzenöl von beiden Seiten gut anbraten und bei mäßiger Hitze je nach Garpunkt etwa 5 Minuten unter mehrmaligem Wenden braten. Die Zwiebeln in Butter glasig dünsten, den Senf und die Petersilie hinzugeben, mit Salz und Pfeffer würzen. Die Zwiebelmasse auf die Steaks verteilen, mit dem Parmesankäse bestreuen und im Backofen bei geöffneter Tür unter der Grillschlange gratinieren.

Zubereitung Kartoffelgratin:

Die Kartoffeln waschen, schälen und in dünne Scheiben schneiden. Die Gratinform, es können auch Portionsförmchen genommen werden, mit Butter ausstreichen. Die Kartoffelscheiben mit Salz, Pfeffer und etwas Muskat würzen und in die Form einschichten. Die Sahne mit dem Ei vermengen und über die Kartoffelscheiben gießen. Im vorgeheizten Backofen bei 130 °C 40 Minuten garen und 10 Minuten bei 200 °C Oberhitze eine schöne goldgelbe Farbe nehmen lassen.

Zubereitung Gemüse:

Die Stangenbohnen putzen, in Rauten schneiden und in kochendem Salzwasser blanchieren. In Eiswasser die Bohnen abschmecken, damit sie ihre grüne Farbe behalten. Den Speck in kleine Würfel schneiden, mit etwas Butter anbraten, die Zwiebelwürfel hinzufügen und glasig dünsten. Die abgetropften Bohnen dazugeben, die Blättchen des Bohnenkrautes abzupfen und darüber geben, mit Salz und Pfeffer würzen. Die Tomate am Strunk ausbohren und an der gegenüberliegenden Seite über Kreuz einritzen, in kochendes Wasser geben, bis die Haut aufplatzt.
Die Tomate in Eiswasser abschrecken und die Haut abziehen, vierteln und das Kerngehäuse herausschneiden.

Anrichten:

Das gratinierte Steak auf einen vorgewärmten Teller geben, das Kartoffelgratin aus den Portionsförmchen stürzen oder mit einem Löffel aus der großen Form das Gratin ausschöpfen. Dazu die Speckbohnen geben, mit einem Tomatenfilet garnieren und etwas Kalbsjus angießen.

Unser Kellermeister empfiehlt:	Shiraz Show Reserve Rosemount Estate – South Australia

Zum Entrecôte unter der Senfkruste: Oatleys Show Reserve. Der Shiraz stammt aus dem McLaren Vale, wo die Rebsorte seit 160 Jahren kultiviert wird. 20 Monate in neuer amerikanischer Eiche ausgebaut, präsentiert sie sich mit wunderschönen Pflaumen- und Beerenaromen. Im Mund: reife Tannine, die in ein samtig-vollmundiges, von feinen Röstaromen begleitetes Finale eingehen.

Unser Kellermeister   Château Puech-Haut „Tête de Cuvée"
empfiehlt: Coteaux du Languedoc

Die Coteaux du Languedoc überrascht immer wieder mit qualitativen Höchstleistungen, so Château Puech-Haut in Saint-Drézéry mit seinem „Tête de Cuvée". Der mundfüllende, harmonische Rotwein (70 % Syrah, 30 % Carignan) mit Aromen getrockneter Pflaumen und Brombeeren, kräftigen, aber weichen Tanninen und einem an Holunder erinnernden, saftigen Ausklang wird jedem der drei Bergkäse gerecht.

Bergkäse aus dem Dreiländereck

Allgäuer Emmentaler – Deutschland
Tête de Moine – Schweiz
Tomme de Savoie – Frankreich

Die Käsesorten entstammen aus bäuerlicher Herstellung und sind das ganze Jahr über erhältlich. Der Allgäuer Emmentaler wird während des Almbetriebs von Juni bis September hergestellt. Die Kuhmilch wird auf 32 °C erhitzt und dann mit Labferment versetzt. Es folgt eine Ausdickungszeit von 30 Minuten. Anschließend wird der Bruch ausgiebig bearbeitet, dabei wird das Bruchkorn in der Molke unter ständigem Rühren auf bis zu 53 °C aufgewärmt. Danach folgt das Ausschöpfen in Tüchern und das Einpressen in Formen. Die Reifung der 80 bis 90 kg schweren Laibe dauert 3 bis 6 Monate. Für die Lochbildung sind die in der Milch vorhandenen Propionsäurebakterien zuständig.

Der Tête de Moine und der Tomme de Savoie werden in ihrem Käsebruch bei der Herstellung nicht nachgewärmt. Mönche des Klosters Bellelay in den Schweizer Alpen stellten den 800 g schweren zylindrischen, 8,5 cm hohen Käse bereits vor 800 Jahren her; er wurde damals Bellelay-Käse genannt. Er diente als Geschenk, Beigabe zu Bittschriften oder wurde von wohlhabenden Leuten gekauft. Den Käse sollte man wie früher schaben, indem man den oberen Rand dünn abschneidet und mit einem Messer den Teig fein abschabt. Ein so vorbereiteter Käse glich einem mit Tonsur versehenen Mönchskopf. Aus diesem Grund verlieh man dem Bellelay-Käse zur Zeit der französischen Besatzung den Spottnamen „Tête de Moine", das heißt Mönchskopf.

Der Tomme de Savoie ist ein schmackhafter 1,2 kg schwerer Kuhmilchkäse mit 20 cm Durchmesser. Der Tomme hat wie der Tête de Moine kleine linsengroße Löcher. Er ist vor allem ein volkstümlicher Käse, den man in der Savoie und der Haute-Savoie in die Abendsuppe tunkt und zum Frühstück wieder auf den Tisch stellt, den die Hirten und Landarbeiter als Vesper mitnehmen. Schneiden Sie von den Käsesorten beim Essen immer die Rinde dünn ab, damit haben Sie ein unverfälschtes Geschmackserlebnis.

Dazu servieren wir das schmackhafte Bauernweißbrot von unserem Hausbäcker Grimminger. Es ist ein luftiges Weißbrot mit Natursauerteig, in dem fein zerriebene, gekochte Kartoffeln im Teig eingearbeitet sind. Dieses Bauernweißbrot ist ein idealer Begleiter des Bergkäses mit einem schönen Gläschen Syrah dazu.

Pfälzer Histörchen
Anekdoten rund um den Wein

Das Hambacher Schloss bei Neustadt: Schauplatz des deutschen Vormärz im Jahr 1832.

Pfälzer Sagen kreisen um Burgen und Helden, um Hans Trapp und Hansel Fingerhut, um Böhämmer und Elwedritsche – Pfälzer Anekdoten kreisen um den Wein. Nicht selten führt die Spur von einem Pfälzer Weinetikett schnurgerade zurück in die Historie. Beim Weingut Fitz-Ritter in Bad Dürkheim erinnert eine Cuvée mit dem Namen „Der Rote Fitz" aus Dornfelder und Cabernet Sauvignon an einen berühmten Vorfahr. Es war Johann Fitz, der im Schicksalsjahr 1832 die schwarze Fahne der Pfälzer Winzer mit dem eingestickten Schriftzug „Wir Weinbauren müssen trauren" hinauf aufs Hambacher Schloss trug. Von da an hing dem Rebellen der Spitzname der „Rote Fitz" an. In seinem prächtigen Dürkheimer Haus mit der Jahreszahl 1785 im Torbogen, in dem die Nachkommen heute noch leben, gingen im deutschen Vormärz die politischen Köpfe ein und aus. In der Pfalz brodelte es. Zu den Ursachen des Hambacher Festes, dieser Wegmarke der deutschen Demokratiegeschichte, gehörte auch wirtschaftliche Not. Die Zölle an den Grenzen der damals bayerischen Pfalz behinderten den Weinabsatz. Johann Fitz verfiel in dieser schweren Zeit auf die Idee, zur Absatzsteigerung einen „moussierenden Haardtwein" herzustellen. Die Wittelsbacher Herrscher in München waren klug genug, dem Pfälzer Rebellen alsbald Funktion und Titel eines königlich-bayerischen Hoflieferanten zu verleihen, und Johann Fitz war geschäftstüchtig genug, beides anzunehmen.

DIE PFÄLZER SEKTTRADITION

Nebenbei begründete der „Rote Fitz" damit die Sekttradition der Pfalz. Dort stellen heute mehr als 400 Betriebe einen oftmals vorzüglichen Winzersekt her. Auch Weine können ein Doppelleben führen. Der Grauburgunder gehört zu ihnen. Trocken ausgebaut, nennt er sich tatsächlich Grauburgunder – in der lieblicheren Spielart heißt er Ruländer. Diesen Namen verdankt die Rebsorte einem ehrbaren Speyerer Bürger. Der Weinhändler Johann Seeger Ruland soll die Rebe um 1700 unweit des Speyerer Doms entdeckt und kultiviert haben. Das Gewächs, das er daraus zog, kam auch an die bischöfliche Tafel. Der Speyerer Bischof war vom Schmelz dieses vollmundigen, weichen Weins beifällig angetan und befahl, die Rebsorte in den bischöflichen

Weinbergen verstärkt anzubauen – und der Handelsmann durfte ihr seinen Namen leihen.

HAMMELHODEN UND GEISSDUTTEN

Kirchliche und weltliche Herrscher spielen in der Geschichte des Pfälzer Weinbaus eine gewichtige Rolle. In jenen Jahren des Mittelalters, in denen der Herzog von Berry im Stundenbuch blätterte, gehörte der Wein zum Zehnten. Was da angeliefert wurde und was der Hofstaat trank, war dem Kurfürsten von der Pfalz ebenso wenig gleichgültig wie dem Bischof von Speyer. In zahlreichen Vorschriften wurde niedergelegt, welche Rebsorten anzubauen und als Zehntwein anzuliefern waren, und welche nicht. Bischof August von Speyer untersagte 1782 unter Strafandrohung den Anbau einfacher Rebsorten wie beispielsweise – in der Namensgebung waren die Pfälzer stets erfinderisch – des „Hammelhodens" oder der „Geißdutten", weil er diese Weine nicht im Zehnten haben wollte. Als Zehntsteuer gingen damals stattliche Weinmengen ein. Das große Fass im Keller des Heidelberger Schlosses, das der Kellermeister Zwerg Perkeo bewachte, diente mit einem Fassungsvermögen von 221 726 Litern dem Kurfürsten von der Pfalz als Zehntspeicher – heute ist es eine Touristenattraktion. Ganz beiläufig rückten die Fürsten, die einen guten Wein im Glas haben wollten, auf diesem Weg in die Reihe der frühen Ahnherren des Qualitätsweinbaus auf.

DIE JORDANSCHE TEILUNG

Mehr als einmal haben Pfälzer Winzer aus der Not eine Tugend gemacht. In napoleonischer Zeit unterlagen die linksrheinischen Pfälzer Lande rund um den Donnersberg als französisches Departement Mont Tonnerre der Pariser Gesetzgebung und damit auch dem Zoll, den Napoleon auf die Ausfuhr französischer Weine aus seinem Herrschaftsgebiet erhob. Das zwang in der Pfalz den Winzer Andreas Jordan dazu, den Nachteil des französischen Weinzolls durch die Erzeugung besonders wertvoller, exportfähiger Weine auszugleichen. Jordan – Sohn einer französischen Winzerfamilie, die Anfang des 18. Jahrhunderts aus Savoyen in die Pfalz eingewandert war – wurde mit dieser Strategie der eigentliche Begrün-

Das Weingut Fitz-Ritter in Bad Dürkheim erinnert mit einem Wein an seinen berühmten Vorfahr Johann Fitz.

Edle Kostbarkeiten im ehemaligen Zehntkeller des Fürstbischofs von Speyer.

Noch ein großes Weinfass: eine Touristenattraktion in Bad Dürkheim.

Schätze der Vergangenheit: Weingefäße aus der Römerzeit.

der des Pfälzer Qualitätsweinbaus. Durch geschickte Heiraten hatte die Familie ihren Grundbesitz in der Vorderpfalz erheblich vermehrt. Nach dem Tod des Stammvaters wurden 1849 die wertvollen Weinberge unter den drei Kindern aufgeteilt. Durch diese „Jordansche Teilung" entstanden die heute weithin bekannten, renommierten Deidesheimer Weingüter Geheimer Rat Dr. von Bassermann-Jordan, Reichsrat von Buhl und Dr. Deinhard.

EIN PFÄLZISCHES GLYNDEBOURN

Auf ihren Weinbergen, dem Erbe des Andreas Jordan, wächst die kostbarste deutsche Rebsorte, der Riesling. Sie gilt als die Stammrebe der großen Pfälzer Häuser und damit auch als Stammrebe des Weinguts Bürklin-Wolf in Wachenheim, einem der größten deutschen Weingüter in Privathand. Die Weinbauingenieurin Bettina Bürklin von Guradze hat während ihrer Ausbildung auf Schloss Vollrads auch das Rheingau-Festival kennen gelernt, und Ehemann Christian von Guradze gilt als versierter Marketingfachmann. So verwandelt sich alljährlich im Sommer der prachtvolle Gutspark in Wachenheim in die Kulisse eines Festes, bei dem es fast wie im englischen Glyndebourn zur Freilichtaufführung einer Mozart-Oper das kleine Picknick oder das große Dinner gibt. Bürklin-Wolf ist in der Pfalz der Schrittmacher der großen Gewächse, die als Spitzenweine bestimmten Kriterien unterliegen und sich zu einem gängigen Begriff wie die französischen Grands Crus entwickeln wollen.

WEINGEFÄSSE AUS DER RÖMERZEIT

Innovation und Tradition prägen heute den Pfälzer Weinbau. Die Innovation wird hart erarbeitet – die Tradition ist mit den Händen zu greifen. Ein Pfälzer Original und schon zu Lebzeiten eine Legende war der alte Weingutsbesitzer Ludwig von Bassermann-Jordan, studierter Philologe und geborener Philosoph. „Haben Sie auch Polen im Weinberg?", erkundigte sich im Herbst eine junge Frau nach den Erntehelfern. „Mehr Pole als Trauwe", erwiderte der alte Herr von Bassermann kurz angebunden. Der hochgebildete Mann war der Spross einer alteingesessenen Kurpfälzer Familie, die eine

Vielzahl ungewöhnlicher Persönlichkeiten hervorgebracht hat. Der Verleger Friedrich Daniel Bassermann, vor fast 200 Jahren Mitglied der Deutschen Nationalversammlung in der Frankfurter Paulskirche, gehörte ebenso dazu wie der berühmte Schauspieler Albert Bassermann oder der Historiker des deutschen Weinbaus, Friedrich Armand von Bassermann-Jordan. Seine „Geschichte des deutschen Weinbaus" gilt heute noch als unübertroffenes Standardwerk. Als nach dem Tod Ludwig von Bassermanns erhebliche Erbschaftssteuerforderungen anfielen, konnte die Familie das Land Rheinland-Pfalz dazu bewegen, ihre in Generationen zusammengetragene Sammlung historischer Weingefäße und Weinbergfunde, zum Teil noch aus der Römerzeit, als Schenkung anzunehmen und mit einem Teil der Steuer zu verrechnen. Die kostbare Sammlung gehört heute zu den Beständen des Historischen Museums der Pfalz in Speyer. In den Kellern des traditionsreichen Deidesheimer Weinguts, das inzwischen in den Besitz des Pfälzer Unternehmers Achim Niederberger übergegangen ist, verblieb die museale Weinkollektion. Sie besteht aus einigen tausend Flaschen mit uraltem Wein aus über 500 Sorten. Der älteste dieser Weine, die in Abständen neu verkorkt, verkostet und beurteilt werden, stammt aus dem Jahr 1811. Herzstück der weit verzweigten Kellergänge, an deren Wänden sich das Datum 1536 eben noch entziffern lässt, ist der einstige Zehntkeller des Fürstbischofs von Speyer.

Der Kaiserdom der Stadt Speyer:
Von der UNESCO zum „Weltkulturerbe" erklärt.

WINZER UND IHRE ABGEORDNETEN

Vom Umgang mit der Obrigkeit und ihren Gesetzen hatten die Pfälzer von jeher ihre eigenen Vorstellungen. Gut ist, was für den Weinbau gut ist. Aber was ist für den Weinbau gut? Bernhard Vogel, der frühere Ministerpräsident von Rheinland-Pfalz und später von Thüringen, erzählt gerne eine typische Pfälzer Anekdote. Vor der Verabschiedung des deutschen Weingesetzes der Weimarer Republik telegrafierten die Pfälzer Winzer nach einer stürmischen Sitzung in Deidesheim an ihre Abgeordneten im Reichstag: „Weingesetz ablehnen, falls Annahme gesichert."

Das ist die Pfalz, wie sie leibt und lebt.

PFALZ

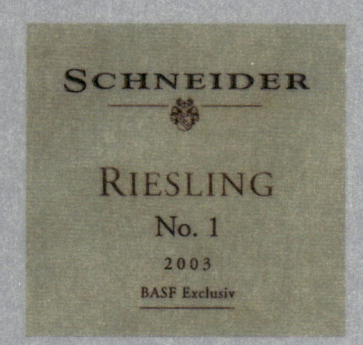

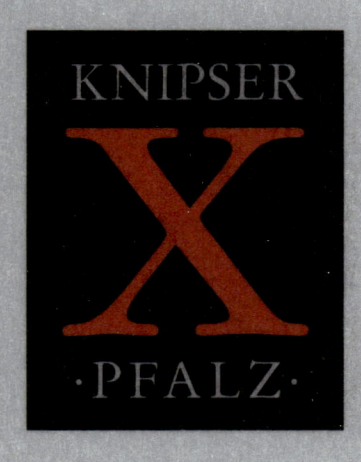

BORDEAUX

CHAMPAGNE

PFALZ

SCHNEIDER

RIESLING

No. 1

2023

BASF Rechholz

CHAMPAGNE

BRUT

GRAND CRU

BORDEAUX

CHATEAU-FIGEAC

PREMIER GRAND CRU CLASSÉ

ST ÉMILION

1997

MIS EN BOUTEILLE AU CHÂTEAU

KNIPSER

X

PFALZ

GROSSE CUVEES

GROSSE CUVÉES
Die Kunst der Assemblage

Wenn von großen Cuvées die Rede ist, denken Weinliebhaber als Erstes an Bordeaux. Dabei ist das Assemblieren, wie der Fachausdruck für das Verschneiden von Trauben oder Wein verschiedener Lagen, Rebsorten oder Jahrgänge heißt, auch in anderen Weinregionen eine seit Jahrhunderten geübte Praxis: im Douro-Tal, im Chianti, in Châteauneuf-du-Pape und vor allem in der Champagne, wo die Assemblage zu einer höheren Kunstform entwickelt worden ist.

Johann-Joseph Krug aus Mainz, der 1843 das Champagnerhaus Krug in Reims gegründet hat, soll ein besonders geschickter Komponist von assemblages gewesen sein. Die Krugs haben diese Kunst von Generation zu Generation weitergegeben. „Man ist nicht ein Krug, weil man als Krug geboren wird", lautet das Familien-Credo, „sondern man wird zum Krug erzogen." Einmal im Jahr trifft sich die Familie, um – allein auf den Geschmack vertrauend – ihre Grande Cuvée zusammenzustellen. Der Champagner setzt sich aus bis zu 50 Grundweinen von 6 bis 10 verschiedenen Jahrgängen zusammen, die ihrerseits zur Hälfte aus Pinot Noir, zu 35 Prozent aus Chardonnay und zu 15 Prozent aus Pinot Meunier erzeugt worden sind.

Für die Portwein-Erzeugung im Douro-Tal sind rund 40 heimische Rebsorten zugelassen, die reichlich Möglichkeiten zum Assemblieren geben, in Châteauneuf-du-Pape an der Rhône kann aus 13 Traubensorten gewählt werden. Baron Ricasolis Chianti-Formel, die feste Anteile von vier toskanischen Rebsorten vorschrieb, ist von der neuesten Entwicklung über den Haufen geworfen worden: Chianti und Chianti Classico werden heute entweder zu 100 Prozent aus Sangiovese erzeugt oder sind eine Cuvée, in der sich Cabernet Sauvignon zu den toskanischen Rebsorten gesellt.

Große Rotwein-Cuvées verbinden sich primär mit der Herkunft Bordeaux. Im Südwesten Frankreichs sind die Winzer der festen Überzeugung, dass nur eine Komposition aus mehreren Rebsorten einen wirklich großen Rotwein ergibt.

In Frankreichs nördlichen und östlichen Anbaugebieten denkt man anders, vor allem im Burgund werden die meisten Weine aus nur einer Rebsorte gekeltert. Zwei Wein-Philosophien prallen hier aufeinander, aber was gern als die „Kunst der Assemblage" gepriesen wird, ist auch ein gut Stück Pragmatismus.

Vier Rebsorten machen traditionell den roten Mischsatz im Médoc aus: Cabernet Sauvignon, Cabernet Franc, Merlot und Petit Verdot. Selbst in diesem klassischen Cabernet-Sauvignon-Gebiet, wo die Reben auf warmen und trockenen Kiesböden stehen und in dem vom Golfstrom beeinflussten maritimen Klima gedeihen, gibt es keine Vollreife-Garantie. Der oft recht streng und kantig ausfallende Cabernet Sauvignon braucht die weiche, fleischige Merlot-Traube als Verschnittpartnerin. Cabernet Franc, der früher reift, ist eine zusätzliche Versicherung für den Fall, dass ein kühler, regnerischer Herbst das

Ausreifen des Cabernet Sauvignon verhindert. Petit Verdot, die am spätesten gelesen wird, sorgt „für einen Schub von Gewürztönen und Phantasie" (Paul Pontallier, Gutsdirektor).

Bordeaux ist weltweit das größte Anbaugebiet für Qualitätsweine: Auf 118 000 Hektar – das ist mehr als alle deutschen Rebflächen zusammen – entstehen im Jahresdurchschnitt 875 Millionen Flaschen Wein, roter und weißer im Verhältnis 6 zu 1. Im Laufe von Jahrhunderten hat sich Bordeaux das Renommee erworben, die reichste Quelle feinen Weins zu sein. Seinen Weltruhm verdankt es den großen Rotweinen aus dem Médoc, Graves, St-Emilion und Pomerol, den langlebigen Weißweinen von Graves und den extravaganten Edelsüßen von Sauternes (siehe Kapitel Sauvignon Blanc auf Seite 188).

Im Anbaugebiet Bordeaux gibt es 112 000 Weingüter, rund 10 000 davon tragen die Bezeichnung Château, knapp 150 davon gehören zum exklusiven Kreis der Weingüter von Weltruf. Die bloße Nennung ihrer Namen lässt das Herz des Kenners höher schlagen.

Die Besitzer dieser Spitzen-Châteaux sind Millionäre, die für andere Millionäre Wein erzeugen. Es gibt weltweit ein ausreichend großes Klientel an Weinliebhabern und Weinsammlern, die herausragende Qualitäten, ob legendäre Premiers Crus, Aufsteiger aus den darunter liegenden Klassifizierungsrängen oder Micro-Châteaux, quasi zu jedem Preis kaufen. Der limitierende Faktor für den Handel mit Bordeaux-Spitzenweinen ist nicht so sehr der hohe Preis als die mangelnde Verfügbarkeit. Für die Négociants in Bordeaux, die Importhäuser in aller Welt und den Weinfachhandel, der sich wie die BASF-Kellerei eine Bordeaux-Kompetenz aufgebaut hat, ist es eine spannende Herausforderung, die jeweils besten der verfügbaren und für jeden von uns bezahlbaren Alternativen aufzuspüren.

LINKS REGIERT CABERNET SAUVIGNON, RECHTS MERLOT

Betrachten wir die legendären Weinregionen an Gironde, Garonne und Dordogne und schnuppern wir an den großen Cuvées, die jeder Festtafel zur Zierde gereichen.

Wenn im Bordelais von „rive gouche", dem linken Ufer, die Rede ist, ist damit der 120 Kilometer lange von Weinbergen gesäumte Streifen entlang dem Westufer von Gironde und Garonne gemeint: Médoc, Graves und Sauternes. Vom „rechten Ufer" spricht man, wenn man die Anbaugebiete nördlich und östlich der Dordogne meint: St-Emilion und Pomerol. Beide Seiten haben unterschiedliche Terroirs, und auch die beherrschende Rebsorte ist hier eine andere als dort: Links regiert der Cabernet Sauvignon, rechts der Merlot.

Mouton-Rothschild, Latour, Lafite-Rothschild, Haut-Brion, d'Yquem und all die anderen Berühmtheiten am linken Ufer wachsen auf Kies, den die Flüsse in der Eiszeit aus dem Zentralmassiv und den Pyrenäen in das aquitanische Becken geschwemmt haben. Das Muttergestein unter der Kiesdecke besteht aus Kalk. Am rechten Ufer tritt der Kalkstein an die Oberfläche, Kies gibt es dort nur sporadisch. Ein Teil der höher gelegenen Fläche von St-Emilion erstreckt sich auf reinem, verwittertem Kalk. In den tiefer gelegenen Gebieten mischen sich Sand und Kies. Einzig das Plateau von Pomerol unterbricht die geologische Gleichförmigkeit am rechten Ufer. Hier hat die Isle, ein winziger Nebenfluss der Dordogne, in eiszeitlicher Vergangenheit Millionen Tonnen Kies aus dem Périgord und dem Limousin abgeladen. Und auch der Untergrund besteht hier nicht aus Kalk, sondern aus Sand-Lehm-Ablagerungen. Beim Château Pétrus stößt die berühmte Lehminsel an die Oberfläche durch.

Die Winzer im Bordeaux müssen mit einem ausgeprägt maritimen Klima zurechtkommen, das ganzjährig mild und wechselhaft ist. Schließlich grenzt die Weinbauregion an die uns von der Wetterkarte her bestens bekannte, oft stürmische Bucht von Biscaya, in der sich der Einfluss des wärmenden Golfstroms deutlich bemerkbar macht. Der beständige Westwind, der vom Meer her weht, bringt oft Regen mit – auch zum falschen Zeitpunkt. Niederschläge im Herbst haben schon so manche Hoffnung auf einen großen Jahrgang schwinden lassen. Wegen der Wechselhaftigkeit des Wetters ist der richtige Lesezeitpunkt hier wichtiger als in anderen Anbaugebieten auf dem gleichen Breitengrad (es ist der 45.).

DIE CHAMPS ELYSEES DES MEDOC

Das Médoc liegt auf einer Landzunge zwischen dem Mündungsarm der Gironde und dem Atlantik. Den nördlichen Teil nimmt die AOC Médoc ein, während der viel aufregendere südliche Teil von der AOC Haut-Médoc umfasst wird. Hier reihen sich die legendären Weinorte St-Estèphe, Pauillac, St-Julien und Margaux aneinander: die Champs Elysées des Médoc. Hier stehen die weltbekannten Châteaux dicht gedrängt: Cos d'Estournel, Calon-Ségur und Montrose in St-Estèphe, die drei berühmten Premiers Crus Lafite-Rothschild, Latour und Mouton-Rothschild in Pauillac, Léoville-Las-Cases, Gruaud-Larose und Talbot in St.-Julien sowie Château Margaux, Palmer und Brane-Cantenac in Margaux. Auf diese vier Médoc-Orte konzentrieren sich 55 der insgesamt 60 Crus Classés und 100 Crus Bourgeois.

St-Estèphe, ein ehemaliges Fischerdorf an der Gironde, liegt am nördlichen Zipfel des Haut-Médoc. Seine Weine gelten in ihrer Jugend als spröde. Sie öffnen sich nur sehr langsam, um später dann förmlich zu explodieren. Cos d'Estournel ist fraglos das spektakulärste Château der Appellation: ein viktorianisch-orientalisches Schlösschen mit Pagodentürmen. Zusammen mit seinem Rivalen Montrose erzeugt es die besten St-Estèphe-Weine. Klassische Montrose-Jahrgänge brauchen 20 Jahre und mehr zum Reifen. Den herausragenden Jahrgang 1990, den Bordeaux-Experte René Gabriel mit 20 von 20 möglichen Punkten bewertet hat, empfiehlt er, 2040 zu trinken. Die anderen Crus Classés – es gibt insgesamt nur 5 – sind Lafon-Rochet, Cos Labory und Calon-Ségur.

DAS HERZ DES MARQUIS IST AUF CALON GEBLIEBEN

Marquis Alexandre de Ségur, der Château Calon-Ségur vor über 200 Jahren seinen Namen gab, soll angesichts des wachsenden Ruhms von Lafite, Latour und Mouton, deren Besitzer er ebenfalls war, bekannt haben, dass sein Herz auf Calon geblieben sei. Dort ist es noch immer: auf dem Etikett einer jeden Flasche. Auf große Jahrgänge in den 1940er-Jahren sind viele schwache gefolgt. Mitte der 1990er-Jahre ist die Wende zum Guten geglückt. Dem 1999er-Calon-Ségur bescheinigen Experten, der „beste Wein der Appellation" zu sein. St-Estèphe ist vor allem für seine exzellenten Crus Bourgeois bekannt. Sie liegen südlich und westlich des Ortes. Die Châteaux Phélan-Ségur und de Pez (letzteres im Besitz des Champagnerhauses Roederer) bringen sehr feine Weine hervor. Von vielen Kennern hoch geschätzt wird Château Meyney, ein Weingut klösterlichen Ursprungs. Zu den zuverlässigsten Erzeugern zählen Les Ormes-de-Pez (im Besitz von Jean-Michel Cazes, dem auch Château Lynch-Bages in Pauillac gehört), Château Tour de Pez, das durch sein hervorragendes Qualitäts-Preis-Verhältnis besticht, und Château Le Boscq, dem Bordeaux-Experte René Gabriel prophezeit, dass es zum neuen Superstar unter den bürgerlichen Gewächsen aufsteigen wird. Die BASF-Kellerei hat es schon vor Jahren für ihre Kunden entdeckt. Wollte man eine Bordeaux-Gemeinde an die Spitze stellen, es wäre Pauillac. Darüber gäbe es keinen Disput. Allein die drei Premiers Crus Lafite-Rothschild, Latour und Mouton-Rothschild rechtfertigen diese Ausnahmestellung: Alle drei bringen Rotweine hervor, die in guten Jahrgängen zu den größten der Welt zählen.

Lafite-Rothschild ist mit 94 Hektar das größte Premier Cru. Das Château hat in den vergangenen 30 Jahren eine Renaissance erlebt. Die neue Ära begann, als Baron Eric de Rothschild 1974 die Verantwortung für das Familiengut übernahm. Er zog damals Professor Peynaud als Berater hinzu. Mit dem herrlichen Jahrgang 1975 kam die Wende. „Der Lafite ist das Höchste, was es an Bordeaux-Weinen gibt, und sicher einer der besten Rotweine der Welt", schreiben Heinz-Gert Woschek und Hubrecht Duijker in „Die großen Weine von Bordeaux". Robert M. Parker schließt sich ihrem Urteil an: „Man kann mit gutem Recht behaupten, dass Lafite-Rothschild seit 1981 mit die besten Weine im Médoc produziert." Sie zeichnen sich durch Eleganz und Finesse aus. Lafite gelinge es paradoxerweise, diese an sich verhaltenen Wesenszüge zu verstärken, meint der Weinjournalist Andrew Jefford: „Ein Wein voller Geflüster, der jedoch in einem einzigen Glas zu einem Chor voll göttlicher Harmonie anschwellen kann."

Château Latour, an der Grenze zwischen Pauillac und St-Julien gelegen, ist schon von weitem an seinem Wahrzeichen zu erkennen: dem festungsartigen Turm, der auch das Etikett ziert. Von den drei Premiers Crus in Pauillac liegt das 65 Hektar große Château Latour dem Fluss am nächsten. Die Kiesflächen, auf denen seine Reben stehen, ziehen sich wie ein Hochstrand an der Gironde entlang. Seit 1993 gehört das Weingut dem französischen Holzmagnaten François Pinault.

Die Weine von Latour begeistern mit außerordentlicher Kraft und endloser Tiefe. Eleganz scheinen sie eher zu verachten. Dafür besitzen sie sprichwörtliche Langlebigkeit. In guten Jahren, so sagt man, ist der Latour ein Wein, den man für seine Kinder aufhebt, in großen Jahren für seine Enkel. Tatsächlich braucht er 20 bis 25 Jahre Reifezeit in der Flasche. Robert M. Parker weist darauf hin, dass „der Wein ein Muster an stets gleichmäßig hoher Güte sowohl in großen als auch in mittelmäßigen und schlechten Jahren" ist.

Mouton-Rothschild ist eines der beeindruckendsten Weingüter an der Gironde. Jedes Jahr zieht es 30 000 bis 40 000 Besucher an. Seine 75 Hektar Rebfläche erstrecken sich auf der Südseite einer Kieskuppe, die es mit Lafite teilt. Sind die Weine deshalb einander ähnlich? Mitnichten: „Einen Lafite zeichnen aristokratische Zurückhaltung und heiter anmutige Eleganz aus, ein Mouton hingegen ist sinnlich, rund und opulent, sozusagen der Falstaff unter den Premiers Crus" (Andrew Jefford).

Die beiden Deuxièmes Crus von Pauillac liegen, nur durch eine Straße getrennt, einander gegenüber: Pichon-Longueville Comtesse de Lalande und Pichon Longueville-Baron. Die 75 Hektar der Comtesse werden zu beiden Seiten von Latour-Rebflächen flankiert. Auf Lalande entstehen die elegantesten, feingliedrigsten Pauillac-Weine, in großen Jahren präsentieren sie sich cremig, voll und sinnlich. Sie gelten als die Pauillac-Weine mit dem größten Charme. Die Eigentümerin, Madame May-Elaine de Lencquesaing, die auf dem hübschen Château wohnt, hat das Weingut mit energischer Hand zu seiner heutigen Spitzenposition unter den Deuxièmes Crus geführt.

Pichon-Longueville-Baron ist ein prachtvolles Château. Seit Ende der 1980er-Jahre gehört es der AXA-Versicherungsgruppe, die das Schloss aufwendig restaurieren ließ, ein Besucherzentrum schuf und in den Keller investierte, der heute geradezu futuristisch anmutet. Die AXA betraute Jean-Michel Cazes, den Eigentümer von Lynch-Bages, mit der Leitung des Châteaus, eine Entscheidung, die einen „dramatischen Qualitätswandel" (Parker) bewirkt hat.

Lynch-Bages, 5ème Cru Classé, ist „eine Art Mouton für Nicht-Millionäre" (Hugh Johnson). Der charismatische Jean-Michel Cazes bereitet mit Unterstützung seines Kellermeisters Daniel Lhose einen Pauillac-Klassiker, der Tiefe, Fleisch, Muskeln und Rasse besitzt. Jahrgänge wie 1989, 1990 und 2000 sicherten dem Gut einen Platz unter den Top Ten des Médoc.

Während ein Pauillac muskulös und kraftvoll auftritt und ein Margaux sich blumig, elegant und duftig präsentiert, ist ein St-Julien fruchtig und fein. Die 11 Cru Classés bringen sämtlich wunderschön ausgebaute Gewächse hervor, die sich im Stil jedoch deutlich unterscheiden.

Ebenso liefern die Cru Bourgeois feine Weine in Hülle und Fülle. Robert M. Parker weist darauf hin, dass der Weinliebhaber in St-Julien „überall beste Aussicht auf einen guten Kauf" hat.

Die Zierde der Gemeinde ist das Weingut Léoville, einst das größte im Médoc, heute aber in drei Besitzungen aufgeteilt. Château Léoville-Las-Cases nennt 97 Hektar Rebfläche sein Eigen. Unter der klugen Leitung der Familie Delon versucht das Château, zu den Premiers Crus aufzuschließen. Im Preis übertrifft das Gut die ersten Gewächse schon seit Jahren. Léoville-Barton genießt einen ausgezeichneten Ruf. Anthony Barton, ein Grandseigneur des Médoc, hat den traditionellen Stil seines Weins zwar verfeinert, aber nie grundsätzlich verändert. Von den Spitzenweinen aus St-Julien bietet der Léoville-Barton „das allerbeste Preis-Leistungs-Verhältnis" (Parker). Während Léoville-Poyferré früher mit seinen „großen Brüdern" nicht so recht mithalten konnte, schöpft es dank der Beratung durch Michel Rolland das Potenzial seines ausgezeichneten Terroirs immer besser aus.

Während sich die drei Léovilles um den Ort St-Julien gruppieren, ballt sich ein paar Kilometer weiter südlich rund ein Dutzend Châteaux im Dorf Beychevelle zusammen, darunter Château Ducru-Beaucaillou, eine Institution in St-Julien. Seit die Familie Borie das Anwesen 1941 erwarb, ist ein beständig hoher Standard gewahrt worden. Das benachbarte Château Branaire gehört zu den leisen Stars des Médoc und gilt unter Insidern als Geheimtipp.

Jean-Louis de Nogaret de Lavalette, Duc d'Epernon wurde 1587 zum Admiral de France ernannt und heiratete im selben Jahr eine dynamische junge Frau, die das Château du Médoc als Mitgift in die Ehe brachte. Schon bald erhielt der Besitz den „Spitznamen" Beychevelle, denn von allen auf der Gironde vorbeigleitenden Schiffen schallte das Kommando „Baissez les voiles!" (Segel reffen!) – als Ehrenbezeugung für den Admiral. Château Beychevelle vereint Eleganz und Finesse mit höchst verführerischer Gefälligkeit.

Château Gruaud Larose, das landeinwärts liegt, brachte jahrzehntelang den schroffsten und verschlossensten Wein von St-Julien hervor. Unter seinem neuen Besitzer Jacques Merlaut herrscht nun ein deutlicher Trend zu einem feineren, weniger tanninschweren Stil, der Gerbstoffe und Frucht (Schwarze Johannisbeere) nahtlos miteinander verschmilzt.

FRIEDRICH ENGELS IDEE VOM GLÜCK
CHÂTEAU MARGAUX 1848

Der Boden von Margaux ist der magerste im Médoc; er hat den höchsten Anteil an grobem Kies. Auf ihm entstehen geschmeidige Rotweine, die in schlechten Jahren allerdings ziemlich dünn ausfallen können. In guten und großen Jahren bewahrheiten sich all die Vorzüge des viel gepriesenen Médoc-Bodens. Dann besitzen die Weine von Margaux jene Delikatesse und untergründige Süße im Bukett, die sie zu den exquisitesten Weinen von ganz Bordeaux machen.

Château Margaux, auf das eine von Platanen gesäumte Allee zuführt, strahlt auf seine Besucher aristokratische Würde aus. Es verkörpert souveräne Überlegenheit – genau wie sein Wein. All das, was die Region so einzigartig macht, zeigt er in vollendeter Ausprägung: duftige Finesse, Kraft, Ausgewogenheit und Konzentration. Als der französische Dichter Marcel Proust dem deutschen Linksintellektuellen Friedrich Engels die Frage stellte, welche Idee vom Glück er habe, antwortete dieser: „Château Margaux 1848." Damals wie heute lässt dieser weltberühmte Premier Cru Weinliebhaber in die Höhen der Glückseligkeit entschweben.

Insgesamt werden 90 Hektar verstreuter Parzellen bewirtschaftet, die zum Teil kilometerweit auseinander liegen, doch alle haben das Zeug, wie Paul Pontallier es ausdrückt, „gelegentlich ihren Beitrag zu einem großen Margaux zu leisten". Auf den Kies-, Lehm- und Tonkalkböden der Margaux-Weinberge stehen Cabernet Sauvignon (75 Prozent), Merlot (20 Prozent), Cabernet Franc und Petit Verdot (zusammen 5 Prozent).

Nach einer Schwächeperiode in den 1960er- und 1970er-Jahren, die durch wirtschaftliche Schwierigkeiten des Vorbesitzers bedingt waren, hat es seit der Übernahme durch André und Laura Mentzelopoulos im Jahre 1977 viele großartige Jahrgänge gegeben: 1982, 1983, 1985, 1986, 1990, 1995, 1996, 1999 … Seit dem frühen Tod von André wird das Château, an dem auch die Familie Agnelli beteiligt ist, von seiner Frau und Tochter Corinne gemeinsam mit Gutsdirektor Paul Pontallier geführt.

Dichte und Komplexität erreicht ein Margaux durch Auslese. Die Jahrgänge 1999 und 2000 zum Beispiel sind aus jeweils nur knapp 40 Prozent des Leseguts entstanden. Der Rest wurde zum vorbildlichen Zweitwein Pavillon Rouge verarbeitet oder lose verkauft. Der Grand Vin wird bis zu 2 Jahre in neuer Eiche ausgebaut.

Château Palmer, als 3ème Cru Classé eingestuft, ist – in Hochform – der ernsthafteste Herausforderer von Château Margaux. Zwischen 1961 und 1977 erzeugte Palmer beständig den besten Wein der Appellation. Mit dem 1978er hat Château Margaux wieder das Zepter übernommen. Das majestätische Schloss mit seinen eindrucksvollen Ecktürmen erhebt sich mitten im Dörfchen d'Issan. Benannt ist es nach einem englischen General, der unter Wellington diente und mit dessen Armee 1814 nach Bordeaux kam. Dass das Château heute in multinationalem Besitz ist, signalisieren die auf seinem Dach gehissten Flaggen Frankreichs, Englands und der Niederlande. Der Palmer-Stil ist von geradezu sensationeller Duftigkeit geprägt. Wenn in einem Jahrgang alle Voraussetzungen stimmen, wie 1999 und 2000, „kommt hier der fleischigste, raffinierteste, üppigste Tropfen der Gemeinde zur Welt, ein mit süßer Himbeerfrucht verführendes Erlebnis" (Andrew Jefford).

Château Brane-Cantenac verdankt seinen Rang als 2ème Cru Classé von 1855 dem als Weinbaufachmann ange-

Château Giscours, 3ème Cru Classé, ist ein sehr großes Anwesen, dessen 240 Hektar nur zu einem Drittel mit Reben bestockt ist. In den letzten 2 Jahrzehnten wird hier ein exzellenter Weinstil gepflegt. Parker hebt hervor, dass „die Leistungen von Giscours in ungünstigen Jahren weit besser als die der meisten hoch renommierten Châteaux in Bordeaux" gewesen sind. Seit der Niederländer Eric Albada Jelgersma die Weinberge gepachtet und die Leitung des Guts übernommen hat, ist ein starker Aufwärtstrend unverkennbar. Der Jahrgang 2000 wird als der beste seit 2 Jahrzehnten beurteilt: ein üppiger, tiefer, schön texturierter Tropfen.

Château d'Issan, 3ème Cru Classé, ist eines der ältesten und schönsten Güter im Médoc. Der Überlieferung nach wurde der Schlosswein 1152 auf dem Hochzeitsgelage von Henry Plantagenet, dem späteren Heinrich II. von England, mit der betörenden Eleonore von Aquitanien gereicht. Das sich heute dem Besucher präsentierende Märchenschloss stammt aus dem frühen 17. Jahrhundert. Emmanuel Cruse, der es 1945 erwarb, verbrachte buchstäblich den Rest seines Lebens damit, Weinbergen und Schloss zu ihrem einstigen Glanz zu verhelfen. Der leichte, elegante, duftige Wein hat sich in jüngster Zeit deutlich verbessert. Der 1996er, 1997er und der 1999er fielen außergewöhnlich lebendig und fein aus, und auch der Jahrgang 2000 geriet hervorragend.

GRAVES
DIE WIEGE DES BORDEAUX-WEINS

Südlich der Stadt Bordeaux, an dem linken Ufer der Garonne, erstreckt sich das Weinbaugebiet Graves. Sein nördlichster Teil, der tief in die Vororte von Bordeaux hineinreicht, wurde 1987 auf Betreiben der Erzeuger unter dem Namen der beiden Gemeinden Pessac-Léognan als eigene, elitäre Appellation verselbständigt. Auf ihrem Gebiet liegen 55 Châteaux und Domaines.

Graves (gravier heißt Kies) ist die Wiege des Bordeaux-Weins. Auf den Kieskuppen im Süden der Stadt Bordeaux standen schon Rebstöcke, als Médoc noch Marschland war. Erzbischof Bertrand de Goth legte auf dem Gebiet der heutigen Vorstadt Pessac im Jahre 1300 einen Weinberg an. Als er 5 Jahre später zum Papst gewählt wurde und als Klemens V. in Avignon Sitz nahm, vermachte er das Weingut seinem Nachfolger Arnaud de Canteloup.

sehenen Baron de Brane, der auch den Aufstieg von Mouton zuwege brachte. Wie damals gehört das Schloss heute wieder Weinerzeugern, die in Bordeaux höchste Wertschätzung genießen, den Lurtons. Lucien Lurton übergab das 85 Hektar große Anwesen 1994 seinem Sohn Henri. „Ein Weingut im Aufwind", urteilt Bordeaux-Experte David Peppercorn. Der 95er, 96er und 98er gehören zu den erfolgreichsten Weinen der Appellation.

Auf Château du Tertre, ein 5ème Cru Classé, hat 1998 Eric Albada Jelgersma, der Pächter des benachbarten Châteaus Giscours, das Heft in die Hand genommen. Seine 50 Hektar Rebfläche nehmen eine sandige Kieskuppe (tertre) vollständig ein. Schon der Vorbesitzer, der inzwischen verstorbene Philippe Capbern-Gasqueton, sanierte Weinberge und Gebäude. Allmählich kommen die Verbesserungen in hervorragenden Jahrgängen (1996 und 2000) zum Tragen. „Heute zählt ein du Tertre zu den schwersten, am dichtesten gewirkten Essenzen in ganz Margaux" (Andrew Jefford).

Château Pape-Clément, das einzige Bordeaux-Weingut, dessen Geschichte man über den kompletten Zeitraum von 700 Jahren verfolgen kann, befindet sich heute im Besitz der Erben des französischen Dichters Paul Montagne. Sie engagierten 1985 Bernard Pujol und ließen ihm freie Hand, die schwer ramponierte Qualität wieder herzustellen. Seither ist eine ganze Reihe großer Pape-Clément-Jahrgänge entstanden.

HAUT-BRION GENIESST VORRANGSTELLUNG

Höchstes Ansehen genießt Haut-Brion. Der größte Triumph des Châteaus war die Auszeichnung als Premier Cru in der offiziellen Klassifizierung von 1855, als einziger Graves neben 60 Rotweinen aus dem Médoc. Bei der Klassifizierung der Graves-Gewächse 1959 behielt Haut-Brion seine Vorrangstellung bei: Das Château steht an der Spitze der 13 roten Crus Classés.

Haut-Brion wird heute vom Herzog und der Herzogin von Mouchy geführt – im Verbund mit den Nachbar-Châteaux, die ebenfalls in ihrem Besitz sind: La Mission-Haut-Brion, Laville-Haut-Brion und La Tour-Haut-Brion. Haut-Brion und La Mission-Haut-Brion liegen einander an der alten Straße nach Arcachon gegenüber – inmitten städtischen Gebiets. „Der Haut-Brion ist jeder Zoll ein Premier Cru mit einem delikaten Gleichgewicht aus Kraft und Finesse, wie es nur ein großer Graves aufweisen kann", meint Hugh Johnson. La Misson schmecke konzentrierter, reifer, vollblütiger und ebenso hochfein. Als die Besitzer von Haut-Brion den ewigen Rivalen 1983 übernahmen, vereinigten sie die beiden Güter keineswegs miteinander, sondern führen seither den jahrhundertealten Wettstreit intern fort.

Wie im Médoc stellt sich in Pessac-Léognan/Graves die Frage der Verfüg- und Bezahlbarkeit. Mit zwei hochinteressanten Alternativen stellt die BASF-Kellerei ihre Bordeaux-Kompetenz unter Beweis. Die erste ist Château La Tour-Martillac, das zu den Crus Classés von Graves gehört. Auf seinem 28 Hektar großen Weinberg stehen Cabernet Sauvignon (59 Prozent), Merlot (35 Prozent), Cabernet Franc und Malbec (zusammen 6 Prozent). Seit 1929 befindet sich das Château im Besitz der Familie Kressmann. Geleitet wird es von Tristan Kressmann. Er ist der Motor, der das Streben nach Qualität erfolgreich antreibt. „Die letzten Jahrgänge sind endlich wieder großartig", konstatiert René Gabriel, der dem Wein bis in die 1990er-Jahre hinein sehr kritisch gegenüber stand. Jetzt lobt er ihn: „Fast wie ein Lynch-Bages."

Die zweite Alternative: Château La Garde. Seit das Weingut 1990 von dem Handelshaus Dourthe Frères übernommen wurde, sind hohe Investitionen gemacht und ist viel Entwicklungsarbeit geleistet worden. Heute bringt es exzellente Rot- und Weißweine hervor, die noch dazu über ein vorzügliches Qualitäts-Preis-Verhältnis verfügen. Die Rotweinfläche wurde auf 44,5 Hektar erweitert, die zu zwei Dritteln mit Cabernet Sauvignon und zu einem Drittel mit Merlot bepflanzt ist. Der Wein besticht durch schmackhafte, saftige Johannisbeerfrucht, je nach Jahrgang reift er 12 bis 20 Monate in zu einem Drittel neuen Eichenfässern. Nach Gabriels Einschätzung ist er „einer der besten Pessac-Léognan-Weine".

AM RECHTEN UFER
ST-EMILION UND POMEROL

Wechseln wir jetzt an das „rechte Ufer" in das Reich des Merlot, der die Weinberge von St-Emilion gemeinsam mit Cabernet Franc beherrscht. Cabernet Sauvignon spielt hier nur punktuell eine Rolle. In St-Emilion, einem Anbaugebiet von 5000 Hektar, wird ausschließlich Rotwein erzeugt.

Die Klassifizierung von St-Emilion ist einfach und aktuell. 1954 entstanden, sollte sie eigentlich alle 10 Jahre überprüft werden: Die jüngste Revision ist 1996 erfolgt – es war die dritte. Die Spitze bilden 13 Premiers Grands Crus Classés, von denen 2 durch den Zusatz A hervorgehoben werden, nämlich Ausone und Cheval Blanc. Die anderen 11 sind mit dem Zusatz B gekennzeichnet. Auf der Stufe darunter stehen 54 Châteaux mit dem Rang von Grands Crus Classés. Und schließlich folgen 200 Grands Crus.

Die Stadt St-Emilion, die der Weinregion ihren Namen gab, ist die reizvollste im ganzen Bordelais. Sie ist römischen Ursprungs und hat sich ihr mittelalterliches Gepräge erhalten. Mit ihren schmalen, steilen Gassen, den eng aneinander kauernden Häusern, den Stadtmauern, dem imposanten Tour de Roi und der sehenswerten Felsenkirche schmiegt sie sich an einen Steilhang über der Dordogne. Sie strahlt Charme und Gastlichkeit aus. Hier liegt alles dicht beisammen. Man lässt die mittelalterlichen Gassen hinter sich und trifft innerhalb von wenigen Minuten zu Fuß auf die Premiers Crus Classés der côtes. Wie die Stadt selbst, so ziehen sich auch die Weinberge an den steilen Kalksteinhängen entlang. Diese Lagen gelten als die besten von St-Emilion. Die Rebstöcke stehen auf einem aus Seesternkalk entstandenen, durchlässigen und nach Süden ausgerichteten Lehmboden. Die bekanntesten Châteaux hier sind Ausone (benannt nach dem römischen Dichter und Konsul Ausonius), Belair und Magdeleine.

Einem, der zum ersten Mal nach Bordeaux kommt und lediglich Zeit zum Besuch eines Weinguts hat, empfiehlt Robert M. Parker das kleine Château Ausone. Seine Lage hoch oben auf einem der Hänge außerhalb der Stadtmauern von St-Emilion ist spektakulär. Dass der kleine Weinberg voll alter Reben steht, beeindruckt wohl nur fachlich versierte Besucher, aber jeder bestaunt den Reifekeller, der in großen Kalksteinhöhlen Platz gefunden hat.

Allerdings ist Ausone über lange Strecken weit unter seinen Möglichkeiten geblieben. Nach einer schweren Krise setzte das Château Mitte der 1990er-Jahre zu einem neuen Höhenflug an. Unter der inspirierenden Leitung von Alain Vauthier, dessen Familie das Gut jetzt allein besitzt, und unterstützt von Michel Rolland, sind spektakuläre Weine entstanden, die nichts von der für Ausone typischen Eleganz, Finesse und mineralgeprägten Persönlichkeit vermissen lassen, nun aber „mit dem Feuer einer schwarzen Schönheit locken" (Andrew Jefford). Da das Weingut nur 7 Hektar groß ist und maximal 25 000

Flaschen erzeugt werden, ist der Ausone eine noch größere Rarität als der berühmte Pétrus aus Pomerol, wenn auch bei weitem nicht so teuer.
Gemeinsam mit Cheval Blanc, dem anderen legendären Premier Cru Classé A, bildet Ausone seit jeher die Doppelspitze der St-Emilion-Gewächse. Die beiden Châteaux könnten gegensätzlicher nicht sein. Cheval Blanc liegt weit vom Städtchen St-Emilion und seinen berühmten Kalksteinhängen entfernt. Das 36 Hektar große Weingut grenzt an die Nachbar-Appellation Pomerol. Während aber im Pomerol Merlot regiert, spielt in dieser exzentrischen Westzone von St-Emilion Cabernet Franc die Schlüsselrolle – bei Cheval Blanc mit einem Anteil von 66 Prozent. Kein anderes bedeutendes Gut verwendet so viel Cabernet Franc. Bernard Arnault und Baron Albert Frère, die das Château 1998 gemeinsam erwarben, haben seither keine Kosten gescheut, um es nicht nur zum Spitzenreiter am rechten Ufer, sondern von ganz Bordeaux zu machen.

Gegenüber von Cheval Blanc – auf demselben Kiesplateau gelegen – befindet sich der 40 Hektar große Weinbergbesitz von Château Figeac, Premier Grand Cru Classé B. Die Ähnlichkeiten und Unterschiede zwischen den Erzrivalen Figeac und Cheval Blanc sind immer wieder faszinierend. Die Zusammensetzung des Bodens ist ähnlich, doch räumt man auf Figeac Cabernet Sauvignon (35 Prozent) neben Cabernet Franc (35 Prozent) und Merlot (30 Prozent) einen bedeutenden Anteil ein. Reifer Figeac besitzt fast Médoc-Charakter. Schon frühzeitig erlangt er samtige Eleganz und zeichnet sich dennoch durch Langlebigkeit aus. Große Jahrgänge wie 1982, 1990 und 1998 lassen erkennen, welch sagenhaftes Potenzial in Figeac steckt.
Château Corbin, Grand Cru Classé, liegt ebenfalls in Grenznähe zu Pomerol. Professor Enjalbert von der Universität Bordeaux behauptet, dass die Zusammensetzung des Bodens mit dem von Cheval Blanc fast vollständig übereinstimmt. Eindeutigen Vorrang hat hier aber Merlot mit 71 Prozent, der Cabernet-Franc-Anteil beträgt 29 Prozent. In heißen, trockenen Jahren erklimmt Château Corbin „höchste Höhen" (Parker); dann ist der Wein dunkel, füllig, reif, körperreich und wunderbar konzentriert.

MICRO-CHÂTEAUX HEIZEN SAMMLERLEIDENSCHAFT AN

Anfang der 1990er-Jahre ist St-Emilion aus „schläfriger Selbstgefälligkeit" erwacht und hat sich in „ein Treibhaus ehrgeiziger, heiß umstrittener Neuerungen verwandelt" (Hugh Johnson). Jean-Luc Thunevin löste mit seinem Château De Valandraud eine Gründungswelle kleiner Weingüter aus, die ganz St-Emilion und Pomerol ergriffen hat. Man spricht von Garagenweinen, Boutique Crus und Micro-Châteaux: Superweine in Minimengen.
Thunevin hat tatsächlich auf dem Areal einer Garage in St-Emilion begonnen, Wein zu bereiten. Sein Debütjahrgang 1991 war überhaupt der erste Wein, den er machte. Zuvor hatte er als Waldarbeiter, Diskjockey, Bankangestellter und Weinhändler sein Geld verdient. Er verwendete Lesegut mehrerer winziger Parzellen, die mit alten Merlot-Reben und kleineren Beständen Cabernet Franc

und Malbec bepflanzt sind. Die Weine kamen in neue Eichenfässer und nach dem ersten Abstich nochmals in ungebrauchte Barriques – Profis sprechen von 200 Prozent neuem Holz. Sie wurden weder geschönt noch gefiltert. Entstanden sind „Kostbarkeiten, denen Weinsammler in aller Welt nachjagen" (Parker).

Inzwischen gibt es eine wachsende Zahl international gefragter Weine, die mit dem Klassifizierungssystem nichts zu tun haben wollen. Ein Beispiel ist Le Tertre Rôtebœuf (wörtlich übersetzt: Hügel der rülpsenden Ochsen). François Mitjaville, hinter dessen warmherziger, leutseliger Art sich gnadenlose Kompromisslosigkeit in Sachen Qualität verbirgt, holt aus diesem nur 5,5 Hektar großen Gut einen Wein mit so viel Extrakt und Intensität heraus wie sie die großen Pomerols besitzen. Er erntet so spät wie möglich, hält die Erträge knapp und setzt zu 100 Prozent neue Eichenfässer ein, in denen der Wein bis zu 18 Monaten reift. Das Resultat: atemberaubend süße, würzige Essenzen. Le Tertre Rôtebœuf ist einer der neuen Superstars von Bordeaux.

SCHWÄBISCHER GRAF AVANCIERT IN ST-EMILION ZUM STAR

Für Furore sorgte auch ein Deutscher. Der württembergische Winzer Graf Joseph-Hubert von Neipperg erwarb 1971 Château Canon-la-Gaffelière, Premier Grand Cru Classé B. Sein Sohn Stephan übernahm 1985 die Leitung des 19,5 Hektar großen Guts, das sich im unteren Bereich der Côtes erstreckt. Heute gehört Canon-la-Gaffelière zu den qualitätsbeständigen Fixsternen am St-Emilion-Himmel.

Noch größeren Ruhm ernteten der junge Graf und sein Kellermeister Stéphane Derenoncourt mit „La Mondotte", einem konzentrierten, sortenreinen Merlot, voll Saftigkeit und süßer Frucht, der sowohl Robert M. Parker als auch die Weinsammler in aller Welt zu Jubelarien hinriss.

POMEROL KENNT KEINE KLASSIFIZIERUNG

Pomerol ist verglichen mit den traditionsreichen Weinregionen Médoc, Graves und Sauternes ein Newcomer. Noch vor 50 Jahren hätte niemand die Weine aus dieser langweiligen Gegend im Libournais zu Bordeaux' roten Juwelen gezählt. Heute erzielen die gesuchtesten Pomerol-Weine Preise wie die Premiers Crus von Médoc oder sogar höhere. Pomerol kennt keine Klassifizierung. Es fehlt die lange Absatztradition, auf die man eine solche Einstufung gründen könnte. Die meisten Châteaux – oft normale Wohnhäuser und Bauernhöfe – sind kleine Familienbetriebe. In der Frage, welches die herausragenden Weingüter in Pomerol sind, herrscht jedoch seltene Einmütigkeit: Château Pétrus steht an der Spitze, der neue Superstar heißt Le Pin, ein Micro-Château mit knapp 3 Hektar, und legendären Ruf besitzt Vieux Château Certan – von Insidern kurz VCC genannt. Zu den Top Ten gehören außerdem Trotanoy, L'Eglise-Clinet, Clinet, La Conseillante, Lafleur, L'Evangile, Hosanna und Nenin. Die wichtigste Rebsorte hier ist die Merlot. Große Pomerols bestehen zu 70 bis 80 Prozent aus dieser Traube. Der größte Pomerol, Château Pétrus, ist gar ein fast reinsortiger Merlot. Auf Platz zwei der Rebsortenskala folgt

Cabernet Franc, der hier – wie in St-Emilion – Bouchet heißt, mit einem Anteil von durchschnittlich 20 Prozent. Cabernet Sauvignon spielt nur eine untergeordnete Rolle. Sicherlich trägt der hohe Merlot-Anteil zur Popularität der Pomerol-Weine bei, denn er macht sie für einen Bordeaux erstaunlich früh trinkreif.

Château Pétrus wächst auf einer Art Lehminsel, die an der höchsten Stelle des kiesbedeckten Plateaus von Pomerol an die Oberfläche durchstößt. Von seinen 11,5 Hektar Rebfläche sind 11 mit Merlot bepflanzt; auf 0,5 Hektar stehen Cabernet-Franc-Reben. Das Château ist im Besitz der Familien Lacoste, Loubat und Moueix. Christian Moueix führt das Gut. Es gibt nur wenige Weingüter, in denen so kompromisslos qualitätsorientiert und mit so besessener Liebe zum Detail gearbeitet wird.

Große Pétrus-Jahrgänge zeichnen sich durch enorme Dichte, Kraft, Vielschichtigkeit und ein Aromaspektrum aus Trüffel, Schokolade, Kaffee, Tabak, Gewürzen und in Sirup eingelegten Früchten aus. Ihr großes Plus ist die Bodenständigkeit. Sie sind keine High-Tech-Erzeugnisse, die die Schwankungen der Jahrgänge negieren, sondern sie berichten stets über die Fährnisse der Vegetationsperiode. Der astronomische Preis und die mangelnde Verfügbarkeit stehen auf der Minusseite. Es ist ziemlich unwahrscheinlich, dass wir Normalsterblichen einen Schluck abbekommen.

Le Pin ist der zweite Superstar in Pomerol. Sein Schöpfer ist Jacques Thienpont. Dass sein Le Pin in den 1990er-Jahren zum „Sammlerwein" schlechthin avancierte, amüsiert niemanden mehr als ihn selbst. 1979 kaufte er eine Parzelle von 1 Hektar in der Nähe von Vieux Château Certan, das seinem Großvater gehörte und jetzt von seinem Cousin Alexandre geführt wird. Um die Rebfläche auf heute 2,1 Hektar zu erweitern, musste er jahrelang mit seinen Nachbarn schachern. Unterstützt von der Önologin Dany Rolland, der Frau des in Bordeaux allgegenwärtigen Beraters Michel Rolland, erzeugte er nach dem Prinzip Einfachheit seine ersten Weine, die nicht nur in großen Jahren wie 1982 glänzten, sondern auch in schlechten wie 1987 und 1993. Im Keller gibt es keine Maschinen und keinen Computer. Alles wird von Hand gemacht. Le Pin präsentiert sich als sinnlicher, üppiger Pomerol, der sich zugleich feingliedrig und zugänglich zeigt. 1997 erzielte eine 12er-Kiste Le Pin des Jahrgangs 1982 bei einer Auktion umgerechnet 50 000 Euro, Jacques Thienpont hatte sie für weniger als 200 Euro ab Weingut verkauft. Er fühle sich ein bisschen „wie Van Gogh, der seine Gemälde billig hergab, während andere damit ein Vermögen machten".

Von den bisherigen Le Pin-Jahrgängen hat es nie mehr als 10 000 Flaschen gegeben. Wahrscheinlicher ist es deshalb, einige von den 60 000 Flaschen zu ergattern, die auf Vieux Château Certan erzeugt werden. Bevor Pétrus zum Spitzenreiter in Pomerol aufstieg, galt VCC als das führende Weingut der Appellation. Allein schon wegen des hohen Cabernet-Anteils von 40 Prozent gehören die Weine nicht zu den üppigen Prachtkerlen, wie es sie in Pomerol vielfach gibt, sondern sind Tropfen von bezaubernder Anmut, mit intensiver Himbeerfrucht und verführerischem Blumenduft.

In Pomerol, wo einer kleinen Produktion eine weltweite Nachfrage gegenübersteht, stellt Château Bel-Air ein sehr gutes, preislich höchst attraktives Angebot dar. Das Gut – 13 Hektar groß und zu 95 Prozent mit Merlot bepflanzt – hat sich mit den Jahrgängen ab 1998 von einem Mauerblümchen zu einem großartigen Wein gemausert: „Toller Pomerol zu einem außerordentlich günstigen Preis", urteilt René Gabriel.

Als hochklassiger Pomerol empfiehlt sich Beauregard, ein Château, das aus 17 Hektar rund 100 000 Flaschen Wein erzeugt und damit zu den größten Gütern in Pomerol gehört. Seit Crédit Foncier das Gut 1991 übernommen hat, zeigt es ernsthafte Ambitionen, zum Dutzend der Besten von Pomerol aufzuschließen. René Gabriel bescheinigt dem Beauregard, dass er zu den „wirklich guten Werten des Libournais zu (noch) erschwinglichen Preisen" gehört. Der Wein, ein weicher, cremiger Pomerol klassischen Typs, ist bereits früh mit Genuss zu trinken, kann aber auch sehr gut altern.

WELTWEIT FOLGEN WINZER DEM VORBILD BORDEAUX

Die legendären Bordeaux-Châteaux haben Winzer aller Welt animiert, Cuvées nach ihrem Vorbild zu erzeugen – von Opus One im kalifornischen Napa Valley über Warwick Estate Trilogy im südafrikanischen Stellenbosch bis zu Cuvée X in der Pfalz. Sicherlich gibt es viele Hunderte in der Alten und Neuen Welt, ohne dass bisher jemand den Versuch unternommen hätte, sie aufzulisten.

Die Primadonnen Sangiovese und Tempranillo, in Italien und Spanien traditionell das Rückgrat großer Rotwein-Cuvées, sind in den vergangenen 20, 30 Jahren vielfältige Verbindungen mit Bordelaiser Rebsorten, allen voran Cabernet Sauvignon, zunehmend Merlot und vereinzelt Cabernet Franc und Petit Verdot, eingegangen und haben damit eine neue Cuvée-Generation begründet. In Rotwein-Cuvées der Neuen Welt, die bewusst vom Bordeaux-Vorbild abgewichen sind, spielt Shiraz häufig die Hauptrolle.

Pinot Noir hat sich nie und nirgends paarungswillig gezeigt und ist insofern dem Riesling ähnlich. Überhaupt haben Cuvées bei Weißweinen offenbar nicht die gleiche Bedeutung wie bei Rotweinen. Traditionell spielen nur Sauvignon und Sémillon, ergänzt um Muscadelle, in Bordeaux eine Rolle: in Pessac-Léognan/Graves gibt Sauvignon den Ton an, im Sauternes ist es eindeutig Sémillion. Am Neusiedler See, Österreichs Süßwein-Paradies, sind Weißer Burgunder und Welschriesling in deren Rollen geschlüpft. Nur im Friaul und vereinzelt in Südtirol stellen Assemblagen mit vier, fünf weißen Rebsorten die Aushängeschilder bedeutender Weingüter dar. Überall sonst in Europa und Übersee haben Weißwein-Cuvées eher Spezialitäten-Charakter.

Es ist schon so, wie wir gesagt haben: Wenn von großen Cuvées die Rede ist, denkt der Weinliebhaber an rote Bordeaux. „Kein Wein kann ihnen bei Tisch Paroli bieten", sagt Michael Broadbent, der als Direktor der Abteilung Weinauktionen bei Christie's in London wohl schon jeden der großen Weine der Welt in der Hand und auf der Zunge gehabt hat.

GROSSE CUVEES
Ausgewählte Gerichte

Gefüllter Ochsenschwanz mit Selleriepüree
(für 4 Personen)

Zutaten:
1 Ochsenschwanz, 0,8 bis 1 kg
Salz, Pfeffer aus der Mühle
0,1 l Olivenöl
2 Zwiebeln
1 Karotte
1 Petersilienwurzel
1 Thymianzweig
1 Lorbeerblatt
1 Knoblauchzehe
1 EL Tomatenmark
1/4 l Rotwein
1/2 l Fleischbrühe
1/4 l Madeira
250 g Schweinenetz, gut gewässert
200 g Kalbfleischfarce
(siehe Grundrezept auf Seite 299)
200 g Gänsestopfleber
50 g eiskalte Butterwürfel

Zutaten Selleriepüree:
300 g geschälter Sellerie
0,1 l Sahne
Salz, Pfeffer
50 g Butter

Zutaten Garnitur:
1/4 l Pflanzenöl
4 dünne Scheiben
von der geschälten Sellerieknolle
Salz

Zubereitung:
Den Ochsenschwanz in seine Segmente teilen, mit Salz sowie Pfeffer würzen und in Olivenöl rundherum anbraten. Die geschälten Zwiebeln vierteln und die Karotte und die Petersilienwurzel in Stücke teilen, dem Ochsenschwanz zugeben und alles gut rösten, bis das Gemüse Farbe genommen hat. Die Gewürze und das Tomatenmark hinzufügen und schmoren lassen. Mit Rotwein ablöschen und mit der Fleischbrühe auffüllen. Den Ochsenschwanz etwa 2 Stunden im Backofen bei 140 °C schmoren lassen. Immer wieder die Flüssigkeit überprüfen, eventuell etwas Wasser zufügen. Den Ochsenschwanz aus dem Schmorfond nehmen und von den Knochen auslösen. Die Sauce mit dem Madeira ablöschen und nach dem Aufkochen durch ein feines Sieb passieren. Das Schweinenetz in einem Metallring von 7 cm Durchmesser und einer Höhe von 3 cm überhängend auslegen. Das entbeinte Ochsenschwanzfleisch an den Rand des Rings dicht nebeneinander stellen, bis der Kreis geschlossen ist. Die Kalbfleischfarce mit einem Spritzbeutel in die Mitte spritzen, 50 g Gänseleber in die Farce hineindrücken und mit dem überhängenden Schweinenetz das Ochsenschwanz-Medaillon verschließen. In eine gebutterte Kasserolle setzen und mit dem heißen Schmorfond auffüllen, 20 Minuten mit geschlossenem Deckel leise schmoren lassen. Die garten Ochsenschwanzscheiben aus dem Fond herausnehmen und warm stellen. Den Fond auf 1/4 l Flüssigkeit reduzieren. Vor dem Servieren mit den eiskalten Butterwürfeln aufmontieren.

Zubereitung Selleriepüree:
Den Sellerie in Salzwasser weich kochen, mit einem Stabmixer oder einer Küchenmaschine fein pürieren und in einem Tuch auspressen. Die Sahne unter den Sellerie geben, mit Salz sowie Pfeffer würzen und in der Mikrowelle das Püree erhitzen. Die Butter unter das Püree arbeiten und kräftig aufschlagen.

Zubereitung frittierte Selleriescheiben:
Das Öl auf 180 °C erhitzen und die Selleriescheiben nach und nach kross frittieren, mit Salz würzen.

Anrichten:
Den Ochsenschwanz auf einen vorgewärmten Teller setzen und mit der dichten Sauce überziehen. Mit 2 Esslöffeln einen großen Nocken vom Selleriepüree auf den Ochsenschwanz setzen und mit der frittierten Selleriescheibe garnieren.

Unser Kellermeister empfiehlt:

Château Figeac
Premier Grand Cru Classé
Saint-Emilion

Zum Ochsenschwanz kredenzen wir einen samtig-eleganten Château Figeac mit reifem, würzigem, leicht rauchigem Fruchtgeschmack. In Bestform hält der Wein locker an der Spitze mit, ein typischer St-Emilion ist er freilich nicht. Auf Figeac dominieren nämlich die beiden Cabernet-Sorten mit 70 Prozent, so dass die Merlot-Traube nur bescheidene 30 Prozent Anteil hat.

Unser Kellermeister empfiehlt:	Riesling No. 1 trocken BASF Exclusiv Weingut Klaus Schneider – Pfalz

In seiner Nr. 1, exklusiv von der BASF-Kellerei angeboten, assembliert Gipfelstürmer Markus Schneider die besten Lagen des elterlichen Weingutes in Ellerstadt, um diesen kompakten Riesling mit viel Frucht und Fülle, einem Hauch feiner Süße und frischer Säure zu bekommen: Exakt der Wein, den wir uns zur Seezunge mit Hummerragout wünschen. Vom Wein Gourmet zum „Aufsteiger des Jahres 2003" gekürt!

Schleife von der Seezunge
mit Hummerragout und Kaiserschoten

(für 4 Personen)

Zutaten:

4 Seezungenfilets à 120 g
1/8 l Weißwein
2 Hummer à 750 g, lebend

Zutaten Hummersud:

1 Zwiebel, geschält und geviertelt
1 Karotte, gewaschen und in Stücke geschnitten
1 Staudenselleriestängel
3 Petersilienstängel
1 Knoblauchzehe
1 Nelke
1 Lorbeerblatt
1 Estragonzweig
5 gestrichene EL Salz
4 Pimentkörner
6 schwarze Pfefferkörner

Zutaten Sauce:

20 g streichfähige Butter
20 g Schalotten, fein würfelig
100 g Champignons
1/2 l Fischfond
(siehe Grundrezept auf Seite 301)
1/8 l Weißwein
100 g Crème fraîche
Salz, Pfeffer aus der Mühle, Zucker
2 EL Anisschnaps
50 g eiskalte Butterwürfel

Zutaten für das Gemüse:

200 g Zuckerschoten
20 g Butter
Salz, Pfeffer, Zucker

Zubereitung:

Die 4 Seezungenfilets mit einem 3 cm langen Schnitt 5 cm vom Schwanzende zum Kopf hin einschneiden. Das dicke Ende durch den Einschnitt durchfädeln und somit eine Schlaufe gestalten. Die Hautseite bildet das Innere der Schleife. In eine gebutterte Auflaufform setzen, damit die Seezungenschleife beim Garen nicht zusammenfällt, ein gebuttertes Förmchen in die Mitte der Schlaufe stellen oder auch eine Rolle von Alufolie. In die Auflaufform 1/8 l Weißwein gießen, die Seezungenschlaufen salzen und pfeffern und im vorgeheizten Backofen bei 130 °C 10 bis 12 Minuten zugedeckt pochieren. In einem großen Topf 5 Liter Wasser und die Sudzutaten zum Kochen bringen. Die Hummer kopfüber in den kochenden Sud geben und pro 100 g etwa 1 Minute ziehen lassen. Die Hummer herausnehmen und kalt abschrecken. Den Kopf des Hummers vom Schwanz abdrehen und entfernen. Die Hummerscheren und Gelenke vom Kopf abtrennen. Zwischen Hummerkopf und Hummerschwanz befindet sich das grünliche Hummermark (Coraille), vorsichtig herauslösen und für die Zubereitung der Sauce zur Seite stellen. Die Fühler am Kopf für Dekozwecke zurückhalten. Das Fleisch aus dem Hummerschwanz ausbrechen. Die Gelenke von den Scheren abdrehen und mit einer stabilen Schere oder einem Schlagmesser die Gelenke aufbrechen und das Fleisch entfernen. Mit dem Schlagmesser einen kräftigen Schlag links und rechts mittig auf die Hummerschere geben, dann kann man das Scherengehäuse vorsichtig vom Fleisch lösen. Im Inneren der Scheren befindet sich die Cetinstütze, ein knorpeliges Band, das vorsichtig, ohne die Scheren zu zerstören, herausgezogen wird. Das Hummerschwanzfleisch in 2 cm große Würfel schneiden, die Gelenksegmente hinzugeben. Die Scheren bleiben ganz.

Zubereitung Sauce:

Die Schalotten in etwas Butter glasig dünsten, die abgeriebenen und geviertelten Champignons hinzugeben. Bei geschlossenem Topf 5 Minuten dünsten lassen. Die Champignons herausnehmen und mit dem Fischfond ablöschen. Den Fond zur Hälfte reduzieren. Den Weißwein dazugießen und nochmals zur Hälfte der Flüssigkeit reduzieren, die Crème fraîche hinzugeben, mit Salz sowie Pfeffer würzen und die Sauce mit dem Anisschnaps aromatisieren. Die Champignons und den klein geschnittenen Hummer in die Sauce geben. Das Hummermark durch ein feines Sieb streichen und zum Schluss mit den kalten Butterstückchen unter das heiße Hummerragout schwenken.

Zubereitung Gemüse:

Die Zuckerschoten an beiden Enden putzen und in kochendem Salzwasser knackig blanchieren, in Eiswasser abschrecken. Die Butter in einer kleinen Kasserolle zerlaufen lassen, die Zuckerschoten darin schwenken, mit Salz, Pfeffer und Zucker abschmecken.

Anrichten:

Mit der streichfähigen Butter die Hummerscheren in einer Pfanne erwärmen. Die Seezungenschleife in die Mitte eines vorgewärmten Tellers setzen und die Kaiserschoten sternförmig drumherum legen. Wo die Hummerschere gelegt wird, einen Platz aussparen. Das Hummerragout in die Seezungenschleife füllen und die Sauce um die Schleife laufen lassen. Mit den Hummerfühlern garnieren.

Das Beste vom Kalb
mit vielen feinen Beilagen in Rotweinessenz

(für 4 Personen)

Zutaten:

480 g Kalbsfilet ohne Sehnen und Fett, pariert
Salz, Pfeffer aus der Mühle
0,05 l Öl zum Braten
1 kg Kalbsschwanz,
in Segmente zugeschnitten
200 g Röstgemüse
(Zwiebeln, Karotten, Lauch, Sellerie)
1 EL Tomatenmark
Bouquet garni: Lorbeerblatt,
Thymianzweig, Rosmarinzweig,
5 Pimentkörner, 10 schwarze Pfefferkörner
1/4 l Rotwein
1 l Fleischbrühe
1 Lauchstängel
20 g Butter
250 g Kalbsbries
1/2 l Wasser
50 g Lauch, nur das Weiße
50 g Petersilienwurzeln
1 Spickzwiebel
(geschälte Zwiebel, 1 Lorbeerblatt,
mit 2 Nelken festgespickt, 5 Pfefferkörner)
1/2 Zitrone
1 EL gehackte Blattpetersilie
200 g Kalbsleber
50 g Mehl

Zutaten Rotweinessenz:

100 g Petersilienwurzeln
2 Knoblauchzehen
2 geschälte Schalotten
50 g Sellerie
3 Petersilienstängel
1/2 l kräftiger Rotwein
1/4 l Bratenfond vom Kalbsschwanz
100 g eiskalte Butterwürfel
Salz, Pfeffer aus der Mühle

Zubereitung:

Das Kalbsfilet in 4 gleich große Medaillons teilen, nicht plattieren, leicht drücken und formen. Salzen, pfeffern und in einer heißen Pfanne mit wenig Öl von beiden Seiten anbraten. Den Kalbschwanz in etwas Öl anbraten, das Röstgemüse hinzugeben und schön bräunen lassen. Das Tomatenmark zufügen und gut rösten, dann das Bouget garni unterarbeiten. Zuerst mit dem Rotwein, dann mit der Fleischbrühe ablöschen und 1 1/2 bis 2 Stunden ziehen lassen. Die Schwanzsegmente aus der Sauce ausstechen und die Sauce durch ein Sieb passieren. Das Fleisch von dem noch warmen Kalbsschwanz ablösen und in einer ausreichend großen und stabilen Plastiktüte sammeln und zusammenpressen.

Mit einem Plattiereisen (es geht auch mit dem Boden einer Stielkasserolle) das Fleisch in der Tüte plattieren, bis eine einheitliche flache Platte von 5 mm geschmortem Kalbsschwanzfleisch entsteht. Im Kühlschrank durchkühlen lassen.

Vom kalt gestellten Kalbsschwanz einen Streifen in der gleichen Höhe des Kalbsmedaillons schneiden und um das Filet wickeln. Lauchblätter in heißem Wasser blanchieren, in Eiswasser abschrecken und die Blätter in der Mitte trennen. Ein dünn zerteiltes Blatt um das Kalbsschwanzfleisch mit dem Filet wickeln, mit einem Bindfaden zusammenbinden. Das Filet in einer heißen Pfanne mit aufschäumender Butter von beiden Seiten anbraten und für 15 Minuten bei 150 °C in den Backofen stellen. Das Kalbsbries mit dem kochenden Wasser, Lauch, Petersilienwurzeln, der Spickzwiebel und der 1/2 Zitrone ansetzen, unter dem Siedepunkt 15 Minuten ziehen lassen. Den Fond vom Herd nehmen und erkalten lassen. Das Bries von Haut und Fett befreien und in kleine Segmente (Röschen) zerteilen. Vor dem Servieren die Röschen in aufschäumender Butter anbraten, mit Salz sowie Pfeffer würzen und die Petersilie unterschwenken. Die Kalbsleber in Ringe von 6 cm Durchmesser ausstechen, kurz vor dem Servieren in Mehl wenden und in schäumender Butter goldgelb braten, mit Salz und Pfeffer würzen.

Zubereitung Rotweinessenz:

Die klein geschnittenen Petersilienwurzeln, den zerdrückten Knoblauch, die geviertelten Schalotten, den Sellerie und die Petersilienstängel in Öl leicht anbraten, mit Rotwein ablöschen und mit dem Bratenfond auffüllen. Den Ansatz 30 Minuten ziehen lassen, passieren und auf 1/8 l Flüssigkeit langsam reduzieren. Vor dem Servieren die Butterstückchen nach und nach unterschwenken, mit Salz und Pfeffer abschmecken.

Anrichten:

Das Filet im Kalbsschwanzlauchmantel auf einen vorgewärmten Teller setzen, darauf die Kalbsleberscheibe und obenauf die Kalbsbriesröschen legen. Mit der Rotweinessenz angießen.

Gemüsegarnitur, bestehend aus Zuckerschoten, Keniabohnchen, Karotten, grüner Zucchini, Tomate, sowie Kartoffelpüree.

Unser Kellermeister	Cuvée X
empfiehlt:	Weingut Knipser, Johannishof – Pfalz

Rotweine sind Werner und Volker Knipsers Leidenschaft. Ihre Cuvée X aus Cabernet Sauvignon, Cabernet Franc und Merlot ist der einzige Wein nach Bordeaux-Vorbild in Deutschland, der über eine Reihe von Jahren immer ausgezeichnete Ergebnisse erbracht hat. Wir lassen ihn das Beste vom Kalb begleiten, weil er nicht nur Kraft, sondern auch Fülle und Harmonie zeigt.

Unser Kellermeister empfiehlt:

Champagne Krug
Grande Cuvée Brut

Dieser Champagner setzt sich wie ein Mosaik aus 50 Grundweinen von 6 bis 10 verschiedenen Jahrgänge zusammen. Ein festes Rezept gibt es nicht. Jahr für Jahr kommt die Familie zusammen, um die Krug Grande Cuvée zu kreieren. Dank ihrer Komplexität und Vielseitigkeit passe sie zu allen Gerichten, die nicht zu süß oder zu sauer sind, sagen die Krugs. Zu unserem Dessert passt sie ganz sicher.

Rotes Weinschaumeis mit Traubenkompott
(für 10 Personen)

Zutaten Weinschaumeis:
0,7 l Spätburgunder Spätlese
180 g Zucker
230 g Butter, gewürfelt
4 Eigelb

Zutaten Traubenkompott:
500 g blaue Trauben
100 g Zucker
0,5 l Riesling, halbtrocken
5 Blatt Gelatine

Zubereitung Weinschaumeis:
Spätburgunder und Zucker auf 60 °C erhitzen. Mit dem Stabmixer oder in einem Mixbecher die kalte Butter nach und nach untermixen, dann die Eigelbe dazugeben und 8 Minuten im Mixbecher emulgieren lassen. Die Grundmasse in eine Eismaschine geben und unter ständigem Rühren das Weinschaumeis cremig gefrieren.

Zubereitung Traubenkompott:
Die Schalen der Trauben abziehen, halbieren und entkernen. Den Zucker in einem Topf goldgelb karamellisieren, mit dem Riesling ablöschen und um 1/3 der Flüssigkeit reduzieren. Die Gelatine in kaltem Wasser einweichen, ausdrücken und in dem Rieslingsud auflösen, zum Auskühlen zur Seite stellen. Die Trauben in den abgekühlten Sud geben und für 12 Stunden im Kühlschrank gelieren lassen.

Anrichten:
Das Traubenkompott auf ein Teller geben und eine Kugel Weinschaumeis hinzufügen, mit Schokoladenornamenten garnieren. Das Dessert schnell servieren, da das Weinschaumeis eine cremig weiche Konsistenz hat und schnell zerläuft.

Was mehr als 80 000 Menschen verbindet

Die Unternehmenskultur der BASF

Weithin sichtbar: Das BASF-Logo auf dem Friedrich-Engelhorn-Haus.

Die Welt der BASF ist bunt, vielfältig und höchst lebendig: Über 80 000 Menschen arbeiten in mehr als 170 Ländern für das weltgrößte Chemieunternehmen. Diese unterschiedlichen Nationalitäten, Kulturen und Identitäten formen die Unternehmenskultur der BASF. Jeder Schritt in ein neues Land, jeder Zugewinn an Kunden und Märkten bereichert das Unternehmen um neue Erfahrungen und Sichtweisen. Alle diese Strömungen nimmt die BASF auf. Doch gleichzeitig tritt sie rund um den Erdball in der gleichen unverwechselbaren Gestalt und mit der gleichen Zielsetzung auf. Was die Vielfalt zu einem Ganzen zusammenbindet, ist das gemeinsame Streben der über 80 000 nach Erfolg.

GEMEINSAM ZUKUNFT GESTALTEN

Die BASF versteht sich als ein Unternehmen, das offen ist für die Welt und sich gleichermaßen zu seiner Herkunft bekennt. Sie begreift sich als eine große Gemeinschaft, in der Menschen aufeinander zugehen, miteinander reden und das gleiche Ziel ansteuern. Dieses Miteinander gehört ebenso zur Tradition des Unternehmens wie der Gedanke des Produktionsverbunds, dem die BASF seit ihrer Gründung im Jahre 1865 treu geblieben ist. Sein Grundprinzip ist einfach, aber wirkungsvoll: Wenn alle Ressourcen sinnvoll vernetzt sind, dann können die einzelnen Elemente effizient ineinander greifen und zum Gesamterfolg beitragen. Der Verbundgedanke prägt die Beziehung des Unternehmens zu Kunden, Mitarbeitern, Investoren, Standortnachbarn und der Gesellschaft. Die BASF versteht sich als Partner all dieser Interessengruppen – als ein Partner, der verlässlich ist, der verantwortungsvoll handelt, der Werte schafft und der dem gemeinsam erarbeiteten Erfolg verpflichtet ist. Diese Grundidee und die gewachsene Tradition als Chemieunternehmen machen die Identität der BASF aus.

SYMBOL FÜR PARTNERSCHAFT

Diese Identität kommt durch „BASF – The Chemical Company" zum Ausdruck. Seit März 2004 tritt das Unternehmen weltweit mit einem neu gestalteten Firmenzeichen auf. Der bewährte Schriftzug „BASF"

steht für die Tradition und die Stärken des Unternehmens, die es auf dem Weg in die Zukunft begleiten. Als Symbol für Partnerschaft und intelligente Lösungen sind dem Schriftzug zwei Quadrate hinzugefügt worden. Das eine Quadrat ist Gegenstück des anderen, und beide ergänzen einander. Mit dem Zusatz „The Chemical Company" bekennt sich die BASF ausdrücklich zur Chemie und bekräftigt selbstbewusst: BASF ist das weltweit führende Unternehmen der Chemie und will dies auch in Zukunft sein.

VIER MAXIMEN – EINE STRATEGIE

Um diesen Anspruch gegenüber ihren Kunden, Kapitalgebern, Mitarbeitern und der Gesellschaft einzulösen, hat die BASF vier Maximen formuliert, an denen sie ihre Strategie ausrichtet: Sie will eine Prämie auf ihre Kapitalkosten verdienen, ihre Kunden erfolgreicher machen, das beste Team der Industrie bilden und nachhaltig wirtschaften.

Indem die BASF eine Prämie auf ihre Kapitalkosten verdient, steigert sie ihren eigenen Wert, denn dann hat sie mehr erwirtschaftet als nötig ist, um ihren Kapitalgebern die erwarteten Zinsen und Dividenden sowie dem Staat die Steuern zu zahlen. Dadurch gewinnt sie Spielraum, um zum Beispiel durch Investitionen ihr profitables Wachstum und ihren Erfolg zu sichern. So bleibt sie für Investoren langfristig attraktiv, aber auch für Kunden und Mitarbeiter.

Doch nur wenn sie ihre Kunden erfolgreicher macht, kann auch die BASF erfolgreich sein. Deshalb will sie die Bedürfnisse ihrer Kunden noch stärker in den Mittelpunkt ihres Denkens und Handelns stellen. Gemeinsam mit ihren Kunden will sie intelligente Lösungen erarbeiten, mit deren Hilfe die Kunden Vorteile im Wettbewerb gewinnen können. Indem sie ihren Kunden einen hohen Nutzen bietet, kann die BASF ihre Leistungen erfolgreich und gewinnträchtig vermarkten.

Um weiterhin im globalen Wettbewerb erfolgreich zu sein, will die BASF das beste Team der Industrie bilden. Interkulturelle Kompetenzen will das Unternehmen stärken und Vielfalt fördern, indem es Frauen und Männern unterschiedlicher Nationalitäten und Kulturen die gleichen Chancen bietet, denn auf den Erfahrungsreichtum der Mitarbeiter kommt es an, auf ihre Ideen,

Gemeinsam zum Erfolg: Weltweit arbeiten Frauen und Männer an intelligenten Lösungen.

ihr Können und ihr Engagement. Nicht zuletzt richtet die BASF auf die Pflege einer guten Führungskultur ihre Aufmerksamkeit.

Der BASF geht es um ihren langfristigen Erfolg. Weil sie die Balance zwischen wirtschaftlicher Profitabilität, Umweltschutz und sozialer Verantwortung als wesentliche Voraussetzung dafür begreift, hat sie sich auf nachhaltiges Wirtschaften verpflichtet. Dadurch schafft sie Wert für ihre Partner in Wirtschaft und Gesellschaft – zum Beispiel mit Lösungen für eine langfristig wirtschaftliche, sichere und umweltverträgliche Energieversorgung. Wirtschaftliche Belange haben keinen Vorrang gegenüber Sicherheit, Gesundheit und Umweltschutz.

ZWISCHEN SAO PAULO UND NANJING

An diesen vier Leitlinien orientieren sich weltweit alle „Aniliner" mit dem Ziel, die Leistung ihres Unternehmens stetig zu verbessern. Diese Grundsätze vorzuleben, ist Tag für Tag Aufgabe aller Führungskräfte und aller Mitarbeiter – ob in São Paulo, Nanjing oder Ludwigshafen. So unterschiedlich ihre Funktionen und Fähigkeiten auch sein mögen, so viele verschiedene Gesichter, Sprachen und Temperamente sich dabei auch begegnen mögen, sie alle eint das Ziel, die gute Tradition der BASF fortzusetzen: Mit innovativen Lösungen der Chemie dazu beizutragen, dass die Welt auch in Zukunft vielfältig, bunt und voller Leben ist!

ANHANG

Grundrezepte

Tafelträume – Vom Gericht zum Menü

Verzeichnis der Rezepte

Verzeichnis der Weine

Autoren – Fotograf

Bezugsquellen und Bildnachweis

Impressum

GRUNDREZEPTE

Kalbsfond, braun
(0,5 Liter)

Zutaten:
2 EL Butterfett
2 EL Pflanzenöl
2 kg Kalbsknochen
200 g Zwiebeln
150 g Karotten
150 g Sellerie
4 Knoblauchzehen
1 Bouquet garni
(Thymian, Sellerieblätter,
Petersilienstängel, das Weiße vom Lauch)
300 g Tomaten, geviertelt
5 l Wasser

Zubereitung:
Das Butterfett und das Öl in einem Bräter erhitzen, die klein gehackten Kalbsknochen (walnussgroß) darin goldbraun rösten. Das geschieht am besten im Backofen bei 200 °C und dauert 30 bis 40 Minuten, mehrmals umrühren. Das Gemüse in 3 mm große Würfel schneiden, zu den Knochen geben und 20 Minuten im Ofen mitrösten. Das Bouquet garni und die Tomaten zufügen und mit 5 Liter Wasser aufgießen. Die Knochen sollen vollständig bedeckt sein. 5 Stunden ziehen lassen und dabei den Fond auf 1 Liter Flüssigkeit reduzieren, dann absieben. Den passierten Fond nochmals um die Hälfte reduzieren.

Glace de viande
(Reduzierter Kalbsfond)

Den hergestellten Kalbsfond unter öfterem Rühren so lange bei mäßiger Hitze reduzieren, bis eine dickflüssige Sauce entsteht. Nochmals passieren, abfüllen und kalt stellen.

Tipp:
Die Kalbsglace kann idealerweise für viele Saucen, wie zum Beispiel für Rahmsaucen und Rotweinessenzen, verwendet werden.

Kalbsjus
(0,5 Liter)

Bei der Herstellung des Kalbsfonds werden nach dem Anrösten des Mirepoix (klein geschnittenes Röstgemüse) 2 gehäufte Esslöffel doppelt reduziertes Tomatenmark zu den Knochen und dem Gemüse gegeben und weitere 20 Minuten im Ofen geröstet.
Weiter verfahren wie beim Kalbsfond. Nach dem Passieren die Sauce entfetten und abschmecken mit Salz sowie Pfeffer.

Kalbfleischfarce

(300 Gramm)

Zutaten:

200 g schieres Kalbfleisch
Salz, Pfeffer
2 Eiweiß
80 g flüssige Sahne

Zubereitung:

Das Kalbfleisch in kleine Würfel schneiden und mit Salz sowie Pfeffer gut würzen. Das Eiweiß unter das Fleisch rühren und alles für 20 Minuten in den Tiefkühlschrank stellen. Das gut gekühlte Fleisch in einer Küchenmaschine zu einem feinen Teig farcieren. Die Sahne nach und nach dazugeben. Der Vorgang sollte schnell vor sich gehen, damit das Fleisch nicht warm wird. Kalt stellen zur weiteren Verwendung.

Eine Farce kann man auch mit einem Fleischwolf herstellen, indem man das gut gekühlte Fleisch 2-mal durch die feine Scheibe des Fleischwolfs dreht. Danach mit einem Spatel die Sahne unterarbeiten. Zum Schluss die Farce durch ein feines Sieb streichen.

Geflügelfond, hell

(0,5 Liter)

Zutaten:

1 EL Butterfett
250 g Sellerie mit Schale
150 g Karotten
100 g Lauch, nur das Weiße
10 Champignons in Scheiben
1 Zwiebel mit Schale
2 Lorbeerblätter
4 Nelken
Innereien (ohne Leber, aber mit gesäubertem Magen, Hals, Niere)
0,1 l Weißwein, trocken
1,2 kg Karkassen von Poularden
10 schwarze Pfefferkörner, zerdrückt
3,5 l Wasser

Zubereitung:

Die Butter in einem genügend großen Topf erhitzen. Sellerie, Karotten und Lauch klein schneiden und in der Butter anschwitzen. Die Champignonscheiben hinzugeben.

Die Zwiebel halbieren und jede Hälfte mit 1 Lorbeerblatt und 2 Nelken bestecken (Spickzwiebel), ebenfalls in den Topf geben. Die Innereien hinzufügen und alles einen Moment erhitzen und dämpfen lassen. Mit dem Weißwein ablöschen und die Flüssigkeit reduzieren. Die klein gehackten Poulardenknochen sowie die Pfefferkörner dazugeben und mit dem Wasser aufgießen, bis alles gut bedeckt ist.

3 bis 4 Stunden ziehen lassen. Es soll am Schluss etwa 0,5 Liter Fond übrig bleiben. Je stärker der Fond reduziert wird, umso kräftiger wird er. Abkühlen, abfetten und passieren. Der Fond ist geschmacklich gehaltvoll und für alle Weiterverarbeitungen hervorragend geeignet.

Geflügelfond, braun

(0,5 Liter)

Zutaten und Zubereitung wie beim hellen Geflügelfond. Jedoch werden die Karkassen vor der Beigabe zu den übrigen Zutaten in einem separaten Bräter oder Bratpfanne mit 2 EL Butterfett braun angeröstet.

Basilikumpesto

(350 Gramm, ausreichend für 10 Personen)

Zutaten:

10 g grobes Meersalz
60 g Pinienkerne
6 Knoblauchzehen
160 g Basilikumblätter
40 g Peccorinokäse
80 g Parmesankäse
1/4 l Olivenöl

Zubereitung:

Grobes Salz, Pinienkerne und Knoblauchzehen im Mörser zerdrücken. Man kann auch eine Küchenmaschine verwenden, aber Vorsicht: Das Pesto darf nicht warm werden! Die gewaschenen Basilikumblätter dazugeben. Die beiden Käse fein reiben und zum Schluss, zusammen mit dem Olivenöl, der Masse zufügen. Gut umrühren und nochmals abschmecken, Pesto kann man nur in größeren Mengen gut herstellen, die Sauce lässt sich aber zugedeckt im Kühlschrank einige Tage aufbewahren.

Vanillesauce

(Ausreichend für 8 Personen)

Zutaten:

0,25 l Milch
70 g Vanillezucker
1 ausgeschabte Vanilleschote
1 Prise Salz
6 Eigelb
3 EL geschlagene Sahne

Zubereitung:

Milch mit Vanillezucker, Vanilleschote und -mark und der Prise Salz aufkochen, danach durch ein Sieb passieren. Die Eigelbe leicht anschlagen, warme Vanillemilch dazugeben und auf dem Herd so lange rühren, bis die Masse anfängt, dicklich zu werden. Vanillesauce passieren und nach dem Erkalten die geschlagene Sahne unterziehen.

TAFELTRÄUME

Vom Gericht zum Menü

Wer seine Gäste so recht nach Herzenslust verwöhnen will, verwendet auf die Komposition eines Menüs oder den Aufbau eines Büfetts viele Überlegungen. Wie in der Kunst gilt auch in der Küche: Der Phantasie sind keine Grenzen gesetzt – doch die Realität kennt Gesetze. Die Küche hat vieles zu bedenken. Vielleicht sind die Leibgerichte des Gastes bekannt, vielleicht weiß der Gastgeber, was der Gast aus gesundheitlichen oder religiösen Gründen nicht essen darf, vielleicht beherrscht der Koch oder die Köchin eine Spezialität, die man andernorts vergeblich sucht, und will den Gast damit überraschen. Die Jahreszeiten legen die Wahl bestimmter Gerichte nahe – Spargel im Mai, Wildbret im Herbst, die Gans ab dem Martinstag. Damit kann die eine oder andere Komponente eines Menüs vorgegeben sein. Dennoch fällt es manchmal nicht ganz leicht, aus einzelnen Gerichten eine ansprechende Speisenfolge zusammenzustellen. Eine klassische Reihenfolge, die immer auch eine magenfreundliche ist, sieht einen ganz bestimmten Ablauf vor: Zuerst die kalte Vorspeise, danach die Suppe, gefolgt von der warmen Vorspeise, dem Fischgericht und schließlich dem Fleischgericht. Danach kann Käse und danach wiederum die süße Nachspeise angeboten werden. Mitunter fällt, oftmals aus Zeitgründen, der eine oder andere Gang weg. Doch sollte der Dreiklang Vorspeise – Hauptgericht – Nachspeise immer vernehmbar sein.

Die nachfolgende Übersicht will eine kleine Handreichung dafür bieten, wie aus den Gerichten, die in diesem Buch beschrieben werden, ein verlockendes Menü oder ein abwechslungsreiches Büfett zusammengestellt werden kann.

DIE FESTTAFEL DES WINZERS
DIE PFALZ TISCHT AUF

Pfälzer Bauernterrine
mit Ackersalat und Körnersenfschmant

— ✼ —

Dreierlei vom Kurpfälzer Spargel

— ✼ —

Gefüllte Brust und Koteletts vom Spanferkel
mit geschmortem Wurzelgemüse und Stampfkartoffeln

— ✼ —

Rotes Weinschaumeis mit Traubenkompott

WEIDMANNSHEIL
SPEZIALITÄTEN ZUR WILDZEIT

Rehsülze

— ✼ —

Herbstlicher Fasanensalat

— ✼ —

Scheiben vom Wildhasenrücken unter der
Wacholderkruste mit Steinpilzen und Schwarzwurzeln

— ✼ —

Ganzer Rehrücken auf klassische Art

— ✼ —

Gedämpfte Rehschulter mit Gartenkräutersalat
und Holunderblütendressing

— ✼ —

Wildente mit Entenlebersauce,
gebratenen Austernpilzkappen und Polentanocken

— ✼ —

Glasierte Apfeltarte

ZU GAST IN BURGUND

SCHLEMMERREISE ENTLANG DER SAONE

Lyoner Wurst aus dem Burgundersud
mit Berglinsen und Walnussbrot

— ❧ —

Potaufeu von der Ente

— ❧ —

Gegrillte Dorade mit 2 Saucen

— ❧ —

Bressepoulardenbrust mit rotem Burgunder

— ❧ —

Rohmilchkäse Epoisses und Langres mit Walnussbrot
und gesalzener Butter

GENUSS PUR

KOCHKUNST ZWISCHEN TRADITION UND MODERNE

Rustikale Fleischpastete

— ❧ —

Gebratener Steinbutt mit Sellerie und
Trüffel an Spätburgunder-Essenz

— ❧ —

Wachteln mit Morcheln

— ❧ —

Gefüllter Ochsenschwanz mit Selleriepüree

— ❧ —

Bergkäse aus dem Dreiländereck

— ❧ —

Crème Brûlée

CANDLE-LIGHT-DINNER
VERFÜHRUNGEN AN EINEM ABEND ZU ZWEIT

Zweierlei Lachsrosen mit Sekt-Senf-Sauce

— ❦ —

Lammkoteletts im Rösti mit Bärlauchpesto
und jungem Gemüse

— ❦ —

Gratinierte Birne mit Eis und Pflaumen
auf Art des Gesellschaftshauses

SOMMERFEST IM GARTEN
MEDITERRANES BÜFETT

Sepioline mit Pesto von Tomate und Basilikum

— ❦ —

Aal in Sangiovese

— ❦ —

Mariniertes mediterranes Gemüse mit Basilikumpesto
und Parmigiano Reggiano

— ❦ —

Kaninchen, gefüllt mit Zwetschgen

— ❦ —

Rinderfilet mit Schalottensauce,
gratinierten Zucchini und Tomaten

— ❦ —

Terrine von Gorgonzola und Ricotta
mit eingelegten Portweinfeigen

GARNELE & CO.
DELIKATES VON MEERESFRÜCHTEN UND FISCH

Hummer mit Couscous

— ❦ —

Flusskrebse und Kalbsbries im Blätterteigkissen
und grünem Spargel

— ❦ —

Angeldorsch mit Sesam und Sezchuanpfeffer, gebraten,
mit süßsaurem Pilzgemüse

— ❦ —

Tranche vom schottischen Wildlachs
unter der Meerrettichkruste

— ❦ —

Spanischer Käse aus Ziegen- und Schafsmilch

— ❦ —

Zitronentarte mit geeister Praline und Orangenhippe

EINKEHR IN STRASSBURG
ELSÄSSER IMPRESSIONEN

Gänsestopfleber-Terrine mit Traubenkompott
und Gewürztraminer, dazu Brioche

— ❦ —

Gratinierter Zander in Trüffelbutter

— ❦ —

Poularden-Galantine mit Gänseleber und Morchelrahmsauce

— ❦ —

Hasenpfeffer mit Speck, Champignons und Perlzwiebeln,
dazu geschmorte Quitten und Knöpfli-Nudeln

— ❦ —

La-Ratte-Kartoffeln, gefüllt mit Münsterkäse,
und Radieschen-Kümmel-Vinaigrette

REISE NACH CHINA
KÖSTLICHKEITEN AUS DEM REICH DER MITTE

Wolfsbarsch auf Eichhörnchenart

— ❧ —

Drachenpfannkuchen

— ❧ —

Garnelen in Zitronensauce

— ❧ —

Schweinefleisch mit Tofu und Auberginen

— ❧ —

Lammfleisch mit Lauch

DER SCHÖNSTE TAG
GROSSES FESTMENÜ

Jakobsmuscheln auf 3 Arten mit Friséesalat,
dazu Paprikavinaigrette

— ❧ —

Schleife von der Seezunge
mit Hummerragout und Kaiserschoten

— ❧ —

Das Beste vom Kalb mit vielen feinen Beilagen
in Rotweinessenz

— ❧ —

Camembert der Normandie mit Apfelkompott

— ❧ —

Gratinierte Birne mit Pflaumen und Eis
auf Art des Gesellschaftshauses

VERZEICHNIS DER REZEPTE

Kapitel 2 – Rezepte zum Riesling

Dreierlei vom Kurpfälzer Spargel	31
Garnelen in Zitronensauce	34
Gefüllte Brust und Koteletts vom Spanferkel mit geschmortem Wurzelgemüse und Stampfkartoffeln	40
Gratinierte Birne mit Pflaumen und Eis auf Art des Gesellschaftshauses	43
Pfälzer Bauernterrine mit Ackersalat und Körnersenfschmant	28
Wolfsbarsch auf Eichhörnchenart	37

Kapitel 3 – Rezepte zum Cabernet Sauvignon

Lammkoteletts im Rösti mit Bärlauchpesto und jungem Gemüse	63
Poularden-Galantine mit Gänseleber und Morchelrahmsauce	64
Rinderfilet mit Schalottensauce, gratinierten Zucchini und Tomaten	66
Rohmilchkäse Epoisses und Langres mit Walnussbrot und gesalzener Butter	69
Scheiben vom Wildhasenrücken unter der Wacholderkruste mit Steinpilzen und Schwarzwurzeln	58

Kapitel 4 – Rezepte zum Chardonnay

Flusskrebse und Kalbsbries im Blätterteigkissen und grünem Spargel	89
Gedämpfte Rehschulter mit Gartenkräutersalat und Holunderblütendressing	103
Gegrillte Dorade mit 2 Saucen	92
Gratinierter Zander mit Trüffelbutter	99
Kaninchen, gefüllt mit Zwetschgen	100
Rustikale Fleischpastete	86
Tranche von schottischem Wildlachs unter der Meerrettichkruste	96
Zitronentarte mit geeister Praline und Orangenhippe	104

Kapitel 5 – Rezepte zum Spätburgunder

Bressepoulardenbrust mit rotem Burgunder	124
Camembert der Normandie mit Apfelkompott	130
Gebratener Steinbutt mit Sellerie und Trüffel an Spätburgunder-Essenz	123
Hasenpfeffer mit Speck, Champignons und Perlzwiebeln, dazu geschmorte Quitten und Knöpfli-Nudeln	127
Lyoner Wurst aus dem Burgundersud mit Berglinsen und Walnussbrot	120

Kapitel 6 – Rezepte zum Grau- und Weißburgunder

Angeldorsch mit Sesam und Sezchuanpfeffer, gebraten, mit süßsaurem Pilzgemüse	148
Birne Helene auf Casinoart	152
Rehsülze	144
Schweinefleisch mit Tofu und Auberginen	151
Zweierlei Lachsrosen mit Sekt-Senf-Sauce	147

Kapitel 7 – Rezepte zum Sangiovese

Aal in Sangiovese	172
Mariniertes mediterranes Gemüse mit Basilikumpesto und Parmigiano Reggiano	175
Terrine von Gorgonzola und Ricotta mit eingelegten Portweinfeigen	179
Wachteln mit Morcheln	176

Kapitel 8 – Rezepte zum Sauvignon Blanc

Crème Brûlée	202
Hummer mit Couscous	198
Jakobsmuscheln auf 3 Arten mit Friséesalat, dazu Paprikavinaigrette	197
Potaufeu von der Ente	201
Sepioline mit Pesto von Tomate und Basilikum	194

Kapitel 9 – Rezepte zum Gewürztraminer

Gänsestopfleber-Terrine mit Traubenkompott und Gewürztraminer, dazu Brioche	214
Glasierte Apfeltarte	221
La-Ratte-Kartoffeln, gefüllt mit Münsterkäse, und Radieschen-Kümmel-Vinaigrette	218
Wildente mit Entenlebersauce, gebratenen Austernpilzkappen und Polentanocken	217

Kapitel 10 – Rezepte zum Tempranillo

Drachenpfannkuchen	239
Ganzer Rehrücken auf klassische Art	240
Herbstlicher Fasanensalat	236
Spanischer Käse aus Ziegen- und Schafsmilch	243

Kapitel 11 – Rezepte zum Syrah

Bergkäse aus dem Dreiländereck	263
Entrecôte unter der Senfkruste mit Bohnen und Kartoffelgratin	260
Gebratener Waller mit Roter Bete	256
Lammfleisch mit Lauch	259

Kapitel 12 – Rezepte zu großen Cuvées

Das Beste vom Kalb mit vielen feinen Beilagen in Rotweinessenz	288
Gefüllter Ochsenschwanz mit Selleriepüree	284
Rotes Weinschaumeis mit Traubenkompott	291
Schleife von der Seezunge mit Hummerragout und Kaiserschoten	287

VERZEICHNIS DER WEINE

Kapitel 2 – Rebsorte Riesling

Deidesheimer Leinhöhle Riesling Kabinett trocken	– Weingut Dr. Deinhard – Pfalz	29
Eltviller Taubenberg Riesling Kabinett halbtrocken	– Freiherrlich Langwerth von Simmern'sches Rentamt – Rheingau	31
Forster Jesuitengarten Riesling Eiswein	– Weingut Geheimer Rat Dr. von Bassermann-Jordan – Pfalz	42
Freundstück Forst Riesling – BASF Exklusiv „Großes Gewächs" trocken	– Weingut Reichsrat von Buhl – Pfalz	41
Kirchspiel Westhofen Riesling „Großes Gewächs" trocken	– Weingut Keller – Rheinhessen	37
Wehlener Sonnenuhr Riesling Kabinett	– Weingut S. A. Prüm – Mosel	35

Kapitel 3 – Rebsorte Cabernet Sauvignon

Cabernet Sauvignon	– Joseph Phelps Vineyards, Napa Valley	67
Château Pichon-Longueville Baron	– Deuxième Cru Classé Pauillac	58
Château Tour de Mirambeau	– Bordeaux Rosé	69
El Principal	– Valle del Maipo, Valette Fontaine – Chile	62
Farnito	– Cabernet Sauvignon Toskana IGT, Casa Vinicola Carpineto – Toskana	65

Kapitel 4 – Rebsorte Chardonnay

Chablis Premier Cru „Les Vaillons"	– Domaine Billaud-Simon – Burgund	89
Champagne Pol Roger Demi-Sec		105
Chardonnay	– Snake Creek, South Australia	102
Chardonnay „Pilat"	– Wilhelm Walch – Südtirol	87
Chardonnay Spätlese trocken	– Barriqueausbau, Weingut Motzenbäcker – Pfalz	97
Corton-Charlemagne Grand Cru	– Domaine Bonneau du Martray – Burgund	98
Meursault „Les Narvaux"	– Domaine Guy Bocard – Burgund	92

Kapitel 5 – Rebsorte Spätburgunder

Durbacher Schlossberg Spätburgunder Spätlese trocken	– Gräflich Wolff Metternich'sches Weingut – Baden	125
Marienthaler Klostergarten Spätburgunder Trockenbeerenauslese	– Domäne Marienthal – Ahr	130
Pinot Noir Pencarrow	– Martinborough – Neuseeland	127
Santenay 1er Cru	– Clos Rousseau, Domaine Jacques Girardin – Burgund	121
Vougeot Premier Cru	– Clos de la Perrière Monopole, Domaine Bertagne – Burgund	122

Kapitel 6 – Rebsorte Grauburgunder/Weißburgunder

Burrweiler Schlossgarten Weißburgunder Spätlese trocken	– Weingut Meßmer – Pfalz	145
Haardter Herrenletten Grauburgunder Spätlese halbtrocken	– Weingut Weegmüller – Pfalz	149
Menger-Krug	– Pinot Brut	146
Niersteiner Paterberg Ruländer Beerenauslese	– Weingut Leonhard – Rheinhessen	152
Pinot Grigio	– Azienda Agricola Sturm, Friaul – Collio	150

Kapitel 7 – Rebsorte Sangiovese

Brunello di Montalcino Riserva	– Fattoria La Gerla – Toskana	173
Chianti Classico „Don Tommaso"	– Fattoria Le Corti – Toskana	177
Rosso Toscano SANLEONE	– Fattoria Sonnio, Montespertoli – Toskana	179
Vino Nobile di Montepulciano	– Azienda Agricola Poliziano – Toskana	174

Kapitel 8 – Rebsorte Sauvignon blanc

Château Suduiraut	– Sauternes Premier Cru	202
„Lafòa" Sauvignon Blanc	– Kellerei Schreckbichl – Südtirol	195
Sancerre „Clos Paradis"	– Domaine Fouassier – Loire	196
Sauvignon blanc Classique	– Weingut Walter & Evelyn Skoff – Steiermark	199
Sauvignon Blanc trocken	– Weingut Georg Mosbacher – Pfalz	201

Kapitel 9 – Rebsorte Gewürztraminer

Gewürztraminer Vendange Tardive	– Hugel & Fils – Elsass	215
Jechtinger Eichert Gewürztraminer Kabinett	– Winzergenossenschaft Jechtingen – Baden	219
Joseph Gewürztraminer Spätlese	– Weingut J. Hofstätter – Südtirol	221
Schweigener Sonnenberg Gewürztraminer Spätlese trocken	– Weingut Bernhart – Pfalz	216

Kapitel 10 – Rebsorte Tempranillo

Bajoz Crianza	– Bodegas Viña Bajoz – Toro	237
Conde de Valdemar Rioja Gran Reserva	– Martinez Bujanda – Rioja	242
Rioja Imperial Gran Reserva	– Compania Vinicola del Norte de España – Rioja	241
Rioja Tempranillo	– Bodegas Carlos Serres – Rioja	239

Kapitel 11 – Rebsorte Syrah

Château Puech-Haut „Tête de Cuvée"	– Coteaux du Languedoc	262
Cornas	– Cave de Tain l'Hermitage – Rhône	257
Petite Sirah	– Bogle Vineyards, Sacramento Valley – Kalifornien	258
Shiraz Show Reserve	– Rosemount Estate – South Australia	261

Kapitel 12 – Große Cuvées

Champagne Krug	– Grande Cuvée Brut	290
Château Figeac	– Premier Grand Cru Classé, Saint-Emilion	285
Cuvée X	– Weingut Knipser, Johannishof – Pfalz	289
Riesling No. 1 trocken	– BASF Exclusiv, Weingut Klaus Schneider – Pfalz	286

AUTOREN

Ulla Hofmann

langjährige Wirtschaftsredakteurin der „Frankfurter Allgemeinen Zeitung", hat sich während vieler Berufsjahre mit dem deutschen Südwesten und mit der heimatlichen Pfalz, ihrer Wirtschaft und ihren Menschen beschäftigt. Die Berufslaufbahn der Mannheimerin begann bei der Ludwigshafener Tageszeitung „Die Rheinpfalz". Es folgten Tätigkeiten für Presse-Agenturen und Fachzeitschriften. Von 1969 bis 2001 berichtete Ulla Hofmann in der „Frankfurter Allgemeinen Zeitung" als Wirtschaftskorrespondentin über den Raum Rhein-Neckar-Saar. Seit 2001 ist sie als freie Journalistin tätig.

Hans Jung

arbeitete viele Jahre als Geschäftsführer des Weinimporteurs Eggers & Franke in Bremen. Seit kurzer Zeit in Ruhestand, hat er sich seinen Lebenstraum erfüllt: Er lebt und arbeitet als Schriftsteller abwechselnd in Worpswede und Magliano in der Toskana. Der diplomierte Volkswirt, der sich die ersten beruflichen Sporen als Journalist bei deutschen, österreichischen und holländischen Tageszeitungen und Wirtschaftsmagazinen verdiente, suchte seine Herausforderung dann im Marketing führender Markenunternehmen wie Unilever und Jacobs (heute Kraft Foods), bevor er die Verantwortung für Marketing und Vertrieb bei dem Bremer Weinimporthaus übernahm. Die Leidenschaft des gebürtigen Müncheners gilt seit jeher Italiens Küche, Keller und Kunst.

Karl-Hermann Franck

ist der Küchenchef und Leiter der Küche im Gesellschaftshaus der BASF in Ludwigshafen. Der Pfälzer Spitzenkoch vom Jahrgang 1956 hat sich nach Kochlehre und Meisterprüfung nicht auf die einmal erworbenen Kenntnisse beschränkt. Seit 1981 in den Diensten des weltgrößten Chemiekonzerns, hat er Praktika in den Küchen von Agnes Amberg in Zürich, von Joel Robuchon in Paris, von Jean Crotet in Beaune, von André Jäger in Schaffhausen und in der Jin Song-Schule in Peking absolviert. Seine Ludwigshafener Küche basiert auf einer leichten französischen Nouvelle Cuisine. Doch die mediterranen und asiatischen Einflüsse sind unverkennbar. Auch Pfälzer Spezialitäten – oftmals unterschätzt – werden selbstverständlich gepflegt.

Joachim Spies

leitet seit 1996 die Kellerei der BASF in Ludwigshafen und stammt aus einem Pfälzer Weingut. Nach dem Studienabschluss an der Fachhochschule Geisenheim arbeitete der junge Diplomingenieur vom Jahrgang 1954 in einer typisch kalifornischen Winery im Nappa Valley. Die Pfalz holte ihn für einige Jahre zurück in das elterliche Weingut in Maikammer, bevor er 1989 zuerst im Verkauf und Marketing, dann als Kellereileiter für das große Weingeschäft der BASF arbeitete. Sein Engagement gilt einer breiten, aber stets qualitativ hochstehenden Weinpalette, in der sich die regionalen Gewächse neben Weinen der internationalen Spitzenklasse behaupten. Novitäten werden in aller Welt gesucht und sind hoch geschätzt, sofern sie dem Qualitätsanspruch genügen.

FOTOGRAF

Matthias Hoffmann

gründete 1989 in Delmenhorst ein Fotodesignstudio, das sich überwiegend auf Food-Fotografie spezialisiert hat. Seine Arbeiten für Kalender, Bücher und Designprojekte für namhafte Verlage und Markenartikler wurden mehrfach mit Preisen ausgezeichnet. Zuletzt erhielt er 2003 von der Gastronomischen Akademie Deutschlands (GAD) für seine Fotoproduktion zu einem Standardwerk der Barkunde als höchste Auszeichnung die „Goldene Feder".

Autoren und Fotografen danken dem Küchenteam und den Mitarbeitern der BASF-Kellerei für die freundliche Unterstützung bei den Fotoarbeiten zu diesem Buch.

Bezugsquellen – Wo gibt es was?

Gastronomie:
Gesellschaftshaus der BASF
Wöhlerstraße 15, 67056 Ludwigshafen
Telefon (06 21) 60 - 7 88 88
Internet: www.wirtschaftsbetriebe.basf.de

Wein & Spirituosen:
Kellerei der BASF
Anilinstraße 14, 67063 Ludwigshafen
Telefon (06 21) 60 - 4 27 44
E-Mail: kellerei@basf-ag.de
Internet: www.basf.de/kellerei

Brot- und Backwaren:
Bäckerei Grimminger
Pettenkoferstraße 12 – 20, 68169 Mannheim
Telefon (06 21) 33 88 50, Fax (06 21) 3 38 85 77
E-Mail: grimminger@t-online.de
Internet: www.grimminger.de

Edelessig:
Weinessiggut Doktorenhof GmbH
Raiffeisenstraße 5, 67482 Venningen
Telefon (0 63 23) 55 05, Fax (0 63 23) 69 37
E-Mail: info@doktorenhof.de
Internet: www.doktorenhof.de

Wildkräuter und Blüten:
Essbare Landschaften GmbH
Gutshaus Boltenhagen, 18516 Süderholz
Telefon (03 83 26) 53 57 80, Fax (03 83 26) 53 57 81
E-Mail: info@essbare-landschaften.de
Internet: www.essbarelandschaften.de

Bildnachweis

Foto Seite 265 – Weingut Bassermann-Jordan
Foto Seite 266 – Bad Dürkheim, Stadt Bad Dürkheim
Foto Seite 267 – Dom in Speyer, Klaus Landry

Alle Landschaftsaufnahmen aus der Pfalz und die Aufnahmen der verschiedenen Rebsorten stellte Jörg Heieck (http://www.heieck.net) zur Verfügung.
Wir danken dem Institut für Rebenzüchtung Geilweilerhof (IRZ) in Siebeldingen für die Fotoaufnahmen der Rebsorten auf seinem Versuchsgelände.

Impressum

Herausgeber: BASF AKTIENGESELLSCHAFT
© BASF AKTIENGESELLSCHAFT, LUDWIGSHAFEN

Vertrieb durch Neuer Umschau Buchverlag
Neustadt an der Weinstraße

Alle Rechte der Verbreitung in deutscher Sprache, auch durch Film, Funk, Fernsehen, fotomechanische Wiedergabe, Tonträger jeder Art, auszugsweisen Nachdruck oder Einspeicherung und Rückgewinnung in Datenverarbeitungsanlagen aller Art, sind vorbehalten.

Konzeption/Herstellung/Lektorat:
Hans-Jürgen Fug-Möller,
SCHÖNBUCH WERKSTATT, Walddorf

Gestaltung und Satz:
Schrift & Bild Nienaber GmbH, Verden

Copy Editing: Heinz Zimmermann, Ostfildern

Druck: Engelhardt & Bauer, Karlsruhe

Verarbeitung:
Josef Spinner Großbuchbinderei GmbH, Ottersweier

Die Ratschläge in diesem Buch sind von den Autoren und dem Verlag sorgfältig erwogen und geprüft, dennoch kann eine Garantie nicht übernommen werden. Eine Haftung der Autoren und des Verlags für Personen-, Sach- und Vermögensschäden ist ausgeschlossen.

Besuchen Sie uns im Internet:
www.umschau-buchverlag.de

Printed in Germany — ISBN 3-86528-224-5